NATURA

BIOLOGIE FÜR GYMNASIEN

Lehrerband
7. bis 10. Schuljahr

Teil A

von

Doris Bächle-Knauer

Irmtraud Beyer

Sabine Hild

Richard Müller

Peter Scheller

Horst Schneeweiß

Christina Winger

Ernst Klett Verlag

Stuttgart · Düsseldorf · Leipzig

1. Auflage

A 1[5] 4 3 2 1 | 2005 2004 2003 2002

Internetadresse:
http://www.klett-verlag.de

Redaktion
Detlef Eckebrecht

Druck: SCHNITZER DRUCK GmbH, 71 404 Korb

ISBN 3-12-045291-2

Autoren
Doris Bächle-Knauer, Remshalden
Dr. Irmtraud Beyer; Langen
Dr. Sabine Hild, Erfurt
Richard Müller, Balve-Eisborn
Peter Scheller, Stuttgart
Dr. Horst Schneeweiß, Hamburg
Christina Winger, Lieskau

Grafiken
Jörg Mair, Herrsching

Einbandgestaltung
höllerer kommunikation, Stuttgart; unter Verwendung zweier Fotos von höllerer kommunikation und Okapia (Christen), Frankfurt

9 783120 452911

Natura neu – das Schülerbuch

Das neue Schülerbuch Natura 7–10 stellt eine Überarbeitung von Natura 2 dar. Bewährte Elemente, wie das Doppelseitenprinzip, die Randspalte mit zusätzlichen Definitionen oder Grafiken und die Sonderseiten Praktikum und Lexikon wurden beibehalten. Daten wurden aktualisiert, Texte optimiert und neue Lehrplanschwerpunkte eingearbeitet.

Großer Wert wurde auf die Förderung der Selbstständigkeit der Schülerinnen und Schüler beim Lernen gelegt, ebenso wie auf soziales Lernen und Methodenkenntnis. Eine Vielzahl von Aufgaben auf den Informationsseiten, aber insbesondere die neuen **Material- und Impulseseiten** machen Natura 7–10 zu einem Buch, das noch besser im Unterricht eingesetzt werden kann.

Die Gestaltung der Seiten verbindet optimale Übersichtlichkeit mit neuen Sehgewohnheiten und soll den Schülerinnen und Schülern so ein gleichermaßen interessantes und schönes Buch bieten.

Natura neu – der Lehrerband

Beim Durchblättern dieses Bandes fällt eine gewisse Ähnlichkeit mit dem bekannten Lehrerband zu Natura 2 auf, da auch hier bewährte Gestaltungselemente übernommen wurden. Er erleichtert die Vorbereitung des Biologieunterrichts. Dazu bietet er keine fertigen Unterrichtseinheiten an, sondern er soll vielmehr eine Fundgrube für Bausteine und interessante Informationen für einen selbst konzipierten Unterricht sein.

Die **Inhalte** dieses Lehrerbandes sind **neu**. Auch wenn Sie die bisher erschienen Lehrerbände benutzen oder nicht mit Natura unterrichten, ist dieser Band eine hilfreiche Ergänzung. Zu fast jeder Seite bzw. Doppelseite des Schülerbuches erhalten Sie nützliche Informationen und Materialien.

Die **Lehrerseite** enthält viele bekannte Elemente, wie die Lösungen zu den Aufgaben des Schülerbandes und der Arbeitsblätter, Zusatzinformationen, -aufgaben oder -experimente sowie Literatur- und Medienhinweise. Neu sind ihre Inhalte und ihre grafische Hervorhebung durch Symbole, wodurch die einzelnen Elemente schneller erkannt werden.

Die Literaturhinweise sind zeitgemäß durch hilfreiche Internetadressen ergänzt.

Lösungen zum Schülerbuch

Lösungen zum Arbeitsblatt

Zusatzinformationen

Hinweise

Literaturhinweise

Medienhinweise

Viele **Arbeitsblätter** für Schüler auf der rechten Seite und zahlreiche Abbildungen oder Informationen für Lehrer auf der linken Seite ermöglichen die Themenvorbereitung „mit einem Blick". Neben wissensorientierten Anregungen gibt es dabei viele handlungsorientierte Ansätze, Anleitungen zu Experimenten und zur Auswertung von Materialien.

Eine Neuheit stellen die **Projektseiten** dar, die in der Art einer Pinnwand gestaltet sind. Sie bieten eine Fülle unterschiedlichster Informationen, Materialien und Anregungen für den projektartigen Biologie- oder fächerübergreifenden Unterricht an. Ausgangspunkt sind Themen des Schülerbuchs. Neben Projektvorschlägen, die in der Schule unter Einbehaltung des regulären Stundenplans realisiert werden, sind auch Vorschläge zu finden, die eher für Projekttage o. ä. geeignet sind. Adressen außerschulischer Kooperationspartner erleichtern die Vorbereitung der Aktivitäten. Die knappe Darstellung vieler Ideen zu einem Thema soll Anregung und Hilfe sein, mit der Lerngruppe einen eigenen Weg zur Bearbeitung des Themas zu finden.

Neu sind die **Schlagworte**, die identisch mit den Suchbegriffen auf der CD-ROM sind. Sie sollen schnell über den Inhalt der Seite informieren und durch ein **Register** das **Auffinden weiterer Informationen und Arbeitsblätter zu dem selben Thema** erleichtern. Sie beziehen sich auf eine Einheit aus Arbeitsblatt und Lehrerseite, auch wenn sie nur für eine Rubrik relevant sind. Die Schlagworte der Teile A und B sind aufeinander abgestimmt.

Der Lehrerband als CD-ROM

Der neue Lehrerband auf CD-ROM eröffnet die Möglichkeit, die Arbeitsblätter und Inhalte der Lehrerseite nicht nur im Original zu verwenden, sondern sie nach eigenen Ideen anzuordnen und zu gestalten.

Diese Arbeit wird durch verschiedene Leistungsmerkmale erleichtert: Die **themen- und schlagwortorientierte Suche** ermöglicht das schnelle Auffinden geeigneten Materials, übersichtliche **Vorschaumöglichkeiten** beschleunigen die Auswahl. Die Inhalte können komfortabel in die **Textverarbeitung** (word) übertragen und die Grafiken dort in Größe und Anordnung verändert werden. Über die Zwischenablage stehen die Abbildungen auch für Grafikprogramme zur Verfügung.

Ein **Paket aus Buch und CD-ROM** ermöglicht eine erste Suche nach Materialien ohne den Computer. Ausgewählte Arbeitsblätter oder Informationen können dann bei Bedarf mithilfe des Computers an die eigenen Bedürfnisse angepasst werden.

Projektplanung

Eine weitere Ergänzung stellt die neue Reihe von **Heften zur Projektplanung** dar. Neben dem Heft „Grundlagen des Projektunterrichts“ werden zu verschiedenen unterrichtsrelevanten Themen viele Anregungen und Hilfen zur Gestaltung von Projektunterricht angeboten.

Übersicht: Arbeitsblätter und Projektseiten – Teil A

Die Zelle – Grundbaustein aller Lebewesen

1 Die Zelle – Grundbaustein aller Lebewesen

2 Vom Einzeller zum Vielzeller

Wirbellose Tiere

1 Würmer – eine vielseitige Lebensform

2 Insekten

3 Insekten – Körperbau und Leistungen

4 Spinnen und Krebse

5 Weichtiere – Mollusken

Stoffwechsel der Pflanzen

1 Bau und Funktion der Pflanzenorgane

2 Fotosynthese und Atmung

Ökosystem Wald

1 Die Organismen des Waldes

2 Wechselbeziehungen im Ökosystem Wald

3 Die Bedeutung des Waldes für den Menschen

Gewässerökosysteme

1 Pflanzen und Tiere am und im See

2 Das Ökosystem See

3 Fließgewässer

Der Mensch gestaltet und gefährdet die Umwelt

1 Von der Natur- zur Kulturlandschaft

2 Lebensraum Stadt

Ordnung in der Vielfalt

Natura 7–10
Lehrerband – Teil B

Inhaltsverzeichnis

Stoffwechsel und Bewegung beim Menschen

Verhalten

Genetik

Evolution

Leeuwenhoek
Mikroskop
Mikroskopie

Die Zelle

1 Die Zelle – Grundbaustein aller Lebewesen

Mikroskop und Zelle

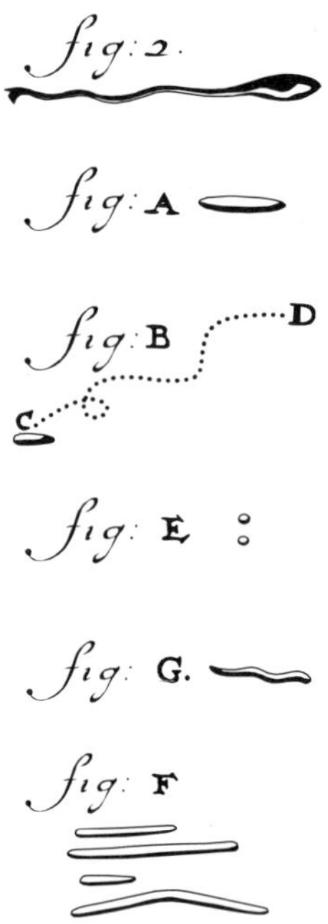

Beispiele von Leeuwenhoeks Beobachtungen: Spermium (oben), Bakterien aus dem Mund (unten)

Das Prinzip von Leeuwenhoeks Mikroskop

Als Erfinder des Mikroskops gelten anonyme Brillenschleifer aus Middelburgh/Niederlande zu Beginn des 17. Jahrhunderts. Recht bald wurde erkannt, dass die Vergrößerung der Linsen von ihrer Wölbung abhängt. Auch LEEUWENHOEK war Brillenschleifer. Er setzte sich intensiv mit dem von ihm entdeckten Mikrokosmos auseinander und hielt viele seiner Beobachtungen in erstaunlich detailreichen und genauen Zeichnungen fest. HOOKE dokumentierte 1665 in seiner „Micrographia" die zu seiner Zeit verwendete Technik.

Daher wissen wir, dass zur Erlangung starker Vergrößerungen häufig Kugellinsen benutzt wurden. Da diese Linsen leicht herzustellen sind, kann man sich ein Funktionsmodell eines LEEUWENHOEK'schen Mikroskops, der auch solche Linsen verwendete, leicht selbst bauen. In dem hier vorgestellten Vorschlag wird aber – im Gegensatz zu LEEUWENHOEK – davon ausgegangen, dass unser Präparat, wie heutzutage üblich, sich auf einem Objektträger befindet. Die Fokussierung erfolgt durch zwei Schrauben, die gegen ein Widerlager aus Schaumstoff den Objektträger in seiner Entfernung von der Linse regulieren.

Die Brennweite der Linse ist sehr kurz. Bei einem Linsendurchmesser von 1,3 mm beträgt der Abstand Linsenvorderkante – Objekt nur 0,25 mm ($f = \frac{3}{4} \times d$), sodass ein solches Hilfsmittel von Bedeutung ist. Aus der freien Hand wird man demnach nicht fokussieren können! Die Linsen erreichen eine Vergrößerung von 111fach (Linsendurchmesser 1 mm) bis 333fach (3 mm).

LEEUWENHOEKs Mikroskop muss eigentlich als Lupe gelten, denn es besitzt nur eine Linse, die ein virtuelles Bild liefert. Obwohl zweilinsige Mikroskope bereits bekannt waren, lieferten sie bei der damaligen Qualität der Linsen schlechtere Bilder als die Einlinser. Für die Zweilinser sprachen lediglich Aspekte der Ergonomie: LEEUWENHOEKs Zeitgenossen klagten über die Verkrampfung von Augen- und Handmuskulatur bei längerem Arbeiten.

Literaturhinweise

HÖFLING, O.: Optik am Beispiel des Mikroskops: Schülerheft. Aulis, Köln

KREMER, B. P.: Mikroskopieren leichtgemacht. Franckh-Kosmos, Stuttgart 1996

MEYER, K.: Wissenswertes und Erfahrungen mit Kugellinsen. Mikrokosmos 89, 7–14, 2000

OXLADE, Ch. und C. STOCKLEY: Das große Mikroskopier-Buch. Ars edition, München 1999. Hilfestellung für Schülerinnen und Schüler, die selbst ein Mikroskop besitzen.

STAECK, L.: Praktisches Arbeiten im Biologieunterricht. Teil 6: Das Mikroskopieren. Biologie in der Schule 47(6), 321-325, 1998

Die Zeitschrift „Mikrokosmos" ist eine Fundgrube für alle Aspekte der Mikroskopie.

Medienhinweise

FWU 42 01702 Robert Hooke und die Zelle
FWU 42 01624 Ernst Ruska und das Elektronenmikroskop

Strahlengang von Lupe und Mikroskop

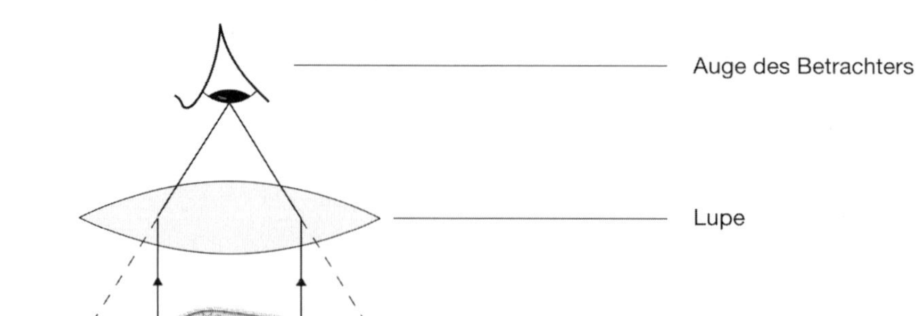

LEEUWENHOEKS Mikroskop

ANTONI VAN LEEUWENHOEK, von Beruf Brillenmacher, baute um 1590 eines der ersten Mikroskope. Es ist sehr einfach konstruiert, sodass wir ein auf dem gleichen Prinzip beruhendes Gerät nachbauen können.

Der erste und schwierigste Schritt ist die Herstellung der Kugellinse. Wahrscheinlich hat LEEUWENHOEK solche Linsen geschliffen, wir stellen sie aber durch Schmelzen her. Dazu nehmen wir einen Glasstab, den wir in der Bunsenbrennerflamme unter ständigem Drehen in der Mitte erhitzen, bis er glüht und weich wird. Trage dabei eine Schutzbrille! Den Stab nehmen wir dann aus der Flamme und ziehen ihn schnell und kräftig auseinander, sodass der geschmolzene Bereich zu einem etwa einen halben Millimeter dünnen Faden ausgezogen wird. Diesen Faden brechen wir in der Mitte mit der Zange durch. Einen der beiden Teile fassen wir am dicken Ende und führen die Spitze langsam von oben in eine nicht zu starke Flamme ein. Dabei schmilzt der fadenförmige Teil allmählich zu einer kleinen Kugel. Drehe den Stab dabei, damit die Kugel schön rund wird. Sie darf keine Tropfenform annehmen! Die optimale Größe beträgt 1,5 bis 2 mm Durchmesser. Wir brechen die Kugel nun von dem Rest des Stabes ab, sodass an ihr noch etwa 1 cm des Glasfadens hängen bleibt. Am besten werden gleich mehrere Kugeln hergestellt, da nicht alle gleich gut gelingen.

Das Blech biegen und bohren wir entsprechend der Zeichnung. Spanne es für diese Arbeiten in einen Schraubstock ein! Die beiden äußeren Löcher werden 3,5 mm (oder 2,4 mm, wenn Gewindeschneiden möglich ist), das mittlere wird einige mm-Bruchteile kleiner als der Durchmesser der Kugellinse, sodass sie fast bis zu ihrer Mitte in das Loch hineinrutschen, aber nicht durchfallen kann. Wir kleben mit Sekundenkleber jeweils eine M3-Mutter auf die Löcher (das Gewinde nicht verkleben). Wenn die Möglichkeit zum Gewindeschneiden besteht, erhalten die beiden äußeren Löcher stattdessen ein M3-Gewinde. Die Linse legen wir von der Unterseite her in das mittlere Loch und kleben das Glasschwänzchen mit etwas Klebeband unter dem Blech fest.

Auf den umgebogenen „Nasen“ wird der Schaumgummi mit Doppelklebeband festgeklebt. Jetzt können wir einen Objektträger mit einem mikroskopischen Präparat zwischen Schaumgummi und Mikroskopkörper einschieben. Wir drehen die M3-Schrauben in das Gewinde und können damit die Entfernung des Präparats von der Linse regeln. Wenn wir das Mikroskop gegen das Licht halten und unser Auge ganz nah an die Linse bringen, müssten wir das Bild mit den M3-Schrauben scharfstellen können.

Wir benötigen:
- einen etwa 20 cm langen und 5 oder 6 mm dicken Glasstab;
- einen etwa 1 mm starken Blechstreifen (Messing, Eisen) von etwa 12 x 2,5 cm;
- 2 M3-Schrauben (10 mm lang);
- Sekundenkleber;
- 2 M3-Muttern (oder stattdessen einen Gewindeschneider für M3-Gewinde);
- 2 Schaumgummiwürfel (1 cm Kantenlänge);
- ein kleines Stückchen Doppelklebeband;
- eine kleine Spitzzange;
- Schutzbrille;
- Bunsenbrenner;
- Schraubstock;
- Hammer und Bohrmaschine.

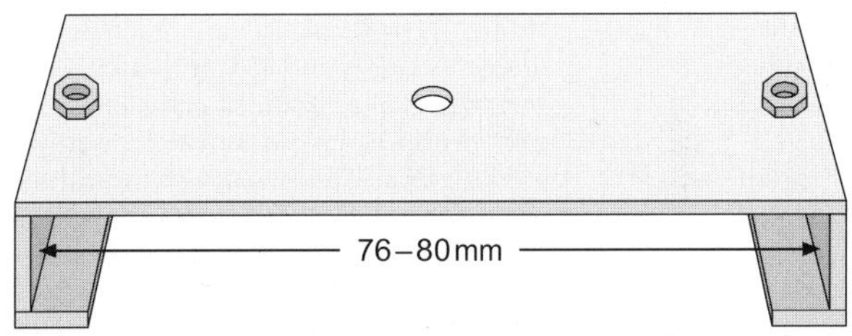

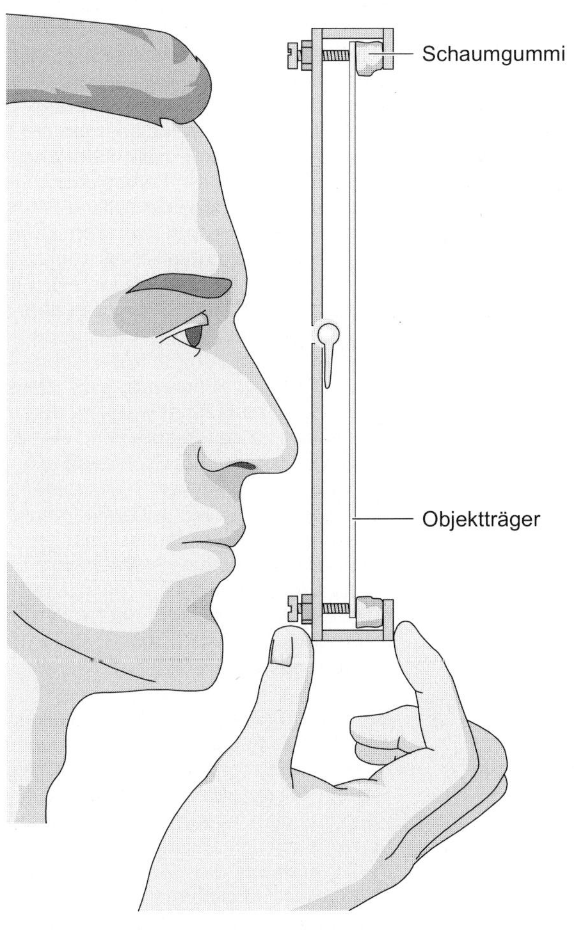

Zellen, Gewebe und Organe

Arbeitsblatt Seite 9

1. Zellwand: Form untypisch, Zellwand undurchlässig; Zellmembran: undurchlässig für bestimmte Stoffe, nicht allseits geschlossen; Zellkern, Chloroplasten: keine Membranstruktur, kein Nukleolus; Vakuole: undurchlässig für bestimmte Stoffe;
2. Mitochondrien, Ribosomen, endoplasmatisches Retikulum, Zellplasma …

Kleine Geschichte der Zellforschung

Das neu erfundene Mikroskop benutzten im 17. Jahrhundert verschiedene Forscher, um die Struktur von Pflanzen und Tieren in den vorher unzugänglichen Dimensionen aufzuklären. MALPIGHI, der heute als Entdecker der nach ihm benannten Ausscheidungsorgane von Insekten bekannt ist, vermutete 1675 einen einheitlichen Bauplan von Pflanzen und Tieren. Bei der mikroskopischen Untersuchung von Tieren blieb ihm der Erfolg versagt. Daher wendete er sich den Pflanzen zu und wurde Begründer der Pflanzenanatomie (1679). Die von ihm dort gefundenen Zellen nannte er „Schläuche“. Der Begriff „Zelle“ wird gewöhnlich mit HOOKE assoziiert, der ihn bereits 1665 geprägt hat. Allerdings haben MALPIGHIS „Schläuche“ inhaltlich mehr mit dem modernen Zellbegriff gemein als HOOKEs „cells“, der in ihnen nicht die kleinsten Bausteine sah.

Ausgelöst durch die Entdeckung der Spermatozoen durch LEEUWENHOEK (1679 und 1702) und des GRAAF'schen Follikels (1668), der für das Säugerei gehalten wurde, endete diese frühe Phase der Cytologie, ehe sie richtig begonnen hatte. Nach einem gemeinsamen Bestandteil lebender Wesen wurde nicht mehr gesucht. Dieser Zustand hielt über ein halbes Jahrhundert an. Erst WOLF fand 1759 eine Art zelliger Struktur bei embryonalem Gewebe und vermutet einen Aufbau der Lebewesen aus einheitlichen Kügelchen. HOOKEs und MALPIGHIs Ideen begannen sich mit Verspätung durchzusetzen. Sie wurden aber nur wenig durch Experiment und Beobachtung gestützt, sondern mehr durch naturphilosophische Spekulationen. PURKINJE bemerkte 1837, dass bei tierischen Geweben immer wieder Zellkern und Kernkörperchen zu sehen seien und BROWN entdeckte 1833 den Zellkern bei Orchideen. Die Zeit war reif für die Theorien von SCHLEIDEN (1838) und SCHWANN (1839). Mit äußerster Konsequenz vertraten sie ihren Standpunkt, dass es nur den gemeinsamen Baustein „Zelle“ sowohl bei Tieren als auch bei Pflanzen gäbe. HOFMEISTER beschrieb 1849 die Mitose, sodass VIRCHOW 1855 formulieren konnte: „Omnis cellula e cellula“ (Jede Zelle entsteht aus einer Zelle).

BERNARD postulierte 1865, dass alle Leistungen des Organismus über Leistungen der Zelle erklärbar sein müssen. WEISMANN (1892) vermutete den Sitz der Erbsubstanz im Zellkern. Die Rolle der Zellorganellen konnte, nachdem das Zellkonzept vorlag, auch allmählich verstanden werden: BENDA (1898) erkannte die Mitochondrien als einheitliche Organellen. Im gleichen Jahr wurde von GOLGI der später nach ihm benannte Apparat beschrieben.

Es fehlte auch nicht an Versuchen, das Prinzip des Lebens als an einen bestimmten Lebensstoff gebunden zu deuten. Nach der Strukturaufklärung der Proteine bot sich diese Stoffgruppe dazu an. Typisch für diese Sichtweise von Leben ist HAECKELs Satz zu FISCHER, dem Vater der Proteinchemie: „Wenn Ihr Chemiker erst Eiweiß machen könnt, dann krabbelt es.“

Viele der beschriebenen Organellen und postulierten Prinzipien (z. B. Membran durch DAWSON und DANIELLI 1935) konnten durch das Elektronenmikroskop bestätigt werden (realisiert 1933 durch RUSKA, aber erst wesentlich später für biologische Fragen gebraucht).

Hinweise

Das durchsichtige Zellmodell tut gute Dienste, wenn die Vermutung entsteht, dass der Zellkern in der Vakuole liegt. Man muss nur das Zellmodell so drehen, dass der Kern unten oder oben liegt, und schon hat sich die Frage von selbst beantwortet. Durch Projektion mit dem Tageslichtprojektor lässt sich der Effekt demonstrieren. Die Schüler können ggf. auch selbstständig ein Modell entwickeln und die Einzelteile zuordnen.

Literaturhinweise

GIELOW, S.: Das Zellorganellen-Spiel. Unterricht Biologie 20, Nr. 211, 27–31, 1996

HÖGERMANN, CH.: Zellorganellen. Ein historischer Rückblick. Praxis der Naturwissenschaften – Biologie, mehrteilig, beginnend mit 40, Heft 6, 34 – 37, 1991

Medienhinweise

FWU 10 02416 Die Zelle und ihre Bestandteile
FWU 32 02789 Untersuchung von Zellen im Elektronenmikroskop
FWU 32 10311, 42 10311 Die Zelle
FWU 42 01702 Robert Hooke und die Zelle

Bau eines Zellmodells

In folgenden Schritten soll das Modell einer Pflanzenzelle gebaut werden. Die Einzelteile werden am Schluss entsprechend dem Zellaufbau angeordnet.

1. Nimm eine durchsichtige Pralinenschachtel mit Deckel. Sie soll die Zellwand einer Pflanzenzelle darstellen.

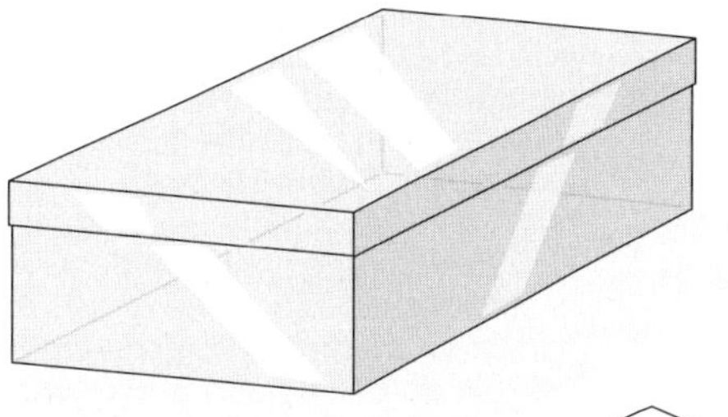

2. Eine Plastikfolie oder -tüte stellt die Zellmembran dar.

3. Aus Plastillin oder Knetmasse werden Zellkern und Chloroplasten modellhaft geformt.

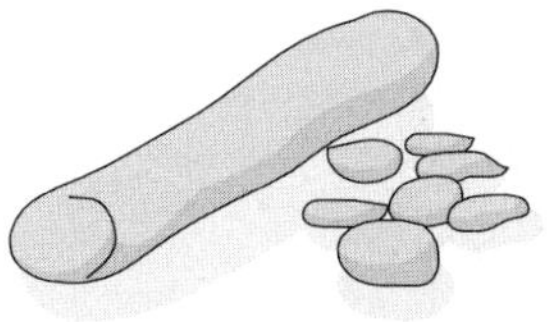

4. Eine kleine Plastiktüte wird mit Wasser gefüllt und dicht verschlossen. Sie stellt die Vakuole dar.

Aufgaben

1. Erkläre jeweils, was an den Bestandteilen des Modells auf falsche oder unpräzise Weise Eigenschaften des jeweiligen Zellbestandteils wiedergibt.

   1. ____________________

   2. ____________________

   3. ____________________

   4. ____________________

2. Welche Organellen sind im Modell nicht dargestellt?

Heuaufguss
Mikroskop
Mikroskopie
Organell
Sukzession
Zelle

Praktikum: Arbeiten mit dem Mikroskop

Schülerbuch Seite 14

① Die funktionswichtigen Bauteile sind an (fast) allen Schulmikroskopen vorhanden und lassen sich leicht erkennen. Folgende Teile können benannt werden: Okular, Tubus, Objektiv, Objektivrevolver, Objekttisch, Blende, Kondensor, Lichtquelle, Stativ, Triebrad.

② Man kann die Berechnungen durchführen lassen. Zusatzfragen machen die Dimensionen anschaulicher, z. B.: „Wie groß wäre ein Stecknadelkopf, wenn er 100fach vergrößert wäre?" (Bei einem Millimeter realer Größe wäre er 10 cm im Durchmesser.)

③ – Bei 40facher Vergrößerung werden etwa 7 mm^2 Fläche erfasst. Der Gesichtsfelddurchmesser beträgt rund 3,0 mm.
– Bei 100facher Vergrößerung sind knapp 1,5 mm^2 zu sehen, bei einem Durchmesser des Beobachtungsfeldes von 1,2 mm.
Anmerkung: Bei 400facher Vergrößerung kommt es oft vor, dass überhaupt keine Linie des Millimeterpapiers im Gesichtfeld liegt. Hier können Schüler erkennen, wie wichtig es ist, mit der geringsten Vergrößerung zu beginnen. Erst durch Verschieben des Papiers wird der Balken sichtbar.

④ Dicke eines Haares: zwischen 0,05 und 0,08 mm
Dicke einer Stecknadel: etwa 0,5 mm
Dicke eines Wollfadens: sehr unterschiedlich
Anmerkung: Schüler haben oft Probleme, das Haar so zu fixieren, dass mit dem 40er-Objektiv etwas zu erkennen ist. Es empfiehlt sich jetzt der Übergang zum Nasspräparat.

⑤ Schüler sollen hier die Mauerstruktur zeichnen.

⑥ Grobe Skizze. Eine Zwiebelhautzelle füllt in ihrer Längsrichtung etwa $^2/_3$ des Beobachtungsfeldes aus. Es genügt, die im Gesichtsfeld erkennbaren Zellen zu zeichnen.

⑦ Folgende Strukturen können mindestens erkannt werden: Zellwand, Zellkern, Zellsaftraum (Vakuole)

⑧ Es tritt unter anderem die Zellwand angefärbt hervor.

Das pulsierende Bläschen

Auffällig ist, dass sich pulsierende Bläschen praktisch nur bei Einzellern des Süßwassers finden lassen. Schon früh hat man sie deshalb als Organellen zur Osmoregulation angesehen. Durch den höheren Salzgehalt im Körperinnern strömt bei Süßwasser-Protozoen ständig Wasser durch die Zellmembran, das wieder hinausgeschafft werden muss, da sonst die Gefahr des Platzens bestünde. Bei *Paramecium* besteht das pulsierende Bläschen aus dem zentralen Reservoir und den sternförmig angeordneten Zuführungskanälen, deren reservoirseitige Enden ampullenartige Erweiterungen besitzen. Durch kontraktile Fasern wird das in den Kanälen aufgenommene Wasser durch einen vorgebildeten Porus nach außen befördert. Die Frequenz der Entleerung ist temperaturabhängig. Bei *Paramecium* beträgt sie bei Zimmertemperatur etwa 3 bis 10/min.

Die häufigsten Fehler beim Mikroskopieren

– Flaue Bilder mit dunklen Flecken durch verschmutzte Optik! Durch Drehen des Objektivs oder Okulars die verschmutzte Linse identifizieren. Reinigen mit Linsenpapier oder weichem, sauberen Baumwollläppchen mit etwas destilliertem Wasser, ggf. Benzin. Nie versuchen, das Innere der Linsen zu reinigen. Bei hartnäckiger Verschmutzung Linse einschicken.
– Ungleich helles Bild durch nicht zentrierte Leuchte! Auch ein nicht eingerastetes Objektiv kann sich durch ungleich ausgeleuchtetes Bild verraten.
– Kontrastarmes Bild durch fehlendes Deckglas! Bei Objektiven mit einer Apertur > 0,4 ist ein Deckglas (0,17 mm) zwingend nötig.
– Kontrastarme oder zu kontrastreiche Bilder durch falsche Einstellung der Beleuchtung. Meistens sollte die Blende $^2/_3$ geöffnet sein. Ausprobieren lassen!
– Verwechseln von Luftblasen mit Zellstrukturen.

Mikroskop und Computer

Mittlerweile hat der Computer auch in die Biologieräume Einzug gehalten. Es bietet sich somit an, Mikroskop und Computer zu verbinden. Am naheliegendsten ist, das Bild des Mikroskops direkt über eine Digitalkamera aufzunehmen und über den USB- oder Parallel-Port in den Computer zu übertragen. Doch leider gibt es dafür keine qualitativ gute und gleichzeitig preiswerte Lösung. Billige Web-Cams, die man eventuell adaptieren könnte, besitzen einen CMOS- und keinen CCD-Sensor, der für ein gutes Bild unverzichtbar ist. Außerdem ist ihre Auflösung meist zu gering. So bleibt nur der Weg, die eventuell schon vorhandene Videokamera, vielleicht sogar auf einem trinokularen Mikroskop, weiterzuverwenden. Für den Computer muss eine Möglichkeit geschaffen werden, das Videobild aufzunehmen. Hierfür gibt es spezielle Grafikkarten (Video-in und Video-out), TV-Karten und Framegrabberkarten. Letztere sind in brauchbarer Qualität schon für unter 50 Euro zu haben. Das Mikroskopbild kann als Datei, vorzugsweise im Speicherplatz sparenden JPG- oder PNG-Format aufgenommen und abgespeichert werden. Schüler können sich diese Dateien dann auf Diskette kopieren und z. B. zu Hause weiterbearbeiten. Auch die Homepage der Biologie-AG kann man so illustrieren. Mithilfe von Grafikprogrammen (die oft den genannten Karten beiliegen) lassen sich Maßstäbe, Beschriftungen, Hervorhebungen etc. anbringen. Die Maßstabsstriche können als eigene Bilddatei abgespeichert und bei Bedarf in das jeweilige Bild hineinkopiert werden. Es lässt sich so leicht ein Archiv von selbstgefertigten Mikroaufnahmen anlegen.

Wie groß ist mein Objekt?

Leider fehlen beim Mikroskopieren oft die Größenvergleiche. Schüler sollten deswegen als eines ihrer ersten Objekte ein Stückchen durchscheinendes Millimeterpapier mikroskopieren. Es kann z. B. mit Speiseöl durchscheinend gemacht werden. Auch lässt sich ein Blatt Millimeterpapier auf Folie kopieren. Ausgeschnittene Stückchen können zur leichteren Handhabung auf Objektträger geklebt werden. Zumindest bei den schwächeren Vergrößerungen wird ein (allerdings relativ teures) Objektmikrometer benötigt. Der Durchmesser des Gesichtsfeldes soll im Heft notiert werden! So lässt sich bei allen weiteren Untersuchungen durch Vergleich der Größe des Objekts mit dem Gesichtsfeld die interessierende Größe abschätzen. Wenn das Bild des Millimeterpapiers auf den Fernseh- oder PC-Monitor übertragen wird, kann man sich zu jeder Vergrößerung mit breitem Filzschreiber einen Maßstab auf Folie herstellen. Mit einigen Tropfen Wasser haftet diese Maßstabsfolie für einige Minuten auf dem Monitor. Der Größenvergleich ist somit für alle Schüler deutlich.

Literaturhinweise

STREBLE, K./KRAUTER, D: Das Leben im Wassertropfen. Kosmos, Stuttgart 1973

Medienhinweise

FWU 10 00097 Das Elektronenmikroskop
FWU 32 02789 Elektronenmikroskop: Untersuchung von Zellen im Elektronenmikroskop
FWU 10 00557 Das Mikroskop
FWU 32 00782 Mikroskopische Schnitte: Herstellung
FWU 42 0180 Mikrowelt – Geschichte des Mikroskops
FWU 42 0162: Ruska und das Elektronenmikroskop
FWU 12 00207 Vergrößern mit Lupe und Mikroskop

Sukzession im Heuaufguss

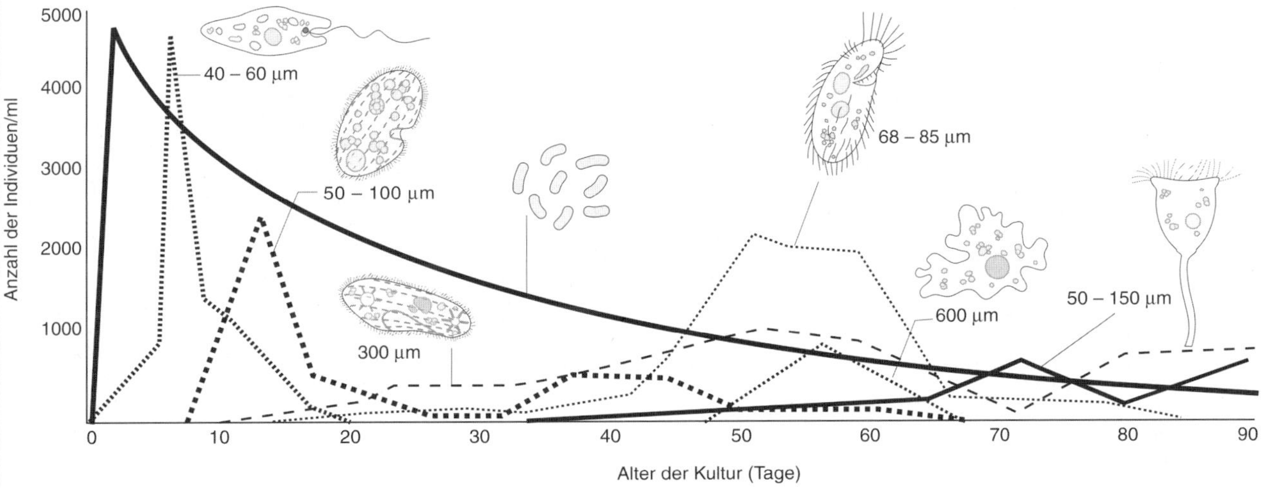

Von links nach rechts: Augentierchen, Heutierchen, Pantoffeltierchen, Bakterien, Borstentierchen, Amöbe, Glockentierchen

Amöbe
Einzeller
Glockentierchen
Pantoffeltierchen

2 Vom Einzeller zum Vielzeller

Einzellige Lebewesen

Schülerbuch Seite 16

① Vergleiche den Weg der Nahrung bei Paramecium und Mensch. Welches Organell entspricht welchem Organ?

Weg der Nahrung	Pantoffeltierchen	Mensch
Nahrungsaufnahme	Mundfeld	Mund
Verdauung	Nahrungsbläschen	Magen/Darm
Ausscheidung fester Stoffe	Zellafter	After
Ausscheidung von Flüssigkeiten	pulsierendes Bläschen	Niere

② Pantoffeltierchen teilen sich etwa alle 24 Stunden. Nach 19 Tagen können theoretisch aus einem Tierchen 500 000 entstehen. Wann wäre eine Million überschritten?

– *Da sich ihre Anzahl in 24 Stunden verdoppelt, werden theoretisch nach weiteren 24 Stunden, also nach insgesamt 20 Tagen, eine Million Tierchen vorhanden sein. Diese Million wird am 21. Tag überschritten.*

Schülerbuch Seite 17

① Vergleiche eine Amöbe mit Paramecium. Schreibe Gemeinsamkeiten und Unterschiede in Form einer Tabelle auf.

– *Gemeinsamkeiten:*
  - *Beide bestehen nur aus einer einzigen Zelle, die alle Lebensfunktionen wahrnimmt. Beide vermehren sich durch Zellteilung.*
  - *Beide besitzen pulsierende Bläschen.*
  - *Beide bilden Nahrungsbläschen.*
  - *Beide können Zysten bilden und so ungünstige Lebensbedingungen überstehen.*

  Unterschiede:
  - *Pantoffeltierchen besitzen eine vergleichsweise feste Form; Amöben ändern dauernd ihre Gestalt.*
  - *Pantoffeltierchen bewegen sich mithilfe von Wimpern fort; Amöben bilden Scheinfüßchen aus.*
  - *Pantoffeltierchen besitzen feste Zellbereiche für die Nahrungsaufnahme und die Ausscheidung, Zellmund und Zellafter; Amöben können an jeder beliebigen Stelle ihre Zelloberfläche durch Umfließen (Phagocytose) Nahrung aufnehmen und unverdauliche Reste ausscheiden.*
  - *Pantoffeltierchen haben zwei pulsierende Bläschen; Amöben besitzen nur eines.*
  - *Pantoffeltierchen leben in freiem Wasser und schwimmen; Amöben kriechen auf einer Unterlage.*

Arbeitsblatt Seite 13

1. a: Mundfeld, b: pulsierendes Bläschen, c: Kleinkern, d: Großkern, e: Nahrungsbläschen, f: Wimpern (7: Stiel).
   a = 2, b = 4, c = 3, d = 5, e = 6, f = 1.
2. Pantoffeltierchen: Fortbewegung; Glockentierchen: Herbeistrudeln von Nahrung.

Dauerstadien und Beobachtung

Um stets Pantoffeltierchen für Versuche vorrätig zu haben, kann man sich die Encystierung zunutze machen: 15 g Agar werden in 1 Liter Wasser aufgekocht und dünn in Böden von Petrischalen ausgegossen. Auf den abgekühlten Agar wird eine dünne Schicht Paramecienkultur gegeben. Man lässt die Kultur über 2 bis 3 Wochen bei max. 25 °C austrocknen. Die spröde Agarschicht kann später quadratzentimeterweise in Bakterienkulturen gegeben werden. Innerhalb von 1 bis 4 Tagen entwickelt sich eine gute Pantoffeltierchenkultur. Wichtig ist, dass das Austrocknen nicht zu schnell erfolgt. Die Petrischalen bleiben also verschlossen, lediglich das sich bildende Kondenswasser wird von Zeit zu Zeit abgewischt.

Leider bewegen sich die Wimpertierchen so schnell, dass eine tiefergehende Beobachtung sehr erschwert wird. Die Tiere müssen hierzu ruhig gestellt werden. Prinzipiell ist hierzu ein Quetschen des Deckglases geeignet, allerdings besteht die Gefahr, dass sie dabei zerquetscht werden. Eine weitere häufig angewendete Methode besteht in der Erhöhung der Zähigkeit der Lösung. Hierzu wird oft Quitten- oder Leinsamenschleim empfohlen (Leinsamen 24 Stunden mit wenig Wasser bedecken und quellen lassen). Am einfachsten jedoch stellt man aus Tapetenkleister und Wasser eine zähe Stammlösung her, die durch Zufügen von Wasser auf jede Zähigkeit eingestellt werden kann. Auch kann man feine, aus Wattestäbchen gezupfte Fäden unter das Deckglas geben. Pantoffeltierchen nutzen gerne diese Strukturen als „Ruhepunkte".

Literaturhinweise

HAUSMANN, K., H. JAMIL: Bewegung bei Einzellern. Praxis der Naturwissenschaften – Biologie, 46(5), 36 – 39, 1997
KLAHM, G.: Bewegung bei Einzellern. Unterricht Biologie, 8/97, 32 – 35, 1984
VATER-DOBERSTEIN, B. , HILFRICH, H. G.: Versuche mit Einzellern. Franckh-Kosmos, Stuttgart 1982

Medienhinweise

FWU 10 0326: Einfache Lebensformen aus Seen und Teichen
FWU 32 03245, 42 01657 Pantoffeltierchen
FWU 32 03533, 42 01658 Pantoffeltierchen: Nahrungsaufnahme, Verdauung, Ausscheidung

Pantoffeltierchen und Glockentierchen im Vergleich

In vielen Gewässern, so z. B. auch im Schulteich, findet man einzellige Tiere, die einem Pantoffel oder einer Glocke ähneln und daher auch ihren Namen erhalten haben. Obwohl sie der gleichen Verwandtschaftsgruppe, der Klasse der Wimpertierchen, angehören, haben sie auf den ersten Blick nur wenige Gemeinsamkeiten.

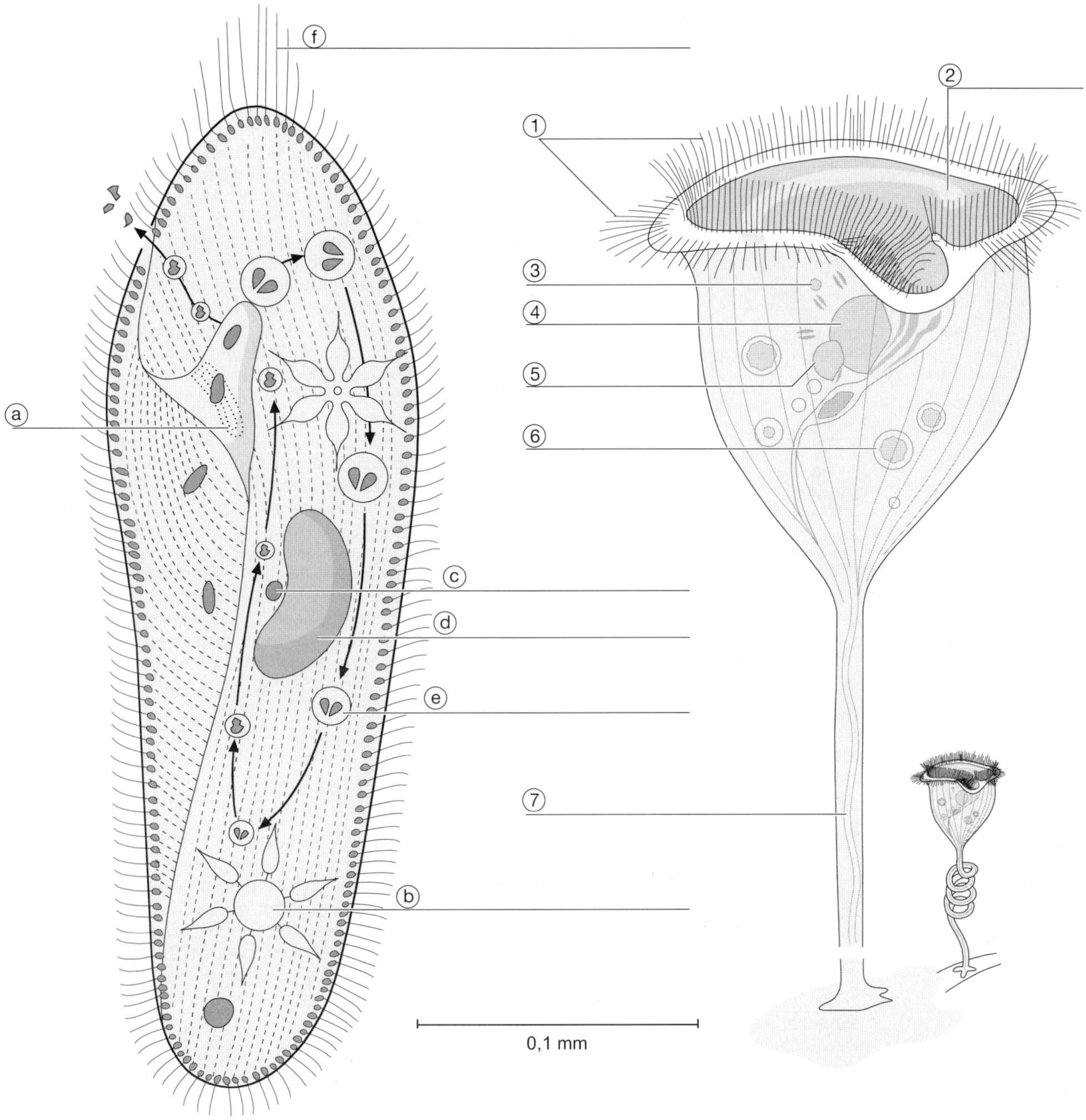

Aufgaben

1. Beschrifte zuerst die Abbildung des Pantoffeltierchens und suche dann entsprechende Stukturen beim Glockentierchen. Markiere sie mit dem gleichen Kennbuchstaben.

2. Welche Aufgaben haben die Wimpern bei den beiden Tieren?

Glockentierchen: ________________________________

Pantoffeltierchen: ________________________________

Algen
Amöbe
Einzeller
Glockentierchen
Schwamm
Süßwasserpolyp
Trichoplax
Volvox
Zellkolonie

Einzeller und Zellkolonie
Die Kugelalge Volvox – ein einfacher Vielzeller

Schwämme sind einfache Vielzeller

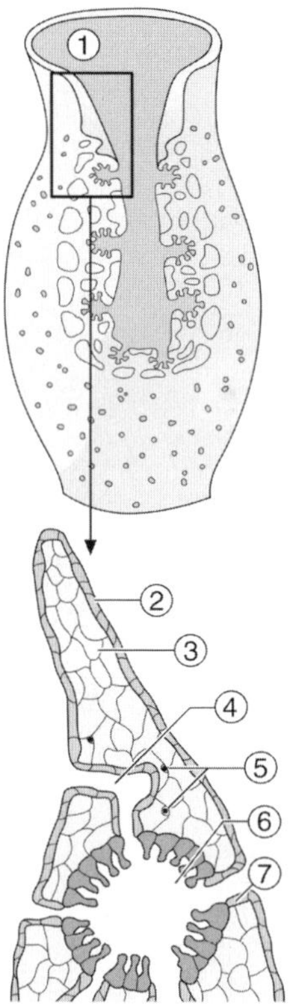

① Ausfuhrkanal
② Deckgewebe
③ nichtzellige Grundsubstanz
④ Zufuhrkanal
⑤ Wanderzellen
⑥ Geißelkammer
⑦ Kragengeißelzelle

Schülerbuch Seite 19

① Welche Vorteile bringt der Zusammenschluss einzelner Zellen zu Kolonien?
– *In einer Umwelt, in der viele Fressfeinde nicht viel größer sind als eine Einzelzelle von Gonium, ist der Zusammenschluss zu einer Kolonie von entscheidendem Vorteil: Die enorme Größe verhindert das Gefressenwerden.*
② Stelle nach den Abbildungen dieser Seite in einer Tabelle Gemeinsamkeiten und Unterschiede zwischen Chlamydomonas, Gonium, Eudorina und Volvox zusammen.

Gattung	Zellzahl	Anordnung	Aufgaben der Zellen
Chlamydomonas	1	einzellig	alle Lebensfunktionen
Gonium	4–6	flächig	alle Lebensfunktionen
Eudorina	32	flächig	alle Lebensfunktionen
Volvox	bis 20 000	Hohlkugel	arbeitsteilig: Ernährung, Bewegung, Fortpflanzung

③ „Einzeller sind unsterblich“. Begründe diese Aussage anhand der Beispiele.
– *Bei der Zellteilung im Verlauf der Fortpflanzung bleiben keine spezialisierten Zellen zurück, wie z. B. bei Volvox.*

Arbeitsblatt Seite 15

1. Amöbe: nein, keine Arbeitsteilung; Glockentierchen: ja, keine Arbeitsteilung; Trichoplax: ja, Arbeitsteilung: Bewegungszellen, Drüsenzellen, Geißelzellen, Deckzellen; Süßwasserpolyp: ja, Arbeitsteilung: Drüsenzellen, Geißelzellen, Nesselzellen, Deckzellen, Sinneszellen, Nervenzellen, Muskelzellen, Fresszellen.
   Die Definition des Mehrzellers beinhaltet nicht nur, dass der Organismus aus mehreren Zellen bestehen muss, sondern auch eine existierende Arbeitsteilung zwischen den verschiedenen Zellen. Beim Glockentierchen handelt es sich um eine Zellkolonie ohne Arbeitsteilung.
2. Formveränderung: kontraktile Faserzelle, Fortbewegung: Geißelzellen, Verdauung: Drüsenzellen.
3. Chlamydomonas → Gonium → Eudorina → Volvox

Trichoplax als Ur-Metazoe

Trichoplax adhaerens scheint die einzige Art des gesamten Stammes *Placozoa* zu sein, die regelmäßig gefunden wird. Man kennt sie mittlerweile aus fast allen wärmeren Meeren. Trichoplax lebt auch häufig in Meerwasseraquarien in Zoogeschäften, vor allem in solchen Becken, in denen Lebewesen aus warmen Meeren gehalten wurden. Eine zweite Art *(Treptoplax reptans)* wurde nach ihrer Erstbeschreibung 1897 niemals wiedergefunden. Trichoplax gilt als das einfachste vielzellige Tier. Es existieren mehrere spezialisierte Zelltypen, die aber nicht zu Organen zusammentreten. Es besitzt den niedrigsten bisher bei Metazoen gefundenen DNA-Gehalt (etwa 10-mal so viel wie *E. coli*). Es gleitet dank seiner Geißeln auf der Unterlage umher und kann dabei seine Form – ähnlich wie eine Amöbe – verändern. Dafür sind die Faserzellen in der Mittelschicht verantwortlich, die kontraktil sind, ohne jedoch die Struktur von Muskelzellen aufzuweisen. Trichoplax ernährt sich, indem es über Beutetiere (meist Protozoen) kriecht und aus den Drüsenzellen Verdauungssekrete ausscheidet. Dabei wölbt es sich oft nach oben, sodass eine einer Gastrula ähnliche Struktur entsteht. Die gedankliche Fortführung zum Typus des Polypen fällt dadurch leicht. Das Entoderm des Polypen entspricht somit der Bauchschicht von Trichoplax. Auch dort finden sich Drüsen- und Geißelzellen. Der von Trichoplax zeitweilig gebildete Hohlraum ist beim Polypen Dauerstruktur. Trichoplax besitzt die Fähigkeit, abgetrennte Zellen wieder zu einem Verband zusammenzufügen. Diese „Reparatur“ ist unabhängig von der Individuenzugehörigkeit. Bei unterschiedlicher Färbung von zwei Individuen mit Vitalfarbstoffen und anschließender Zerteilung in einzelne Zellen aggregierten die Zellen zu neuen Individuen – allerdings mischten sich dabei die Zellen der beiden Tiere. Ein gleichartiges Phänomen ist auch bei Schwämmen beobachtet worden, den nach Trichoplax einfachsten Metazoen.

Modell Trichoplax

Da das Arbeitsblatt die Kenntnis des Süßwasserpolypen voraussetzt, sollte die Frage nach der möglichen Entstehung der Metazoen erst danach behandelt werden. Grundsätzlich muss deutlich werden, dass es sich hierbei um *eine* mögliche Modellvorstellung handelt. Zu Trichoplax ist gutes Filmmaterial erhältlich (FWU: Vom Einzeller zum Vielzeller).

Literaturhinweise

GRELL, K. G.: Vom Einzeller zum Vielzeller. Hundert Jahre Gastraea-Theorie. Biologie in unserer Zeit 4, S. 65–71, 1974

Medienhinweise

FWU 32 03587, 42 01669 Vom Einzeller zum Vielzeller
FWU 42 02229, 42 42688, 10 0340 Einzeller

Vom Einzeller zum Mehrzeller

1883 wurde ein merkwürdiges kleines Wesen auf Algen im Mittelmeer bei Neapel entdeckt. Aber erst 1971 wurde es näher erforscht und als Tier identifiziert. Es trägt den Namen *Trichoplax adhaerens* und misst etwa 3 mm im Durchmesser. Es besteht aus Rücken- und Bauchschicht, zwischen denen sich locker eingestreute Zellen befinden. Man kennt kein anderes vielzelliges Tier, das so einfach aufgebaut ist. Ausgebildete Organe sowie Muskel- und Nervenzellen besitzt *Trichoplax* nicht. *Trichoplax* können wir als Modell eines der ersten vielzelligen Tiere auffassen.

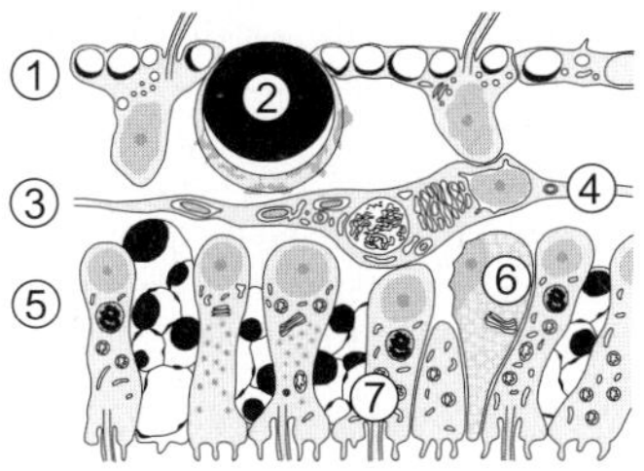

① obere Deckschicht
② Glanzkugel (möglicherweise Fettspeicher?)
③ Zwischenschicht
④ kontraktile Faserzelle
⑤ untere Deckschicht
⑥ Drüsenzelle
⑦ Geißelzelle

	Aus mehreren Zellen bestehend?	**Beispiele für Arbeitsteilung zwischen verschiedenen Zellen**
Amöbe 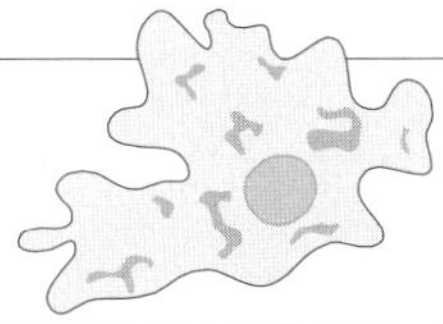	☐ ja ☐ nein	
Glockentierchen 	☐ ja ☐ nein	
Trichoplax 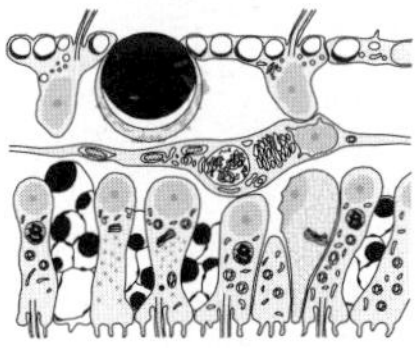	☐ ja ☐ nein	
Süßwasserpolyp 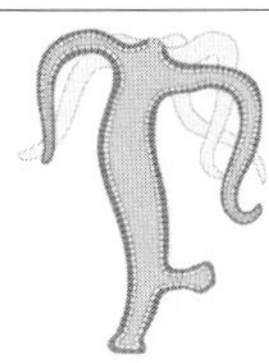	☐ ja ☐ nein	

Aufgaben

1. Fülle die Tabelle aus. Vergleiche die dargestellten Organismen und erkläre, warum das abgebildete Glockentierchen nicht zu den Mehrzellern gehört.

2. Markiere mit verschiedenen Farben die Zellen von Trichoplax, die für Formveränderung, Fortbewegung und Verdauung zuständig sind.

3. Finde eine ähnliche Reihe von Organismen, die die Entstehung mehrzelliger Pflanzen modellhaft darstellt.

Organ
Qualle
Süßwasserpolyp

Der Süßwasserpolyp
Die Ohrenqualle

Schülerbuch Seite 20

① Beschreibe anhand von Abbildung 3 die Explosion einer Nesselzelle.
– *Berührt ein Beutetier auch nur einen der 6 bis 8 Fangarme, wird über den Auslösestift einer oder mehrerer Nesselzellen der Fangmechanismus ausgelöst. Der Deckel wird abgesprengt und der Stilettapparat bohrt sich in den Körper des Opfers. Dabei können sogar Chitinpanzer von Wasserflöhen (Kleinkrebse) durchschlagen werden. Der lange Nesselfaden wird umgestülpt und ausgeschleudert. Er dringt in den Körper der Beute ein. Das Nesselgift ergießt sich in die Wunde, lähmt und tötet das Tier. Schließlich befördern die Fangarme die Beute unzerkleinert in die Mundöffnung. Danach wird sie im Magen-Darm-Raum zersetzt.*

Die portugiesische Galeere

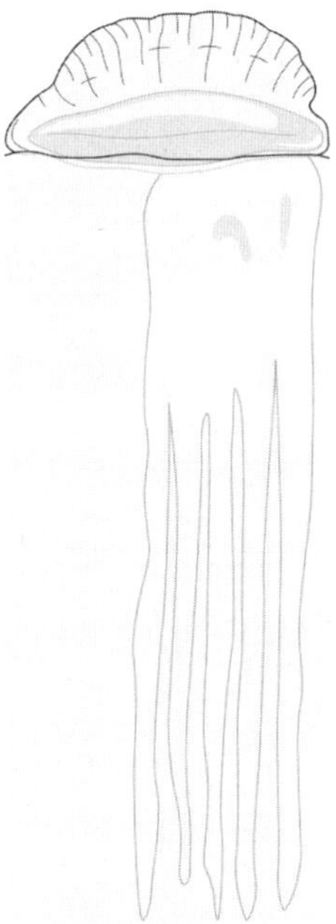

Die Glocke dieser Staatsqualle (Tierstock aus verbundenen Einzelindividuen mit Arbeitsteilung) ist zu einer als Segel funktionierenden Struktur umgebildet, die aus dem Wasser ragt und die Qualle über große Strecken in oft riesigen Schwärmen verdriften kann.

Schülerbuch Seite 21

① Ordne den Zahlen der Abbildung die richtigen Bezeichnungen zu. Stelle eine Tabelle auf, in der Gemeinsamkeiten und Unterschiede von Süßwasserpolyp und Qualle vermerkt sind.
– *1) Ektoderm, 2) Stützschicht, 3) Keimdrüse, 4) Entoderm, 5) Magen-Darm-Raum, 6) Fangarm*

② Weshalb bezeichnet man die Fortpflanzung des Polypen einer Qualle als ungeschlechtlich, die Fortpflanzung der Qualle selbst als geschlechtlich?
– *Die Quallen bilden Keimzellen, die zu einer Befruchtung führen, während Polypen durch Knospung Quallenlarven bilden.*

③ Erkläre die folgenden Begriffe: Generationswechsel, Metamorphose, Larve.
– *Generationswechsel: Liegt dann vor, wenn sich verschiedene Generationen von Lebewesen einer Art unterschiedlich fortpflanzen.*
Metamorphose: Grundlegende innere und/oder äußere Verwandlung innerhalb der Individualentwicklung.
Larve: Frühes Entwicklungsstadium von Tieren während der Metamorphose.

Arbeitsblatt Seite 17

1. a: Tentakel, b: Magen-Darm-Raum, c: Mundöffnung, d: Fußscheibe, e: Nervenzelle, f: Fresszelle, g: Nesselzelle, h: Hautmuskelzelle, i: Drüsenzelle.
2. a: Arm, b: Magen und Darm, c: Mund und After, d: Bein/Fuß, e: Gehirn, f: Magenwand, g: Speer, h: Muskel, i: Darmwand
3. Ein Organ besteht aus verschiedenen Geweben, die ihrerseits aus gleichartigen Zellen zusammengesetzt sind. Da dies beim Süßwasserpolypen fehlt, lässt sich der Begriff des Organs hier nicht verwenden. Die mit den Organen verbundene Arbeitsteilung (auf dem Arbeitsblatt am Beispiel Mensch) findet sich hier nur auf der Ebene der einzelnen Zellen.

Perseus und Medusa

Perseus, Sohn des Zeus, machte sich zur Aufgabe, die Welt von Ungeheuern zu befreien. Drei von ihnen waren die Gorgonen, die im Ozean hausten. Ihre Häupter waren mit Schlangen statt mit Haaren bedeckt. Jeden, der sie ansah, verwandelte ihr Blick in Stein. Eine der drei Gorgonen war Medusa, als einzige sterblich. Ihr Haupt sollte Perseus holen. Mit abgewandtem Gesicht schnitt er es mit seinem Schwert ab. Bei der Hochzeit mit der von ihm geretteten Andromeda versteinerte er seinen Nebenbuhler und dessen Freunde, indem er ihnen das Haupt der Medusa zeigte.

Quallenplagen

Häufig finden sich Touristen an der Meeresküste von „Quallenplagen" belästigt. Schnell kommt die Vermutung auf, durch die Nährstoffzunahme des Meerwassers hätten, bedingt durch die höhere Phytoplanktonproduktion, auch die Endglieder der Nahrungskette, die Quallen, zugenommen. Nähere Untersuchungen zeigen, dass diese Überlegungen bis zur Stufe des Phytoplanktons stimmen, dass aber bereits das Zooplankton keine und die Quallen ebenfalls keine Zunahme zeigen. Phytoplankton-Massenvermehrungen sind meist sehr kurzzeitig, um nach Verbrauch der Nährstoffe auch schnell wieder zusammenzubrechen. Das Zooplankton und die Quallen können diese Ressource gar nicht nutzen. Quallenansammlungen sind wahrscheinlich im Wesentlichen von Strömungen und der Topografie abhängige, mehr oder weniger zufällige Ereignisse.
Als das gefährlichste Meerestier gilt die Qualle *Chironex fleckeri*, die im Atlantik, Pazifik und im Indischen Ozean beheimatet ist. Der Tod kann in Sekunden nach der Berührung mit den Tentakeln eintreten. Von den in der Nord- und Ostsee vorkommenden Quallen bewirken nur die *Cyanea*-Arten (Blaue Nesselqualle und Gelbe Haarqualle) beim Menschen Vergiftungserscheinungen, die aber harmlos sind und leicht lokal mit verdünntem Salmiakgeist behandelt werden können.

Literaturhinweise

BRAUNER, K.: Wir beobachten und züchten Süßwasserpolypen. Unterricht Biologie, Heft 127, S. 45 – 48, 1987

GEBAUER, M.: Auch Quallen können töten. Unterricht Biologie, Heft 246, S. 34 – 36, 1999

SCHNEIDER, G: Quallen. Unterricht Biologie, Heft 180, S. 18 – 22, Friedrich-Verlag, Velbert 1992

SCHNEIDER, G: Stirbt das Meer den Quallentod? Natur und Museum, Heft 130, S. 191, 2000

Medienhinweise

FWU 10 02626 Wirbellose: Erdaltertum (u. a. fossile Quallen)
FWU 32 03210, 42 01656 Ohrenqualle

Hat der Süßwasserpolyp Organe?

Der Süßwasserpolyp kann sich bewegen, sich ernähren, die Umwelt wahrnehmen, sich verteidigen und vieles mehr. Wir sind gewohnt, dass die Tiere für diese vielen verschiedenen Aufgaben jeweils spezialisierte Organe besitzen. Wie hat der Süßwasserpolyp dieses Problem gelöst?

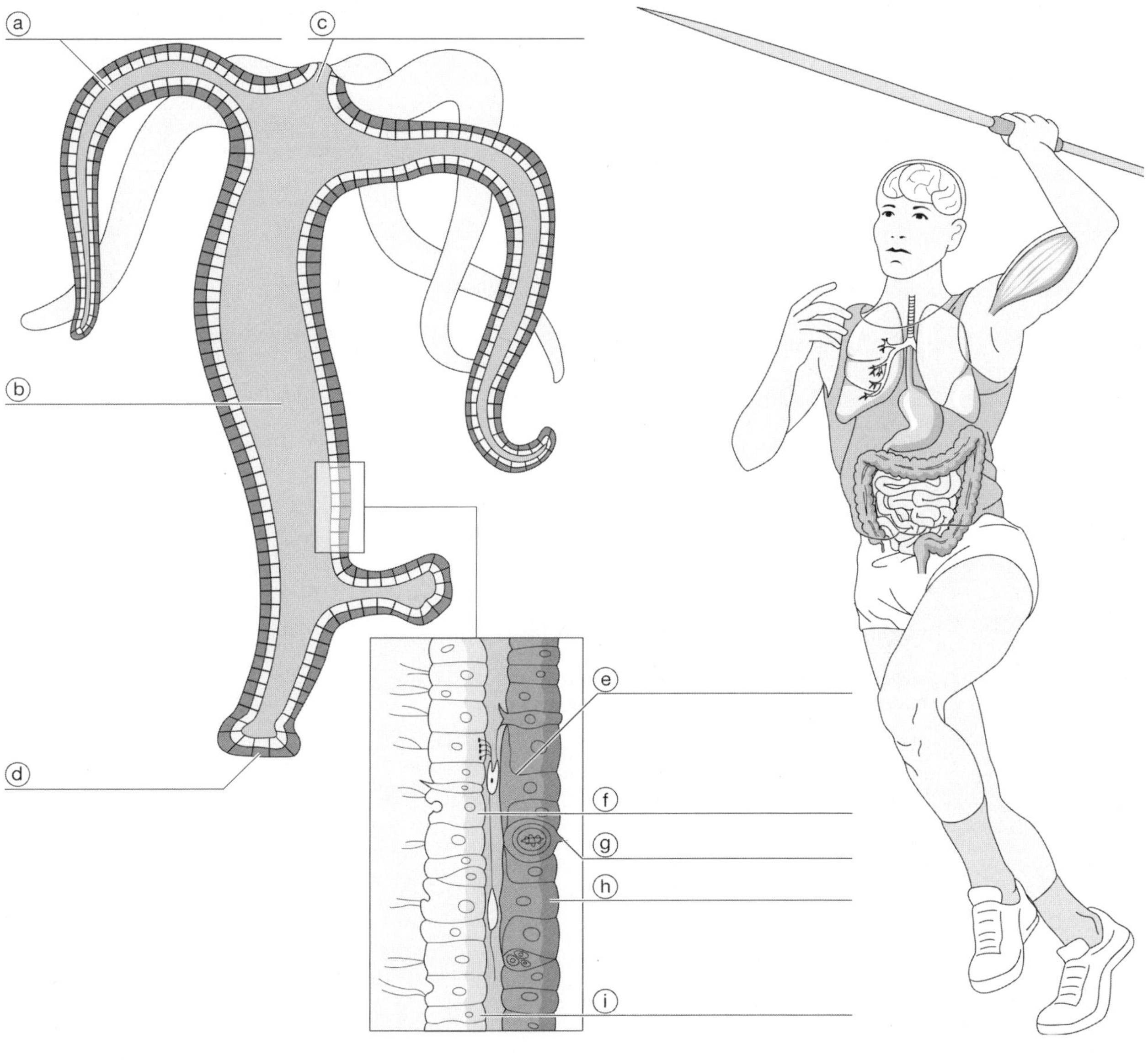

Aufgaben

1. Beschrifte die beiden Zeichnungen des Süßwasserpolypen. Schlage gegebenenfalls in deinem Biologiebuch nach.

2. Markiere die beschrifteten Strukturen des Süßwasserpolypen mit verschiedenen Farben. Bezeichne mit den gleichen Farben die Entsprechungen bei dem Speerwerfer.

3. Begründe nun, ob der Süßwasserpolyp Organe hat oder nicht.

____

____

Einsiedlerkrebs
Koralle
Seeanemone
Symbiose

Impulse: Leben im Korallenriff

Arbeitsblatt Seite 19

1. a: Die Seeanemome sitzt mit ihrer Fußscheibe auf dem Schneckengehäuse, in dem der Krebs lebt.; b: Im Experiment wird die Seeanemone entfernt und versteckt; c: Der Krebs bemerkt das Fehlen der Seerose; d: Er nimmt die versteckte Seeanemone wahr und läuft direkt zu ihr hin; e: Er heftet sie wieder auf sein Gehäuse.
2. Wenn der Krebs die Seeanemone nicht sehen kann, bleibt die Möglichkeit, durch Ausscheidung eines Stoffes, den die Krebse wahrnehmen können, auf sich aufmerksam zu machen.
3. Anemone: Ortsveränderung, Nahrungsreste; Krebse: Schutz durch Nesselzellen.

Seeanemonen (Aktinien)

Seeanemonen sind aus vielen Meerwasseraquarien bekannt und an ihrer gedrungenen zylindrischen Form und den vielen Tentakeln leicht zu erkennen. Auffällig ist deren ständiges schlangengleiches Bewegungsspiel. Aktinien sind mit über 1 000 Arten über alle Weltmeere verbreitet und kommen in allen Tiefenregionen vor. Sie siedeln in der Regel auf allen Sorten von Hartsubstraten, nur wenige sind in Sand und Schlick zu finden. Sie sind zwar vorwiegend sessil, können aber bei Beunruhigung, bei zu hoher Populationsdichte und anderen widrigen Bedingungen mit wellenförmigen Bewegungen ihrer Sohle zu einem anderen Standort kriechen.

Die Fähigkeit vieler Arten, sich mit Krabben und Einsiedlerkrebsen zu Symbiosen zusammenzuschließen, trägt zu ihrer Popularität bei. Die Krebse transportieren die Seeanemonen, sodass diese den Vorteil einer vagilen Lebensweise nutzen können. Außerdem fallen bei den Mahlzeiten der Krebse Reste ab, die von den Aktinien verwertet werden. Die Seeanemonen ihrerseits gewähren dank ihrer Nesselkapseln den gegen das Gift wahrscheinlich unempfindlichen Krebsen einen wirksamen Schutz vor ihren Feinden, hauptsächlich Kraken. In den meisten Fällen ist die Besiedlung der Panzer der Krabben oder der Schneckengehäuse im Falle der Einsiedlerkrebse mehr oder weniger zufällig. Eine echte Partnerschaft liegt jedoch beim Einsiedlerkrebs *Dardanus arrosor* und der Seeanemone *Calliactis* vor: Wenn das Gehäuse dem Krebs zu klein geworden ist, klopft er so lange mit seinen Scheren auf den Körper der Aktinie und zupft an ihr, ohne sie zu verletzen, bis sie loslässt und trägt sie zu seinem neuen Gehäuse, auf dem sie sich sofort niederlässt. Wenn in einem Experiment die Seeanemone unter Steinen versteckt wird, sucht und findet er sie.

Viele Aktinien besitzen, ähnlich wie auch verschiedene Süßwasserpolypen, Grünalgen *(Zooxanthellen)* als Endosymbiosepartner. Durch ihre Fotosyntheseleistung tragen sie erheblich zur Ernährung der Seeanemonen bei.

Die Vergesellschaftung mancher Seeanemonen mit Fischen („Anemonenfischen") dagegen zeigt nur einen einseitigen Nutzen: Diese Fische entfernen sich selten oder nie von den Tentakeln und verschaffen sich somit einen Schutz vor Fressfeinden. Sie selbst werden dabei nicht genesselt. Allerdings sind die Anemonenfische nicht unempfindlich gegen das Nesselgift. Sie berühren vielmehr vorsichtig mit kleinen Teilen ihrer Körperoberfläche die Tentakel und streifen dabei den Aktinienschleim ab. Allmählich wird so der ganze Körper mit einer Schicht überzogen, die von den Rezeptoren der Aktinie nicht als „fremd" erkannt wird.

Meerwasseraquarien

Deutsches Museum für Meereskunde und Fischerei:
http://www.meeresmuseum.de

Medienhinweise

FWU 32 00891 Am Korallenriff

Einsiedlerkrebs und Seeanemone

Unter Symbiose versteht man ein Zusammenleben mit gegenseitigem Vorteil. Zu ihrer Untersuchung wurde mit einem von der Seeanemone *(Callactis)* besiedelten Einsiedlerkrebs ein Experiment durchgeführt.

Aufgaben

1. Beschreibe die dargestellte Filmsequenz.

2. Überlege, wodurch der Krebs die Seeanemone wahrnehmen kann.

3. Nenne die Vorteile, die die Symbiose den beiden Partnern bringt.

Regenwurm
Systematik
Wirbellose
Wirbeltiere

Wirbellose Tiere

1 Würmer – eine vielseitige Lebensform

Regenwürmer sind Bodenbewohner

Regenwurm-Modelle
a) für die Segmentierung: aneinandergereihte Schachteln, die durch eine Schnur im Inneren verbunden werden.

b) für die Peristaltik: ein länglicher Luftballon, der ringförmig zusammengepresst wird

c) für die Verankerung mit den Borsten: eine Harpunenpfeilspitze (oder Modell s. u.)

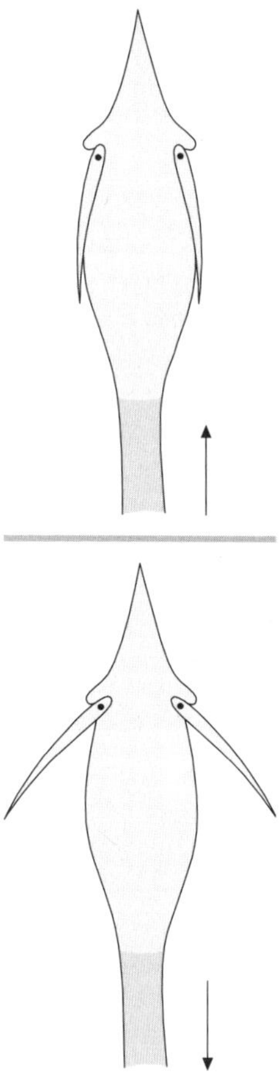

Schülerbuch Seite 27

① Grabe einen Regenwurm aus, spüle die Erde ab und betrachte ihn. Achte darauf, dass das Tier nicht trocken wird.
– *Man erkennt die Gliederung in einzelne, gleich aussehende Körperringe oder Segmente. Die Rückenseite ist dunkler als die Bauchseite, Mundwerkzeuge fehlen. Im vorderen Drittel fällt ein drüsenreicher Gürtel durch seine hellere Färbung auf.*
② Versuche herauszufinden, wo vorne und hinten bei einem Regenwurm ist. Nimm das Tier locker in die geschlossene Hand.
– *Sein Vorderende ist abgerundet; es ist das erste Segment, das als „Kopflappen" über die Mundöffnung herausragt. Das Hinterende ist abgeflacht und läuft spitz aus.*
③ Streiche mit einem Finger in beide Längsrichtungen über den Körper des Wurmes. Was spürst du?
– *Streicht man an der Bauchseite von hinten nach vorn, bemerkt man die feinen Chitinborsten; in entgegengesetzter Richtung ist nichts zu spüren. Die Borsten können dem Körper anliegen, sich aber in Gegenrichtung abspreizen.*
④ Lasse den Wurm über Pergamentpapier und eine Glasplatte kriechen. Beobachte und beschreibe sein Verhalten.
– *Auf dem Pergamentpapier ist ein kratzendes Geräusch zu hören, während der Regenwurm vorwärts kriecht. Der Körper des Wurms wird abwechselnd lang und dünn, dann kurz und dick.*
Das Tier kriecht vorwärts, wenn die Wellenbewegungen von vorne nach hinten laufen, es kriecht rückwärts, wenn die Wellenfront von hinten nach vorne durchläuft. Die 4 Paar Chitinborsten je Segment verankern das Tier auf dem Pergament und verursachen das kratzende Geräusch. Auf der Glasplatte windet sich das Tier hin und her, es kommt aber nicht voran. Die Chitinborsten greifen nicht auf der glatten Unterlage.

Arbeitsblatt Seite 21

1. 1) Mund, 2) Darm, 3) Nervensystem, 4) Blutgefäßsystem, 5) Seitenherzen, 6) Geschlechtsorgane, 7) Ausscheidungsorgane, 8) Kutikula, 9) Ringmuskel, 10) Längsmuskel, 11) Rückengefäß, 12) Bauchgefäß.
2. a) einzelne, nahezu gleiche Ringe (Segmente); b) flüssigkeitsgefüllte Leibeshöhle (Hydroskelett); c) durch Peristaltik des Hautmuskelschlauchs und der vier Borstenreihen; d) keine Sinnesorgane (die Sinneszellen in der Haut reagieren auf Licht, Erschütterung und chemische Reize); e) Strickleiternervensystem; f) Mund, Schlund, Speiseröhre, Kropf, Muskelmagen, Darm, After; g) geschlossener Blutkreislauf, der durch das Rückengefäß und die Seitenherzen angetrieben wird; h) pro Segment ein Paar Ausscheidungsorgane; i) über die gesamte feuchte Haut.

Kennzeichen-Kärtchen

Für viele Wirbellose (Arten, Ordnungen, Gattungen) lohnt es sich, „Kennzeichen- oder Bestimmungskärtchen" anzufertigen, die laminiert werden und in einer Materialbox immer wieder zur Verfügung stehen.

Wenigborster / Schlammröhrenwürmer

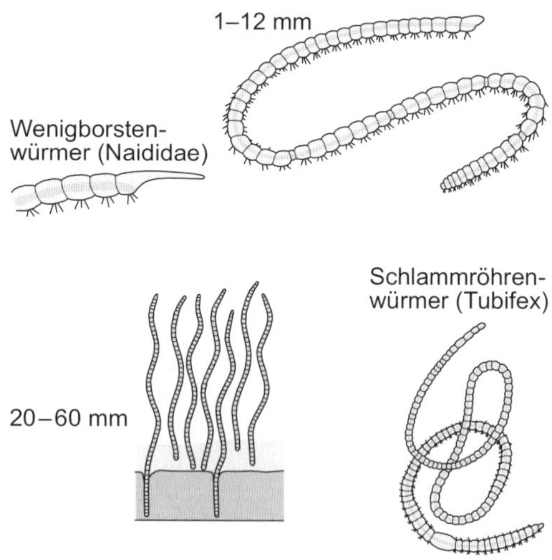

Lebensraum: stehende und langsam fließende Gewässer (Güteklasse III–IV, Abwasserzone), Tubifex lebt im Schlamm.

Nahrung: Sie durchwühlen wie Regenwürmer den Schlamm.

Kennzeichen: 1 bis 12 mm (Wenigborster), 20 bis 60 mm (Tubifex); geringelter Körper ohne deutlich abgesetzten Kopf; jeder Körperring mit Borsten (wenig, haken- oder haarförmig), keine Stummelfüße.

Besonderheiten: Wenigborster kriechen schlängelnd frei herum (wie Regenwürmer) und sind gelblich. Tubifex ist rot, steckt mit dem Vorderende in Wohnröhren, die mit Schleim verfestigt wurden und schlängelt mit dem Hinterende im freien Wasser. Je sauerstoffärmer das Wasser ist, desto weiter schieben sich die Würmer heraus. Sie bilden häufig große Kolonien und dienen vielen Fischen als Nahrung.

Beispiel für ein Kennzeichen-Kärtchen

Kennzeichen wirbelloser Tiere – Beispiel Regenwurm

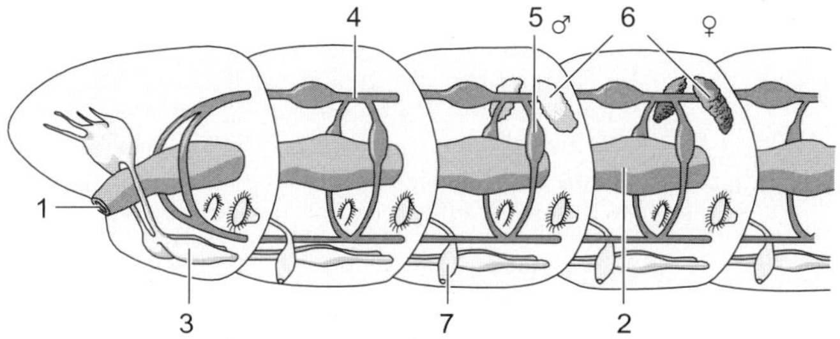

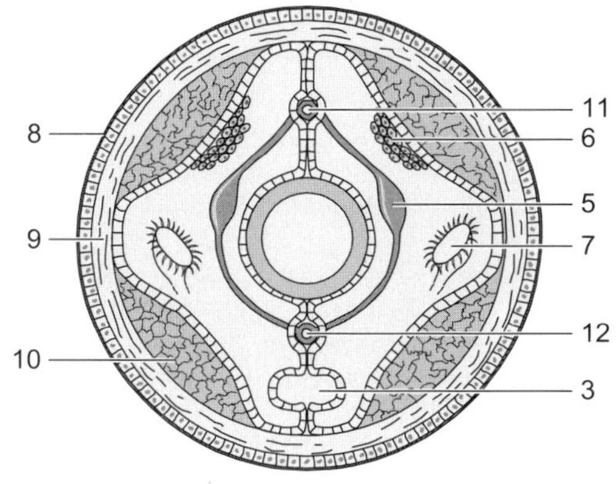

Die Ringelnatter ist ein Wirbeltier

Die Ringelnatter ist unsere häufigste einheimische Schlange. Ihr Körper ist wie bei den Eidechsen mit Schuppen bedeckt. Beim Wachstum wird das Schuppenkleid als „Natternhemd" abgestreift. Sie besitzt keine Giftzähne. Die Fortbewegung erfolgt durch Schlängeln, Beine fehlen. Die zahlreichen Wirbel werden bei der Fortbewegung durch die breiten Bauchschuppen unterstützt, mit denen sie sich auf rauem Untergrund voranschiebt.

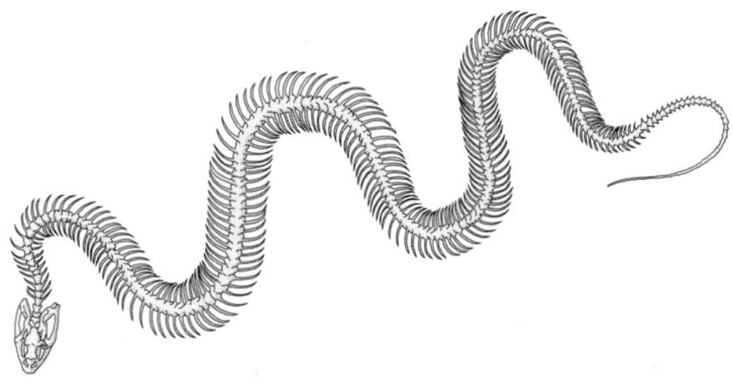

Skelett der Ringelnatter

Aufgaben

1. Beschrifte den Bauplan des Regenwurms

1) ____________ 2) ____________ 3) ____________ 4) ____________

5) ____________ 6) ____________ 7) ____________ 8) ____________

9) ____________ 10) ____________ 11) ____________ 12) ____________

2. Vergleiche den Aufbau des Regenwurms mit dem der Schlangen unter folgenden Gesichtspunkten:

	Schlange	Regenwurm
a) Aufbau / Gliederung	Schädelkapsel, Wirbelsäule mit Rippen	
b) Festigkeit	Knochenskelett	
c) Fortbewegung	Schlängeln	
d) Sinnesorgane	Augen, Zunge, Geruchsorgan, Tastsinn	
e) Nervensystem	Gehirn, Rückenmark, Nerven	
f) Abschnitte des Verdauungstraktes	Mund, Speiseröhre, Magen, Dünndarm, Dickdarm, Mastdarm	
g) Stofftransport	geschlossener Blutkreislauf, Antrieb ist ein Herz	
h) Ausscheidung	ein Paar Nieren für den ganzen Körper	
i) Atmung	Lungen	

Regenwürmer verbessern den Boden
Praktikum: Beobachtungen beim Regenwurm

Schülerbuch Seite 28

① Nenne Gründe, warum die Anzahl der Würmer bei einer tiefen Bodenbearbeitung vermindert ist.

– *Bei der Bodenbearbeitung mit Maschinen werden besonders viele Tiere durchtrennt und zerquetscht. Die Regeneration ist in manchen Fällen zwar möglich, erfolgt jedoch längst nicht in dem Maße, wie oftmals angenommen wird. Das Gewicht schwerer Maschinen und die starken Vibrationen während der Bearbeitung bewirken eine Bodenverdichtung. Die Wurmgänge kollabieren, die Entwässerung erfolgt langsamer und die Durchlüftung ist gestört. Die Anzahl der Würmer nimmt ab.*

② Erkläre die unterschiedlich starke Kotproduktion der Regenwürmer einer Wiese im Jahresverlauf (siehe Abbildung).

– *In den relativ regenarmen Monaten August und September ziehen sich die Regenwürmer in tiefere, feuchtere Erdschichten zurück und sind dann weniger aktiv. Dasselbe geschieht aufgrund der Kälte in den Monaten Dezember, Januar und Februar. Nur in den regenreichen und relativ warmen Monaten produzieren sie viel Kot. In langen, sehr heißen Sommern halten viele Regenwürmer einen „Sommerschlaf".*

Hinweise zum Praktikum

Bauch-Rücken-Test
Der Regenwurm kann die Richtung des einfallenden Lichtes feststellen. Er dreht sich und versucht, sich vor dem einfallenden Licht zu verstecken *(negative Phototaxis)*. In seinem natürlichen Lebensbereich kommt das Licht immer von oben und er kriecht weg vom Licht ins Erdreich *(Fluchtreaktion)*. Er schützt sich vor Austrocknung und Verbrennung durch die UV-Strahlen der Sonne.

Glasrohrtest
Der Regenwurm weicht durch Rückwärts- oder Vorwärtskriechen dem Lichtstrahl aus. Als besonders reizbar erweist sich das Vorderende: Bei Belichtung kriecht der Regenwurm schnell rückwärts. Bei Belichtung des Hinterendes kriecht er mit verzögerter Reaktionsgeschwindigkeit vorwärts. Bei Belichtung der Körpermitte beginnt die Reaktion häufig erst nach einer Minute oder noch später.

Lerntest
Die Art der Versuchsanordnung ist typisch für Behaviouristen. Wählt der Regenwurm den Weg 2, so wird er durch die Essigsäure bestraft, bei Weg 3 belohnt. Der Regenwurm lernt durch Versuch und Irrtum. Nach der Dressurphase sind die Fehlleistungen deutlich seltener.

Durchmischungsversuch
Die Regenwürmer durchmischen das Erde-Sand-Profil, das im freien Glas erhalten bleibt.

Feldversuch
Im Rasen und Garten sind die Kothäufchen am häufigsten. In unbehandelten Böden leben mehr Würmer als in gedüngten oder mit Pestiziden behandelten Flächen. Im Nadelwald sind keine Kothäufchen zu finden.

Bodenproben
Das Gangsystem des Regenwurms reicht bis zu einer Tiefe von 2 Metern und mehr. Durch die Gänge wird der Boden belüftet, erwärmt und entwässert. Diesen Auflockerungen folgen die Wurzeln.

Arbeitsblatt Seite 23

1. 1) DrehWURM, 2) HolzWURM, 3) ZwergfadenWURM, 4) NasenWURM, 5) Natter, 6) RegenWURM, 7) Nil, 8) LindWURM, 9) Darmparasit, 10) Trichine, 11) Egel, 12) Lumbricus, 13) SeeringelWURM, 14) Längsmuskeln, 15) Nervensystem, 16) Mehlwurm.
   Lösungswort: WURMFORTSATZ.
2. **Drehwurm:** Dies bezeichnet die Finne einer Bandwurmart, die im Gehirn von Schafen, Rindern und anderen Tieren die Drehkrankheit verursacht.
   Holzwurm: Die Larven verschiedener Käfer- und Wespenarten, die sich im Holz entwickeln und Gänge in das Holz fressen. Die Larven gehören zu den Klopfkäfern, den Bockkäfern oder den Holzwespen.
   Zwergfadenwurm: Dieser Parasit im Darm des Menschen besitzt eine frei lebende, getrenntgeschlechtliche Generation, die in den Tropen im Boden an feuchtwarmen Stellen lebt.
   Nasenwurm: Die seltenen Parasiten besiedelten ursprünglich in Europa Füchse und Wölfe, werden heute aber auch in den Stirn- und Nasenhöhlen von Hunden, Pferden, Schafen oder Ziegen gefunden.
   Natter: Die Schlangen besitzen ein weit dehnbares Maul, da die Schädelknochen beweglich miteinander verbunden sind. Sie können daher auch kleine Wirbeltiere verschlingen. Bekannt ist z. B. die einheimische Äskulapnatter.
   Regenwurm (*Lumbricus*): Die zu den Wenigborstern gehörenden Bodenbewohner sind an feuchte Umgebung angepasst.
   Trichine: Die Parasiten leben im Dünndarm Fleisch fressender Tiere und des Menschen. Die Infektion erfolgt durch rohes Fleisch mit eingekapselten Larvenstadien.
   Egel: Hierzu zählen einerseits parasitische Saugwürmer im Darm, in der Lunge oder Leber, aber auch der Blutegel.
   Seeringelwurm: Die zahlreichen Körperringe sind mit vielen Borsten besetzt. Die in der Nordsee vorkommende Art lebt in U-förmigen Gängen und ernährt sich von Pflanzenresten oder kleinen Tieren.
   Mehlwurm: Die Mehlkäfer und ihre Larven lebten ursprünglich in trockenem Holz, kommen heute aber in Bäckereien und Getreidespeichern vor. Sie werden häufig als Tierfutter gezüchtet.

Wortspielerei: Wurm ist nicht gleich Wurm

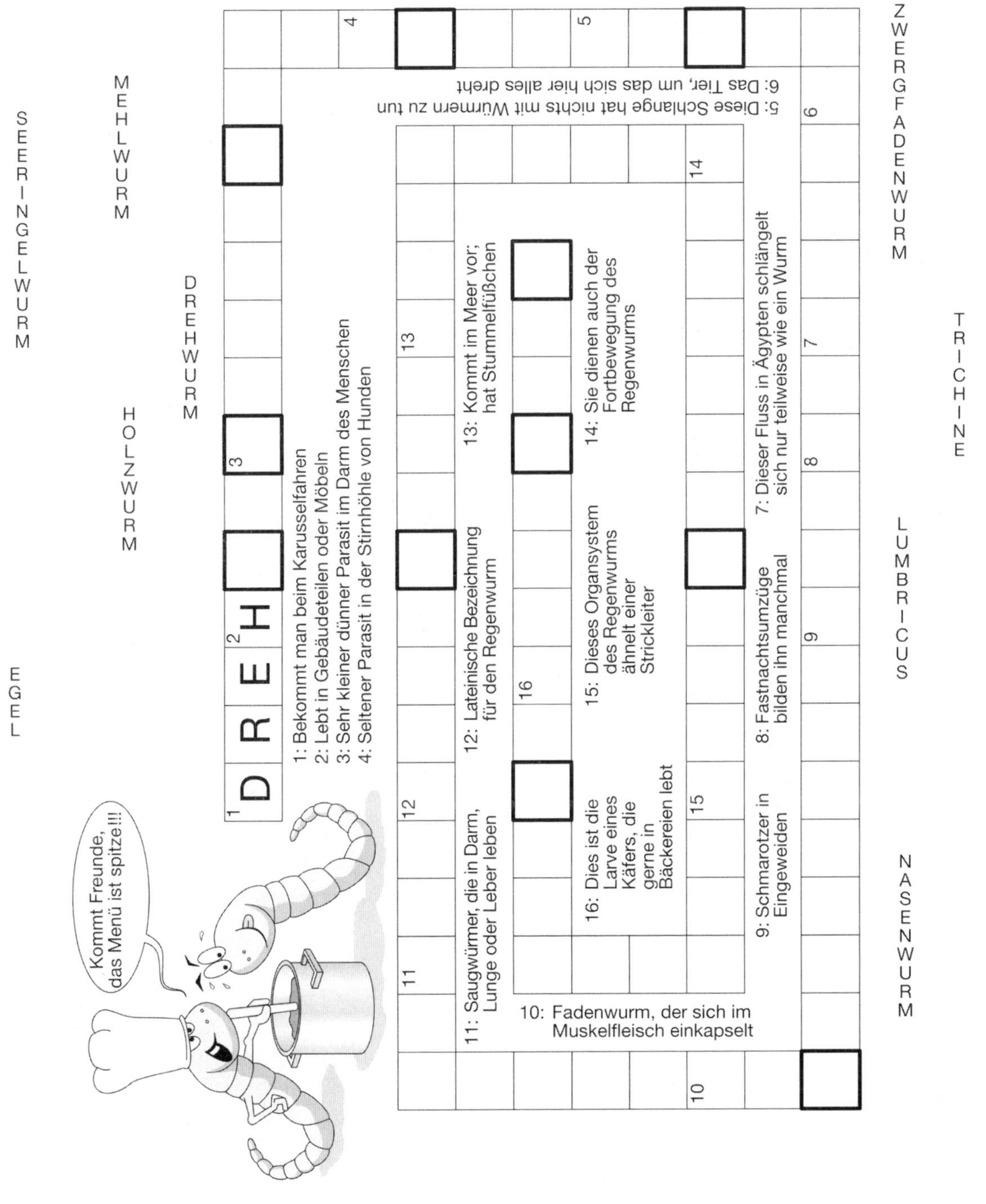

Aufgaben

1. Im Rätsel sind zahlreiche Teilwörter versteckt, die erst in der Zusammensetzung mit dem dazu gedachten Wort „Wurm“ den beschriebenen Sinn ergeben. Ausnahme ist nur das Wort zu 16; hier endet das Rätsel mit dem gesamten Wort. Der letzte Buchstabe des einen Teilwortes ist immer der Anfangsbuchstabe des nächsten. Die Buchstaben in den stark umrandeten Kästchen ergeben das Lösungswort, wenn man sie in die richtige Reihenfolge bringt. Es ist ein blind endendes Anhängsel eines inneren Organs und enthält auch das Wort „Wurm“, ohne ein Wurm zu sein.

2. Ein Teil der Lösungsworte ist rund um das Rätsel bereits angegeben. Um welche „Würmer“ handelt es sich jeweils? Suche in Büchern, Lexika oder elektronischen Medien nicht nur nach der Beschreibung der Tiere, sondern auch nach ihrer Ernährungsweise.

Bandwurm
Fuchsbandwurm
Parasitismus
Rinderbandwurm

Würmer als Krankheitserreger

Arbeitsblatt Seite 25

1. Rinderbandwurm: Mensch ist Endwirt mit einem Bandwurm im Darm. Er wird nur wenig geschädigt.
   Kleiner Fuchsbandwurm: Zwischenwirte werden beim kleinen Fuchsbandwurm durch die Larven in der Leber stark geschädigt, ggf. also auch der Mensch.
2. Da der Mensch Zwischenwirt ist, gibt es keine erwachsenen Würmer im Darm und damit keine Eier.
3. Sind die Mäuse Zwischenwirte, dann entwickeln sich die Wurmlarven im Hund weiter und Wurmeier können auf den Menschen übertragen werden.

Der kleine Fuchsbandwurm

Der kleine Fuchsbandwurm *(Echinococcus multilocularis)* ist 1,2 bis 2,7 mm lang und hat nur 4 bis 5 Proglottiden. Er hat den Fuchs als Endwirt und verschiedene Mäuse als Zwischenwirte. Sein Larvenstadium, die *Finne*, lebt in der Leber des Zwischenwirtes und bildet eine Vielzahl kleiner Blasen aus, die insgesamt einem Tumor ähneln *(E.alveolaris)* und zunehmend das Lebergewebe zerstören.

Der Hund (seltener die Katze) kommt als Endwirt auch in Frage, wenn infizierte Mäuse gefressen werden. Deshalb sollten Hunde und Katzen alle 4 Wochen entwurmt werden.

Die Aufnahme der Eier durch den Menschen erfolgt über trockenen Fuchskot, wahrscheinlich durch Einatmen, bzw. durch den Verzehr von Beeren oder Pilzen, die nicht ausreichend erhitzt wurden. Der Mensch ist dann ein Fehlwirt. Zwischen der Infektion und dem Ausbruch der Krankheit liegen 10 bis 15 Jahre. Das tumorähnliche Larvengewebe bei der *alveolären Echinokokkose* ist nur im Frühstadium chirurgisch entfernbar.

Innerhalb Deutschlands wurde der kleine Fuchsbandwurm mit Ausnahme von Sachsen in allen Flächen-Bundesländern nachgewiesen; die Befallsrate der Füchse nimmt von Nordost nach Südwest deutlich zu. Im süddeutschen Raum sind stellenweise über 50 % der Füchse befallen.

Zur gezielten Bekämpfung des kleinen Fuchsbandwurmes werden in einigen Gebieten präparierte Fraßköder zur Entwurmung der Füchse ausgebracht. Allerdings kann nur durch mehrmalige Entwurmung im Jahr ein dauerhafter Rückgang der Befallshäufigkeit erzielt werden.

Literaturhinweise

FRANK, W.: Parasitologie. Verlag Ulmer, Stuttgart 1976
Verein „Institut für ökologische Jagd" e. V.: Schriftenreihe für Ökologie, Jagd und Naturschutz Bd.1, Stuttgart 1992

Weltweite Verbreitung des kleinen Fuchsbandwurmes

Endwirte: Eisfuchs (Polargebiete), Rotfuchs (gemäßigte Zonen)
Zwischenwirte: Feldmaus, Schermaus, Bisam

Der kleine Fuchsbandwurm

Waldbeeren von bodennahen Sträuchern, rohe Pilze und am Boden liegende Früchte waldnaher Bäume sollten nicht verzehrt werden. An ihrer Oberfläche können Eier des kleinen Fuchsbandwurm haften. Der nur 4 mm lange Bandwurm kann in großer Anzahl in einem Fuchs vorkommen, ohne diesen wesentlich zu beeinträchtigen. Die Larven befallen beim Zwischenwirt die Leber und zerstören diese, indem sie ein tumorähnliches Gewebe aus vielen kleinen Bläschen bilden.

Der Rinderbandwurm hat den Menschen als einzigen Endwirt. Er kann im Darm bis 10 Meter lang werden. Betroffene leiden trotz gesteigertem Appetit an Gewichtsverlust.

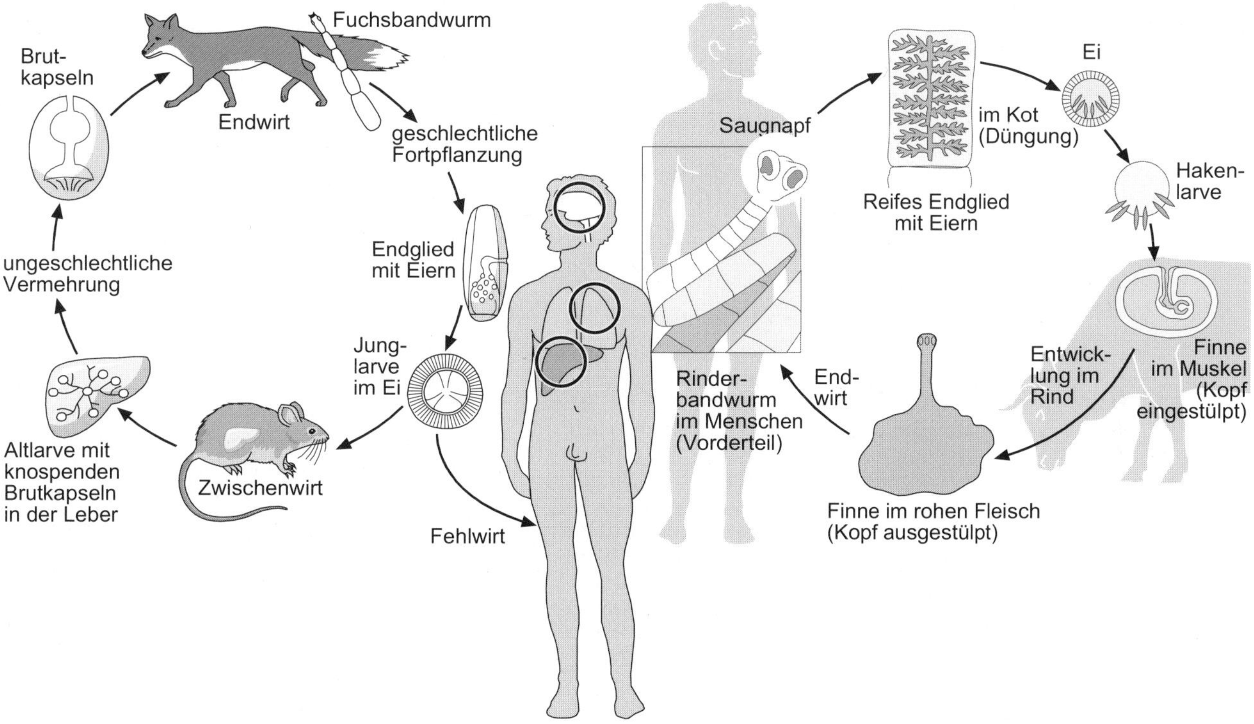

Aufgaben

1. An welchen Stellen der Vermehrungszyklen kommt der Mensch als Wirt vor? Leite daraus die unterschiedliche Gefährlichkeit ab.

____

____

____

2. Bei der Kotuntersuchung eines Kindes werden keine Bandwurmeier gefunden. Ist damit der Befall mit dem kleinen Fuchsbandwurm auszuschließen?

____

____

3. Man sollte seinen Hund keine Mäuse jagen und fressen lassen. Begründe diesen Rat.

____

____

Lexikon: Würmer

Arbeitsblatt Seite 27

1. Der Entwicklungszyklus verläuft über eine geschlechtliche und eine ungeschlechtliche Vermehrung in Mensch *(Generationswechsel)* bzw. Ente und Schnecke *(Wirtswechsel)*. Beide Larvenformen leben im Wasser, erkennen ihre Wirte an bestimmten Substanzen und bohren sich aktiv in die Haut ein. Im Vergleich abweichend sind nur die unterschiedliche Wassertemperatur und die verschiedenen Zwischen- und Endwirte.
2. Larvenhaltige Gewässer sollte man nur mit Gummistiefel betreten oder ganz meiden (Problem: siehe Zusatzinformation Bilharziose).
3. Der Mensch ist für den Erreger der Entenbilharziose ein „Irrtum". Häufige Abkühlung der Gewässer macht zusätzlich einen Befall unwahrscheinlich.

Schlauchwürmer (Nemathelminthes)

Dieser Tierstamm wird in 8 Klassen unterteilt, zu denen neben den Fadenwürmern auch die Rädertierchen gehören. Fadenwürmer sind mit vielen parasitischen Vertretern eine sehr artenreiche Klasse (geschätzt ca. 500 000 Arten). Der älteste nachgewiesene Fadenwurm lebte vor etwa 130 Millionen Jahren als Parasit in einer Gnitze. In manchen Lebensräumen sind schon bis zu 20 Millionen Exemplare pro m^3 Schlamm gezählt worden. Meist sind sie mikroskopisch klein oder nur wenige Millimeter lang. Als Parasit im Uterus eines Pottwals werden Fadenwürmer allerdings über 8 m lang. Auch der Spulwurm *Ascaris lumbricoides* wird im Darm des Menschen bis zu 40 cm lang. Der mit einer dicken Kutikula versehene Hautmuskelschlauch besteht nur aus Längsmuskeln. Der flüssigkeitsgefüllte Körperinnenraum steht unter Druck. Dadurch kommt eine peitschenartige Fortbewegung zustande. Blutgefäße und Atmungsorgane haben Fadenwürmer nicht.

Bilharziose

Der Pärchenegel der Gattung *Schistosoma* ist in tropischen Gebieten ohne ausreichende sanitäre Einrichtungen ein erhebliches Gesundheitsrisiko. Da die Eier mit dem Urin oder Stuhl in Flüsse, Seen und Bewässerungsgräben gelangen und die Wassertemperatur häufig um 25 °C liegt, finden die Wimpernlarven schnell ihre Zwischenwirte. Spielende Kinder, Arbeiter auf den Reisfeldern oder Gläubige bei rituellen Waschungen infizieren sich beim Kontakt mit dem cercarienhaltigen Wasser nach dem Eindringen in den Körper. Die Larven maskieren sich mit Humanproteinen. Dadurch werden sie vom Immunsystem des Menschen nicht angegriffen. Über derartige Mechanismen verfügt der Erreger der Entenbilharziose nicht.

Gegen die erwachsenen Pärchenegel gibt es ein wirksames Medikament (Praziquantel). Da die Menschen sich unter den gegebenen hygienischen Bedingungen aber immer wieder infizieren, müssten regelmäßige, aufwändige und teure Massentherapien durchgeführt werden. Dies würde wahrscheinlich in absehbarer Zeit resistente Mutanten entstehen lassen. Bisher ist es nicht gelungen, einen Impfstoff zu entwickeln, der wirksam vor einer Infektion mit dem Pärchenegel schützt. Dies hat vielfältige Gründe. Das Immunsystem des Menschen entwickelt erst nach 10 bis 15 Jahren schwache Fähigkeiten, eingedrungene Larven abzufangen, gegen die erwachsenen Tiere ist es völlig machtlos. Außerdem können die Schistosomen bestimmte Komponenten des Immunsystems in ihrem Sinn manipulieren. Ein neues Impfkonzept zielt darauf ab, die Entstehung der Entzündungsherde um die im Körper festsitzenden Eier zu verhindern bzw. die Eiproduktion der *Schistosoma*-Weibchen zu reduzieren. Angriffspunkt ist ein Enzym, das für die Fortpflanzung der Parasiten notwendig ist. Jede Schistosomenart verfügt über eine charakteristische Variante dieses Enzyms. In ersten Vorversuchen hat das Eiweiß bei geimpften, gesunden Personen eine Abwehrreaktion hervorgerufen. Die Wirksamkeit des Konzeptes soll unter Feldbedingungen getestet werden.

Praziquantel

Zu den Medikamenten, die nur gegen Cestoden und manche Trematoden wirken, zählt das Medikament *Praziquantel*. Es greift die Epidermis der Parasiten auf der gesamten Körperoberfläche an und schädigt sie derart, dass es zur einer Störung der Ca^{2+}-Permeabilität kommt. Dadurch entstehen Muskelkontraktionen, spastische Lähmungen und nachhaltige Stoffwechselstörungen. An der Darmwand festgeheftete Bandwürmer lösen sich, werden von den Darmenzymen und den weißen Blutzellen angegriffen und unschädlich gemacht. Bei Schafen kann schon 18 Stunden nach der ersten Anwendung des Medikaments eine Ausscheidung der Bandwurmteile nachgewiesen werden und die gesamte Behandlung ist nach 48 Stunden abgeschlossen. Gegen die verschiedenen Pärchenegelarten der Gattung *Schistosoma* wird dieser Wirkstoff ebenfalls verwendet, es scheint hier aber einer längeren Behandlung zu bedürfen.

Literaturhinweise

DÖNGES, J: Parasitologie. Thieme-Verlag, Stuttgart 1988

FRANK, W.: Parasitologie. UTB Ulmer, Stuttgart 1976

FELDMEIER, H.: Neues Impfkonzept gegen Tropenseuchen. Spektrum der Wissenschaft, Januar 2001, S.16ff.

HIRSCH-KAUFFMANN, M., SCHWEIGER R. M.: Biologie für Mediziner, Pharmazeuten und Chemiker. Thieme-Verlag, Stuttgart 1987

MATTHES, D. U. C.: Plagegeister des Menschen; Kosmos Bibliothek 282, Stuttgart 1974

MEHLHORN, H., PIEKARSKI, G.: Grundriß der Parasitenkunde. Stuttgart 1985

Medienhinweise

FWU 42 0382: Wo Baden krank macht

Gefährliches Bad?

Vor einigen Jahren berichteten mehrere Personen nach dem Schwimmen in einem nordhessischen Waldsee über heftig juckende Knötchen und Bläschen mit Rötungen, die einem Insektenstich ähnelten. Da die ortsansässigen Jäger in diesem Zeitraum vermehrt von der *Entenbilharziose* sprachen, waren die Betroffenen sehr besorgt, zumal einige Fernreisende die tropische Bilharziose kannten.

Die Entwicklung des tropischen Pärchenegels

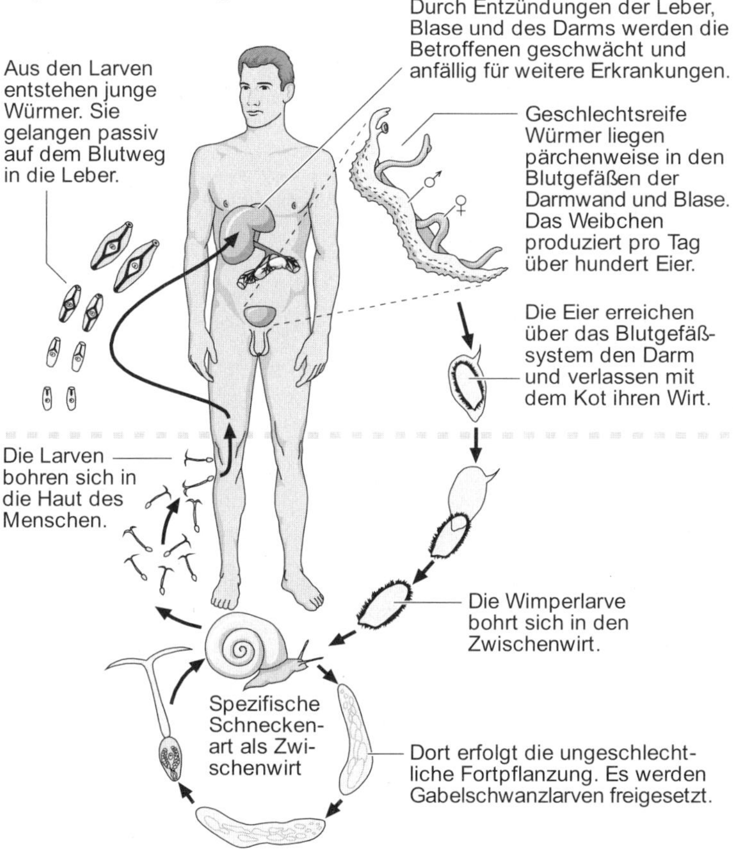

Tropische Bilharziose

In Afrika, Asien und Südamerika leiden mindestens 200 Millionen Menschen an Bilharziose. Erreger sind Pärchenegel der Gattung *Schistosoma*. Als Zwischenwirte im Entwicklungsverlauf dienen Wasserschnecken, die nur in solchen Gewässern vorkommen, deren Wassertemperatur dauerhaft über 22 °C liegt.

Einheimische Entenbilharziose

Heftig juckende Hautausschläge nach einer Abkühlung im Badesee *(Badedermatitis)* können durch die Larven eines einheimischen Saugwurms ausgelöst werden, der im Darm von Wasservögeln lebt. Seine Larven entwickeln sich in verschiedenen Wasserschnecken und werden bei höheren Temperaturen (> 17 °C) ins Wasser freigesetzt. Sie „kennen" ihren Endwirt nicht besonders gut. Bohren sie sich in die Haut des Menschen ein, sterben die Parasiten in den oberen Hautschichten schnell ab. Dies ist harmlos und erfordert keine weitere Behandlung.

Aufgaben

1. Beschreibe die Besonderheiten der Entwicklung des tropischen Pärchenegels. Vergleiche seine Entwicklung mit derjenigen des Erregers der einheimischen Entenbilharziose.

____

____

____

2. Wie kann man sich in den Tropen vor der Bilharziose schützen?

____

3. Warum sind die Besucher eines europäischen Badesees von Bilharziose nicht ernstlich bedroht?

____

____

Biene
Honig
Insekten
Mikroskopie
Pollen

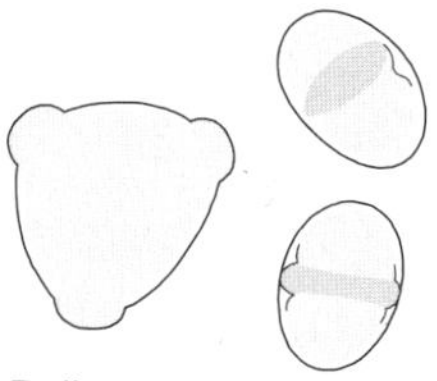

Pollen aus cubanischem Honig

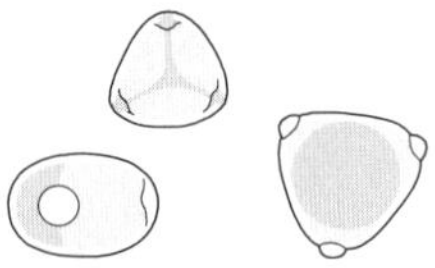

Pollen aus australischem Honig

Leitpollen

Die Honigbiene – ein Insekt als Haustier

Anlegen einer Pollenbibliothek

Pollenkörner bekannter Pflanzenarten können z. B. auf dem Schulgelände gesammelt und dann archiviert werden. Bei der Untersuchung von Pollen unbekannter Herkunft kann das Vergleichsmaterial zur Bestimmung herangezogen werden.

Die gesammelten Pollenkörner werden zunächst entfettet. Dazu wird das gesammelte Material unter dem Abzug ca. 1 Stunde in Ether gehalten. Den Äther entfernt man durch Zentrifugation (im einfachsten Fall mithilfe einer kostengünstigen Handzentrifuge). Die sedimentierten Pollen bleiben am Boden des Reagenzglases haften, der überstehende Ether wird dekantiert.

Ein kleiner Würfel Kaysers-Glyceringelatine wird auf eine Präpariernadel gespießt, die am Boden der Reagenzgläser befindlichen Pollenkörner werden mit der Gelatine aufgenommen. Der Gelatine-Würfel wird auf einen Objektträger gebracht, die Gelatine durch Erwärmen zum Schmelzen gebracht. Nach Auflegen eines Deckgläschens werden dessen Ränder mithilfe von klarem Nagellack versiegelt und die Probe so haltbar gemacht.

Untersuchung von Vergleichspollen

Pollenkörner verändern ihr Aussehen und ihre Größe in Abhängigkeit von der Einbettungsflüssigkeit. Wird der Vergleichspollen von den Schülern direkt untersucht, so werden die Proben zunächst einen Tag in einem Honig-Wasser-Gemisch (1 Teil Honig + 3 Teile Wasser), das durch Zentrifugation oder Filtration (Papierfilter) pollenfrei gemacht wurde, zur Quellung gehalten und dann, wie im Schülerarbeitsblatt beschrieben, präpariert.

Ausländische Honigsorten

Zur Identifizierung einiger ausländischer Honigsorten können die unten stehenden Abbildungen genutzt werden. In Honigverfälschungen können aber leider auch Pollenkörner vorkommen, indem Zuckerfütterungshonig oder Kunsthonig mit dem sehr pollenreichen amerikanischen Presshonig verschnitten wird. Zur Gewinnung des Presshonigs werden die brutfreien Honigwaben einfach ausgepresst. Deutscher Bienenhonig hingegen wird schonend durch Schleudern der Honigwaben gewonnen.

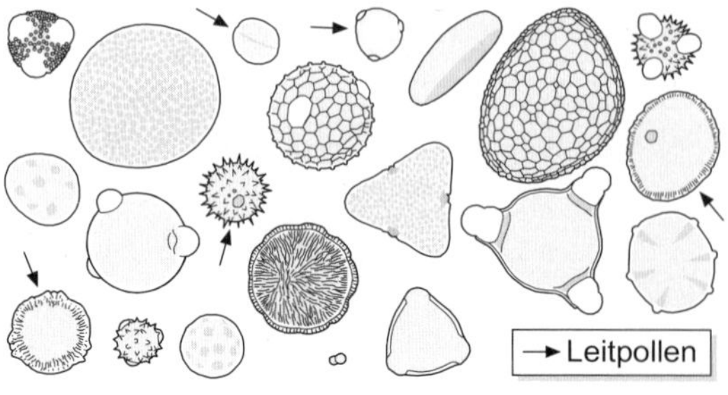

Pollen in heimischem Honig

Länglich-ovale Pollen

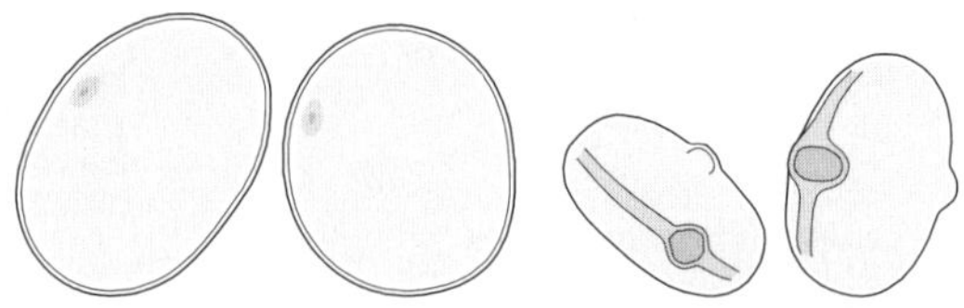

Roggen Saubohne

Dreieckig-rundliche Pollen

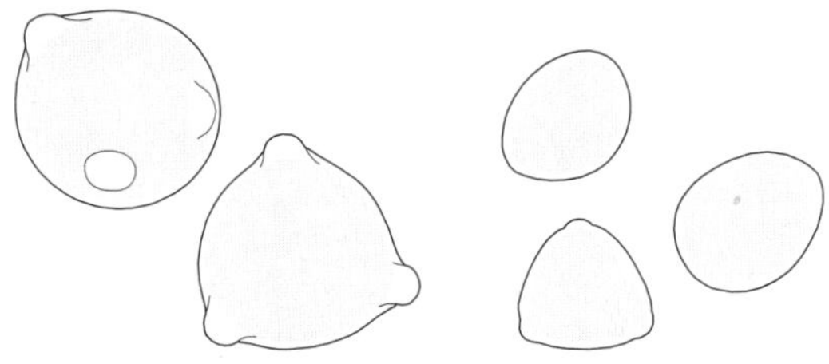

Stangenbohne Robinie

Auffallend große Pollen

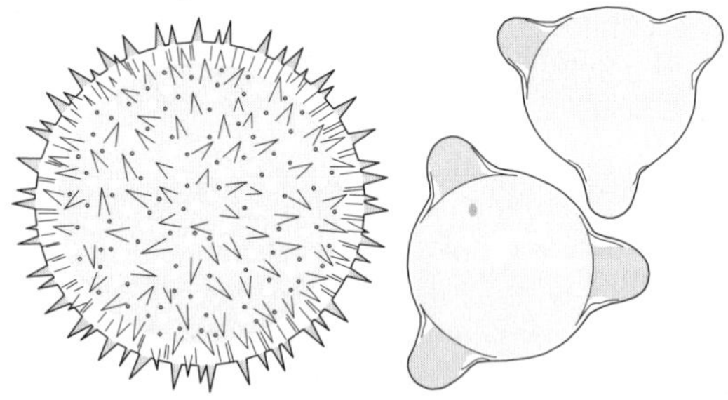

Eibisch Weidenröschen

Zusammengesetzt erscheinende Pollen

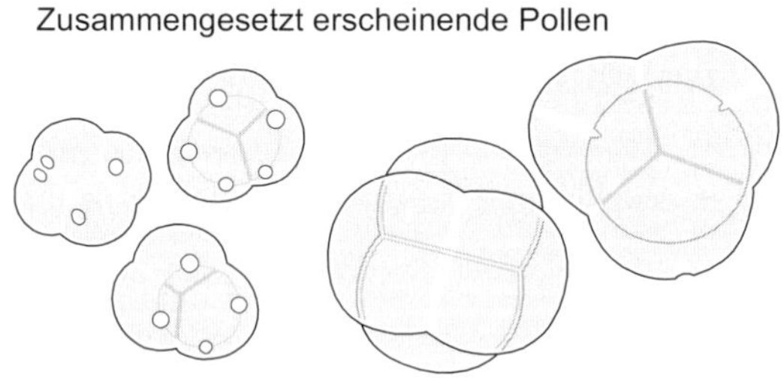

Besenheide Rhododendron-Arten

Die Abbildungen der Pollenkörner wurden der Übersicht wegen nach morphologischen Gesichtspunkten – meist ohne Berücksichtigung der Systematik – gruppiert.

Literaturhinweise

GASSNER, G.; HOHMANN, B.; DEUSCHMANN, F.: Mikroskopische Untersuchung pflanzlicher Lebensmittel. G. Fischer Verlag, Stuttgart 1989

FAEGRI, K.: Bestimmungsschlüssel für die nordwesteuropäische Pollenflora, G. Fischer Verlag, Stuttgart 1993

HALLEM, M.: Pollen – der Bienen täglich Brot. In: Unterricht Biologie, Heft 236, S. 18 ff., 1998

Honig – Original oder Fälschung

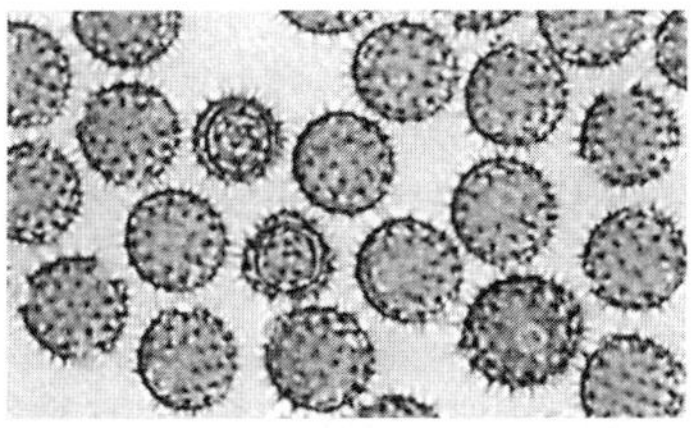

Sonnenblumenpollen (ca. 165x)

In der Vergangenheit sind immer wieder Fälle von Honigfälschungen bekannt geworden: Billige Zuckercreme wurde als Imkerhonig deklariert. Eine einfache Methode herauszufinden, um welches Produkt es sich handelt, ist die mikroskopische Untersuchung des Honigs auf Pollenkörner. Diese werden von den Arbeitsbienen zusammen mit dem Nektar in den Stock eingetragen und finden sich auch im Lebensmittel Honig wieder. Kennt man die Pollenkörner im Honig, können Rückschlüsse auf dessen Herkunft gezogen werden.

Eine Ausnahme bildet allerdings der sogenannte „Honigtau“ (auch „Tauhonig“ genannt), der nicht aus Blüten, sondern von zuckerhaltigen, klebrigen Überzügen, insbesondere von Blättern der Nadelbäume, eingetragen wird. Diese Honigsorte, die im Glas nicht erhärtet, ist aber leicht an ihrer dunkleren Farbe und am harzigen Geruch zu erkennen. Die Bestimmung von Pollenkörnern aus dem Honig macht einige Vorbereitungen notwendig; die Pollenkörner müssen präpariert werden.

Präparation von Pollenkörnern aus Honig:

1. 1 Teil Honig wird in 4 Teilen Wasser (ca. 45 °C warm) gut gelöst.
2. Das Gemisch wird 5 Minuten mithilfe einer Hand- oder Tischzentrifuge (2000 Umdrehungen pro Minute) im Reagenzglas geschleudert. Dabei setzen sich die schwereren Pollenkörner am Boden des Reagenzglases ab, leichtere schwimmen oben auf.
3. Mithilfe einer Pasteur-Pipette wird getrennt pollenhaltige Flüssigkeit zuerst von der Flüssigkeitsoberfläche und dann vom Boden des Gefäßes abgenommen und auf einen Objektträger getropft (Deckgläschen auflegen).

Mikroskopieren, Zeichnen und Bestimmen der Pollenkörner

Die Pollenkörner-Präparate werden unter dem Lichtmikroskop bei einer Vergrößerung zwischen 200- bis 400fach untersucht und dann gezeichnet. Zeichne die Körner nicht zu klein, fünf Pollenkörner sollen etwa die Größe deiner Handfläche einnehmen. Notiere auf dem Zeichenblatt das Datum der Untersuchung, die gewählte Vergrößerung und auch die Bezeichnung des Honigs vom Glas. Die Abbildungen unten zeigen häufig in deutschem Imkerhonig anzutreffende Arten von Pollenkörner. Pollenkörner einer Art, die in einer Honigprobe besonders häufig zu finden sind, werden auch als „Leitpollen“ der entsprechenden Sorte bezeichnet.

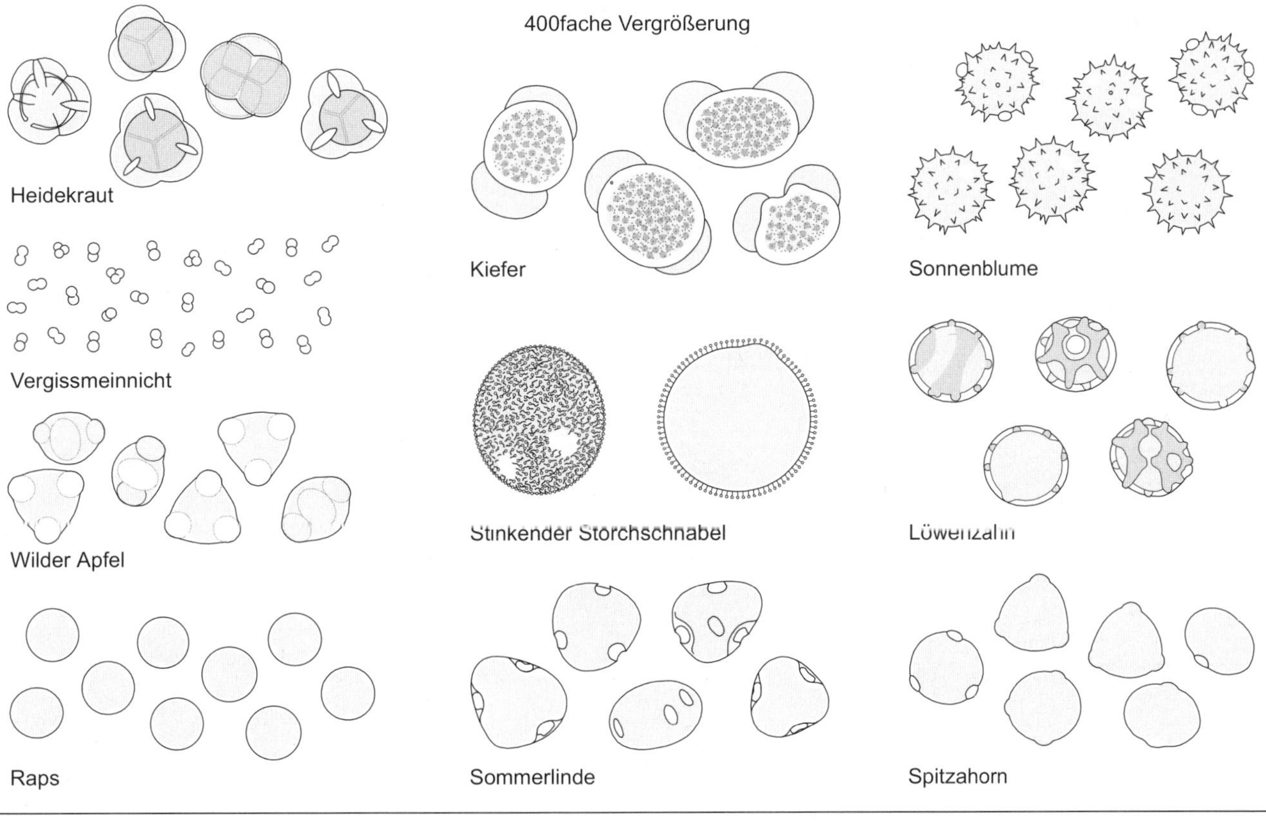

Allergie
Biene
Insekten
Parasitismus
Solitärbienen

Das Bienenjahr

Beobachtungsröhren

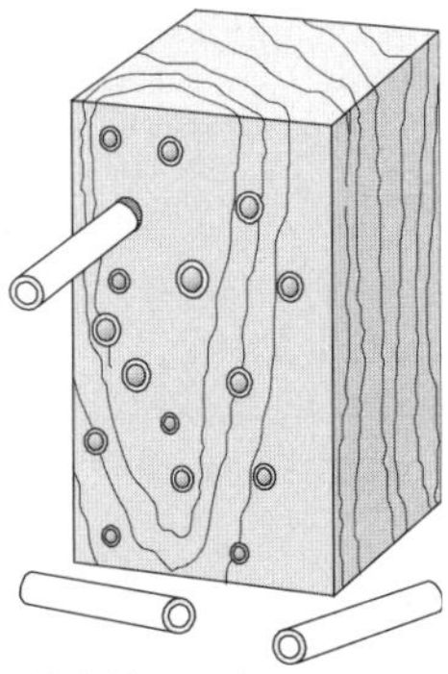

Holzklotz mit Glasröhrchen

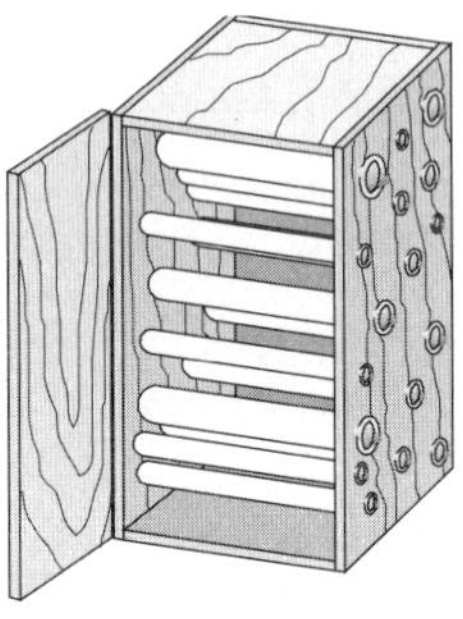

Zigarrenkiste mit Glasröhrchen

Z Wildbienen

Unter den ca. 500 mitteleuropäischen Bienenarten ist die Honigbiene mit ihrem komplexen Staatsgebilde eine Ausnahme. Die meisten Bienen leben als Solitärbienen nicht gesellig, 40 % gelten als bedroht. Die Ursachen sind fehlende Nahrungspflanzen und mangelnde Nistgelegenheiten. Da selbst in Stadtgebieten ein großer Teil der Blütenbestäubung durch Wildbienen erfolgt, lohnt es sich, im Bereich der Schule Nisthilfen für die verschiedenen Wildbienen anzubringen.

Wildbienen, die in Hohlräumen unterschiedlichster Art siedeln, sind am leichtesten anzulocken: Strohhalme, Grasstängel, trockene, markhaltige Pflanzenstängel und Nisthölzer sind dafür geeignet. Steilwandbienen nehmen gerne mit Lehm und Löss gefüllte Kisten an. Durch Aufschüttungen von Sand kann man im Erdboden nistende Bienen anlocken.

Ein typisches Wildbienennest hat mehrere Brutzellen. Meist ist die vorderste, die *Atriumzelle*, leer, als Schutz vor Parasiten. Die Wildbienen verbringen den Winter als Puppen oder fertige Insekten in ihren Brutzellen. Im zeitigen Frühjahr schlüpfen zuerst die Männchen, kurz darauf die Weibchen. Nach der Paarung beginnen die Weibchen mit der Anlage von Brutzellen. Sie werden mit einem Gemisch aus Pollen (Bienenbrot) und Nektar versehen und mit einem Ei bestückt. Jede Zelle wird durch eine Wand von der nächsten abgegrenzt.

Will man angelegte Wildbienen-Brutzellen kontrollieren, dann sollte man zwischen die Pflanzenstängel einige Glasröhrchen schieben. Diese Nisthilfen erlauben eine wenig störende Kontrolle der Brut.

Allergien

Wildbienen sind in der Regel wenig aggressiv. Dennoch ergeben sich evtl. bei Blütenbeobachtungen von Honigbienen, Hummeln, Wildbienen und Wespen durch Stiche mögliche Gefahrensituationen. Deshalb sollten Nisthilfen so angebracht werden, dass Unbefugte dazu keinen Zutritt haben. Vor dem Arbeiten mit den Tieren sollte man sich auch (schriftlich!) versichern lassen, dass bei den Schülern keine Allergie gegen Bienengifte bekannt sind.

Kommt es dennoch zu einem Stich, muss die Einstichstelle kontrolliert werden. Bei Stichen in die Luftröhre, am Auge oder in ein Blutgefäß muss ein Arzt aufgesucht werden. Sonst genügen kalte Umschläge oder Eis, um größere Schwellungen zu verhindern. Für den Fall, dass ein Allergiker gestochen wird, muss sofort der Notarzt angefordert werden.

Hinweise

Die Bestimmungshilfe für Wildbienen für mehrfachen Gebrauch farbig anmalen und laminieren.

Literaturhinweise

BELLMANN, H.: Bienen, Wespen, Ameisen: Hautflügler Mitteleuropas. Franckh-Kosmos, Stuttgart 1995

HALLMANN, M.: Wildbienen beobachten und kennenlernen. Klett Verlag, Stuttgart 1997

Unterschiedliche Nisthilfen für Wildbienen

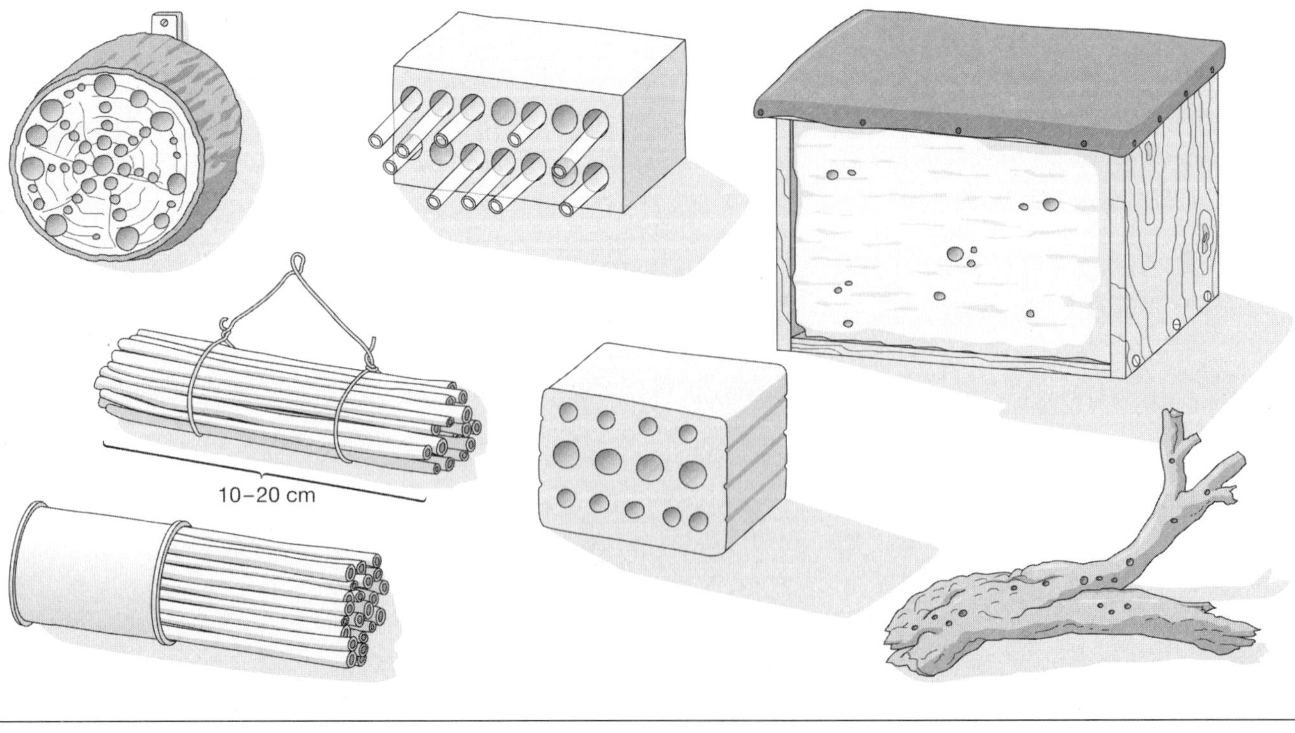

Solitärbienen mit Bildern bestimmen

Im Boden lebende Bienen

Seidenbienen (Colletes)
Beinsammler;
Nistplätze: Sandböden, Wände von Kies- und Sandgruben, Löss- und Lehmwände;
Brutzellen mit seidenartigem Drüsensekret ausgekleidet.

Furchenbienen (Halictus, Lasioglossum)
Beinsammler;
Nistplätze: im Boden

Sandbienen (Andrena)
Beinsammler;
Nistplätze: im sandigen Boden, mit Sandpfropf verschlossen

Pelzbienen (Anthophora)
Beinsammler;
Nistplätze: im Boden

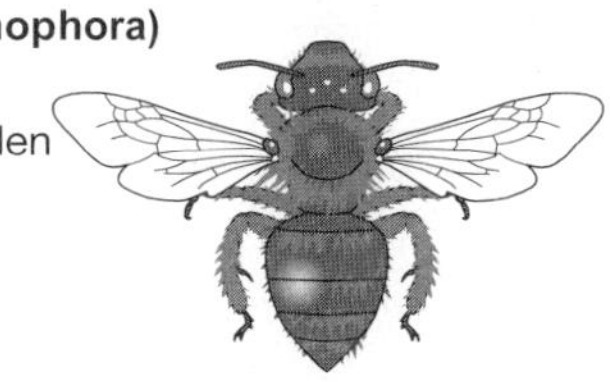

Woll- oder Harzbienen (Anthidium)
Bauchsammler;
Nistplätze: in Erdgängen oder Ritzen; Nester aus Harz oder abgeschabtem Pflanzenmaterial.

In Hohlräumen lebende Bienen

Löcherbienen (Heriades)
Bauchsammler (Korbblütler);
Nistplätze: hohle Stängel, Bohrlöcher im Holz; Brutzellen mit Harz und verklebten Holzstückchen verschlossen.

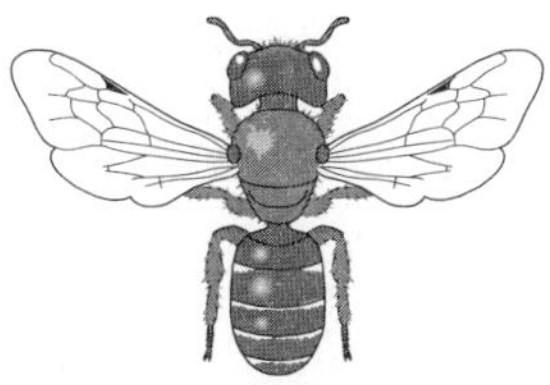

Scherenbienen (Chelostome)
Bauchsammler;
Nistplätze: Röhren über der Erde; Brutzellen durch Lehm abgetrennt.

Mauerbienen (Osmia)
Bauchsammler (Korbblütler);
Nistplätze: vorhandene Hohlräume, Mörtelnester an Steinen; Brutzellen werden mit Mörtel verschlossen.

Blattschneiderbienen (Megachile)
Bauchsammler;
Nistplätze: in Spalten von Mauern und Böschungen, in morschem Holz; Zellen mit Blattstückchen ausgekleidet und verschlossen.

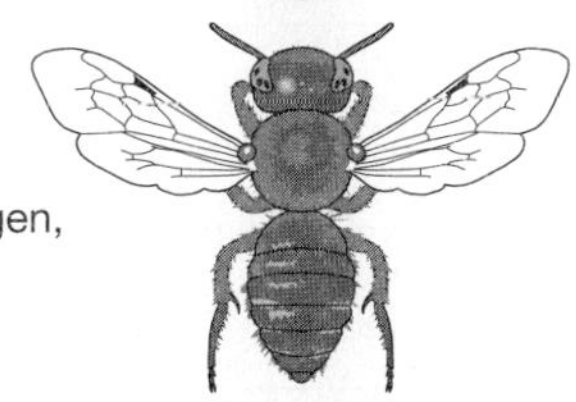

Maskenbienen (Hylaeus)
Kopfsammler;
Nistplätze: in hohlen Stängeln;
Zellen mit Drüsensekret ausgekleidet.

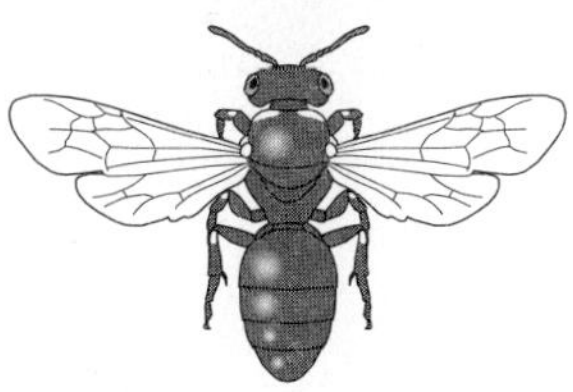

Parasitische Bienen

Blutbienen (Sphecodes)
Legen Eier in die Nester anderer Wildbienen. Die schlüpfende Larve frisst Pollen, Eier und Larven der Wirtsbienen.

Wespenbienen (Nomada)
Legen Eier in die Nester anderer Wildbienen. Die schlüpfende Larve frisst Pollen, Eier und Larven der Wirtsbienen.

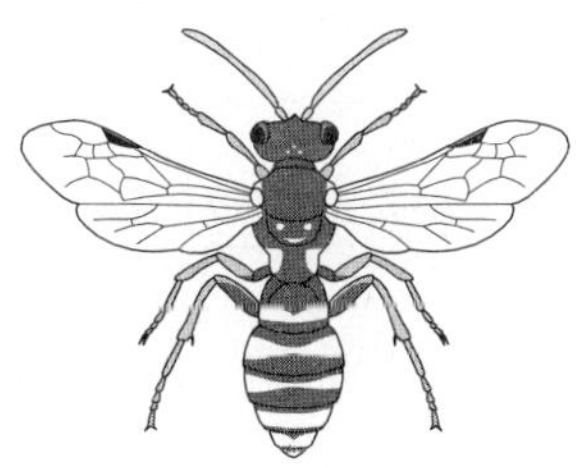

Die Tanzsprache – Verständigung im Bienenstaat

Anleitung zum Faltpuzzle

Die beiden Seiten werden mit dem gleichen Vergrößerungsfaktor (1,41) auf DIN A3 vergrößert und ausgeschnitten. Als Vorder- und Rückseite werden sie so aufeinander geklebt, dass die Markierungen jeweils übereinander liegen.

Das Zusammenfalten beginnt mit dem Einklappen der Ecken (siehe Anleitung). Die Schüler sollten bei der Faltung auf exaktes Arbeiten achten. Das Puzzle kann auch als Quiz, z. B. im Rahmen eines „Honigbienen-Projektes", als farbig ausgestaltetes Einzelobjekt ausgestellt werden.

Lösung: Drohnenschlacht

④ Antwort zu 7

H Der Tanz orientiert sich an der Richtung der Schwerkraft.

W Kurze zirpende Laute alarmieren nachfolgende Sammlerinnen.

H Für nahe gelegene Futterquellen wird der Rundtanz verwendet, für weiter entfernte der Schwänzeltanz.

Z Mit den Flügeln wird zur Informationsübertragung ein heftiger Luftstrom im Stock erzeugt.

H Der Schwänzeltanz gibt Auskunft über die Lage der Futterquelle.

Welche Insekten kennst du?
Notiere die Namen.

① Antwort zu 8

M Alle dargestellten Tiere besitzen komplexe Linsenaugen.

P Sie sind aus zahlreichen gleichen Segmenten aufgebaut.

R Sie haben zwei dünnhäutige Flügelpaare und werden daher als Hautflügler bezeichnet.

U Alle dargestellten Tiere leben in Insektenstaaten.

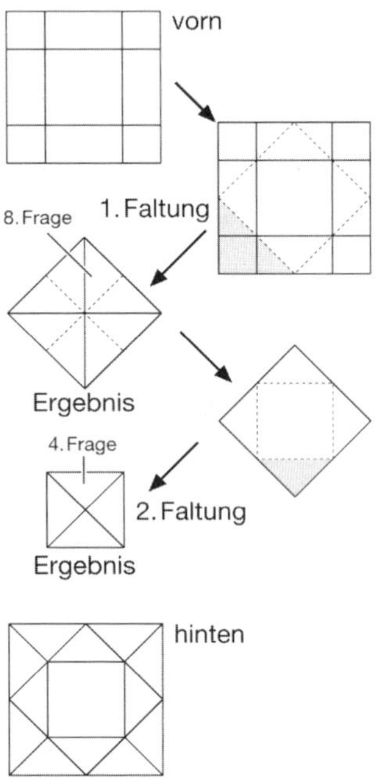

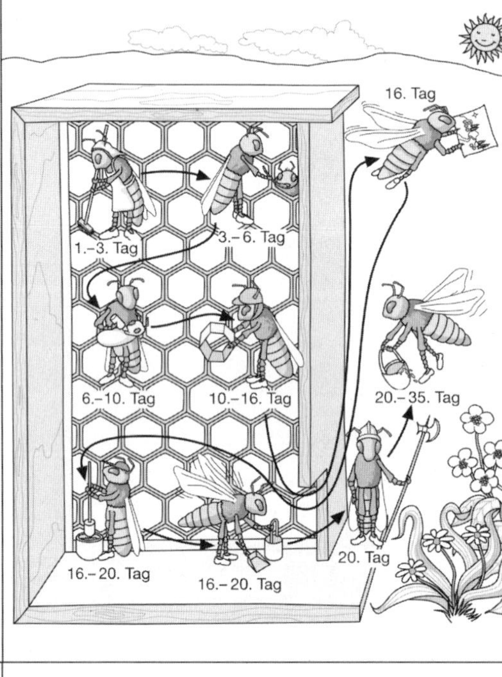

Ordne die Tätigkeiten dem Lebenslauf der Honigbiene zu:
(1) Sammelbiene
(2) Pollenstampfer Honigmacher Müllarbeiter
(3) Raumpflegerin
(4) Baubiene
(5) Amme
(6) Kindermädchen
(7) Orientierungsflüge
(8) Wächter
Der Anfangsbuchstabe der Tätigkeit am 6.–10. Tag ergibt den noch fehlenden Lösungsbuchstaben.

Suche nach einer Abbildung des Stechapparates und zeichne ihn.

③ Antwort zu 6

L Die Arbeiterinnen sind die kleinsten Bienen im Stock.

X Die Drohnen führen alle anfallenden Arbeiten aus.

C Aus den Larven, die mit Gelée royale gefüttert werden, entwickeln sich die zukünftigen Königinnen.

S Die Königin hat einen langen Hinterleib, der nicht von Flügeln bedeckt wird.

Bitte hier die Lösungsbuchstaben in der richtigen Reihenfolge eintragen:

Das Lösungswort beschreibt ein Verhalten der Bienen, das im Spätsommer beobachtet werden kann. Welche Erklärung gibt es für diese „mörderische" Verhaltensweise?

____

____

____

② Antwort zu 5

G Die Entwicklung wird als eine unvollständige Verwandlung bezeichnet.

C Die Entwicklung verläuft über die Stadien Ei →Larve(Made mit mehreren Häutungen)→ Puppe→Jungbiene.

K Die Bienen häuten sich mehrmals und werden dabei größer.

F Sie können nur dann größer werden, wenn sie einen besonderen Saft bekommen.

Schülerbuch Seite 37

① Welche Informationen über die Bienentänze kannst du aus Abb. 1 entnehmen?

– *Information über die Entfernung der Futterquelle: Rundtanz bei nahen Futterquellen (50 bis 100 m); Schwänzeltanz bei weiteren Entfernungen.*
Information über die Richtung der Futterquelle: Rundtanz unabhängig vom Sonnenstand, Schwänzeltanz gibt die Richtung der Futterquelle zum Sonnenstand an.

② Welche Informationen über die Futterquelle werden beim Bienentanz übermittelt?

– *Der Duft an der Biene informiert die anderen Sammlerinnen über die Art der Futterquelle, die gegenseitige Futtergabe über die Qualität. Durch Art und Geschwindigkeit des Tanzes wird die Entfernung weiter (Schwänzeltanz schnell: Futterquelle nah, Schwänzeltanz langsam: Futterquelle weit). Durch die Häufigkeit der Tänze wird die Ergiebigkeit angezeigt. Die Richtung der Futterquelle zur Sonne ergibt sich aus der Richtung des Schwänzeltanzes zur Schwerkraftrichtung.*

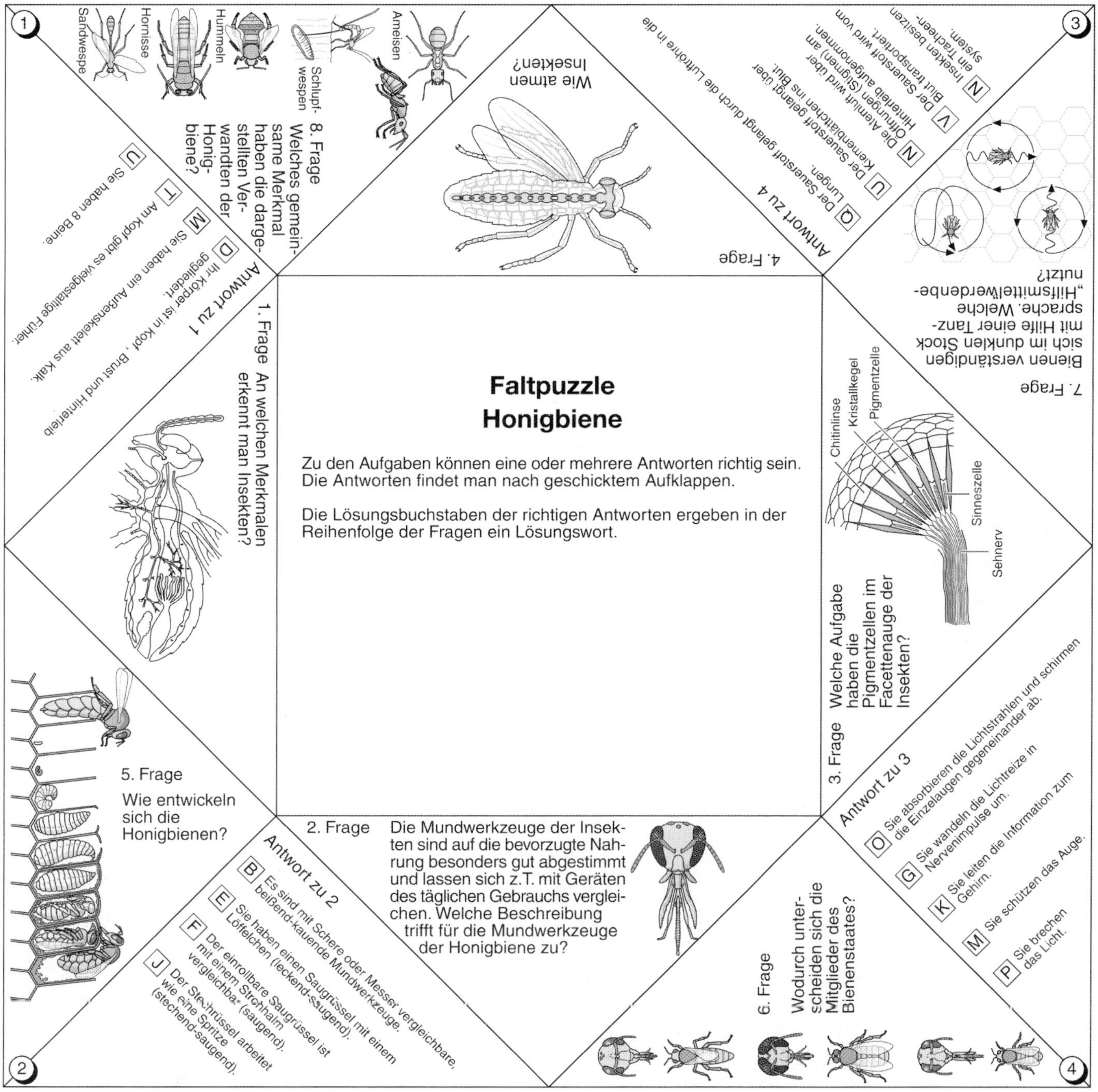

3 Insekten – Körperbau und Leistungen

Die Beine der Insekten

Schülerbuch Seite 38

① Zeichne das Sprungbein der Heuschrecke (s. Abb. 45.1). Vergleiche es mit dem Grundbauplan eines Laufbeins.
– *Im Vergleich zum Laufbein, das den Grundtypus des Insektenbeins darstellt, ist beim Sprungbein der Laubheuschrecke die Muskulatur des Schenkels verstärkt. Der Schenkel ist entsprechend dicker, das Kniegelenk ist das Sprunggelenk.*

Arbeitsblatt Seite 35

1. *Kopflaus:* Körper flach, Beine mit Klammerhaken, Oberfläche mit Haaren und Borsten; *Blattlaus:* Körper kugelig, geflügelte Formen treten auf, Beine entsprechen dem Grundbauplan, Oberfläche glatt.
2. Bettwäsche, Kleidungsstücke reinigen; Haare schneiden.
3. Einsatz von Feinden (Marienkäfer), Abwaschen der Blätter, Zurückschneiden der befallenen Pflanzenteile.

Läuse am Menschen

Alle Läuse sind wirtsspezifische Blutsauger, die nur bei engem Kontakt den Wirt wechseln. Sie sind flügellos, mit stechenden Mundwerkzeugen ausgestattet und haben an ihren Beinen einen speziellen Klammerapparat. Der Körper ist abgeflacht. Sie können sich an Haaren so fest halten, dass sie selbst bei einem Zug vom 2 000fachen ihres Körpergewichts nicht abgelöst werden können. Ihre Eier (Nissen) werden mit einer speziellen Substanz an die Unterlage gekittet.

Kopflaus: Männchen: 2,5 mm, leben 15 – 20 Tage, Weibchen: 3 mm, 40 Tage. Sie legen ca. 150 bis 300 Eier an die Kopfhaare; alle 2 bis 3 Stunden saugen sie Blut. Die Larven schlüpfen nach 10 Tagen, nach der 3. Häutung sind sie erwachsen. Der Kopflausbefall nimmt bei Kindern alljährlich im Herbst deutlich zu. Die Kopflaus spielt als Krankheitsüberträger keine Rolle. Haarwäsche mit einem insektizidhaltigen Shampoo löst das Problem.

Kleiderlaus: Männchen: 3,2 mm, Weibchen: 4,1 mm. Sie lebt an den Haaren des Rumpfes und der Gliedmaßen und an Gewebefasern der Bekleidung. Der Befall mit Kleiderläusen erzeugt einen lästigen Juckreiz. Da der Läusekot von *Rickettsia prowazeki,* den bakteriellen Erreger des Fleckfiebers, enthält, kann es durch Kratzen zur Infektion kommen. Hohes Fieber, unerträgliche Kopfschmerzen und geistige Desorientierung kennzeichnen den Ausbruch der Krankheit. 5 bis 6 Tage später erscheinen am ganzen Körper dunkelrote Flecken. Es folgt ein starker Kräfteverfall; die Sterblichkeitsrate liegt je nach Alter zwischen 10 und 100 %. Fleckfieberepidemien waren häufig kriegsentscheidend. Bei Napoleons 2. Russlandfeldzug 1813 starben schätzungsweise 219 000 Soldaten am Fleckfieber. Noch 1919 bis 1923 starben weltweit 3 Millionen Menschen daran. 1997 erkrankten während des Bürgerkrieges in Ruanda mehr als 100 000 Menschen an Fleckfieber.

Filzlaus (Schamlaus): Männchen: 1 mm, Weibchen: 1,5 mm. Sie lebt in den Schamhaaren, legt nur 30 Eier und saugt ständig. Ohne Kontakt zum Menschen ist sie nur 12 Stunden überlebensfähig. Sie wird beim Geschlechtsverkehr übertragen.

Blattläuse

Phloemsaft ist zwar reich an Kohlenhydraten, enthält aber nur etwa 1 % Stickstoff. Deshalb müssen Saftsauger große Flüssigkeitsmengen durch ihren Körper schleusen, um genügend Stickstoff aufzunehmen. Überschüssiges Wasser mit Kohlenhydraten wird direkt durch den After als Honigtau auf die Pflanzenoberfläche abgegeben. Ameisen und Bienen schätzen diese Kohlenhydratquelle, auch das Manna der Bibel soll in Wirklichkeit der Honigtau von *Trabutina mannipara,* einer Schildlaus, die auf Tamariskenbüschen im mittleren Sinai lebt, gewesen sein.

Lackschildlaus (*Laccifer lacca):* Mehr als 150 Läuse sitzen pro cm², saugen und bilden an ihrer Körperoberfläche ein orangefarbenes, mehr als 1 cm dickes, harziges Sekret, den Rohlack. Daraus wird Schellack hergestellt. 1927 und 1928 wurden insgesamt 260 Millionen Schallplatten aus 18 000 t Schellack hergestellt.

Cochenillelaus (*Dactylopius coccus*)**:** Um den roten Farbstoff der Laus zu gewinnen, werden die Weibchen von den Opuntien abgekratzt, gekocht, in der Sonne getrocknet und pulverisiert. 140 000 Insekten sind nötig, um 1 kg Cochenille herzustellen. Dies ergibt 50 g reinen Farbstoff (Karminsäure).

Kermeslaus (*Kermes vermilio*)**:** Schon die Sumerer benutzten Karmesin; damals war es das farbintensivste Rot, das man kannte. Die Weibchen der Kermeslaus sind kugelförmig. Sie werden von der Wirtspflanze abgekratzt und getrocknet. Das Anthrachinonpigment, die Kermessäure, ist der färbende Bestandteil.

Literaturhinweise

BERENBAUM, M.: Blutsauger, Staatsgründer, Seidenfabrikanten. Spektrum Akademischer Verlag, Heidelberg, Berlin, Oxford 1997
BLECH, J.: Leben auf dem Menschen, die Geschichte unserer Besiedler. Rowohlt TB Verlag GmbH, Reinbek bei Hamburg 2000

Medienhinweise

FWU 42 53466 Kopfläuse
FWU 42 63325 Blattläuse
FWU 42 62413 Lausige Zeiten, das kurze Leben der Blattlaus

Von Kopfläusen und Blattläusen

Ihre schmarotzende Lebensweise geht bei den Kopfläusen mit besonderen Angepasstheiten im Körperbau einher. Sie klammern sich an Haaren fest und legen sich beim Blutsaugen dicht an die Kopfhaut an. Ihre Eier kleben sie mit wasserunlöslichem Kitt an den Haaren fest. Blattläuse hingegen sitzen in großer Anzahl an Stängeln und Blättern. Sie saugen zuckerhaltigen Pflanzensaft und schädigen dadurch die Pflanzen.

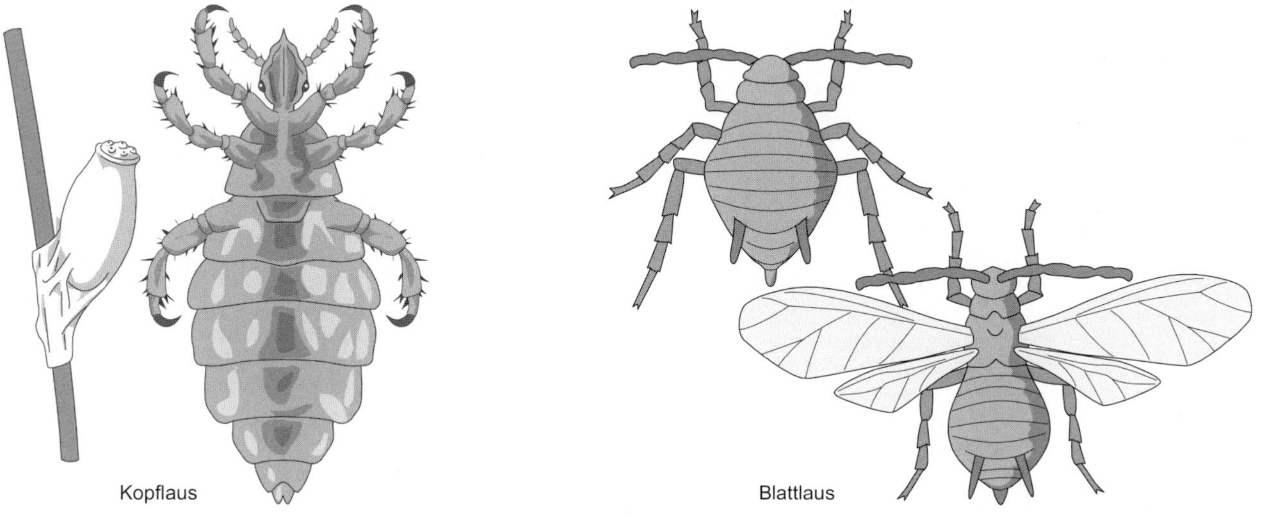

Aufgaben

1. Blut saugende und Pflanzensaft saugende Läuse sind an die Erfordernisse ihres jeweiligen Lebensraumes angepasst. Vervollständige die Tabelle.

	Kopflaus	**Blattlaus**
Körperform		
Beinform		
Körperoberfläche		

2. Zur Bekämpfung von Kopfläusen wird eine mehrfach zu wiederholende, intensive Behandlung mit einem insektizidhaltigen Haarpflegemittel und die Benutzung eines Nissenkammes empfohlen.
Welche weiteren Maßnahmen sind sinnvoll?

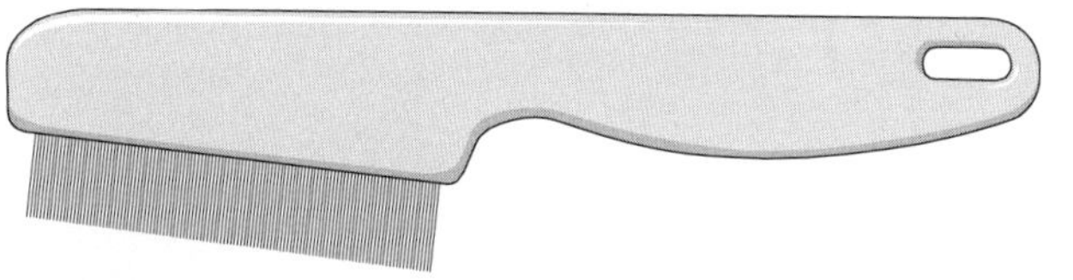
Nissenkamm

____

____

3. In Gewächshäusern breiten sich Blattläuse oft schnell aus. Welche giftfreien Methoden zur Bekämpfung sind denkbar?

____

____

Insekten
Insektenentwicklung
Kartoffelkäfer
Maikäfer
Marienkäfer
Metamorphose – Insekt

Die Mundwerkzeuge der Insekten

Arbeitsblatt Seite 37

1. Maikäfer, Imago: Blätter von Laubbäumen, Larve: Wurzeln
   Kartoffelkäfer, Imago und Larve: Oberirdische Teile der Kartoffelpflanze
   Marienkäfer, Imago und Larve: Blattläuse
2. Maikäfer: Kahlfraß von Bäumen, Absterben von Bäumen durch Schädigung der Wurzeln
   Kartoffelkäfer: Vernichtung ganzer Kartoffelfelder
   Marienkäfer: Abnahme der Blattlauspopulation.
3. alle 4 Jahre
4. Tiefgründige Bodenbearbeitung führt zum Abtöten der Maikäferlarven.

Käfer im Vergleich

Der Kartoffelkäfer
Die Heimat des Kartoffelkäfers ist Colorado und das Gebiet der Rocky Mountains in den USA. Er gehörte ursprünglich zu den seltenen Käfern. Seine Nahrung war die Büffelklette *(Solanum rostratum)*, ein Nachtschattengewächs. Raubwanzen waren dort seine natürlichen Feinde.
Vor ca. 150 Jahren wechselte er auf die großflächig angebaute Kartoffel als Nahrungspflanze über und kam 1850 mit der Pazifikbahn und dem Kartoffelanbau in die östlichen Gebiete der USA. 1859 erreichte er Nebraska, 1875 den Atlantik. 1877 bereits kam er in Liverpool und Rotterdam an. Er breitete sich weiter aus und erreicht 1922 Bordeaux. Über Frankreich wanderte er 1938/39 in breiter Front über den Rhein, war 1945 an der Elbe, 1950 in Polen und erreichte nach wenigen Jahren Russland. Heute kommt er überall dort vor, wo Kartoffeln angebaut werden. Käfer und Larve fressen die krautigen Teile der Kartoffelpflanze. Natürliche Feinde sind bei uns die Larven von Laufkäfern und Vögel.

Der Marienkäfer
Ein wahrer Freund des Gärtners ist der Marienkäfer. Die Larve und der ausgewachsene Käfer vertilgen Unmengen von Blattläusen. Deshalb kann man für giftfreien Pflanzenschutz Eier von Marienkäfern auf Pappstreifen kaufen und in Gewächshäusern gegen Blattläuse aufhängen. Der Käfer überwintert z. B. in Ritzen, in Rolladenkästen, unter Steinen und im Moos. Bei Berührung oder Angriff tritt aus den Gelenken eine stinkende gelbliche Flüssigkeit aus (Reflexbluten).

Der Maikäfer
Früher überall häufig, heute nur noch lokal in größeren Mengen auftretend, kann der Maikäfer ganze Bäume im Frühling kahl fressen. Stärker gefürchtet allerdings als der erwachsene Käfer ist seine im Boden lebende Larve, der *Engerling.* Sie frisst 3 Jahre lang große Mengen kleiner Wurzeln bis sie sich schließlich verpuppt und im 4. Jahr als ausgewachsener Käfer aus der Erde kommt. Tiefgründige Bodenbearbeitung und Insektizideinsatz haben sehr zur Verminderung des Engerlingbefalls beigetragen.

Literaturhinweise

ZAHRADNIK, J.: Der Kosmos-Insektenführer. Franckh-Kosmos, Stuttgart 1996

Medienhinweise

FWU 42 00267 Der Maikäfer
FWU 42 02165 Mundwerkzeuge der Insekten
FWU 42 01556 Marienkäfer, Grille
FWU 42 50869 Käfer – Entwicklung und Lebensweise
FWU 10 00519 Der Kartoffelkäfer
FWU 10 52804 Einheimische Käfer
FWU 10 52803 Einheimische Käfer III

Entwicklung des Maikäfers

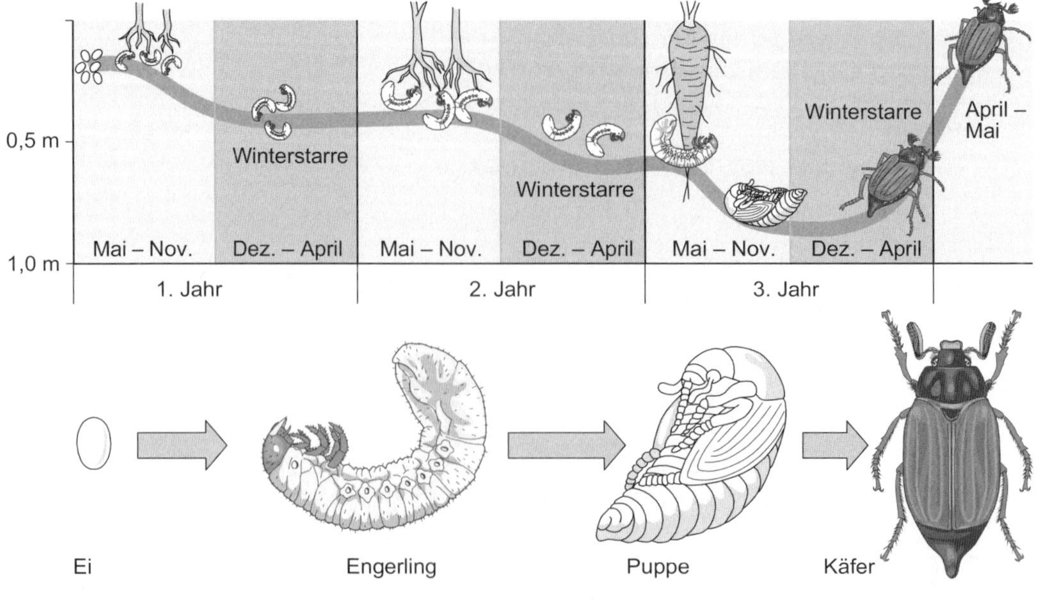

Kartoffelkäfer, Maikäfer und Marienkäfer

Die meisten Käfer haben beißende Mundwerkzeuge und sind auf bestimmte Nahrung (Pflanzen oder Tiere) spezialisiert.

Der Kartoffelkäfer kommt erst seit dem 20. Jahrhundert in Europa vor, mit der Kartoffel hat er sich heute über die ganze Welt verbreitet.

Maikäfer waren früher sehr häufig, ihre Larven leben 3 Jahre lang im Boden.

Der Marienkäfer und seine Larven sind auf vielen verschiedenen Pflanzenarten zu finden.

Aufgaben

1. Trage in die Tabelle ein, welche Nahrung die Käfer und ihre Larven zu sich nehmen.

Kartoffelkäfer: Imago	
Kartoffelkäfer: Larve	
Maikäfer: Imago	
Maikäfer: Larve	
Marienkäfer: Imago	
Marienkäfer: Larve	

2. Erkläre, welche Folge ein Massenauftreten des jeweiligen Käfers für den Menschen hat.

3. In welchen Zeitabständen kann es zum Massenauftreten von Maikäfern, sogenannten Maikäferjahren, kommen?

4. Tiefes Umpflügen von Äckern hat zu einem starken Rückgang der Maikäfer geführt. Finde eine Erklärung dafür.

Insekten
Parasitismus
Pheromon
Schädlingsbekämpfung
Schlupfwespe
Sinne

Die Sinnesorgane

Arbeitsblatt Seite 39

1. Raupenspeichel ist nur wenig attraktiv. Blattverletzung ohne Raupenbeteiligung lockt ebenfalls nur wenige Schlupfwespen an. Raupenfraß bzw. die Kombination von Blattverletzung und Raupenspeichel sind besonders stark anlockend.
2. Bei Raupenbefall werden die Schlupfwespen als Parasiten dieser Raupen von der Pflanzen direkt angelockt. Nur die Kombination aus Blattbeschädigung und Raupenspeichel löst bei der Pflanze die Abgabe des für die Schlupfwespe attraktiven Lockstoffes aus. Der Schlupfwespe wird die Wirtsfindung ermöglicht.

Sinne bei Insekten

Die Wasserwaage der Hornissen
Hinter der papierartigen Hülle eines Hornissennestes verbirgt sich ein Etagenbau aus Waben. Beim Bau einer Wabe baut die Hornisse zunächst das Dach. Sie wölbt konzentrische Ringe, glättet sie und klebt darauf aus Fasern und Partikeln eine Verkleidung. Am höchsten Punkt lässt sie stets eine kleine Vertiefung, in die sie einen 0,1 mm großen Kristall aus Eisentitanoxid *(Ilmenit)* setzt. Jede angefügte Zelle bekommt einen Kristall, sodass ein Gitter aus magnetischen Punkten entsteht. Mit ihrem magnetischen Sinn können so die Hornissen die exakte Anordnung der Waben laufend kontrollieren.

Lebenszyklus einer Schlupfwespe

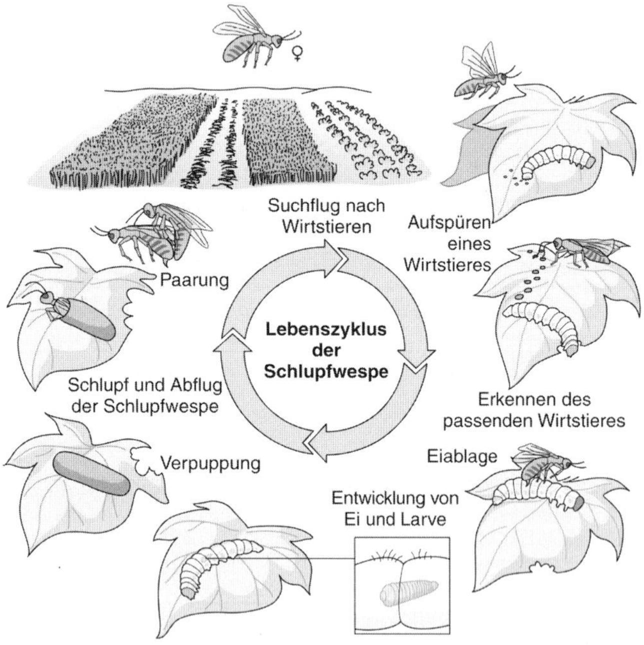

Lockstoffe bei Schmetterlingen
Ein Seidenspinnermännchen findet sein Weibchen im direkten Anflug aus bis zu 11 km Entfernung. Dabei verfügt das Weibchen nur über ein Zehntausendstel Milligramm eines Lockstoffes, von dem jeweils nur eine geringe Dosis abgegeben und in der Luft weiter verdünnt wird. Schon ein Duftmolekül löst in einer Sinneszelle der Antenne des Männchens einen Nervenimpuls aus. Die einem Palmwedel ähnlichen Empfangsorgane enthalten 40 000 Sinnesnervenzellen auf engstem Raum. Das Schmetterlingsmännchen nimmt nach dem Schlüpfen keine Nahrung zu sich, es muss deshalb möglichst schnell zum Weibchen finden. Der Duft des Weibchens veranlasst das still sitzende Insekt zum Hochfliegen. Es fliegt dann direkt gegen den Wind, der die Duftmoleküle mitbringt und erreicht der steigenden Duftkonzentration folgend auf kürzestem Weg das Weibchen.
Dem Nobelpreisträger ADOLF BUTENANDT gelang 1959 die Aufklärung der Struktur von Bombykol, dem Pheromon des Seidenspinnerweibchens. Er isolierte den Stoff aus den Hinterleibsdrüsen von 500 000 weiblichen Faltern. Dabei erhielt er nur 6,4 mg reines Bombykol.

Pheromonfallen für Schadinsekten
Weibliche Sexuallockstoffe werden in Fallen ausgebracht, um Männchen von Schadinsektenarten anzulocken. Durch eine zahlenmäßige Reduktion der Männchen legen die Weibchen weniger Eier und die Population geht stark zurück. Pheromonfallen gibt es z. B. für Borkenkäfer und Futtermotten.

Schlupfwespen und Pflanzendüfte
Schlupfwespen leben einzeln und parasitisch. Die Weibchen legen mit einem Legebohrer ihre Eier in oder an die Larven anderer Insekten oder Spinnen. Die Schlupfwespenlarven ernähren sich vom Körper des Wirtstieres, das dabei zugrunde geht.
Zur Wirtsfindung dienen den Schlupfwespenweibchen Duftstoffe, die durch die von Raupenfraß befallenen Pflanzen abgegeben werden. Duftstoffe, die als Signal zwischen verschiedenen Arten dienen, nennt man *Kairomone*. Sie sind meist leicht flüchtig und bestehen aus ätherischen Ölen, Terpenen und Sesquiterpenen.
Schlupfwespen werden als Nützlinge für die biologische Schädlingsbekämpfung gezüchtet. Die Bekämpfung von Apfelwicklerraupen mit Wespen der Gattung Trichogramma erreicht einen Wirkungsgrad von bis zu 90,5 %.
Tipp: Verschiedene Schlupfwespenarten kann man bei Nützlingsversandfirmen bestellen, z. B. Fa. Neudorff GmbH, Postfach 1209, 31857 Emmerthal.

Literaturhinweise

OEHMIG, B.: Pflanzen „helfen“ Schlupfwespen und sich selbst. In: Unterricht Biologie, Heft 229, S. 36 – 40, 1997

Wie Schlupfwespen ihre Wirte finden

Schlupfwespen betreiben Brutfürsorge, indem sie ihre Eier in die Larven anderer Insekten legen. Sie können Geruchsstoffe wahrnehmen, die von den Munddrüsensekreten ihrer Wirtsraupen abgegeben werden. Diese Stoffe verteilen sich schlecht in der Luft und sind nur im Nahbereich wahrnehmbar. Von Raupen angefressene Pflanzen geben leicht flüchtige Geruchsstoffe ab, die sich gut in der Luft verteilen.

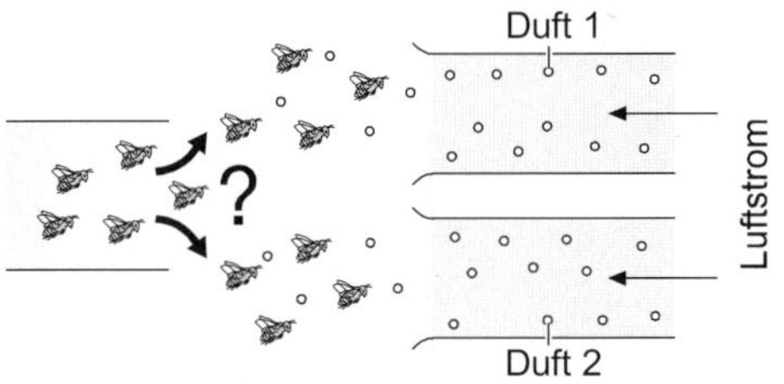

Um herauszufinden, welche Botenstoffe für die Wirtsfindung der Schlupfwespen eine Rolle spielen, wurden mit Maispflanzen verschiedene Versuche durchgeführt. In 40 Versuchen im Windtunnel hatten die Tiere jeweils die Wahl zwischen zwei der angegebenen Duftquellen (A – D). Angegeben ist die Anzahl der Anflüge auf die jeweilige Duftquelle bzw. die Zahl der Tiere, die zu keinem der beiden Duftquellen flog.

Duft A: Blatt mit Rasierklinge beschädigt
Duft B: Blatt von Raupen angefressen
Duft C: Blatt mit Raupenspeichel bestrichen
Duft D: Blatt mit A und C

Versuch	angeboten	gewählt		kein Anflug
1	A – B	A 10	B 24	6
2	A – D	A 9	D 26	5
3	B – D	B 20	D 16	4
4	A – C	A 22	C 7	11

Die Duftstoffe wurden mithilfe von Gaschromatographen auf ihre Bestandteile hin analysiert. Dabei zeigten sich auf den Chromatogrammen Ausschläge. Die Stelle des Ausschlages gibt dabei die Art der Substanz an, die Größe des Ausschlages entspricht deren Menge.

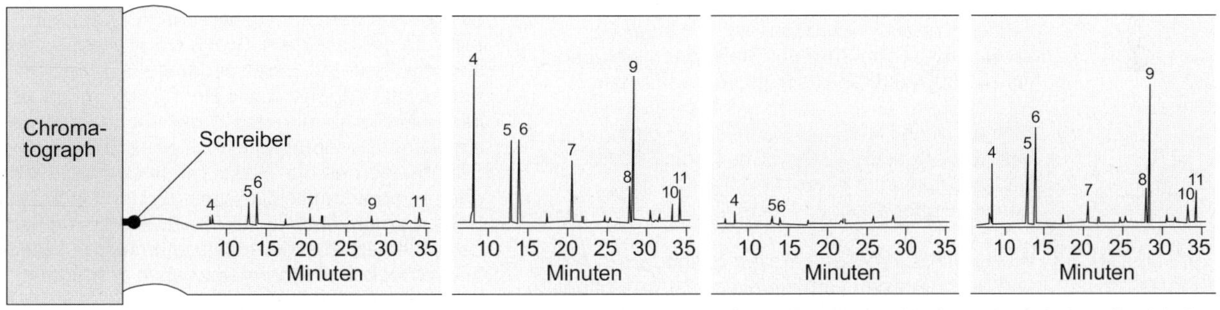

A Rasierklingenschnitt B Raupenfraß C nur Raupenspeichel D Schnitt + Speichel

Aufgaben

1. Ordne die Duftquellen nach ihrer Attraktivität für die Schlupfwespen.

2. Vergleiche die vier Chromatogramme der Duftstoffgemische. Leite daraus die Bedeutung der einzelnen Duftstoffe für Pflanze und Schlupfwespe ab.

Heuschrecken
Insekten
Metamorphose – Insekt
Schädlingsbekämpfung
Wanderheuschrecken

Entwicklung der Insekten

Arbeitsblatt Seite 41

1. Bild 1: vollständige Verwandlung am Beispiel eines Schmetterlings; a) Vollinsekt (= Imago), b) Eier, c) Larve (= Raupe), d) (Stürz-) Puppe.
   Bild 2: unvollständige Verwandlung am Beispiel der Heuschrecken; e) Imago, f) Eiablage mit Legebohrer im Boden im Herbst und Ruhephase im Winter, g) im Frühjahr beginnt die Larvenentwicklung mit flügellosen Stadien, die sich mehrmals häuten (kein Puppenstadium).
2. Bild 3: vollständige Verwandlung am Beispiel des Maikäfers (h); die Eiablage (i) und Entwicklung (k) erfolgt im Boden und benötigt vier Jahre; die Raupen (= Engerlinge) schädigen die Pflanzen durch Wurzelfraß. Die Puppe (l) lässt die Gliedmaßen erkennen (freie Puppe im Unterschied zur Mumienpuppe der Schmetterlinge). Nach der Winterstarre (m) gräbt sich der Käfer aus.
   Bild 4: vollständige Verwandlung am Beispiel der Stechmücke (n); die Eiablage erfolgt im Wasser (o), das Gelege bildet ein „Schiffchen". Die Larven besitzen Tracheen und atmen an der Wasseroberfläche mit Atemrohren (p). Die bewegliche Puppe (q) besitzt zwei Atemrohre. Aus der Puppenhülle schlüpft das fertige Insekt an der Wasseroberfläche.

Wanderheuschrecken

Die Populationen der Wanderheuschrecken wachsen periodisch ungeheuer an. Schwärme der Wüstenheuschrecke *(Schistocerca gregoria)* können eine Ausdehnung von über 1000 km^2 erreichen und dabei aus bis zu 10 Milliarden Individuen bestehen. Solche Schwärme fliegen aktiv in Windrichtung bis zu 20 Stunden lang mit einer Geschwindigkeit von 20 km/h. Sie können sich dabei bis zu 5000 km vom Ursprungsort entfernen.

Eine einzelne Heuschrecke frisst täglich ihr eigenes Körpergewicht (2,8 g). Ca. 40 bis 80 Millionen Heuschrecken auf einem km^2 fressen bis zu 250 Tonnen Futter an einem Tag.

Wüstenheuschrecken befallen besonders in Afrika und Südwestasien Gebiete bis zu 30 km^2, pflanzen sich jedoch nur in einem Gebiet von 13 km^2 fort, in dem zeitweise starke Regenfälle auftreten. Dies sind Regionen mit konvergierender Luftströmung, in denen die Passatwinde der nördlichen und der südlichen Halbkugel zusammenströmen. In diesem Sog steigt die Luft nach oben, kühlt ab und es kommt zu starken Niederschlägen. Heuschrecken benötigen für ihre Fortpflanzung eine hohe Luftfeuchtigkeit, da die Gelege leicht austrocknen. Ein Weibchen legt bis zu 400 Eier.

Wanderheuschrecken gibt es heute in Europa, Asien, Südafrika, Nordafrika, Nordamerika, Südamerika und Australien. Die Bibel berichtet von der 8. Plage in Ägypten. In den Texten findet man häufig den Vergleich mit Heuschrecken, wenn es sich um unvorstellbar große Zahlen handelt.
Im Jahr 1338 zerstörten in Tirol Heuschreckenschwärme große Teile der Ernte. Ein Kirchengericht in Kaltern exkommunizierte daraufhin die Heuschrecken.

1873 bis 1875 erschienen Schwärme von Wanderheuschrecken in der Mark Brandenburg, es wurden auf etwa 2000 ha Land 250 000 Liter Heuschreckeneier gesammelt. 1955 überfielen Heuschrecken Marokko. Sie vernichteten auf einer Fläche von 5000 km^2 die gesamte Orangenernte (7000 Tonnen in 5 Tagen, das sind stündlich rund 60 000 kg).

Seit 1931 gibt es internationale Heuschreckenkonferenzen. Ein Forschungszentrum für die Bekämpfung der Heuschrecken wurde gegründet. Amerikanische und europäische Satelliten überwachen heute ständig die möglichen Verbreitungsgebiete der Wanderheuschrecken. Aus der Solitärphase entwickeln sich über eine Zwischengeneration (nur 6 statt 7 Häutungen) die Larven der Wanderform, die dann in riesigen Massen ihre Wanderung beginnt. Nach der 7. Häutung haben die Tiere Flügel, riesige Schwärme formieren sich.

Biologische Schädlingsbekämpfung

Als gezielte Pflanzenschutzmaßnahme werden u. a. verschiedene Pilzarten und ihre Sporen eingesetzt: so z. B. *Beauveria bassiana* in der ehemaligen UdSSR zur Bekämpfung des Kartoffelkäfers, *Metarhizium anisoplia* in Brasilien gegen die Schaumzikaden auf dem Zuckerrohr und *Verticillium lecanii* in Großbritannien gegen Blattläuse in Gewächshäusern. Seit einigen Jahren wird nun auch mit einer *Metarhizium-Art* gegen die Wanderheuschrecken vorgegangen. Gemeinsam ist diesen „Bioinsektiziden", dass sie nicht wie Bakterien oder Viren von ihrem Wirt aufgenommen werden müssen. Die Pilzsporen keimen bei einer sehr hohen relativen Luftfeuchtigkeit – was unter Umständen das Spektrum der Einsatzmöglichkeiten eingrenzt – und die Hyphen durchdringen die Kutikula der Insekten. Zwei bis drei Wochen später sind die Tiere tot. Eine besondere Sporenform macht jetzt Lagerung und Produktion im industriellen Maßstab möglich. Zum Ausbringen unter extremen Klimabedingungen, wie z. B. südlich der Sahara, werden die Pilzsporen in Öl suspendiert und mit herkömmlichen Spritzgeräten einmal in der Saison angewandt. Erste Freilandversuche haben bereits einen Rückgang der gefürchteten Wanderheuschrecken in einem Testgebiet in Niger um 80 % gezeigt.

Literaturhinweise

BEGON, M. E., TOWNSEND, C. R. & J. L. HARPER: Ökologie. Spektrum Akademischer Verlag, Heidelberg 1998
BERENBAUM, MAY R.: Blutsauger, Staatsgründer, Seidenfabrikanten. Spektrum Akademischer Verlag, Heidelberg, Berlin, Oxford 1997
ZAHRADNIK, J.: Der Kosmos-Insektenführer. Franckh-Kosmos, Stuttgart 1996

Insektenentwicklung

Die folgenden Abbildungen stellen die Entwicklung von vier verschiedenen Insektenarten dar, die sich in wesentlichen Merkmalen unterscheiden.

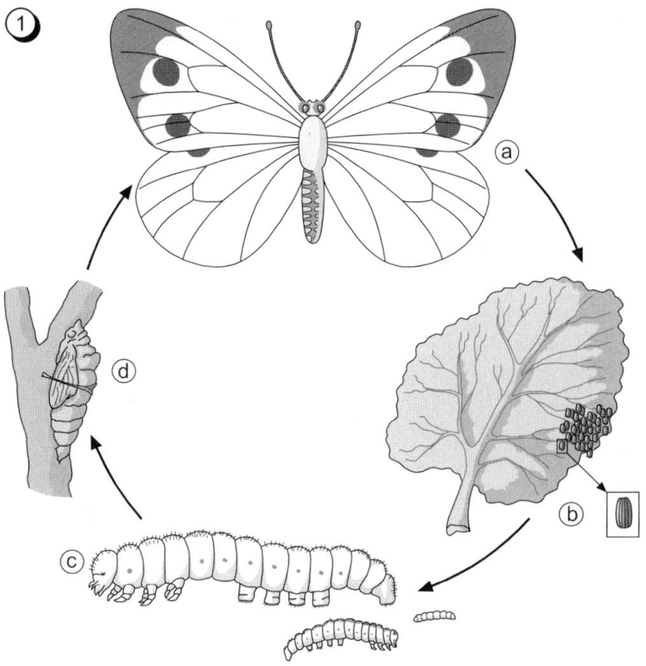

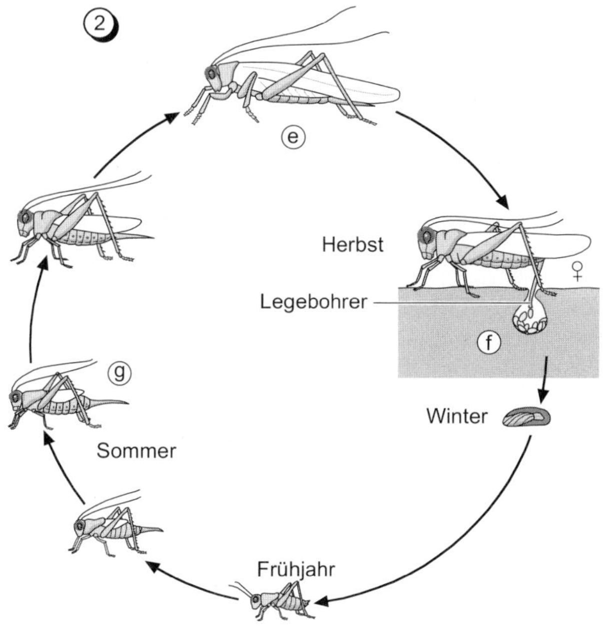

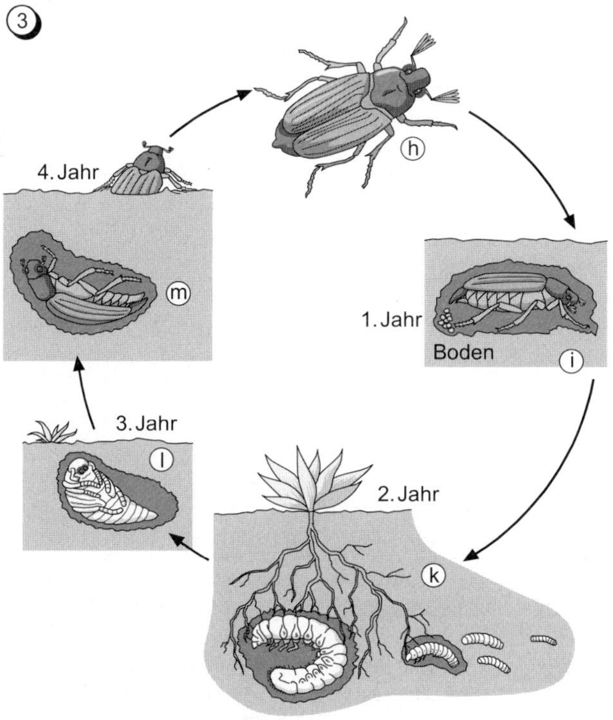

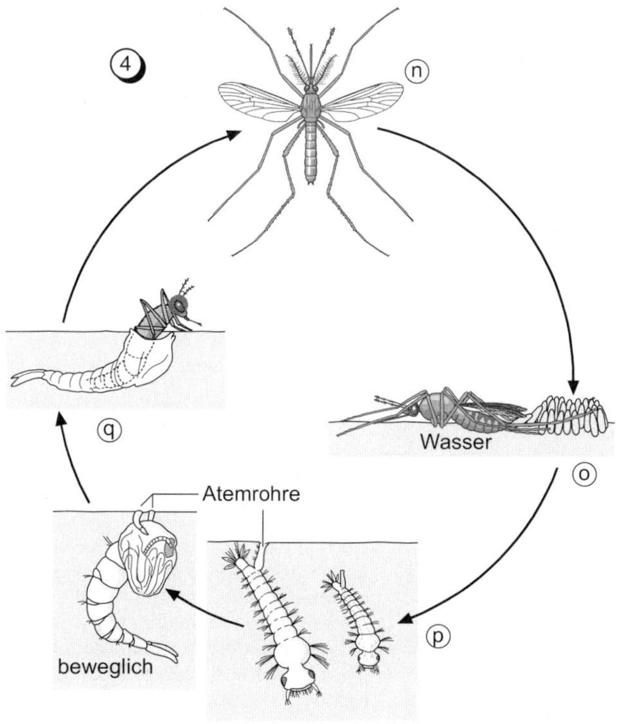

Aufgaben

1. Beschreibe die Entwicklungsvorgänge und ihre Besonderheiten für die Beispiele 1 und 2. Formuliere dazu einen ausführlichen Text in deinem Heft.

2. Ordne die Teilabbildungen 3 und 4 begründet den beiden Entwicklungstypen zu und erläutere die Unterschiede.

Praktikum: Haltung und Beobachtung von Insekten
Partnersuche bei Insekten

Schülerbuch Seite 46

① Zum Beispiel die drei Beinpaare, die Körpergliederung, die Mundwerkzeuge und die Komplexaugen weisen sie als Insektenlarve aus.
② Die Metamorphose mit Häutungen ist zu beobachten.
③ Kopf, Rumpf und Hinterleib sind erkennbar, ebenso Flügelansätze.
④ Die Beobachtungen vom 3. und 5. Tag lassen sich so erklären.
⑤ Im Gegensatz zur vollständigen Verwandlung tritt ein Puppenstadium auf.
⑦ Die Lösung ist artabhängig.
⑧ Die Lösung ist artabhängig.
⑨ Hinweis: Eine Videoaufzeichnung ermöglicht die Ableitung von Skizzen.
⑩ Die Lösung ist artabhängig.
⑪ Bei Stabheuschrecken findet man eine unvollständige Verwandlung.

Schülerbuch Seite 47

① Seidenspinnerweibchen haben kleine Fühler, Männchen dagegen sehr große. Welche Bedeutung hat dieser Unterschied?
– *Die Weibchen geben Sexuallockstoffe ab, die sich in der Luft verteilen. Die Männchen nehmen den Duftstoff mit Riechzellen in den Fühlern wahr. Große Fühler erleichtern dies.*
② Plane ein Experiment, mit dem man untersuchen könnte, ob die Männchen des großen Johanniswürmchens von den Weibchen ausschließlich mit Leuchtzeichen angelockt werden.
– *Man kann versuchen, ob sich die Männchen auch mit leuchtenden Attrappen (Leuchtdioden, Filmaufnahmen) anlocken lassen. Alternativ könnte man Männchen die Fühler entfernen, um Duftstoffe als Ursache auszuschließen.*

Arbeitsblatt Seite 43

1. Bei *Tanytoxus* und *Versicolor* sind die von den Männchen erzeugten Leuchtsignale deutlich unterschiedlich, sodass eine Erkennung durch die Weibchen möglich ist, die dann ihrerseits mit verschiedenen Leuchtsignalen antworten. Die Signale von *Macdermotti*- und *Photinus*-Männchen unterscheiden sich in der Taktung. *Versicolor*-Weibchen antworten zwar mit einem Signal, das dem der *Macdermotti*-Weibchen ähnelt, aber nur auf das in Taktung und Intensität sehr charakteristische Signal der arteigenen Männchen.
2. Das Signal der *Versicolor*-Männchen unterscheidet sich deutlich von den Signalen aller anderen Männchen.
3. Die Täuschsignale gelten Männchen der folgenden Arten:
a) *Photinus spec.*,
b) *Photinus macdermotti*,
c) *Photinus tanytoxus*.

Biolumineszenz der Insekten

Die biologische Bedeutung des Leuchtens ist nicht für alle Insektenarten geklärt. Bei primitiven Arten ist das Leuchten vielleicht nur ein Nebenprodukt der Stoffwechselaktivitäten der Zellen. Beim heimischen Kleinen Leuchtkäfer *(Lamprohiza)* leuchten auch die Eier und Larven. Man vermutet, dass die Larven damit Schnecken als Beutetiere anlocken. Bei erwachsenen Leuchtkäfern steht das Leuchten meist im Dienste der Sexualkommunikation. Kommen in einem Habitat verschiedene Arten vor, muss im Leuchtsignal eine artspezifische Information codiert sein (Helligkeit, Blitzdauer, Blitzfolge).

Man unterscheidet drei Systeme:
1) Nur das Weibchen sendet Signale aus (s. Abb.).
2) Männchen und Weibchen leuchten. Auf das artspezifische Signal der Männchen antworten die Weibchen mit einem artspezifischen Signal.
3) Beim synchronen Leuchten südostasiatischer Leuchtkäfer versammeln sich die Männchen z. B. auf Mangrovenbäumen und senden gemeinsam synchronisierte Blitze aus. Man vermutet, dass die in dichter Vegetation lebenden Männchen damit die Weibchen besser anlocken können.

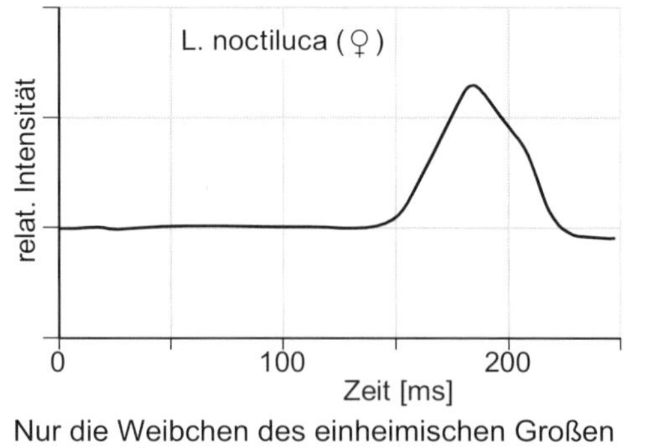

Nur die Weibchen des einheimischen Großen Leuchtkäfers senden Lichtsignale aus.

Literaturhinweise

GEWECKE, M. (Hrsg.): Physiologie der Insekten. G. Fischer Verlag, Stuttgart 1995
HEDEWIG, R.: Enzyme – Motoren des Lebens. In: Unterricht Biologie, Heft 238, S. 4 –13, 1998
HOFFMANN, K. H.: Leuchtende Tiere: Chemie und biologische Bedeutung. In: Biologie in unserer Zeit, Heft 11, S. 97–106, 1981
LLOYD, J. E.: Firefly mate-rivals mimic their predators and vice versa. In: Nature, 290, S. 498–500, 1981

Femmes fatales

In warmen Sommernächten kann man mit etwas Glück die Lichtblitze von Leuchtkäfern sehen. Das Licht wird von den im Gras sitzenden Weibchen des Großen Leuchtkäfers (s. Abb. rechts) erzeugt, um damit umherfliegende Männchen zur Paarung anzulocken. Da bei der Erzeugung des Lichts keine Wärme gebildet wird, spricht man auch von „kaltem Leuchten".

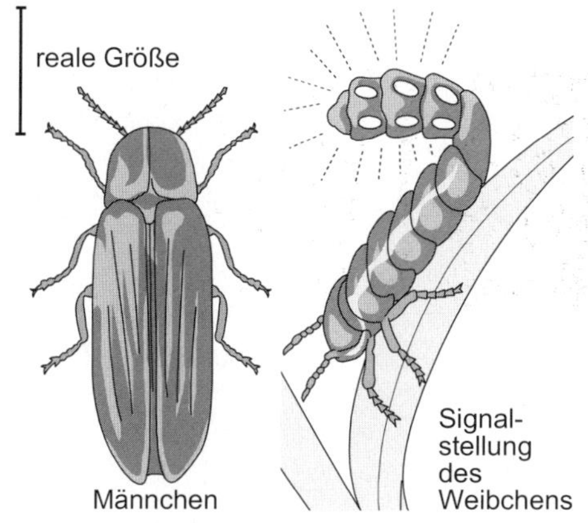

Im Osten der Vereinigten Staaten kommen mehrere Leuchtkäferarten gemeinsam vor, wobei sowohl die in der Vegetation befindlichen Weibchen als auch die umherfliegenden Männchen Lichtblitze erzeugen. Diese wurden von Ökologen in mühseliger Feldforschung aufgenommen und analysiert, um die Kommunikation der Leuchtkäfer besser verstehen zu können.

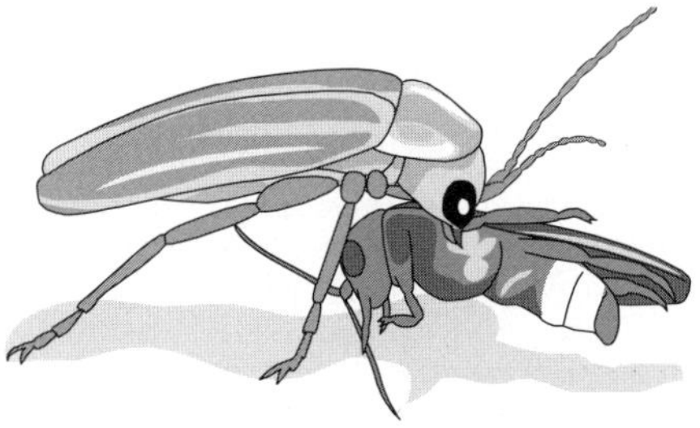

Ein Photuris-Versicolor-Weibchen frisst ein artfremdes Leuchtkäfer-Männchen

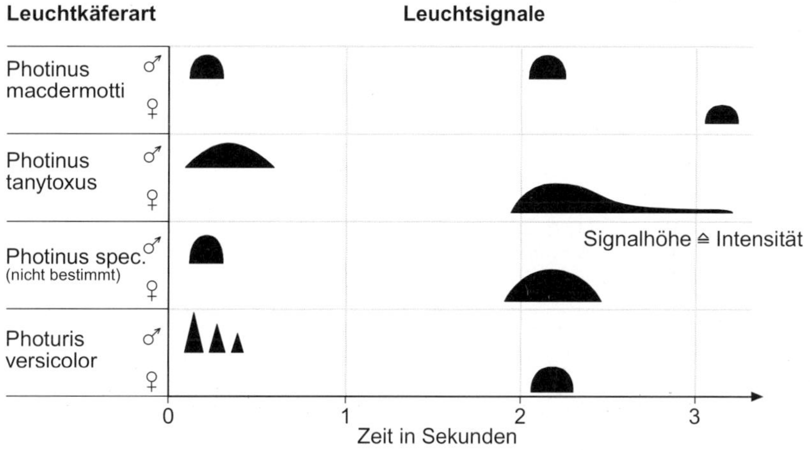

Intensität und Dauer der Leuchtsignale verschiedener ostamerikanischer Leuchtkäferarten

Aufgaben

1. Nur wenn sich Männchen und Weibchen einer Leuchtkäferart treffen, kann es zu einer erfolgreichen Paarung kommen. Auf welche Weise wird dies bei den amerikanischen Leuchtkäfern erreicht?

____

____

2. Die Weibchen der Art Versicolor haben die Fähigkeit, die Leuchtsignale der Weibchen der drei anderen Arten nachzuahmen und haben sich damit ein Zubrot verschafft. Nach erfolgreicher Anlockung werden die artfremden Männchen kurzerhand verspeist. Männchen der eigenen Art werden aber verschont. Woran erkennt ein Versicolor-Weibchen, um welche Art es sich handelt?

____

____

3. In der Tabelle oben fehlen die Täuschsignale, die von den räuberischen Weibchen ausgesandt werden, um die artfremden Männchen anzulocken. Sie sind hier angegeben. Vervollständige diese Tabelle.

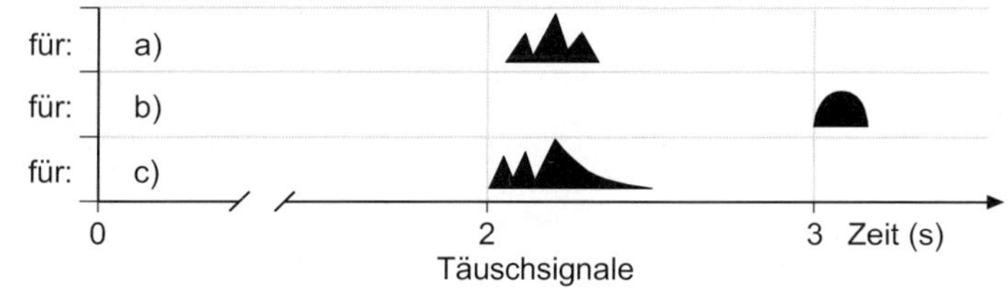

Material: Insekten und Säugetiere im Vergleich

Schülerbuch Seite 49

① Funktionen: Festigkeit, Beweglichkeit, Schutz vor Außeneinwirkungen, gibt eine bestimmte Gestalt.
Vergleich:

	Insekt	**Säugetier**
Skelettsubstanz	Chitin	Knochen, Knorpel
Lage des Skeletts	Außenskelett	Innenskelett
Gelenkaufbau	dünne Chitinhäute verbinden Körperabschnitte beweglich, innerhalb des Chitinskeletts befindet sich die Muskulatur	u. a. bilden Muskeln, Sehnen und Bänder zusammen mit Gelenkflächen von Knochen Gelenke
Veränderung beim Wachstum oder Verwandlung in der Puppe	beim Körperwachstum Dehnung des frischen Chitinskeletts, bei weiterem Wachstum Häutung	Längen- und Dickenwachstum zusammen mit Körperwachstum

② Insekten sind ohne Wirbelsäule, Lungen, Blutgefäße und Blutkapillaren.

③ *Unterschiede:* Röhrenherz statt kompaktes Kammerherz, kaum Blutgefäße und keine Kapillaren bei Insekten; Insekten tragen die Herzen auf dem Rücken, Säugetiere in der Brust.
Gemeinsamkeiten: Pumpsystem mit gerichtetem Flüssigkeitsstrom.
Kreislauf des Bluts im Insektenkörper: Der Blutstrom verzweigt sich nach Austritt aus dem Herz im Kopfbereich. Durch die Hautflächen von Rücken- und Bauchhaut entstehen drei Hauptströme: Im Kopfbereich strömt Blut oberhalb der Rückenhaut und erreicht Antennen und Flügel. Im Bauchraum strömt es zwischen den Hautflächen. Außerdem strömt es unter die Bauchhaut und erreicht die Beine. Im Endbereich des Hinterleibs vereinigen sich der zweite und dritte Hauptstrom. Das Blut strömt zu den Herzen, wo es über die seitlichen Öffnungen aufgenommen wird.

④ Funktionen des Blutes (Säugetiere): Transport von Sauerstoff und Kohlenstoffdioxid, Transport von Nährstoffen, Wärmetransport.
Der rote Blutfarbstoff ermöglicht den Sauerstofftransport. Das farblose Insektenblut kann also (vermutlich) keinen Sauerstoff transportieren. Da im Insektenblut kein Sauerstoff transportiert wird, muss dem Blut auch kein Sauerstoff zugeführt werden. Dementsprechend haben Insekten keine Lunge. Dagegen transportiert das Tracheensystem Luft in alle Körperbereiche.

⑤ Aufnahme durch die Mundöffnung; Transport in den Darm, wo verdaut wird; Nährstoffe treten durch die Darmwand hindurch ins Blut; Transport über das Blut zur Muskulatur.

⑥ Das Tracheensystem durchzieht, ausgehend von den Stigmen, den gesamten Körper. Es besteht aus großen Tracheen, die sich in ihrem Verlauf immer weiter verzweigen und alle Bereiche des Körpers erreichen. Die großen Tracheen dienen dem Transport von Luft durch den Körper, die kleinen Tracheen ermöglichen den Übertritt in die Gewebe.

⑦ Stigmen besitzen Reusenhaare, die die Öffnung überdecken. Dahinter ist die Trachee an einer Stelle stark verengt. Die Reusenhaare und die Verengung verhindern das Eindringen von Schmutz und Staubteilchen in das Tracheensystem. Zum Fernhalten von Partikeln in der Luft findet man bei Säugetieren beispielsweise Haare an den Nasenöffnungen sowie an den Schleimhäuten der Nase und dem Flimmerepithel in der Luftröhre. Die Chitinspirale ist den Knorpelspangen in der Luftröhre und den Bronchien vergleichbar.

⑧ Die großen Tracheen werden bei Muskelaktivität zusammengepresst und dehnen sich wieder aus. So wird immer wieder frische Luft ins Körperinnere gepumpt. Durch die kleinen Tracheen gelangt Sauerstoff zur Muskelfaser.

⑨ Funktionen des Nervensystems: Leitung von Informationen (in Form elektrischer Signale) von den Sinnesorganen zum Gehirn und vom Gehirn zur Muskulatur, Verarbeitung empfangener Signale. Die Abbildungen 1 und 3 zeigen jeweils das zentrale Nervensystem; das periphere Nervensystem ist nicht dargestellt.
Anatomischer Vergleich: Beim Wirbeltier Gehirn und Rückenmark. Beim Insekt Strickleiternervensystem. Dies zeigt eine deutliche Segmentierung mit Ganglien in jedem Segment; der Großteil ist im Bauchraum eingebettet.
Schutzeinrichtungen: Beim Wirbeltier knöcherne Wirbelkörper und Schädel, beim Insekt Chitin-Außenskelett. In beiden Fällen schützt das Skelett.

Arbeitsblatt Seite 45

Hinweis: Die Aufgabe auf dem Arbeitsblatt kann durch die Aufgaben der Materialseite ersetzt werden.
Beschriftung von Wirbeltier bzw. Insekt: a) Gehirn und Rückenmark bzw. Oberschlundganglion und Bauchmark; b) Magen-/Darm-Kanal (bei sozialen Insekten zusätzlich Honigmagen); c) vierkammeriges Herz und geschlossener Blutkreislauf bzw. offenes Röhrenherz und frei umherfließendes farbloses Blut; d) Lunge bzw. Tracheensystem, Ausscheidungsorgane (Niere) bzw. Malpighische Gefäße; f) Geschlechtsorgane; g) Augenlinse und Netzhaut (h) der Wirbeltiere bzw. Chitinlinse (k) und zahlreiche Einzelaugen (i) bei den Insekten.

Vergleich Wirbeltier – Insekt

Organsysteme

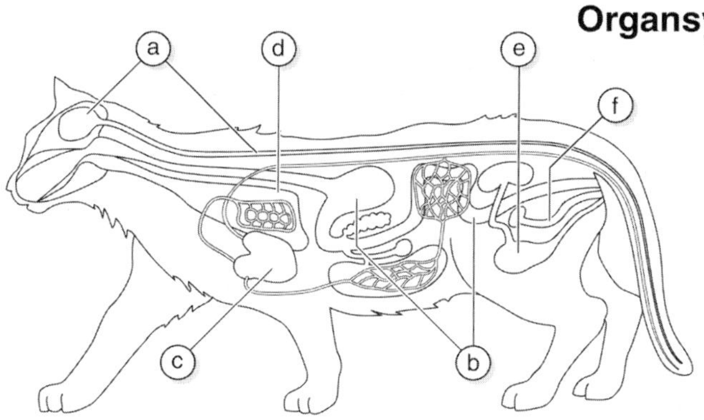

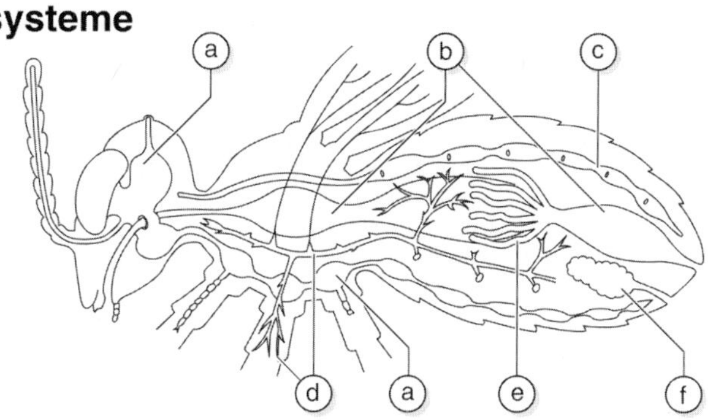

Körpergliederung und Skelett

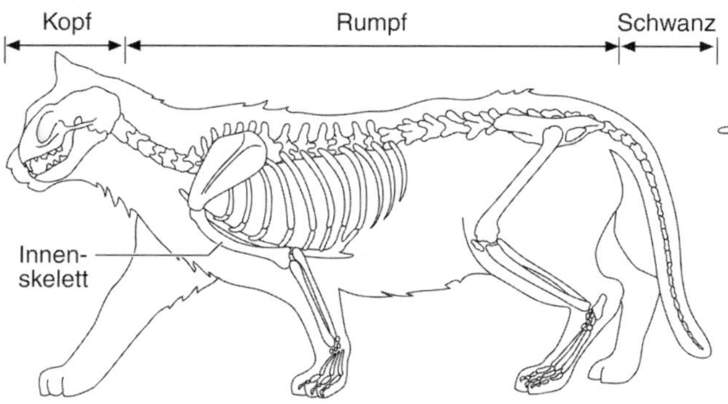

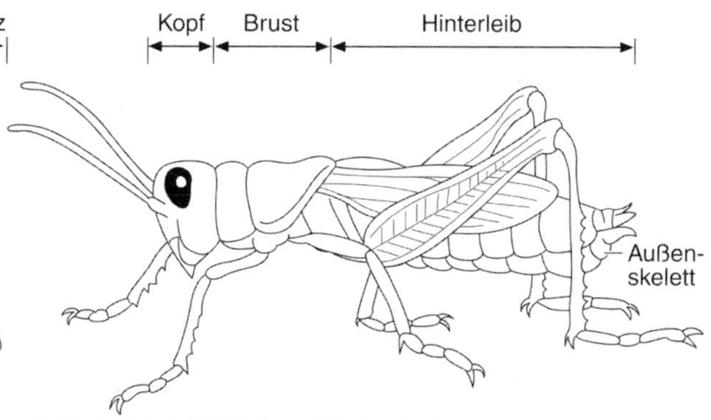

Gelenke und Bewegung

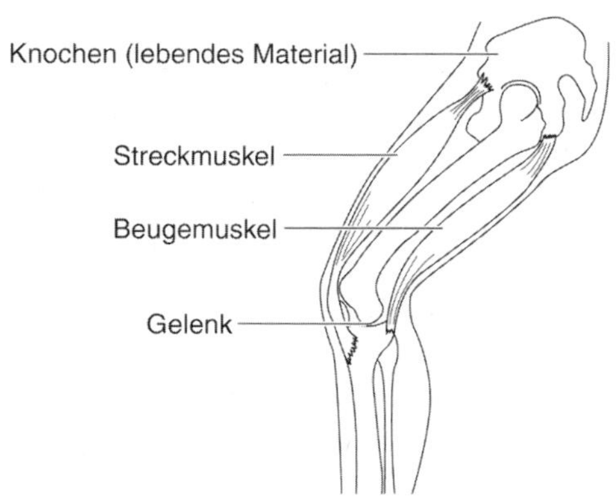

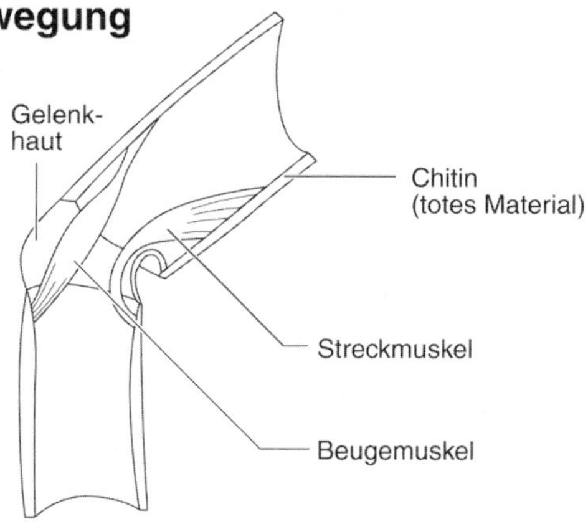

Augen

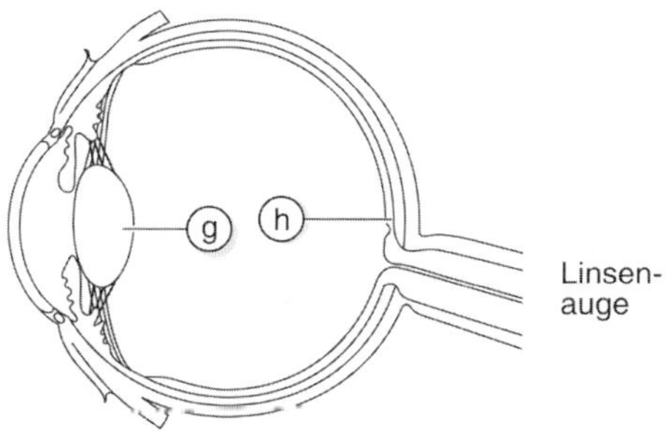

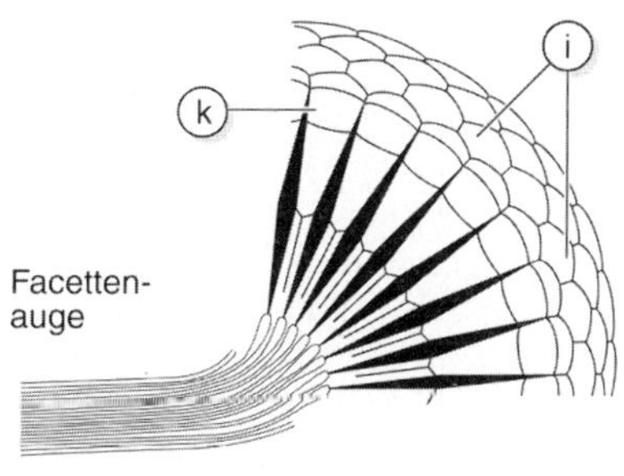

Aufgabe

Beschreibe in einem ausführlichen Text die wesentlichen Unterschiede zwischen einem Insekt und einem Wirbeltier. Verwende dazu die Stichworte und Darstellungen aus der Abbildung.

Ein Grundbauplan wird abgewandelt

Hinweise zu den Seiten 47 bis 49

Seite 47 kann als Bestimmungshilfe im Freiland oder bei der Erarbeitung der verschiedenen Insektenordnungen benutzt werden. Die Übersicht erhebt keinen Anspruch auf systematische Vollständigkeit, sondern umfasst nur häufig zu findende Arten. Die Abbildungen zu Seite 48 und 49 können auf DIN A7 Karteikarten geklebt werden. Jeder Schüler zieht eine Karte und alle Vertreter einer Insektenordnung bilden eine Arbeitsgruppe. Sie beschreiben die wesentlichen Merkmale dieser Ordnung. Möglich ist auch, dass die Schüler selbst Unterscheidungskriterien für eine Systematik finden. Je ein Vertreter der 7 Gruppen geht anschließend in eine Expertenrunde, in der die Ordnungen einzeln vorgestellt und anschließend in einer vergleichenden Tabelle (Anregung s. u.) bearbeitet werden. Hilfen dazu geben Kärtchen, die zu den vorangegangenen Seiten gemacht wurden (siehe S. 20 in diesem Lehrerband), das Schulbuch und verschiedene Bestimmungsbücher.

Arbeitsblatt Seite 50

Entschlüsselungscode:
1O, 2E, 3A, 4I, 5U, 6N, 7T, 8S, 9C, 10H, 11B, 12W, 13D, 14F, 15V, 16G, 17K, 18R, 19P, 20L, 21M, 22Z.

waagrecht:
4 Saugruessel, 8 Kopf, 9 Laufbein, 11 Antennen, 12 Hinterleib, 15 Fluegel, 17 Pheromon, 18 Chitinlinse, 21 Haeutung, 22 Schwarm, 23 Stuerzpuppe, 24 Metamorphose

senkrecht:
1 Rundtanz, 2 Grabbein, 3 Honig, 5 Giftstachel (vorgegeben), 6 Schwimmbein, 7 Tracheen, 10 Legestachel, 11 Arbeiterin, 13 Lippentaster, 14 Stechborste, 16 Larve, 19 Fangmaske, 20 Brust.

Beispiel für Info-Karte:

Urinsekten

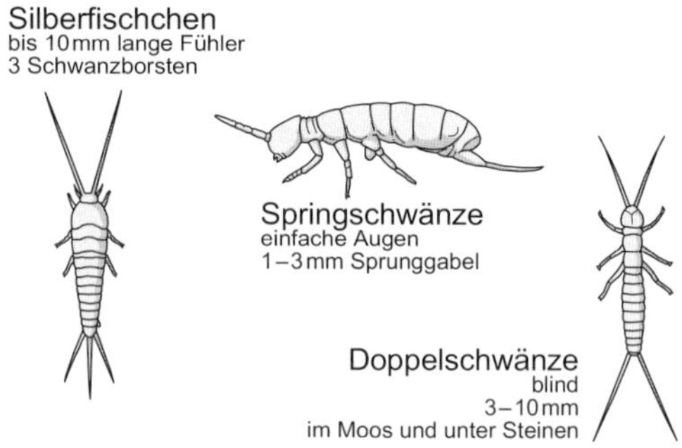

Kennzeichen: Hierher gehören auf und im Boden lebende ungeflügelte Tiere mit eher larvenähnlichem Aussehen. Sie sind ein Überbleibsel aus der Frühzeit der Insektenevolution und meist kleiner als 1,5 cm.

Mundwerkzeuge: Meist einfache Mandibeln (Oberkiefer), überwiegend Pflanzenfresser, gelegentlich auch räuberische Lebensweise.

Entwicklung: Entspricht der unvollständigen Verwandlung höherer Insekten.

Jugendstadien: Ähnlich den erwachsenen Insekten, zum Teil mit weniger Gliedern.

Besonderheiten: Fast alle Vertreter dieser Gruppe bevorzugen eine feuchte, dunkle Umgebung (Humus, Moos, unter Steinen). *Springschwänze* können durch das Nachuntenschnellen der Sprunggabel bei Gefahr fliehen. Sie sind die wichtigsten Blattstreuverarbeiter und sehr häufig. *Silberfischchen* sind nachtaktiv, laufen schnell und ruckweise, fressen Speisereste, Papier u. ä. Sie kommen in fast jedem Haus vor, insbesondere in den feuchten Zonen des Hauses (Küche, Bad und Keller).

Beispiele: Springschwänze, Doppelschwänze, Silberfischchen (Zuckergast), Felsenspringer, Beintastler

Insektenordnung	**Libellen**	**Zweiflügler**	**Käfer**	**Wanzen**	**Schmetterlinge**	**Hautflügler**	**Heuschrecken**
Kennzeichen im Körperbau							
Mundwerkzeuge, Beine							
Entwicklung							
Besonderheiten							
Artenbeispiele							
eigene Ideen							

Die Vielfalt der Insekten (1)

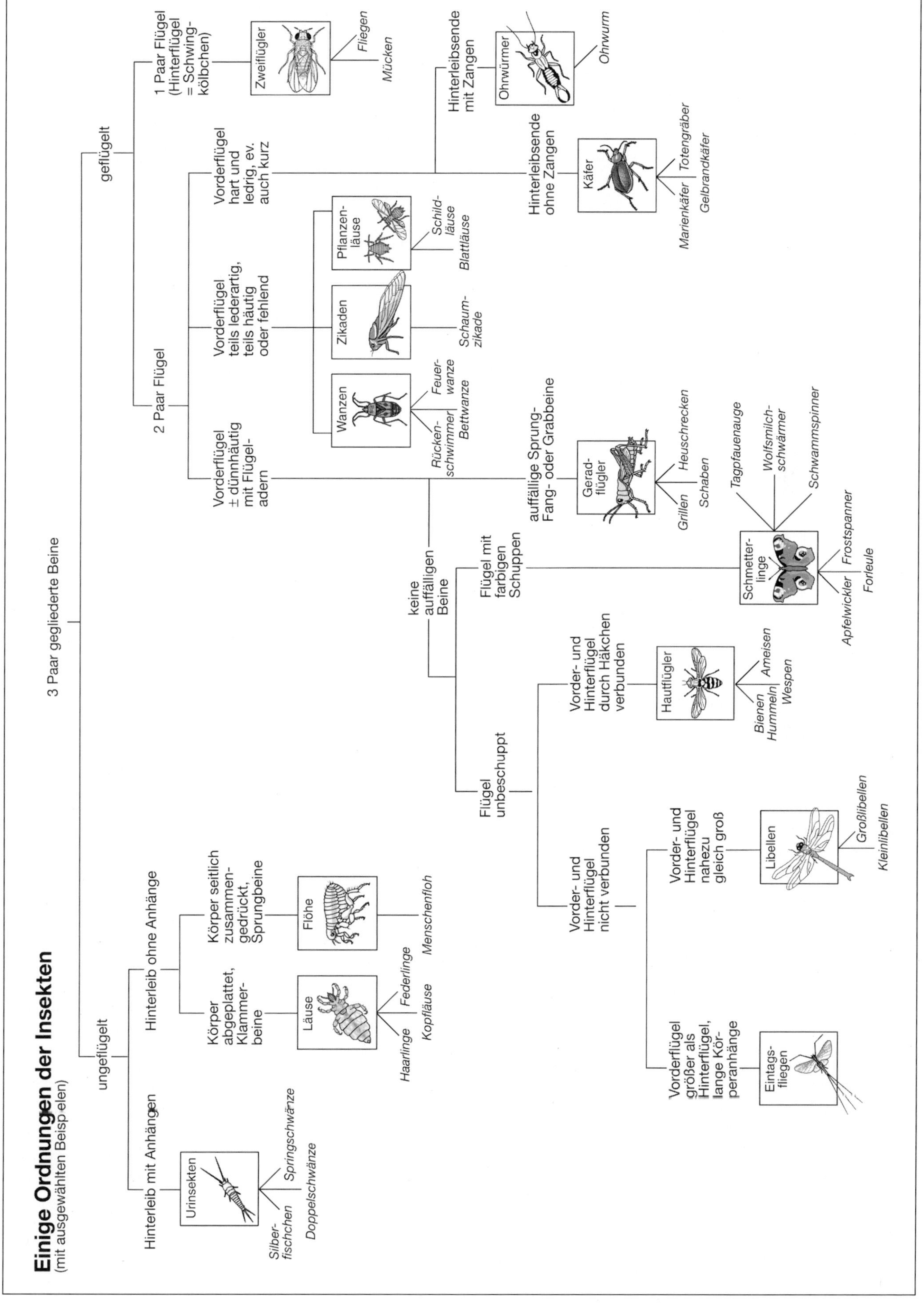

Die Vielfalt der Insekten (2)

Marienkäfer

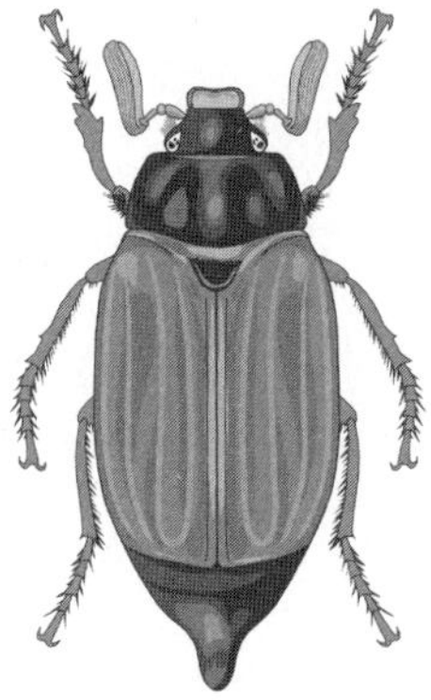
Maikäfer

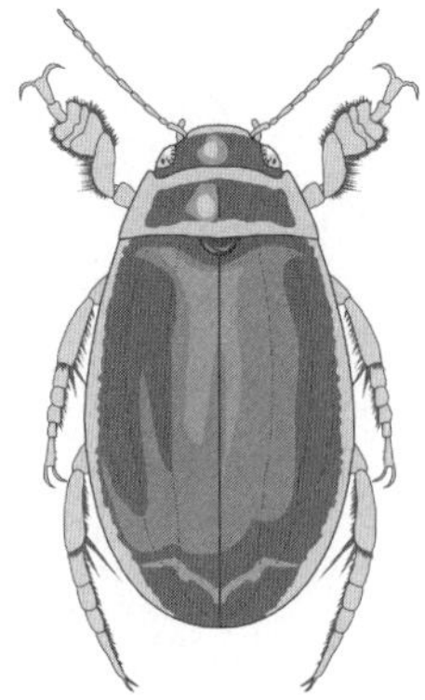
Gelbrandkäfer

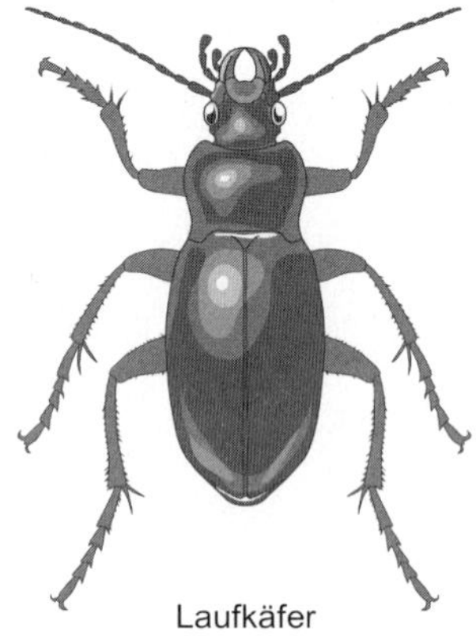
Laufkäfer

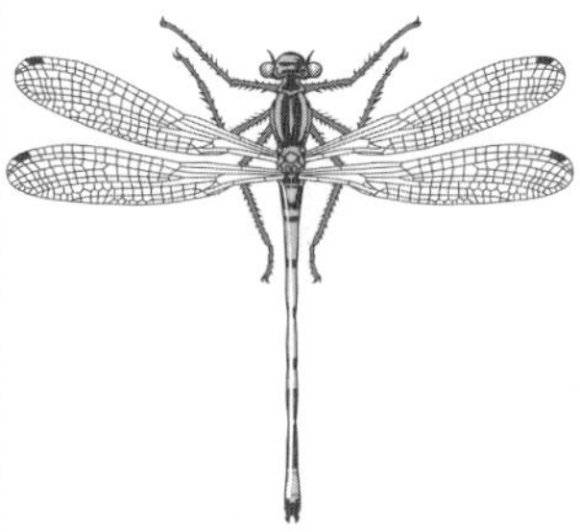
Azurjungfer

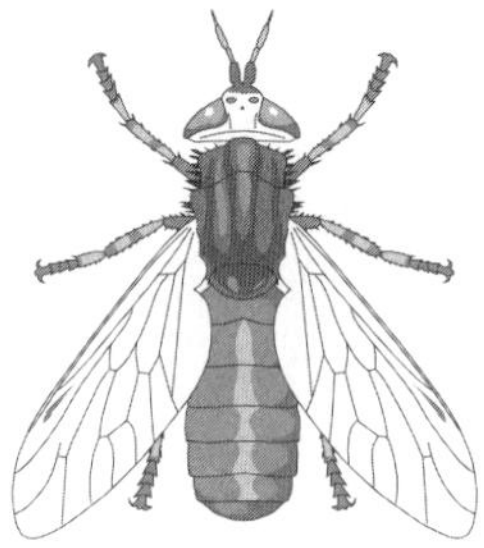
Regenbremse

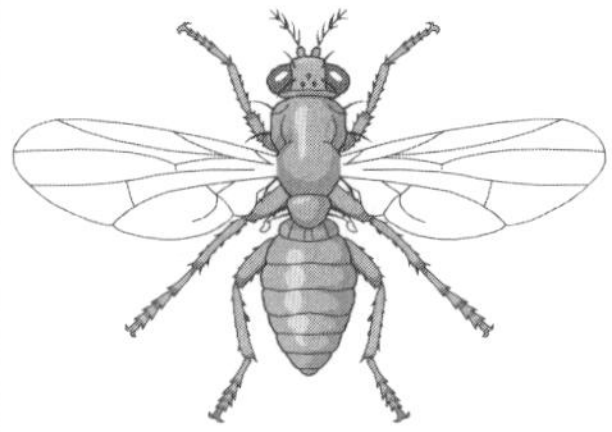
Essigfliege

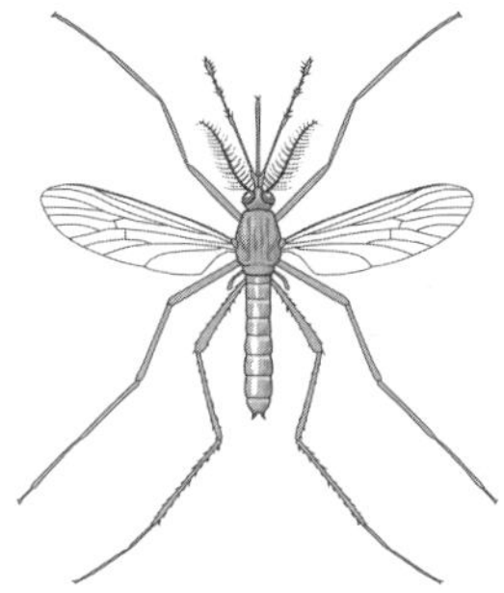
Stechmücke

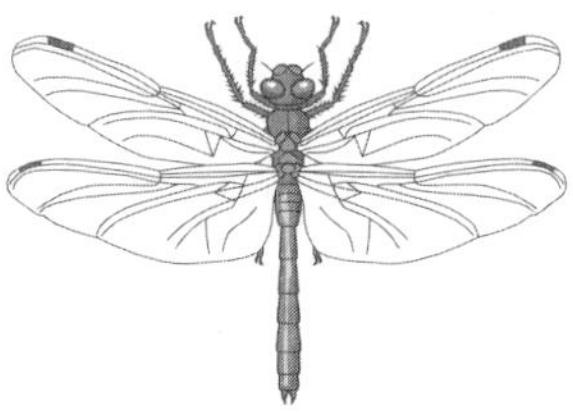
Heidelibelle

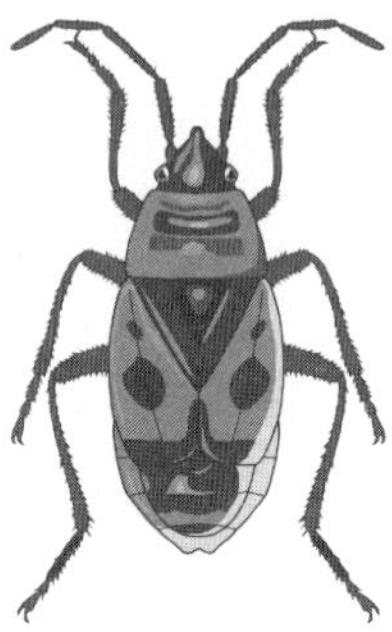
Feuerwanze

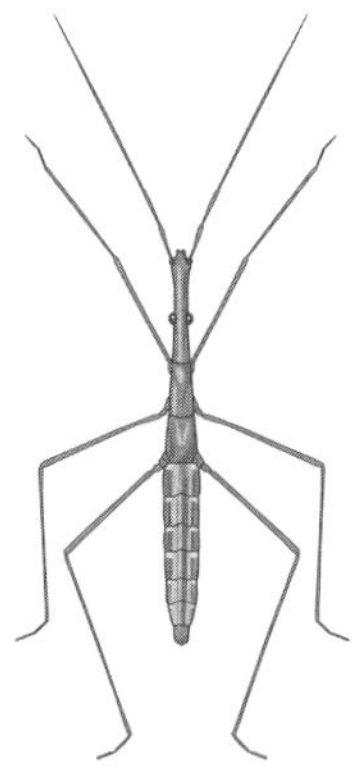
Teichläufer

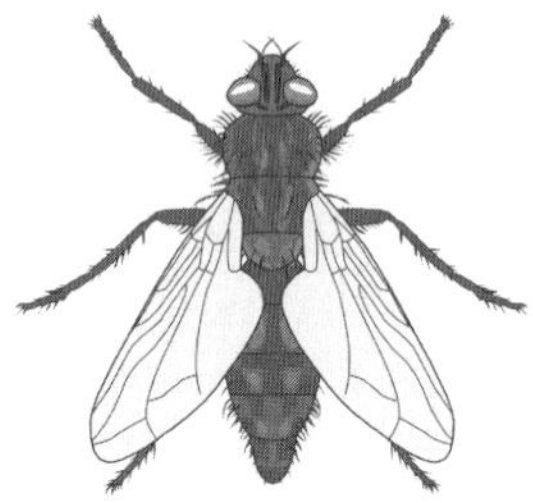
Stubenfliege

Zweifleck

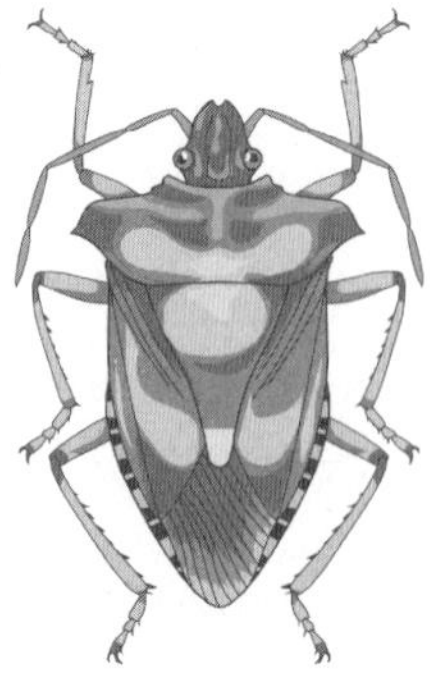
Baumwanze

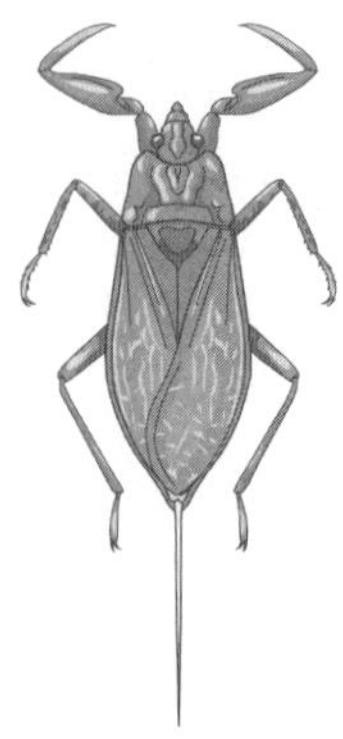
Wasserskorpion

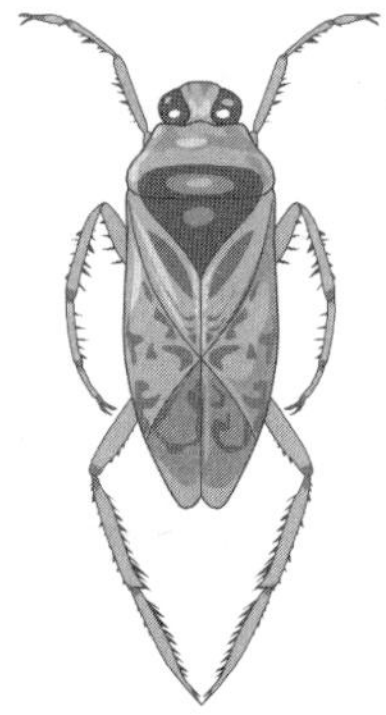
Rückenschwimmer

Die Vielfalt der Insekten (3)

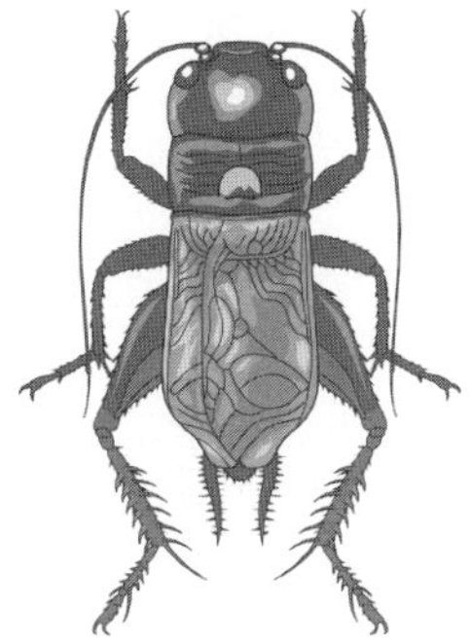
Feldgrille

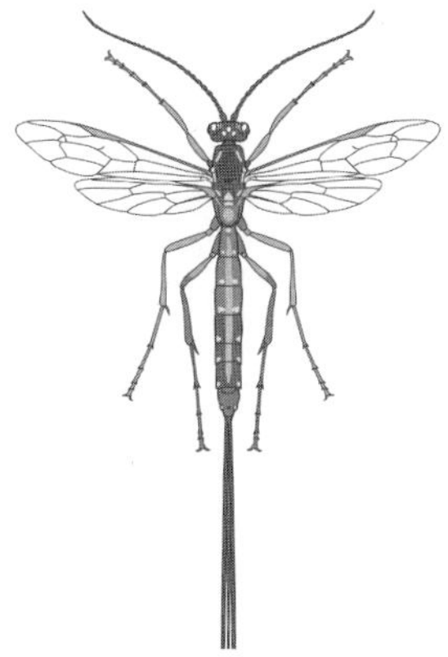
Holzschlupfwespe

Erdhummel

Kiefernspanner

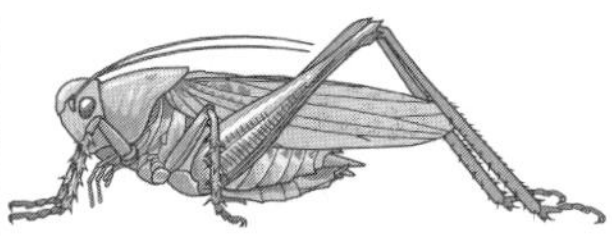
Warzenbeißer

Honigbiene

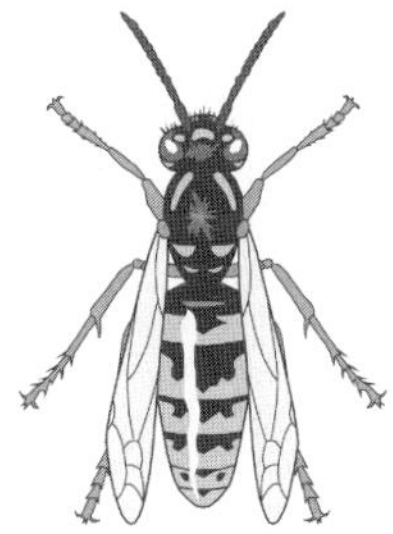
Gemeine Wespe

Kohlweißling

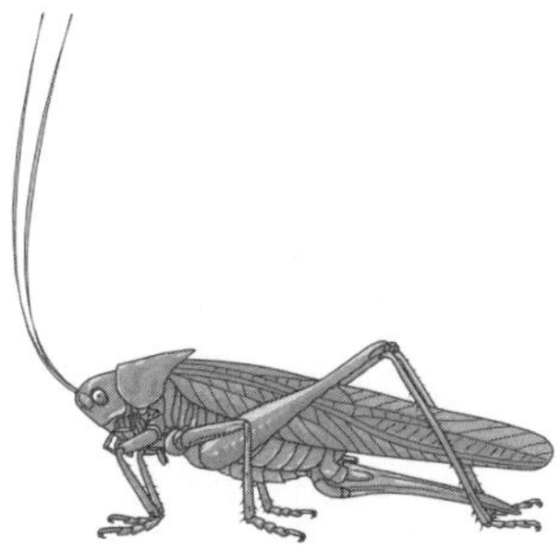
Großes Heupferd

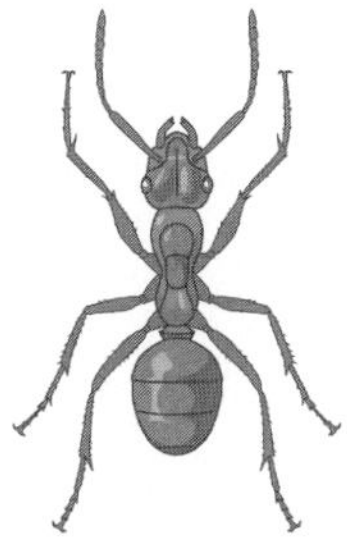
Rote Waldameise

Brauner Bär

Schwalbenschwanz

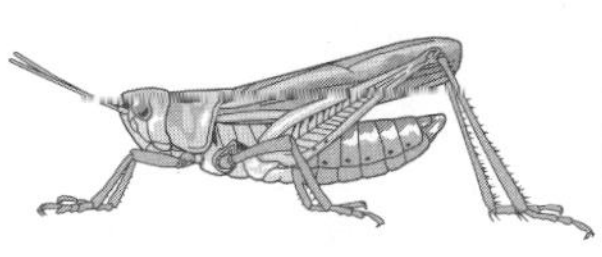
Gemeiner Grashüpfer

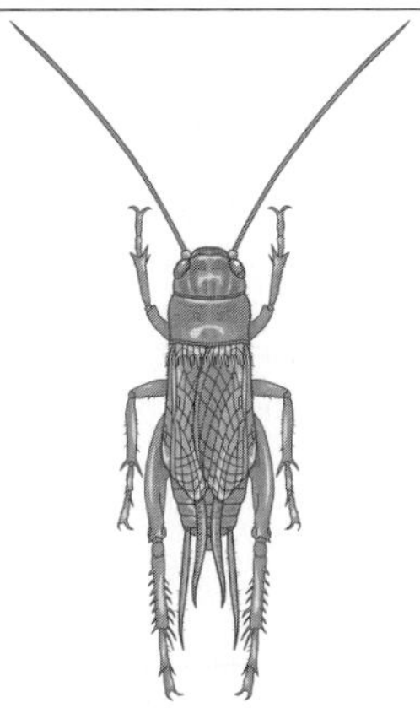
Hausgrille

Blutströpfchen

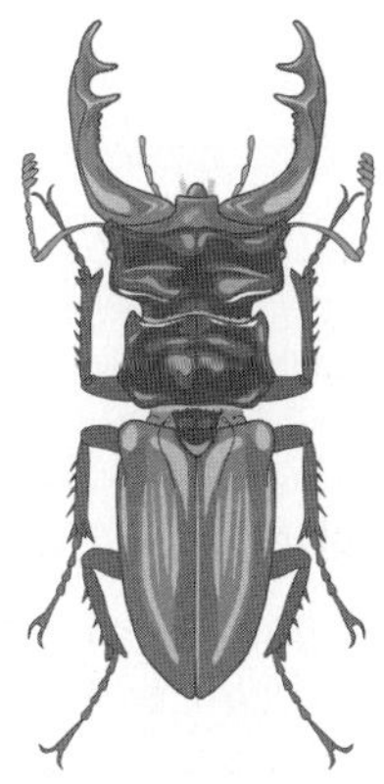
Hirschkäfer

Insektenrätsel

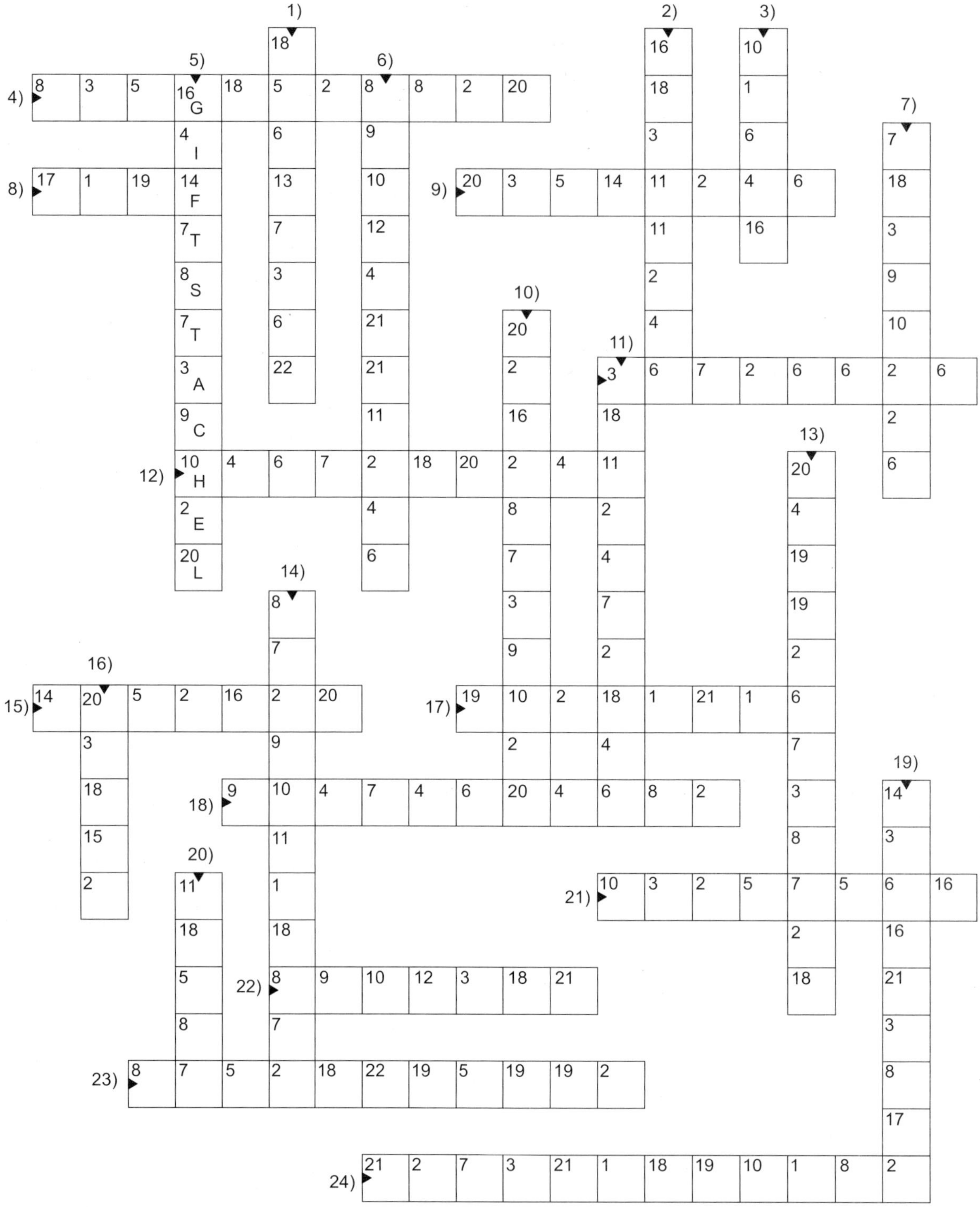

1	2	3	4	5	6	7	8	9	10	11	12	13	14	15	16	17	18	19	20	21	22

Aufgabe

Im Zahlenrätsel sind alle Begriffe mit Ziffern codiert (ä = ae, ü = ue, ö = oe, ß = ss). Gleiche Ziffern bedeuten gleiche Buchstaben. Ein Wort ist, mit Ziffern versehen, bereits vorgegeben. Entschlüssele die Buchstabenzuordnung und liste die Begriffe auf. Suche dann nach einer kurzen und pfiffigen Beschreibung der Fachbegriffe wie in einem richtigen Kreuzworträtsel.

4 Spinnen und Krebse

Die Kreuzspinne

Schülerbuch Seite 53

① Wie viele Spinnfäden müsste man nebeneinander legen, um die Dicke eines menschlichen Kopfhaares zu erhalten?
– *Man müsste 20 Spinnfäden nebeneinander legen.*

Arbeitsblatt Seite 52

1. 1. Gartenkreuzspinne, 2. Zebraspringspinne, 3. Spaltenkreuzspinne, 4. Sektorspinne, 5. Zitterspinne, 6. Fettspinne, 7. Hauswinkelspinne, 8. Grüne Kräuselspinne, 9. Kürbisspinne, 10. Fensterspinne.
   1, 8 und 9 sind austauschbar.
2. Das Lösungswort lautet: *Netzspinne.*

Elastizität eines Spinnfadens bei Dornfingerspinne und Schwarzen Witwe

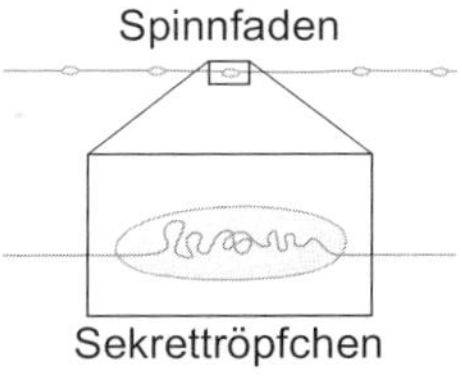

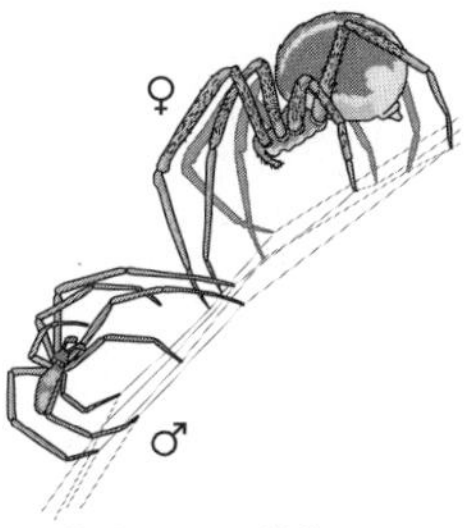

Schwarze Witwe

Dornfingerspinne

Seide und Gifte

Eine Kreuzspinne kann in 10 Minuten bis zu 1 km Faden spinnen. Fast alle Spinnen produzieren Spinnfäden. Sie werden aus mehreren Spinnwarzen am Hinterleib herausgezogen. Die Dicke der Seidenfäden schwankt je nach Spinnenart zwischen 0,0005 mm und 0,005 mm. Manche Spinnfäden sind so elastisch, dass sie um mehr als 40 % ihrer Länge gedehnt werden können.

Heute werden Spinnfäden für die Herstellung von Fadenkreuzen für optische Instrumente, Entfernungsmesser und Vermessungsgeräte verwendet. Für Zielfernrohre ist der Spinnfaden von Jungspinnen der Schwarzen Witwe *(Lactrodectus mactans)* besonders gefragt.

Ein Spinnennetz wiegt weniger als 1 g, es kann mit Wassertropfen behängt das 3000fache Gewicht tragen. Spinnenseide bleibt noch bei Temperaturen von –40 °C elastisch und federnd.

Die in Rheinhessen und im Odenwald vorkommende Dornfingerspinne *(Chiracanthium punctorium)* ist die einzige für den Menschen giftige Spinne Deutschlands. Sie ist auch in Italien, auf dem Balkan, in der Schweiz und in Frankreich nachgewiesen. Das Weibchen wird ca. 15 mm groß und bewacht seinen Eikokon, der so groß wie ein Hühnerei sein kann. Ein Biss dieser Spinne führt zu stark brennenden Schmerzen, oft auch zu Schüttelfrost und leichten Lähmungserscheinungen.

Das Toxin der Gattung *Latrocectes*, der Schwarzen Witwe, wirkt neurotoxisch, besonders auf das Rückenmark. Ihr Biss verursacht zudem Schädigungen an Leber, Milz, Lymphknoten und Nebennieren. Es treten starke Nervosität und extremes Angstgefühl sowie Sprachstörungen und Atembeschwerden auf. Charakteristisch sind Schweißausbrüche und Verkrampfungen der Kaumuskulatur. Die Schwarze Witwe tritt in Nord- und Südamerika und im Mittelmeerraum auf. Die Vergiftungen verlaufen meist schwer, zahlreiche Todesfälle sind bekannt.

Haltung von Vogelspinnen

Vogelspinnen sind nachtaktiv, sie streifen nachts umher oder lauern in Schlupfwinkeln auf Insekten. Einige der rund 800 Arten der Familie der *Theraphosidae* sind beliebte Terrarientiere und werden in Deutschland gezüchtet, so wie die Rote Chilenische Vogelspinne *(Phrixotrichus chilensis).* Sie wird 4 cm groß und 30 g schwer und lässt sich in einem Terrarium von mindestens 30 x 20 x 20 cm, dessen Boden mit Rindenmulch oder Blumenerde bedeckt ist und das Baumrindenstücke als Verstecke enthält, gut halten. Für eine gleich bleibende Temperatur von 25 °C wird eine Heizmatte oder eine Wärmelampe eingesetzt. Ein kleines flaches Wasserbecken mit Trittsteinen dient als Trinkschale. Alle zwei Wochen werden Grillen als Futter angeboten. Spinnen können Wochen lang ohne Nahrung auskommen. Das Terrarium sollte oben mit einer Lochplatte zur Belüftung versehen werden. Da Vogelspinnen auch an Glaswänden hochklettern können, muss für eine sichere Abdeckung gesorgt werden. Die als Terrarientiere üblicherweise gehaltenen Vogelspinnen beißen nur selten, meist nur, wenn sie sich angegriffen fühlen. Ihr Biss ist in der Empfindung ungefähr vergleichbar mit einem Hornissenstich.

Literaturhinweise

BELLMANN, H.: Spinnentiere Europas, Kosmos-Atlas, Franckh-Kosmos, Stuttgart 1997
HABERMEHL, G.: Gift-Tiere und ihre Waffen, Springer Verlag, Berlin, Heidelberg, New York 1977
JONES, D.: Der Kosmos-Spinnenführer, Franckh-Kosmos, Stuttgart 1984
Spinnentiere. Unterricht Biologie Heft 196, 1994

Medienhinweise

FWU 32 55688 Spinnen
FWU 42 01699 Spinnen, Leben am seidenen Faden

Spinnen im und am Haus (1)

Ganz unterschiedliche Spinnenarten finden im und am Haus ihren Lebensraum. Geht man auf Spinnensafari, findet man verschiedene Arten in den in der Abbildung erkennbaren Verstecken.

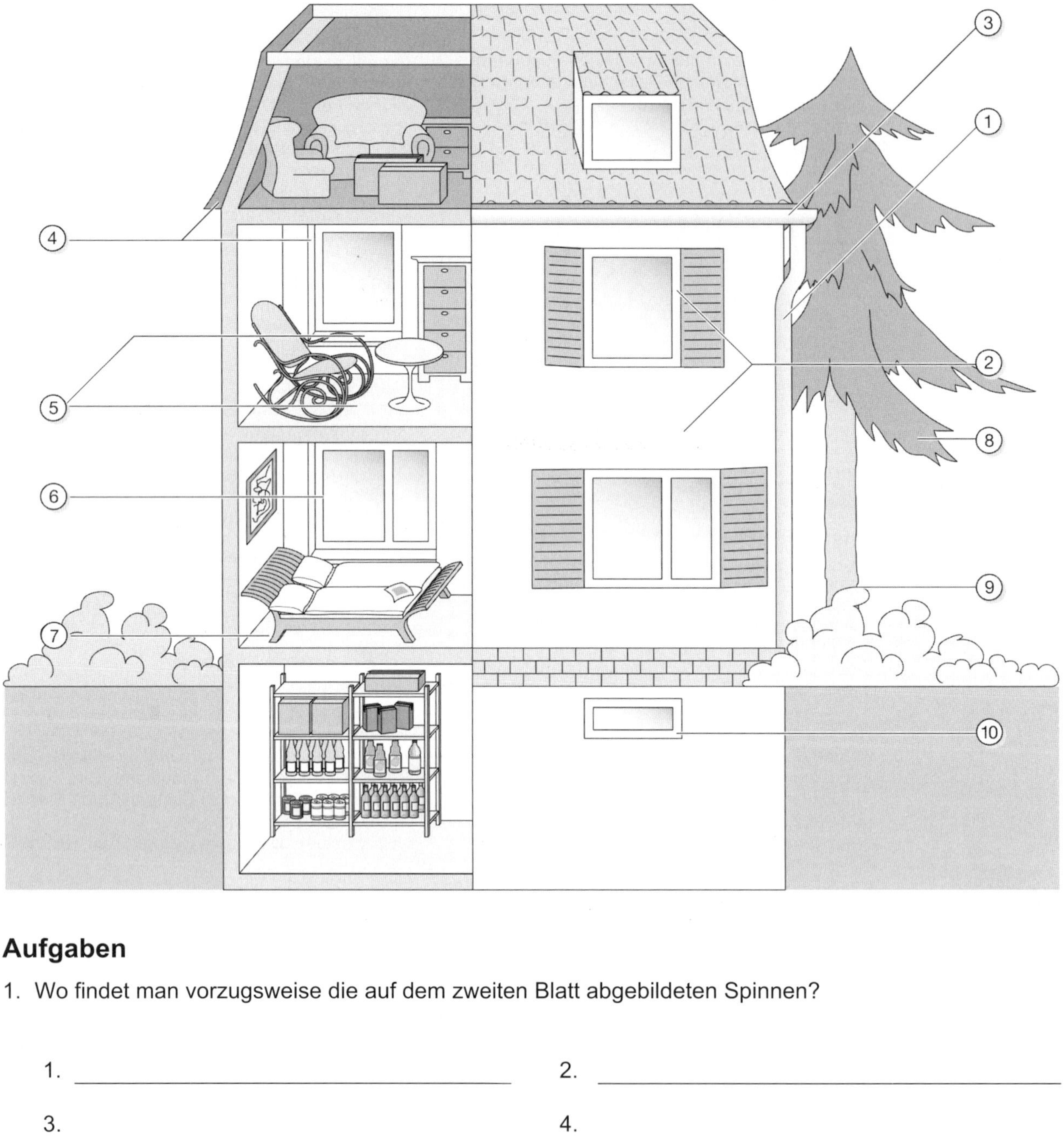

Aufgaben

1. Wo findet man vorzugsweise die auf dem zweiten Blatt abgebildeten Spinnen?

1. __________	2. __________
3. __________	4. __________
5. __________	6. __________
7. __________	8. __________
9. __________	10. __________

2. Die bei den aufgeführten Spinnennamen hervorgehobenen Buchstaben ergeben in der angegebenen Reihenfolge ein Lösungswort.

____

Spinnen im und am Haus (2)

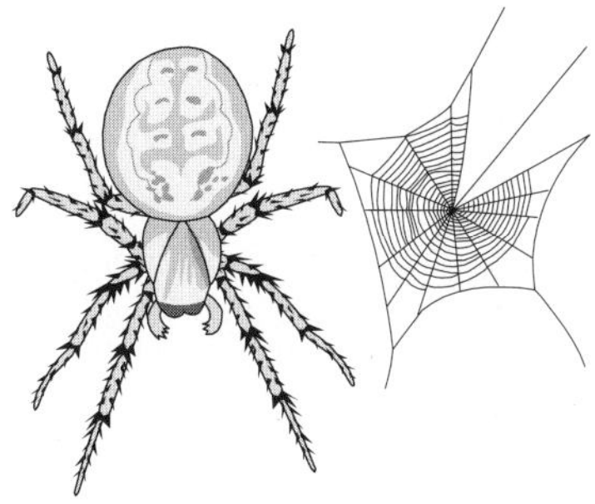

Sektorspinne
(Zygielle x-notata)
Körperlänge: ♀ 11 mm, ♂ 5 mm
an Fenstern und Regenrinnen

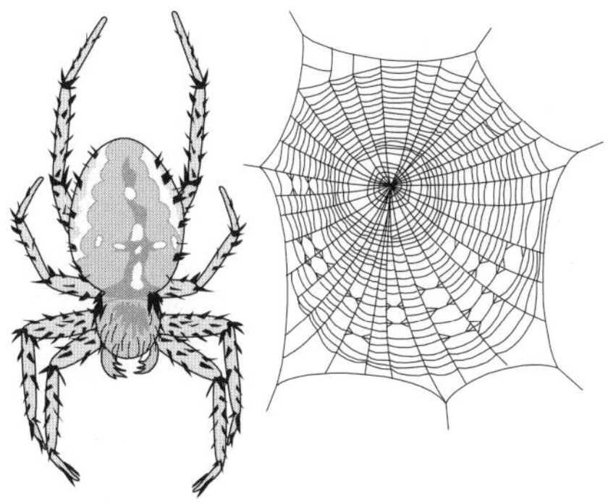

Gartenkreuzspinne
(Araneus diadematus)
Körperlänge: ♀ 15 mm, ♂ 8 mm
in Hausbegrünung, vor Fenstern

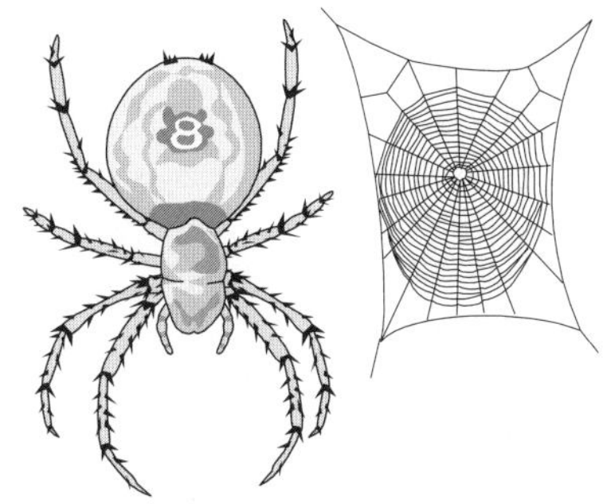

Kürbisspinne
(Araniella cucurbitina)
Körperlänge: ♀ 7 mm, ♂ 4 mm
auf Blattoberseite in Hausbegrünung

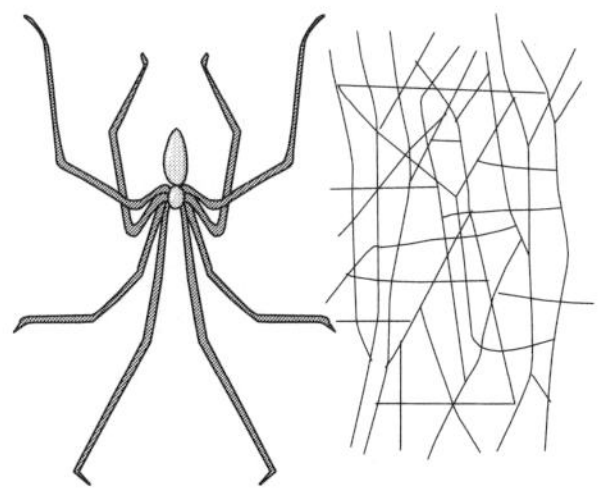

Zitterspinne
(Pholcus phalangioides)
Körperlänge: ♀ 10 mm, ♂ 10 mm
an Fensterrahmen, hinter Schränken,
in Raumecken
(oder: *Pholcus opilionides*
Körperlänge: ♀ 5 mm, ♂ 5 mm)

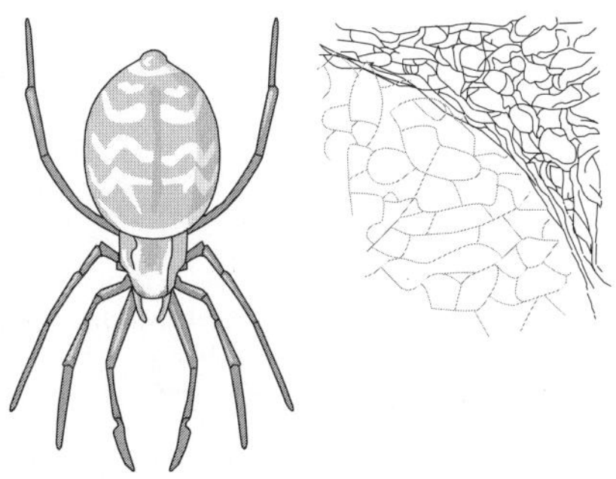

Grüne Kräuselspinne
(Nigma walckenaeri)
Körperlänge: ♀ 5 mm, ♂ 4 mm
in Hausbegrünung

Spaltenkreuzspinne
(Nuctenea umbratica)
Körperlänge: ♀ 16 mm, ♂ 8 mm
in Holzspalten unter dem Dach,
an Regenrinnen

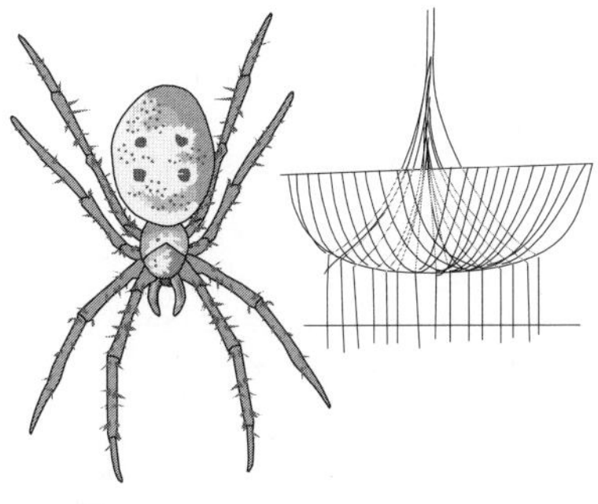

Fettspinne
(Steatoda bipunctata)
Körperlänge: ♀ 7 mm, ♂ 5 mm
Ritzen und Spalten,
meist am Fenster

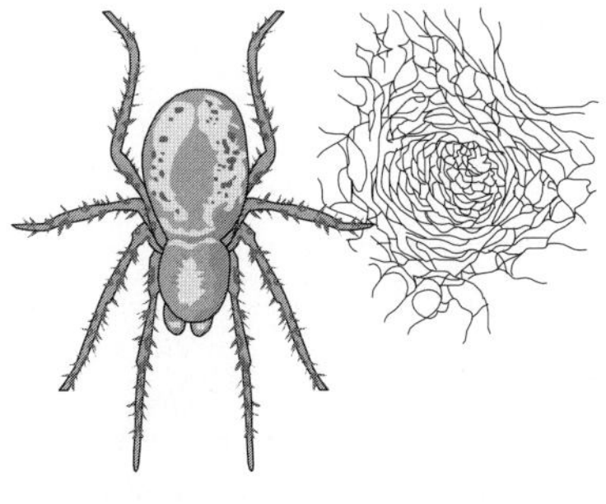

Fensterspinne
(Amaurobius fenestralis)
Körperlänge: ♀ 9 mm, ♂ 7 mm
an und in Kellerschächten,
-fenstern und -türen

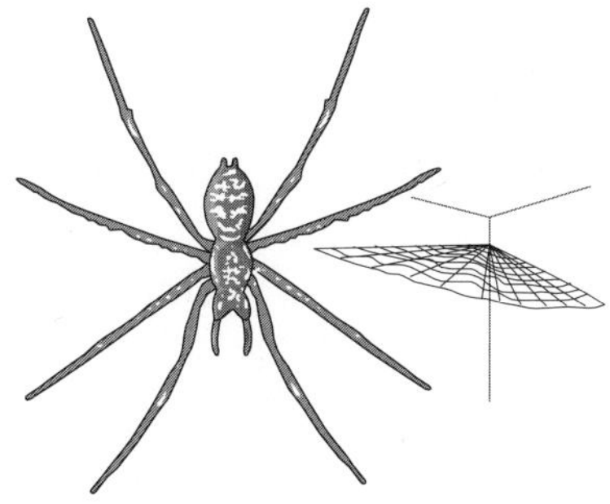

Hauswinkelspinne
(Tegenaria atrica)
Körperlänge: ♀ 18 mm, ♂ 14 mm
dunkle Stellen im ganzen Haus

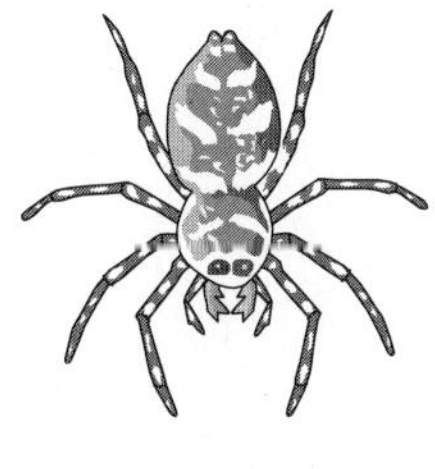

Zebraspringspinne
(Salticus scenicus)
Körperlänge: ♀ 6 mm, ♂ 5 mm
überall an Mauern
und Fensterscheiben

Entwicklung – Zecke
Milbe
Spinnen
Spinnentiere
Zecke

Weitere Spinnen – Jäger sind sie alle
Lexikon: Spinnentiere

Zecken und andere Milben

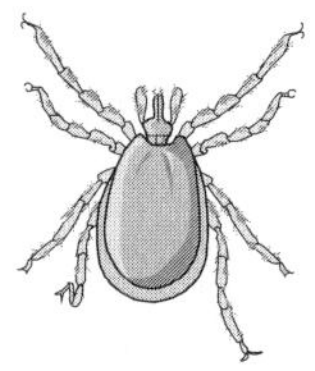
Holzbock

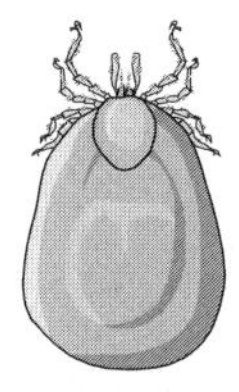
Holzbock, vollgesogen

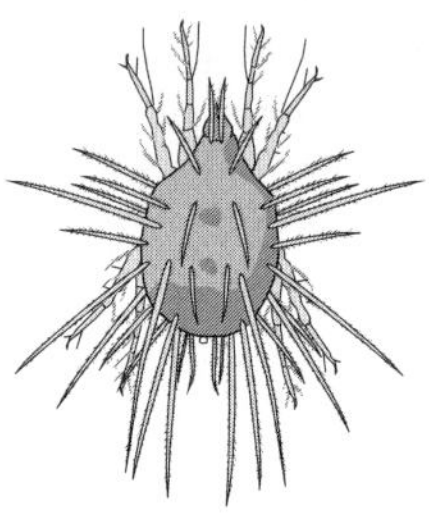
Hausstaubmilbe

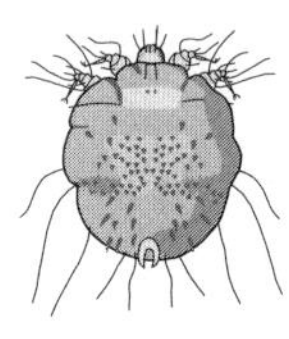
Krätzmilbe

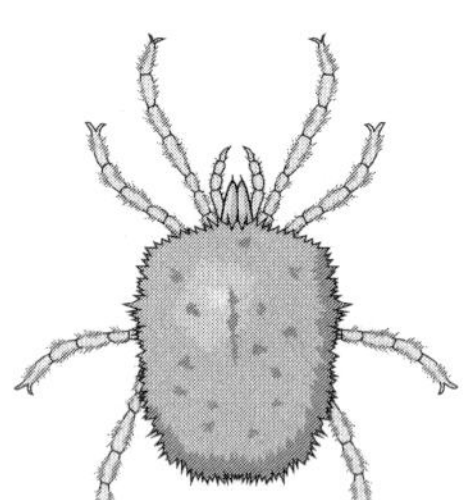
Augustmilbe

Zecken als Krankheitsüberträger
Durch den Holzbock (*Ixodes ricinus*) können verschiedene Krankheitserreger übertragen werden. Dabei bleibt eine Zecke, die als Larve infiziert wurde, über alle Entwicklungsstadien hinweg infektiös, sie gibt sogar die Krankheitserreger an ihre Nachkommen weiter *(transovariell).*

FSME *(Frühsommer-Meningoenzephalitis)* wird durch Viren hervorgerufen. Die Krankheit tritt vor allem im süddeutschen Raum, in Österreich, Ungarn und der tschechischen Republik auf. Zwei Drittel der Infektionen verlaufen unauffällig. Bei den übrigen kommt es nach einer Inkubationszeit von ca. 2 Wochen zu grippeähnlichen Erscheinungen, nach weiteren 2 Wochen kann *Meningoenzephalitis* auftreten. Eine aktive Immunisierung ist möglich.

Borreliose wird durch Bakterien *(Spirochäten)* hervorgerufen. In Deutschland sind fast die Hälfte aller Zecken damit infiziert. Eine Infektion zeigt sich im 1. Stadium durch eine sich vergrößernde rote Stelle (Wanderröte), im 2. Stadium, das erst nach Wochen bis Monaten eintritt, durch Störungen der Hirnnerven und des Zentralnervensystems. Im 3. Stadium tritt dann nach Monaten oder Jahren eine Arthritis auf, meist zuerst an den großen Gelenken. Dies kann zu schweren Beeinträchtigungen der Bewegungsfähigkeit führen. Eine Impfung ist derzeit noch nicht möglich. Werden Antikörper auf Borrelien im Blut nachgewiesen, kann eine Antibiotikabehandlung den Krankheitsverlauf abkürzen.

Entscheidend für eine Übertragung der Krankheitserreger ist eine Mindestverweildauer der Zecke am Körper von mehreren Stunden. Deshalb sollte man sich nach einem Aufenthalt im Freien nach Zecken absuchen und diese dann umgehend schonend mit einer Zeckenzange herauslösen. Gegen Zeckenbefall schützt eine vollständig bedeckende Kleidung. Gegen Zecken wirkende Repellents mindern die Gefahr zusätzlich.

Hausstaubmilben
Sie sind nur 0,25 mm groß und ernähren sich von Hautschuppen, Pilzen und anderem organischem Material im Staub. Bevorzugt leben sie in Matratzen und anderen Staubfängern wie Kuscheltieren, Kissen usw. Manche Menschen reagieren mit allergischen Erscheinungen wie Asthma auf den Kot dieser Milben. Schutz bieten milbendichte Bettwäsche und eine möglichst staubarme Umgebung.

Krätzmilben
Sie sind nur 0,18 bis 0,4 mm groß, befallen die Haut gleichwarmer Wirbeltiere und graben tunnelartige Gänge in der Haut. Dies verursacht Knötchen- und Krustenbildung, begleitet von starkem Juckreiz *(Räude, Krätze).*

Erntemilben (Augustmilben)
Menschen werden häufig im Sommer, vor allem an der Taille, an den Knöcheln und in den Achselhöhlen von diesen kleinen orangeroten Milben befallen. Sie pressen ihren Speichel durch die Hornschicht in die darunter liegende Epidermis und lösen damit das Gewebe auf. Diese flüssige Nahrung saugen sie auf. Während 3 bis 5 Tagen wächst die Milbe von 0,25 bis 0,75 mm heran und wird blassgelb. Die Einstichstellen jucken stark.

Literaturhinweise

http://www.medizininfo.com/waldundwiese/
Broschüre: Zecken – schützen Sie sich und ihre Familie! (Broschüre beim Gesundheitsamt erhältlich)
MEHLHORN, B. u. H.: Zecken, Milben, Fliegen, Schaben; Springer Verlag, Heidelberg 1992

Medienhinweise

FWU 42 10371 Die Zecke

Entwicklungszyklus der Zecke

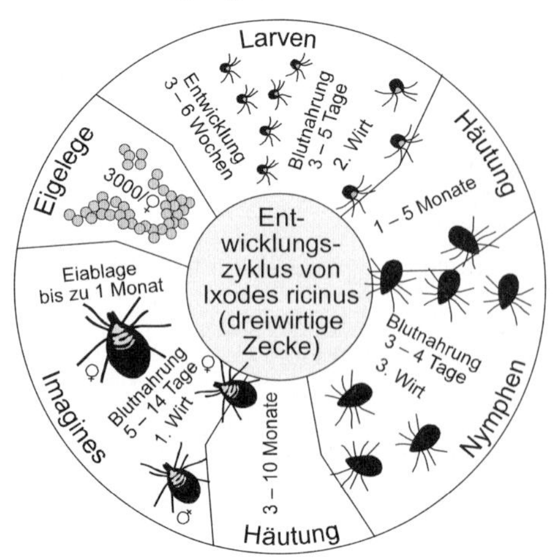

Verbreitung der FSME

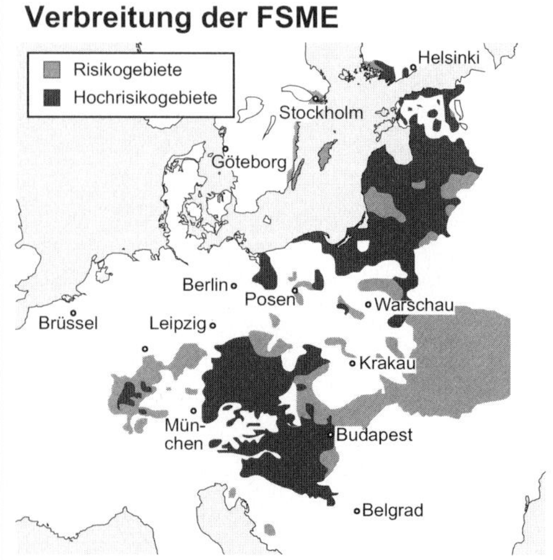

Asset
Krebs
Verhalten

Asseln – landbewohnende Krebse

Schülerbuch Seite 57

① Suche an feuchten Stellen im Garten unter Steinen nach Asseln. Wie verhalten sich die Tiere, wenn man den Stein über ihnen weghebt? Erkläre die Bedeutung ihres Verhaltens.
– *Sie verkriechen sich, da sie nachtaktiv und feuchtigkeitsliebend sind.*

Experimente mit Asseln

1. Feststellung des Aktivitätsrhythmus
In festen Zeitabständen (z. B. aller 4 oder 6 Stunden) in einer ganzen 24-Stunden-Periode zählt man die einzelnen Tiere an der Oberfläche und erstellt mit den Ergebnissen ein Aktivitätsdiagramm. Da das Ergebnis durch das Einschalten des Lichtes verfälscht werden kann, besteht die Möglichkeit bei Dauerlicht zu arbeiten. In diesem Fall kann auch eine Kamera (wenn vorhanden mit Zeitraffer oder Zeitschaltuhr) eingesetzt werden, die die Auswertung am kommenden Tag ermöglicht. Eine weitere Alternative wäre die indirekte Aktivitätsbestimmung durch Auszählung der Kothäufchen. Hierfür setzt man als Versuchstiere Mauerasseln ein, da deren Kothäufchen rechteckig (Länge: 1–2 mm) sind und an Oberflächen von Futterstückchen bzw. Steinen u. ä. abgelegt werden, sodass man sie nicht übersieht. Die Tiere sind überwiegend dämmerungs- und nachtaktiv.

2. Fressgewohnheiten
Die verschiedenen Zersetzer in der Bodenstreu wenden sehr unterschiedliche Methoden an, um Laub u. ä. zu vertilgen. Man unterscheidet bei den Fraßspuren zwischen Lochfraß (Fensterfraß), Skelettfraß, Flächenfraß und Bahnenfraß, der zum Teil auch nur oberflächlich vorkommen kann. Man gibt mehrere Asseln mit Blattmaterial in eine Kunststoffwanne o. ä. Variation: Man gibt verschiedene Blattarten, wobei man herausbekommt, welche bevorzugt gefressen werden. Bei allen Blattarten wird man aber feststellen, dass Asseln vom Rand aus flächenförmig fressen.

3. Feststellung des Fortbewegungstyps
Bodentiere haben spezielle Fortbewegungsmöglichkeiten erschlossen. Man unterscheidet zwischen Bulldozer- oder Rammtyp, Kugeltyp, Keiltyp und Wurmtyp. Mit einer Rollassel soll die Zugehörigkeit zum Kugeltyp nachgewiesen werden. Dazu beobachtet man die Fortbewegung einer Rollassel auf einer geraden und einer geneigten Fläche. Ein Vorteil des Abrollens ist die Geschwindigkeitserhöhung, die recht gut beobachtbar ist. Außerdem ist damit auch ein gewisser Tarneffekt verbunden. Die Kugeln sind weniger auffällig. Einen weiteren Vorzug bringt die Kugelbildung durch die Gewölbefunktion. Dies lässt sich leicht an einer schrägen, lockeren Schicht zeigen. Kommt es zur Materialverschiebung, kugelt sich die Rollassel nur zusammen und kriecht nach einiger Zeit unbeschadet aus dem nachgebröckeltem Erdreich heraus.

4. Kontaktverhalten
Mauerasseln klemmen oft in sehr engen Ritzen. Sie benötigen den Kontakt mit festen Gegenständen (sie sind *thigmotaktisch*). Gibt man mehrere Asseln unterschiedlicher Arten in die Mitte eines Gefäßes, so versuchen sie sehr schnell den Rand zu erreichen. Diese Reaktion ist unabhängig von den Lichtverhältnissen. Am Rand bilden sie Kontaktgruppen, in denen auch Asselarten gemischt vorkommen.

Haltung von Asseln

Da Asseln sehr häufig vorkommende Lebewesen sind, ist es leicht, sie unter Holz und Steinen zu finden. Man kann sie auch unbeschadet über kürzere Zeiträume im Terrarium halten, wenn ihre Lebensweise beobachtet oder andere Experimente mit ihnen gemacht werden sollen.

Zur Haltung eignen sich Mauerasseln *(Oniscus asellus)*, Kellerasseln *(Porcellio scaber)* und Rollasseln *(Armadillidium vulgare)*. Als Gefäße sind größere Gläser (z. B. Gurkengläser) und Kunststoffbehälter gut geeignet. Die Abdeckung kann mit einem Stoff- bzw. Gazebezug erfolgen, der mit einem stärkeren Gummi befestigt wird. Um die nötige Luftfeuchtigkeit zu halten, kann man in das Gefäß eine 1 bis 2 cm hohe Gipsschicht gießen, die man dann nach Bedarf mit Wasser tränkt. Da Asseln sehr viel pflanzliche Nahrung zu sich nehmen, könnte auf die Gipsschicht eine Schicht mit nur teilweise verrottetem Pflanzenmaterial aufgebracht werden. Auch grobkörnige Erde mit einigen kleineren Pflanzen eignet sich als Bodenbedeckung. Als Verstecke sollten Blätter, Rinden oder kleine Steine vorhanden sein.

Literaturhinweise

BRUCKER, G., KALUSCHE, D.: Boden und Umwelt. Quelle & Meyer Verlag, Heidelberg 1990
KLEINSTÜBER, E.: Kleintiere im Terrarium; Urania-Verlag, Leipzig 1989
OGILVIE, D.M., STINSON, R.H.: Schulbiologische Untersuchungen mit lebenden Tieren. Klett Verlag, Stuttgart 1999

Medienhinweise

FWU 42 00235 Leben im Boden

5 Weichtiere – Mollusken

Die Weinbergschnecke

Schülerbuch Seite 61

① Welche Eigenschaften haben die Lebensräume der Weinbergschnecken?
– *Sie sind zumindest zeitweise feucht und enthalten Nahrungspflanzen. Stellenweise muss der Untergrund weich genug sein zum Graben einer Erdhöhle für die Eiablage.*
② Weinbergschnecken besitzen 2 Paar Fühler. Beschreibe ihre Funktionen.
– *Am Paar der langen Fühler sitzen die Augen. Die kurzen Fühler dienen als Tastorgane.*
③ Es gibt auch gehäuselose Schnecken, wie etwa die Rote Wegschnecke.
a) Bei welchen Wetterverhältnissen begegnet man den Tieren häufig? Erkläre.
b) Betrachte eine Rote Wegschnecke. Welche typischen Merkmale des Molluskenkörpers kannst du an ihr entdecken? Suche die Atemöffnung.
– *a) Man trifft sie besonders häufig nach Regen, Nebel oder Tau an, da sie auf feuchtem Untergrund weniger Wasser bei der Fortbewegung verlieren.*
b) Von außen sind Fuß und Eingeweidesack erkennbar. Die Atemöffnung befindet sich ein Stück hinter dem Kopf am unteren Rand des Schildes.

Arbeitsblatt Seite 57

1. Schnecken können nur an feuchten, schattigen Standorten leben. Je nach Vegetation, Sonnenstand, Temperatur und Luftfeuchtigkeit berücksichtigen sie dies, indem sie die Tageszeit der Aktivität und den Ort entsprechend wählen.
2. Schleimabsonderung: Der Schleim zieht die Luftfeuchtigkeit an.
Haut mit runzligen Vertiefungen: die Verdunstung wird verlangsamt, da sich die Feuchtigkeit in den Vertiefungen halten kann.
Verschließen des Gehäuses: Die Feuchtigkeit wird im Gehäuse zurückgehalten.
3. Das Zurückziehen geht wesentlich schneller und wird durch den starken Rückziehmuskel ermöglicht. Das „Herausquellen“ dauert länger, da der Hauptmechanismus die Umverteilung der Körperflüssigkeit ist. Der notwendige Druck wird langsam aufgebaut.

Weichtiere in Zahlen

- Weichtiere umfassen rund 100 000 Arten.
- Es gibt rund 25 000 Arten von Landlungenschnecken.
- In Deutschland leben 205 Schnecken- und Muschelarten.
- Rund 20 Landschneckenarten kommen in Gärten vor.
- *Helix pomatia* (Weinbergschnecke) ist die größte einheimische Landschnecke mit einem Schalendurchmesser von bis zu 50 mm.
- *Punctum pygmaeum* (Punktschnecke) ist mit einem Durchmesser von 1,5 mm die kleinste einheimische Schneckenart.
- Die schnellste Landschnecke mit 50 m pro Stunde (ohne Fresspause) ist *Helix aspersa.*
- Landschnecken können in waagerechter Lage das 50fache ihres Eigengewichtes heben. Beim Kriechen in senkrechter Richtung können sie das 10fache des eigenen Körpergewichtes bewegen.

Die Achatschnecke

In manchen Bundesländern ist die Haltung einheimischer Schnecken in Schulen anzeigepflichtig. Man kann aber auf die Achatschnecke ausweichen. Diese tropische Schneckenart ist ein interessantes Pflegeobjekt. Man kann sie in allen Bundesländern ohne Anzeigepflicht für Unterrichtszwecke einsetzen und in Kleintierhandlungen beziehen. Für ihre Haltung ist ein Feuchtluft-Schneckenterrarium mit schräger Grundplatte, die durchlöchert sein muss, nötig. Als Abdeckung sollte eine fest schließende Gaze dienen. In kalkhaltiger Erde setzt man als Bepflanzung Efeu, Weidenröschen, Gundermann, Rainfarn oder Ochsenzungen ein. Drei bis fünf Achatschnecken benötigen ca. 20 dm³ Raum. Senkt man die Feuchtigkeit vor den Sommerferien allmählich ab und reduziert gleichzeitig kontinuierlich die Futtergaben, überstehen die Tiere auch die Ferienzeit recht gut.

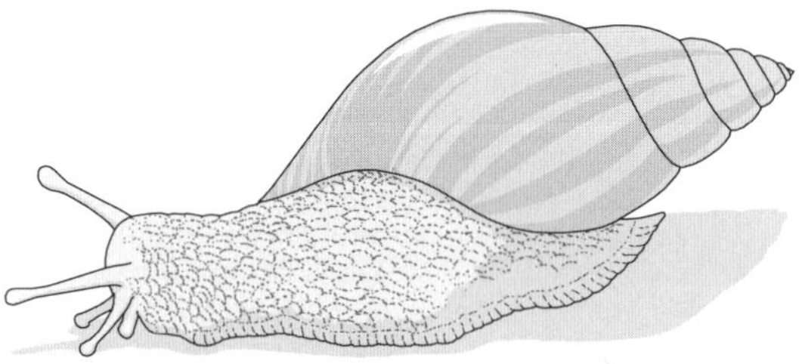

Achatschnecke

Literaturhinweise

GODAN, D.: Mollusken. Parey Buchverlag Berlin, 1996
KLEINSTEUBER, E.: Kleintiere im Terrarium. Urania-Verlag, Leipzig, Jena, Berlin 1989

Medienhinweise

FWU 42 01671 Die Weinbergschnecke
FWU 42 02228 Weichtiere

Gehäuseschnecken

Schnecken findet man nur selten an sehr heißen und trockenen Tagen und auch kaum auf Betonflächen oder ähnlichem Untergrund. Zu große Trockenheit stellt eine Gefahr für die Tiere dar. Ungünstige Umweltbedingungen veranlassen die Tiere, sich in ihr Gehäuse zurückzuziehen. Um wieder herauszukommen, wird ein durch mehrere kleine Muskeln unterstützter Vorgang eingeleitet, der mit einer Umverteilung von Blut vom Körper in den Fußbereich verbunden ist. Durch das Anschwellen des Fußes quillt der Schneckenkörper dann regelrecht aus dem Gehäuse heraus.

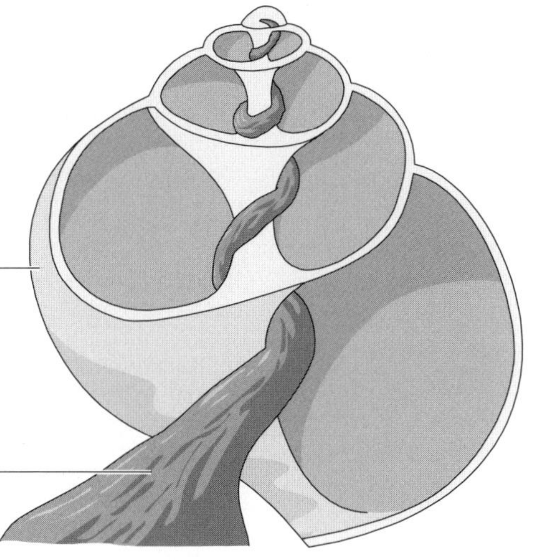

Aufgaben

1. In Abhängigkeit von Umweltfaktoren treten Schnecken unterschiedlich häufig auf. Nenne Beispiele und erkläre sie.

2. Erläutere drei Angepasstheiten zum Verdunstungsschutz, die man bei Schnecken findet.

3. Eine Sumpfdeckelschnecke wurde beim Rückzug ins Schneckenhaus und beim Herauskommen beobachtet. Interpretiere die nebenstehenden Messergebnisse.

	Zeit in Sekunden			
Versuch Nr.	1	2	3	4
hineinziehen	7	6	6	8
herauskommen	40	24	29	28

Schädlingsbekämpfung
Schnecken
Verhalten
Wegschnecke

Praktikum: Versuche mit Schnecken

Arbeitsblatt Seite 59

1. z. B. biologische Bekämpfung: Kröte, Igel; chemisch: Schneckengift, Schneckenkorn; mechanisch: Ablesen, Schneckenzaun.
2. z. B. Ablehnung der Giftbehandlung, da die Pflanzen nach der Giftgabe noch einige Zeit stark gewässert werden müssen, um unbedenklich verzehrt zu werden. Befürwortung von mechanischen Verfahren, da hierbei keinerlei Beeinträchtigung erfolgt.
3. Auf trockenem, saugfähigem Untergrund müssen die Schnecken sehr viel Schleim produzieren, um vorwärts zu kommen. Es besteht somit die Gefahr des Austrocknens, da von einem derartigen Untergrund kein Wassernachschub kommen kann.
4. z. B. Extrakt in einem Kreis mit einer Lücke um die Schnecke auftragen. Die Schnecke verlässt den Kreis nur an der offenen Stelle.

Zusatzexperimente

1. Angesogen oder festgeklebt:
Das Kriechen einer Schnecke auf einer Glasscheibe wird von den Schülern oft fälschlich als „Ansaugen" beschrieben. Um zwischen Saugen und dem tatsächlichen Kleben durch den vom Tier gebildeten Schleimfilm zu unterscheiden, kann man beim Kriechen vorsichtig ein Stöckchen zwischen Fuß und Glasplatte schieben. Die Schnecke fällt dadurch nicht ab, wie es beim Abfallen nach Haften durch Unterdruck erfolgen würde.

2. Hören oder fühlen:
Als Vergleichsversuch wird eine Stimmgabel in der Luft zum Schwingen gebracht. Die Schnecke wird beobachtet. Sie dürfte keinerlei Reaktion zeigen, da Schnecken nicht hören können. Ein solcher Ausschlussversuch ist für den Erkenntnisprozess wichtig, da so zwischen Erklärungshypothesen unterschieden werden kann.

3. Negative Geotaxis:
Eine Schnecke, die sich in ihrer Schale befindet, wird in einen Wasserzylinder gegeben, der dann verschlossen wird. Sie sinkt auf den Gefäßboden. (Eine Weinbergschnecke z. B. kann bis zu 24 Stunden im Wasser überleben.) Schiebt sich die Schnecke aus dem Gehäuse, so kriecht sie mit eingezogenen Fühlern nach oben. Wird der Zylinder dann umgedreht, erfolgt keine Fortsetzung in der gleichen Richtung. Die Schnecke stoppt, wendet und kriecht wieder nach oben.

4. Rekonstruktion der Lamellenstruktur:
Leere Schneckenhäuser, die noch relativ frisch sein müssen, werden unter Beachtung der nötigen Vorsichtsmaßnahmen (Schutzbrille) erhitzt. Erfolgt das Erhitzen langsam und gleichmäßig, ergeben sich Sprünge, die über die gesamte Schale verteilt sind. Durch genaues Zeichnen des Musters der Sprünge lässt sich dann nach dem Erkalten der Schale die Lamellenstruktur rekonstruieren.

5. Hauptbestandteil der Schale:
Gesammelte leere Häuser von möglichst unterschiedlich alten Schnecken werden in verdünnte Säure (z. B. Essigessenz) gelegt. Als Vergleichssubstanz eignet sich ein Stück Kalkstein. Leere Schneckenhäuser, die recht frisch sind, zersetzen sich durch aufgelagertes Conchiolin (chitinähnliche Substanz) relativ langsam. Werden Schneckenhausbruchstücke mit mehr oder weniger starken Verwitterungserscheinungen in verdünnte Säure gelegt, lösen sie sich unterschiedlich schnell auf. In der Auswertung der Reaktionsgeschwindigkeiten kann man die Bedeutung des Conchiolins erklären. Es kann die Frage bearbeitet werden: Warum büßen Schnecken bei saurem Regen ihr Gehäuse nicht ein? (Hinweis: Die Schalen sollten vor den Experimenten vom Lehrer mit einer Fett lösenden Substanz gereinigt werden.)

Unterscheidung der Wegschnecken

Wegschnecken
- Fußsohle orange einfarbig → Gartenschnecke
- Fußsohle nicht orange und nicht einfarbig
  - bis 150 mm lang → Große Wegschnecke
  - bis 70 mm lang → Braune Wegschnecke

Gartenschnecke	Große Wegschnecke	Braune Wegschnecke
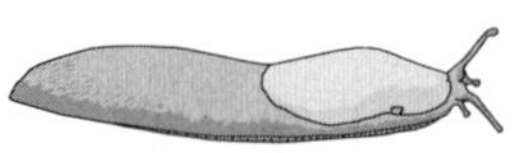	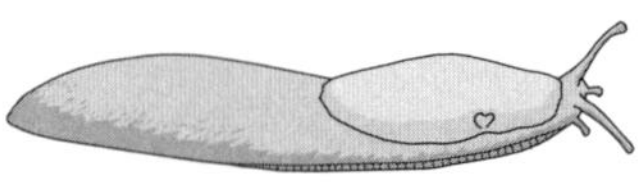	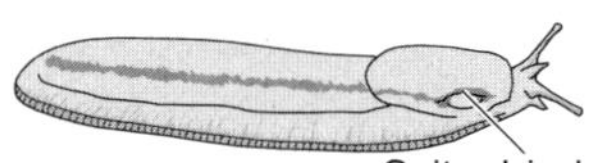 Seitenbinde
25-30 mm lang	80-150 mm lang	ca. 70 mm lang
meist dunkelgrau bis schwarz, selten dunkelbraun	einfarbig rot, braun oder schwarz	bräunlich/gelb oder rötlich/gelb
Pflanzenfresser	Allesfresser	Pflanzenfresser
Im Laub von Gärten, Parks und Wäldern lebend	An feuchten Stellen im Unterholz, in Hecken und Gärten	Im Laub und in Moospolstern von Laub- und Nadelwäldern

Schneckenplage

Schnecken fressen eine Vielzahl von Früchten (z. B. Erdbeeren) sowie Kohl- und Salatblätter, die eigentlich als Nahrung für Menschen angebaut werden. Gärtner stufen die Schnecken deshalb häufig als Schädlinge ein und bekämpfen sie auf vielfältige Weise.

Kommen in größeren Gartenbaubetrieben sehr viele Schnecken vor, sprüht man Schneckengift oder legt Schneckenkorn (ein Fraßgift) aus. Wenn nur wenige Exemplare vorhanden sind, versuchen die Gärtner ihr Glück mit dem Ablesen der Schnecken oder mit Bierfallen. Das im Bier vorhandene Vitamin B_4 soll angeblich die Schnecken anlocken, die dann im Bier ertrinken. Nach neuesten Untersuchungsergebnissen kann man Schnecken auch mit einem Naturprodukt abschrecken. Dazu muss ein Extrakt aus bestimmten Flechten hergestellt werden. In diesem Mittel ist *Vulpinsäure* enthalten, die auf Schnecken abweisend wirkt (unangenehmer Beigeschmack, aber nicht giftig).

Außenanlagen können durch Schneckenzäune geschützt werden. Der Bewegungsradius von Schnecken lässt sich auch einschränken, indem nicht das gesamte Beet gewässert wird. Gießt man nur direkt an den Pflanzen, können die Tiere nicht so leicht zum nächsten Beet wechseln. Viele Gärtner schätzen aber auch Schneckenvertilger wie Erdkröten und Igel, die sie bewusst ansiedeln.

Aufgaben

1. Ordne den nachfolgenden Kategorien verschiedener Bekämpfungsmaßnahmen je zwei der beschriebenen Verfahren zu.

   biologische Bekämpfung: ______________________________

   chemische Bekämpfung: ______________________________

   mechanische Bekämpfung: ______________________________

2. Von Bekämpfungsmitteln wird erwartet, dass sie weder dem Pflanzenwuchs noch dem Endverbraucher (meist Mensch) schaden. Welche der im Text genannten Möglichkeiten würdest du ablehnen, welche anwenden? Begründe deine Entscheidung.

   ____

   ____

   ____

3. Eine andere Möglichkeit der Bekämpfung besteht darin, den Schnecken den Zugang zu den Pflanzen zu erschweren, indem man den Boden um den Setzling ein wenig andrückt und Mulch darüberstreut, wodurch ein trockener, saugfähiger Untergrund erzeugt wird. Beschreibe die Wirkung auf die Schnecken. (Hinweis: Schnecken bestehen zu 85 % aus Wasser)

   ____

   ____

4. Skizziere einen Versuchsaufbau zum Nachweis der Schnecken abweisenden Wirkung des Flechtenextraktes.

   Skizze:

Nacktkiemer
Schnecken
Süßwasserschnecken
Systematik

Bestimmung von Schnecken

Nacktkiemer

Interessante Vertreter

Von der **Wellhornschnecke** werden häufig leere Eiballen gefunden, die an den Strand gespült wurden. Die Schnecke ernährt sich hauptsächlich von Aas. Ihr röhrenförmiger Sipho spürt chemische Reize im Wasser auf. Größere Einsiedlerkrebse fressen sie, um ihr Gehäuse in Besitz zu nehmen. Das Gift der **Kegelschnecken** ist noch wirksamer als Morphium. Es ist in der Lage auch Menschen zu töten. In geringen Dosen wird es als Schmerzmittel eingesetzt. **Nacktkiemer** schützen sich vor Feinden, indem sie giftige Tiere (z. B. die Portugiesische Galeere, s. Seite 16) fressen, um so Giftzellen aufzunehmen. Viele sind mit seitlichen, flügelartigen Lappen versehen und sehr farbenprächtig, weshalb sie auch als „See-Schmetterlinge“ bezeichnet werden. Einige Meeres-Nacktschnecken weisen unter bestimmten Bedingungen Kalknadeln zur Verstärkung ihres weichen Körpers auf.

Literaturhinweise

LOTH, K.: Handblätter Biologie – Systematik Wirbellose. Klett Verlag, Stuttgart 1997

SAPPER, N., WIDHALM, H.: Einfache biologische Experimente. öbv Verlags GmbH, Wien 1999

SCHWAB, H.: Bestimmungsbuch Süßwassertiere. Klett Verlag, Stuttgart 1999

SCHÜTTOFF, K.: Arbeitshefte Biologie, Heft 3: Schnecken Beobachten – Untersuchen – Bestimmen; Klett Verlag, Stuttgart 1990

Medienhinweise

Klett-Video 750728: Weichtiere

Gehäuse einheimischer Süßwasserschnecken

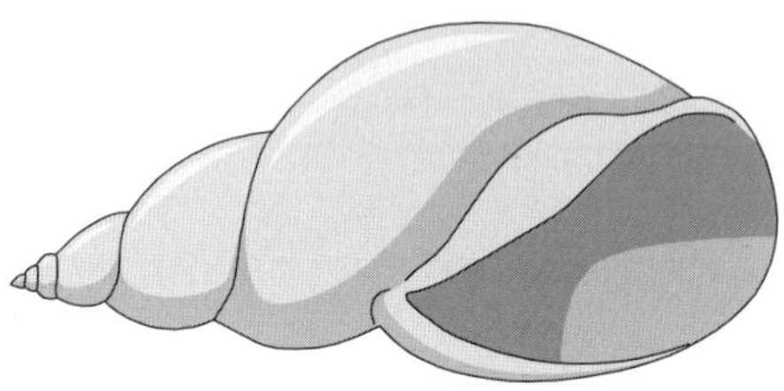

Sumpfschnecke (6 Umgänge, bis 30 mm)

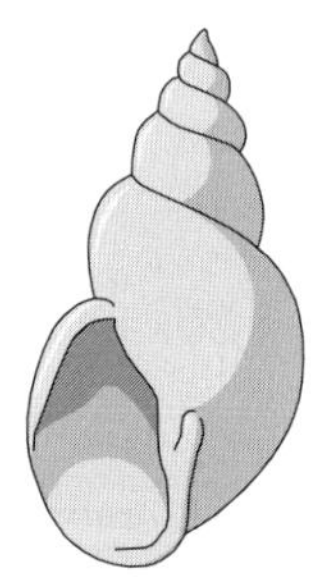

Kleine Schlammschnecke (5–6 Umgänge, 7–9 mm)

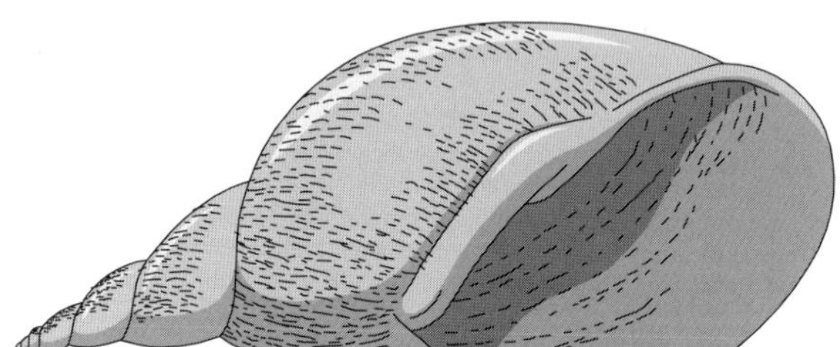

Spitzschlammschnecke (7 Umgänge, 45–60 mm)

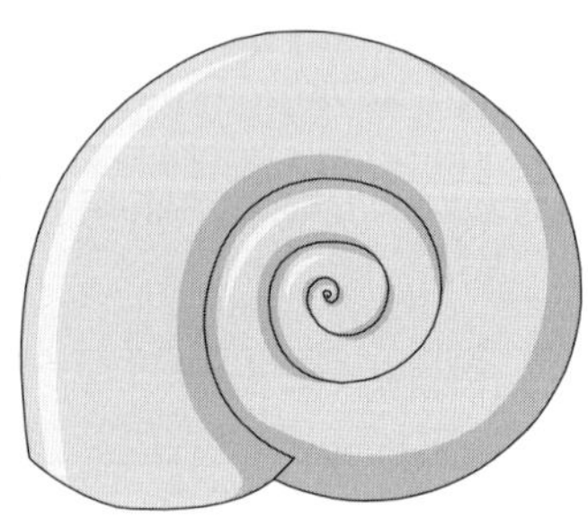

Posthornschnecke (5 Umgänge, 10–14 mm)

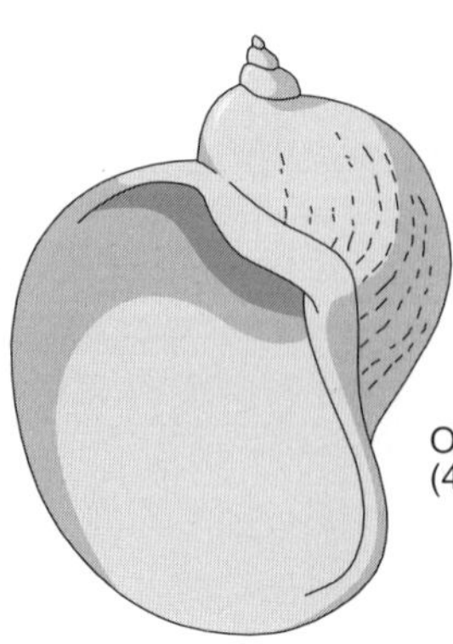

Ohrförmige Schlammschnecke (4 Umgänge, 25–35 mm)

Bestimmung von Süßwasserschnecken

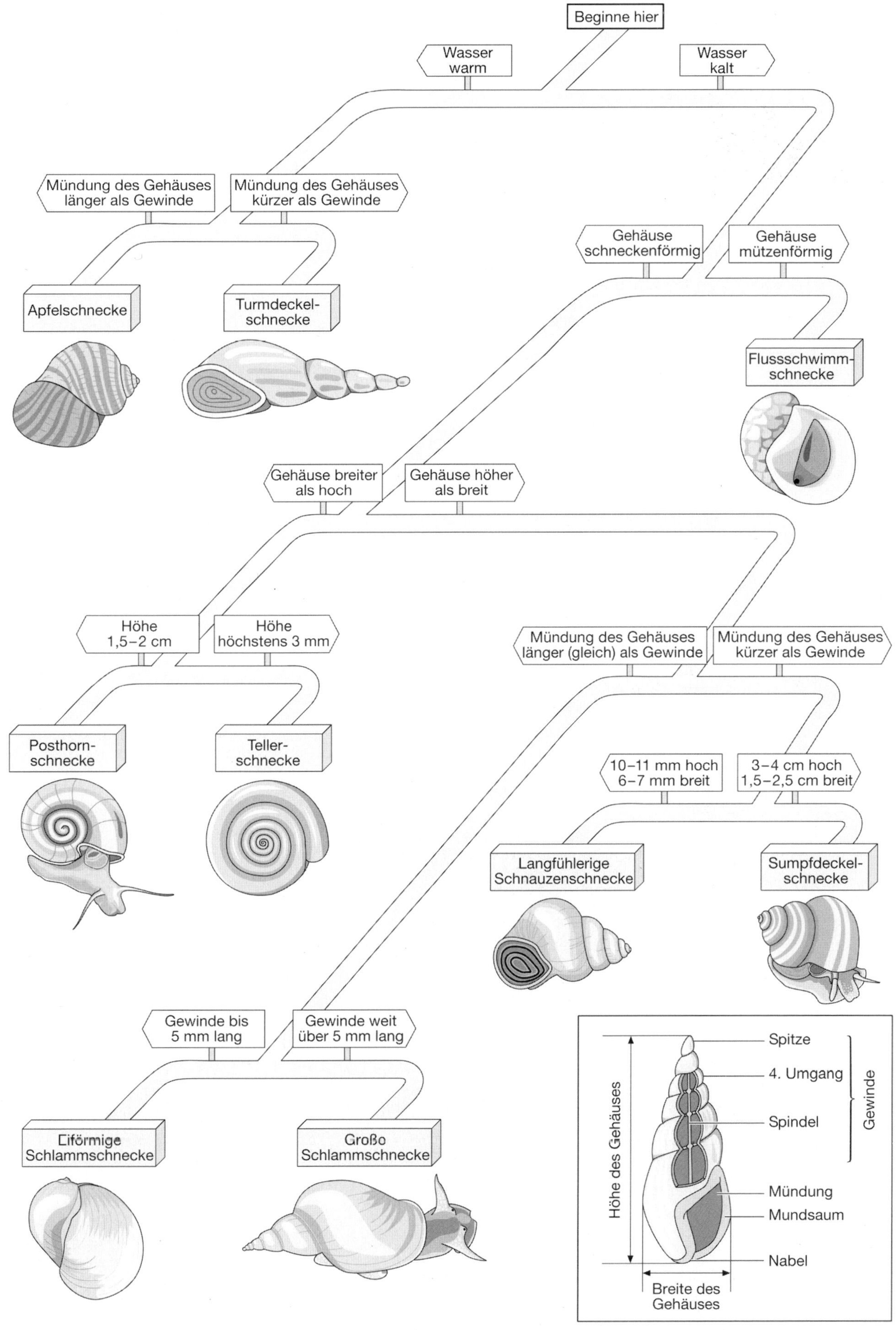

Metamorphose – Muschel
Miesmuschel
Muscheln
Parasitismus
Teichmuschel

Es gibt ca. 25 000 Muschelarten, wovon etwa 100 in Deutschland vorkommen.

Bohrmuschel
Pholas dactylos im Gestein

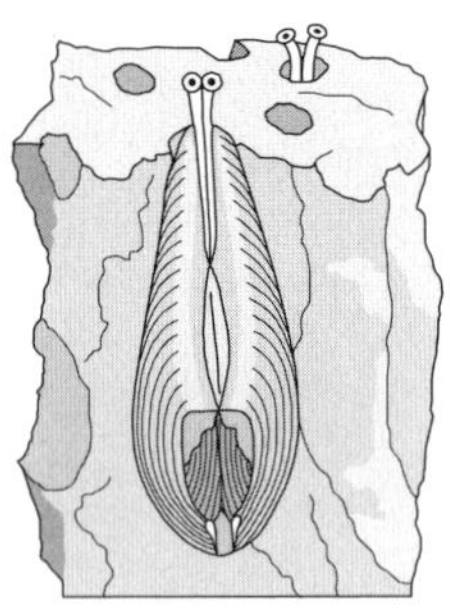

Der Japaner MIKIMOTO entwickelte ein Verfahren, das die Bildung von runden Perlen in lebenden Muscheln auf natürliche Weise provoziert. Die ersten derartigen Zuchtperlen waren 1921 auf der Juwelenbörse in Paris zu sehen.

Die Miesmuschel – ein Mollusk mit harter Schale

Schülerbuch Seite 64

① Beschreibe den Weg des Atemwasserstroms mithilfe von Abb. 2.
– *Die Miesmuschel strudelt Wasser durch die Einströmöffnung in die Mantelhöhle ihres Körpers. Spezielle Wimpern filtrieren Nahrung aus dem Atemwasser. Das Wasser fließt weiter an den Kiemen vorbei und gelangt durch die Ausströmöffnung wieder nach außen.*
② Miesmuscheln haben eine wirtschaftliche Bedeutung. Welche kann das sein?
– *Miesmuscheln werden gegessen und zur Perlenerzeugung verwendet.*
③ Vergleiche die Baupläne von Weinbergschnecke und Miesmuschel. Suche Unterschiede und Gemeinsamkeiten.
– *Gemeinsamkeiten: Schale oder Haus aus Kalk, Fuß, Mantel, Eingeweidesack.*
Unterschiede: Bei der Weinbergschnecke liegt ein einteiliges Gehäuse vor. Sie hat einen Kopf mit Radula. Die Miesmuschel hat eine zweiklappige Schale und weder Kopf noch Radula.

Arbeitsblatt Seite 63

1. 3 – 2 – 4 – 1 – 6 – 5
2. Haken und Klebefaden sind Anpassungen an die parasitische Lebensweise und dienen der Verankerung am Wirt
3. *Befruchtung* ist die Verschmelzung von Ei- und Samenzelle. *Parasitismus* ist eine Vergesellschaftungsform, bei der ein Lebewesen auf Kosten des anderen lebt. *Metamorphose* ist der Gestaltwandel während der Entwicklung von Organismen.

Wozu Muscheln fähig sind

Die Herzmuschel ist eine im Wasser *springende Muschel*. Sprünge bis zu 50 cm können erreicht werden. Dabei stößt sich die Herzmuschel an einem Stein ab, indem sie den zunächst abgeknickten Fuß blitzartig streckt.

Teich-, Fluss- und Schwertmuscheln sind *grabende Muscheln*. In wenigen Minuten dringen ausgegrabene Muscheln wieder in den Untergrund ein.

Im Normalfall ragt nur ein kleiner Teil des Hinterendes der Muschel mit Einström- und Ausströmöffnung *(Sypho)* aus dem Gewässerboden. Durch die Umverteilung von Hämolymphe im Fuß können sich diese Muscheln zwischen Bodenteilchen verankern und sich dabei langsam fortbewegen, ohne aus dem Boden zu kommen.

Die Erbsen- und Kugelmuscheln sind *kletternde Muscheln*. Ihr sehr beweglicher, dünner Fuß, der sich weit ausstrecken lässt, arbeitet ähnlich wie der grabender Muscheln bei der Fortbewegung im Boden. Die Verankerung erfolgt hier jedoch an Wasserpflanzen.

Festsitzende Muscheln haben zum Halt am Untergrund verschiedene Strategien. Die Miesmuschel heftet sich mit zugfesten Byssusfäden an, die sie gegebenenfalls auch wieder lösen kann. Dabei werden vorrangig Artgenossen, Steine und Buhnen genutzt. Die Wandermuscheln, die sich auch an Schiffsrümpfe mit Byssusfäden anheften, sind regional durch Massenvermehrung schon zu Problemen für die Wasserwirtschaft (z. B. durch Verstopfen von Abflussrohren) geworden. Austern zementieren sich mit einer kittartigen Flüssigkeit aus der Byssusdrüse mit der linken Schalenhälfte an die jeweilige Unterlage. Diese Verbindung kann nur mit Gewaltanwendung wieder gelöst werden.

Auch als *geschlechtswechselnde Muscheln* haben sich Austern einen Namen gemacht. Sie wechseln das Geschlecht jährlich. Laichen können sie sowohl als „weibliche" als auch als „männliche" Tiere, wobei sie bis zu 1 Mio. Eier auf einmal absondern.

Bei den sogenannten *bohrenden Muscheln* kann das Eindringen in den Untergrund chemisch oder mechanisch erfolgen. Die Steindattel z. B. gibt Säuren ab, um sich so Höhlen in Kalkstein oder Korallenkalk zu schaffen. In Holz eindringende Bohrmuscheln nutzen ihre Schalen zum Abraspeln von Material, das sie zum Teil fressen.

Medienhinweise

FWU 42 01630 Atmung und Nahrungsaufnahme bei der Miesmuschel
FWU 44 201653 Die Miesmuschel – Leben im Wechsel von Ebbe und Flut

Die Stadien der Perlenbildung

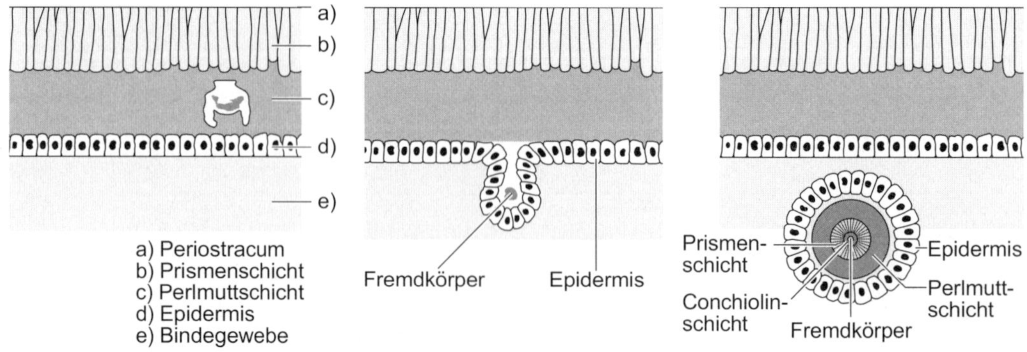

Die Entwicklung der Teichmuschel

Eine Teichmuschel kann sich nur durch Parasitismus entwickeln. Im Herbst bildet die männliche Teichmuschel Spermien, die über den Ausstromkanal in das Wasser abgegeben werden. Die weiblichen Organismen nehmen diese mit dem Wasserstrom auf. Die Spermien befruchten die reifen Eizellen in Hohlräumen der Kiemenblätter, wohin die Eizellen nach ihrer Reifungsphase transportiert wurden. In den Eiern entwickeln sich Larven *(Glochidien)*, die bis zum Schlüpfen kräftige Haken an jeder Schalenhälfte ausbilden und im Inneren einen langen Klebfaden haben. Im Frühjahr verlassen die Larven den Kiemenraum der Muschel und gelangen auf den Gewässergrund. Beim Kontakt mit einem Fisch heften sie sich an die Flossenhaut. Wenn larvenhaltiges Wasser die Kiemen durchströmt, setzt sich die Larve in den Kiemen des Wirtes fest. Hier bildet sich durch Umwachsung mit Hautgewebe eine Zyste, von deren Wand sich die Larve parasitisch ernährt. Ist die Metamorphose zur Muschel abgeschlossen, platzt die Zyste auf. Die winzige Muschel gelangt dadurch ins Wasser, wo das eigentliche „Muschelleben" beginnt.

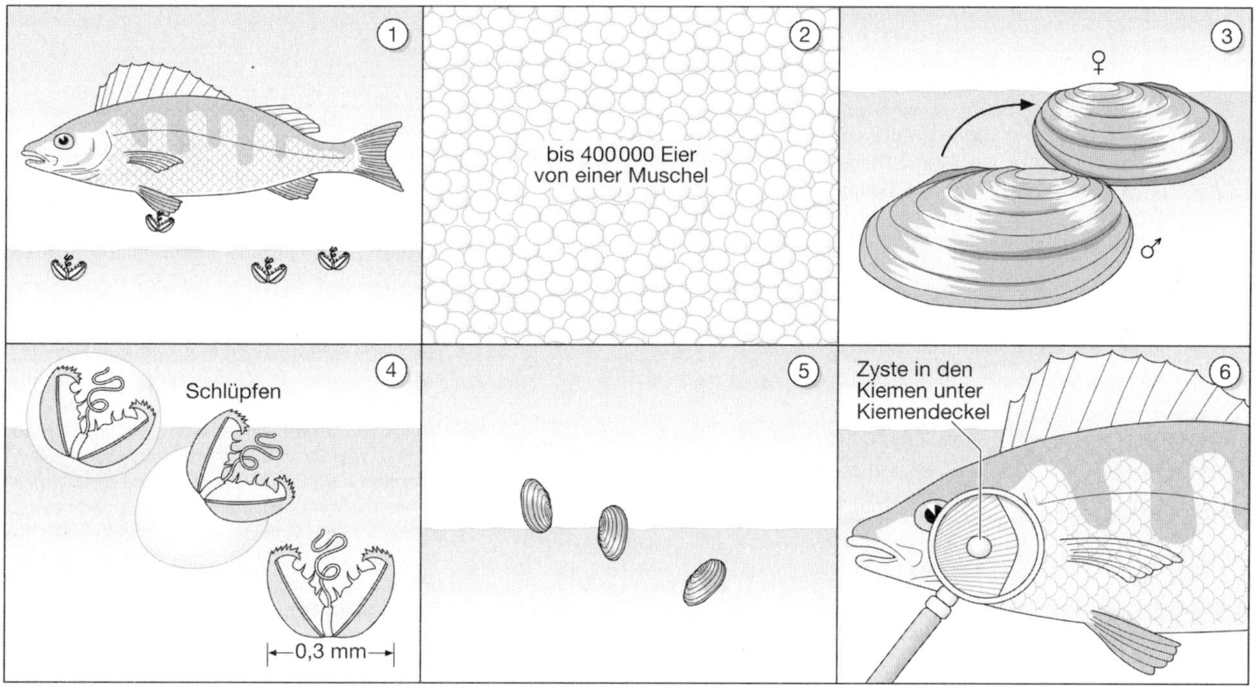

Aufgaben

1. Ermittle die richtige Reihenfolge der Abbildungen zur Entwicklung der Teichmuschel.

____

2. Welche biologische Bedeutung haben Haken und Klebfaden für die Muschellarve?

____

____

3. Erläutere die Begriffe „Befruchtung", „Parasitismus" und „Metamorphose".

____

____

____

Kalmar
Kopffüßer
Mollusken
Octopus
Sepia
Tintenfische

Es gibt weltweit 600 Tintenfischarten, davon 15 in deutschen Gewässern

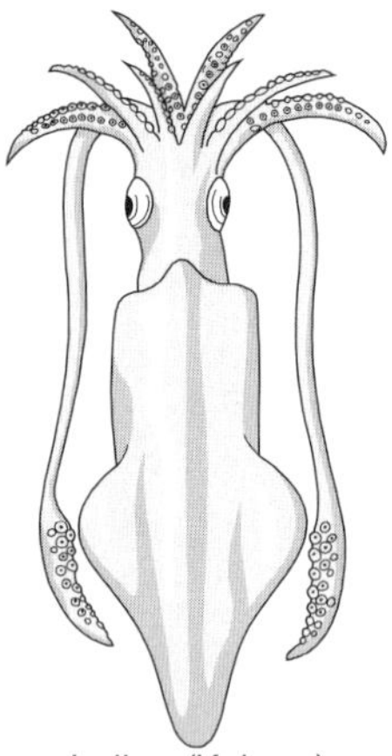
Loligo (Kalmar)

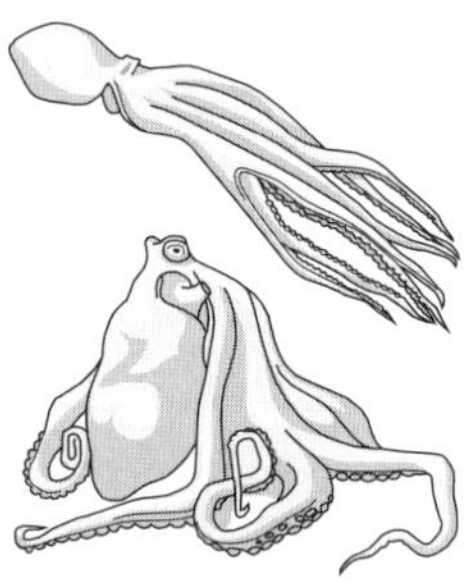
Octopus

Sepia

Tintenfische

Schülerbuch Seite 65

① Stelle in einer Tabelle Gemeinsamkeiten und Unterschiede von Schnecken, Muscheln und Kopffüßern zusammen.
– *siehe Tabelle unten*

Arbeitsblatt Seite 65

1. Mantel (2), Mantelhöhle (1), Trichter (4), Atemwasser (3). Fortbewegungsrichtung nach rechts.
2. Der Wasserstrom fließt in die Mantelhöhle, die daraufhin verschlossen wird. Danach wird das Wasser mit starkem Druck durch den Trichter nach außen gepresst, wodurch sich der Kopffüßer in die angegebene Richtung bewegt.
3. Die Flugrichtung ist entgegengesetzt der Öffnung des Ballons. Die Flugbahn ist unregelmäßig.
4. Beides sind Bewegungen mit Rückstoßprinzip. Während der Luftballon unkontrolliert schwirrt, bewegt sich die Sepia gerade.

Kopffüßer in Zahlen

Ein weiblicher **Octopus** stirbt ca. 42 Tage nach der Eiablage, also kurz nach dem Schlüpfen der Jungen. Der männliche Octopus stirbt 7 bis 9 Monate nach der Spermaabgabe. Das Herz eines Octopus schlägt 33 bis 40 mal pro Minute und befördert bei jedem Schlag 57 bis 81 ml Blut *(Hämolymphe).*

Der größte, an Land tot angespülte **Riesenkrake** *(Archithentis)* hatte eine Körpergröße von 6,6 m und 18 m Armlänge. Spuren der Riesenkraken gibt es in den Meeren vor Neufundland, Norwegen, Nordamerika, Australien und Neuseeland. Häufig finden Forscher sie im Mageninhalt von Pottwalen. In ihre eigentlichen Reviere in bis zu 1000 m Tiefe kommt man nur schwer.

Das **Perlboot** *(Nautilus)* weist die höchste Zahl an Fangarmen (bis 90) auf, die jedoch sehr einfach gebaut sind und keine Saugnäpfe besitzen. Sie kommen nur in Tiefen von 40 bis 700 m vor, besitzen Grubenaugen und haben das schlechteste Sehvermögen unter allen Kopffüßern. Wie alle lebenden Fossilien trifft man sie nur räumlich eng begrenzt (südwestlicher Pazifischer Ozean und Indischer Ozean) an.

Noch bevor die Mikrotechnik ausgereift war, suchte man nach Riesenzellen, an denen man Messungen mittels Drahtelektroden durchführen konnte. Fündig wurden die Wissenschaftler in den sogenannten *Stellarganglien* des Tintenfisches **Loligo**. Dieser besitzt Nervenzellen, deren Axone über 0,5 mm dick werden können. Aufgrund ihrer Stärke hielt man sie ursprünglich für Blutgefäße, erkannte den Irrtum aber recht bald. Diese Riesenaxone eignen sich, um Drahtelektroden für Ableitungen in Längsrichtung in das Axon einzuführen.

Zusatzaufgaben und Lösungen

① Stelle die folgenden Daten in einem Kreisdiagramm dar: Die Hälfte der Weltfangquote an Tintenfischen entfällt mit 300 000 Tonnen auf Japan. China fängt $^{1}/_{5}$, Spanien $^{1}/_{10}$ der gesamten angelandeten Tintenfische. Der Rest entfällt auf sonstige Länder.
② Für Kopffüßer verwendet man häufig auch die Bezeichnung „Tintenfische". Setze dich mit beiden Begriffen kritisch auseinander.
– *Die Bezeichnung „Tintenfisch" ist schlecht gewählt, da nahegelegt wird, dass eine Zugehörigkeit zu den Wirbeltieren vorhanden ist. Der treffendere Begriff ist „Kopffüßer", da tatsächlich die „Füße" am Kopf entspringen.*
③ Leere Gehäuse von Perlboot und Ammoniten werden von Laien oft mit Schneckengehäusen verwechselt. Finde aus der Abbildung des lebenden Organismus und des aufgeschnittenen Gehäuses je ein Merkmal heraus, welches diese Einordnung eindeutig als falsch kennzeichnet.
– *Das lebende Perlboot besitzt im Gegensatz zu Schnecken nicht nur einen Fuß sondern bis zu 90 Fangarme. Am Nautilusgehäuse ist eindeutig eine Kammerung zu sehen, die Schneckenschalen nicht aufweisen.*

Medienhinweise

FWU 42 01371 Nautilus: Ein lebendes Fossil

Merkmal	**Schnecke**	**Muschel**	**Tintenfisch**
Kalkschale	einteilig	zweiklappig	Schulp
Gliederung	Kopf, Fuß, Mantel, Rumpf, Eingeweidesack	Fuß, Mantel, Rumpf	Kopf, Fuß, Mantel, Eingeweidesack
Atmung	„Lunge", Kiemen	Kiemen	Kiemen
Nahrungsaufnahme	Radula, Oberkiefer	Atemwasser	Schnabelkiefer, manchmal Radula
Sinne	Augen, Geschmack, Geruch, Tastsinn, kein Gehör	(Augen), Geschmack, Tastsinn, kein Gehör	Linsenaugen, Geschmack, Tastsinn, kein Gehör
Kreislauf	Herz, offener Kreislauf	Herz, offener Kreislauf	Herz, fast geschlossener K.

Kopffüßer

Bei der Schwimmbewegung der Kopffüßer liegen die Fangarme eng am Kopf an, sodass beim flüchtigen Ansehen eines Tintenfisches nur ein langgestreckter Kopf wahrgenommen wird. Durch das Anlegen der Fangarme wird der Wasserwiderstand gering gehalten. Den Vortrieb beim langsamen Gleiten bewirken dabei nicht die Fangarme, sondern der wellenförmig schlagende Flossensaum. Muss der Gemeine Tintenfisch *(Sepia)* schnell schwimmen, so geschieht dies rückwärts. Für dieses Rückstoßprinzip sind die Mantelschale, die Muskulatur der Mantelhöhlenwand, der Trichter sowie das Atemwasser von Bedeutung.

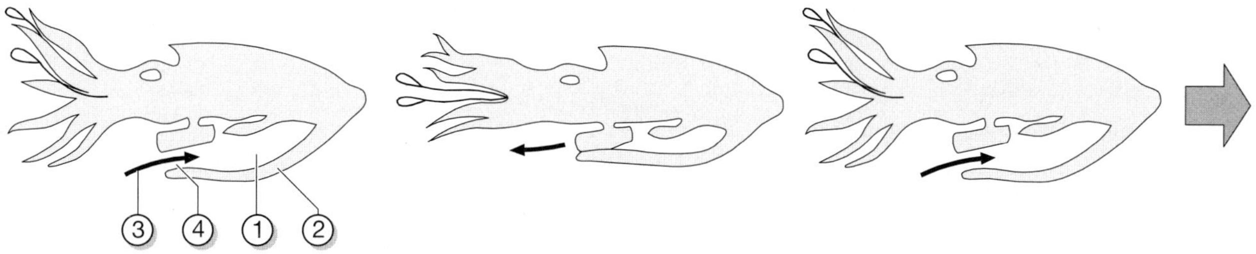

Aufgaben

1. Ordne die Ziffern 1 – 4 der Abbildung den folgenden Begriffen zu: Mantel ( ), Mantelhöhle ( ), Trichter ( ), Atemwasser ( ) und zeichne die Fortbewegungsrichtung ein.

2. Beschreibe das Prinzip des Schwimmens mittels Rückstoß bei Sepia mithilfe der drei Abbildungen.

____

____

____

____

____

____

3. Als Modell für das Rückstoßprinzip eignet sich folgender Versuch: Blase einen Luftballon auf und lasse ihn dann los. Achte dabei auf die Flugrichtung. Stelle deine Beobachtung in einer Skizze dar.

4. Vergleiche den Flug des Luftballons mit der Fortbewegung eines Kopffüßers.

____

____

____

____

Skizze:

Projekt: Weichtiere, Stachelhäuter und andere Schätze des Strandes

Entwicklung – Muschel, Entwicklung – Schnecke, Mollusken, Muscheln, Projekt, Schnecken

Die nachfolgenden Projektideen sind nicht nur für Schulen in unmittelbarer Nähe von Ost- und Nordsee relevant, sie können auch auf Klassenfahrten in die Küstennähe oder für langfristige Aufträge über die Ferien genutzt werden (eventuell auch Einbeziehung des Mittelmeerraumes). Besonders viel kann man nach einem Sturm oder nach dem Einsetzen der Ebbe finden. Es lohnt sich auch, an besonderen Stellen, wie Prielen, Dünen, im Schlick, unter Steinen oder an Felsen zu suchen. Unter Wasser hilft eine Taucherbrille. Schutz gegen scharfkantige Muschelschalen bieten Bade- oder Turnschuhe.

Bereicherung der Schulsammlung

Bei intensiver Suche kann man folgendes Strandgut finden, das in die Schulsammlung integriert werden kann: leere Schneckengehäuse und Muschelschalen, „Donnerkeile", Seesterne, „Hühnergötter", Schulp vom Tintenfisch, versteinerte Seeigel, Krabben- und Krebsscheren, Eikapseln der Wellhornschnecke, Bernstein, Seepocken, die z. B. an Muschelschalen angeheftet sind, Treibholz mit Fraßspuren z. B. vom Gemeinen Schiffsbohrer oder vielleicht auch eine Flaschenpost. In wärmeren Gegenden können auch abgerissene Schwämme, Korallenbruchstücke oder auch versteinerte Seelilienbruchstücke hinzukommen. Auch Pflanzenteile, wie abgerissene Tangstücke, kann man finden.

Die häufigsten Vertreter von Kiemenschnecken der Ost- und Nordsee sind: Gemeine Strandschnecke, Bunte Kreiselschnecke, Napfschnecke, Wellhornschnecke und Pelikanfuß. Zu Fundstücken lassen sich sehr gut Steckbriefe mit und ohne selbst gefertigte Zeichnungen erstellen.

Als Hühnergötter bezeichnet man Steine mit Löchern, die als Geschiebe während der Eiszeiten aus Skandinavien kamen. Sie wurden früher Hühnern in die Nester gelegt, um die Legefreudigkeit zu steigern.

Bestimmung

Sind z. B. ausreichend viele Muschelschalen von den verschiedensten Arten gesammelt, können die Schüler einen eigenen Bestimmungsschlüssel erarbeiten.

Muscheln der Ost- und Nordsee werden auf einer Anschauungstafel vorgestellt. Folgende 12 Vertreter sind in diesem Raum heimisch: Große Sandklaffmuschel, Amerikanische Bohrmuschel, Gemeine Herzmuschel, Miesmuschel, Kammmuschel, Auster, flache Tellermuschel, Sägezähnchen, Plattmuschel, Gefurchte Astarte, Feste Trogmuschel und Schwertmuschel.

Literatur

LOHMANN, M.: Pflanzen und Tiere der Küste (Reihe: Bestimmen auf einen Blick). BLV, München 1993
KELLE, A., STURM, H.: Tiere leicht bestimmt. Dümmler Verlag, Bonn 1984

Muschel-Experimente

Weiße Blutzellen aus der Miesmuschel eignen sich für Experimente zur Zytologie und Immunbiologie, die mit einigen Abstrichen auch in der Sekundarstufe I einsetzbar sind, ebenso wie das Experiment zur Phagocytose und amöboiden Beweglichkeit von Immunzellen.

Literatur

SCHNEEWEIß, H.: Weiße Blutzellen aus der Miesmuschel. Amt für Schulen, Hamburg
Natura aktuell Heft 2. Ernst Klett Verlag 1998, S. 30f

Außerschulische Lernorte

Das Meereskundliche Museum in Stralsund besitzt sowohl ein Aquarium mit vielen Wirbellosen als auch eine umfangreiche Sammlung von verschiedensten Meeresbewohnern. Ein Perlboot kann z. B. im Aquarium des Zoos von Berlin bewundert werden. Sehr viele zoologische Gärten verfügen über interessante Broschüren. Einige Zooschulen stellen Arbeitsblätter für die Schüler zur Verfügung. Eine humorvolle Präsentation von mehr als 3000 Schalen und Gehäusen der Meeresmuscheln und -schnecken von hier und in Übersee gibt es im kuriosen Muschel-Museum in Spiekeroog zu sehen.

Strandgut und Kunst

Stilelemente in der Kunst sind nicht selten auch Weichtiere (z. B. WASSILYA KADINSKI: Gemälde mit muschelartigen Motiven). Wie dies in den einzelnen Epochen aussah, kann zu einer umfangreichen Anschauungstafel zusammengestellt werden. Vergessen sollte man hierbei nicht die Architektur. Motive an Giebeln, Kapitellen, Triumphbögen und Kirchengestühl werden häufig von Muschelwerk geschmückt. Bei vielen Gewölben entspringt ihre Stabilität den gleichen statischen Verhältnissen wie bei Weichtieren und Stachelhäutern. Auch die Spiralbauweise trifft man häufig an. Perlmutt und Schildpatt gelten schon seit der Antike als beliebte Intarsien. Des weiteren eignet sich jede Art von Strandgut (auch, wenn es nicht von Lebewesen stammt) zur Herstellung von Schmuck oder Collagen.

Unbekanntes

In einer Diskussionsrunde werden Sachverhalte wie z. B. das „Rauschen" der Schneckengehäuse erläutert. Dies könnte auch mit einem Mikrofon erkundet werden. Die Nutzung von Weichtierteilen früher (z. B. als Tritonhorn oder Zahlungsmittel, wie die Kaurischnecke; fälschlich auch Kaurimuschel genannt) und heute (z. B. der Tintenfisch-Schulp als Wetzstein für Vögel in Gefangenschaft) kann ebenfalls diskutiert werden. Am Strand findet man relativ häufig Hühnergötter. Eine Verbindung zu einer sprichwörtlichen Neuschöpfung „Stete Muschel höhlt den Stein" kann über die Bohrmuscheln, von denen man in der Nordsee fünf verschiedene Arten findet, hergestellt werden.

Sprichwörter, Fabeln und Sagen

Zunächst lassen sich Erzählungen zusammentragen, die solche Begriffe wie „Donnerkeil" oder „Hühnergötter" erklären, um so herauszufinden, was sich hinter diesen Gegenständen tatsächlich verbirgt.

„Er zieht sich in sein Schneckenhaus zurück" ist nur eines der vielen Sprichwörter, die es über Schnecken gibt. Seine Bedeutung lässt sich leicht erschließen.

Die Entwicklung der Sandklaffmuschel

Die Sandklaffmuschel kommt an der Ost- und Nordsee sehr häufig vor. Ihre Entwicklung direkt zu beobachten ist sehr zeitaufwändig und bedarf eines umfangreichen Versuchsaufbaus. Eine indirekte Untersuchung, die auf bestimmte Entwicklungsabschnitte schließen lässt, kann jedoch sehr einfach realisiert werden.

An einer Stelle, an der durch zahlreiche Funde leerer Schalen ein reiches Vorkommen zu vermuten ist, wird eine Sandfläche von 1 m^2 abgesteckt. Für die Untersuchung sind nur eine Schaufel, ein grobes Sieb, ein Zentimetermaß und ein Metermaß nötig. Von der abgesteckten Fläche wird der Sand in vier Stufen (siehe Tabelle) entfernt und gesiebt, um die Anzahl der Sandklaffmuscheln möglichst genau erfassen zu können. Sollten in den ersten Schichten hohe Siedlungsdichten vorliegen, kann man die Anzahl nur schätzen. Es wird dann lediglich eine genau festgelegte Teilmenge des Sandes zum Auszählen verwendet. Außerdem werden die Muscheln jeder Schicht gemessen. Beziehungen zwischen Grabtiefe, Anzahl und Größe lassen sich dann leicht ableiten. Dass eine bestimmte Größe und die Tiefe des Aufenthaltsortes direkt proportional sind, kann aus der nachfolgenden Tabelle abgeleitet werden.

Grabtiefe (cm)	Max. Siedlulngs-dichte (pro m^2)	Größe (cm)	Alter (Jahre)
0,5–2	20 000–50 000	0,3–1	1
3–10	10 000–5 000	1,5–2	2
11–20	1 200	3–5	3–4
21–40	30–130	6–12	5–10

Früchte des Meeres

Es gibt eine essbare Seegurke, einen essbaren Seeigel und mehrere Muschel-, Schnecken- und Tintenfischarten, die sich für ein exotisches Mahl eignen. Außer diesen Meeresbewohnern können auch Weinbergschnecken zubereitet werden, z. B.: Schneckensuppe, Schneckensalat, gebackene, gebratene, gekochte und gedünstete Schnecken, Schneckenpastete, farcierte und gefüllte Schnecken, Schnecken in verschiedenen Saucen. In Kochbüchern können genauere Angaben erforscht werden.

Grüne Nacktschnecken

Die Grüne Samtschnecke ist eine weit verbreitete Nacktschnecke. Sie lebt auch in der Nordsee und im Mittelmeer. Sie frisst Federtang und einige Arten des Gabeltangs (Bryopsis- und Codium-Arten).

In Darmausstülpungen dieser Nacktschnecke findet man eine Vielzahl von Chloroplasten, die von den Algen stammen. Obwohl alle anderen Bestandteile der Algenzellen verdaut werden, bleiben die Chloroplasten im Normalfall erhalten. Es ist bekannt, dass die Schnecken bei schlechter Nahrungsversorgung Nährstoffe von den Chloroplasten beziehen. Nur in Dunkelheit und bei sehr langen Hungerzeiten verliert die Schnecke ihre grüne Farbe und wird bräunlich-gelb.

Wie dieser Sachverhalt zu werten ist, ob z. B. von einer *Endosymbiose* gesprochen werden kann, ist Ausgangsbasis für eine Diskussionsrunde.

Die Vielfalt im Kindbett der Schnecken

Laich der Wellhornschnecke

Schnecken entwickeln sich sehr unterschiedlich. Am bemerkenswertesten sind vielleicht die lebend gebärenden Kronenschnecken, die ihre Jungen in unterschiedlichen Entwicklungsstadien in einem Nackenbrutbeutel mit sich herumtragen. Bei anderen Arten kommen u. a. Laichschnüre, Eitaschenbänder, scheibenförmige oder runde Eikapseln vor.

Findet man im feuchtem Spülsaum von Gewässern oder an Wasserpflanzen Schneckenlaich, kann die Gelegenheit zur Beobachtung der Embryonalentwicklung genutzt werden. Da die Entwicklungsdauer stark temperaturabhängig ist, lassen sich keine genauen Zeiten bis zum Schlüpfen der jungen Schnecken angeben. Bei der Tellerschnecke, die man auch leicht im Aquarium halten kann, sind es ca. 1 bis 2 Wochen. Die Beobachtungen sollten in regelmäßigen Abständen beschrieben und gezeichnet werden.

Literatur

Skaumal, U.: Schulversuche mit Tellerschnecken. in: Biologie in der Schule, Heft 1/2000

Wirbellose im Überblick

Arbeitsblatt Seite 69

Waagrecht: 5 Skorpion, 8 Chitin, 9 Weichtiere, 12 Spinnentiere, 17 Hummer, 18 Miesmuschel, 22 Schlauchwuermer, 23 Kaefer, 24 Drohne, 25 Tintenfisch
Senkrecht: 1 Ringelwuermer, 2 Radnetz, 3 Holzbock, 4 Facettenauge, 6 Planarien, 7 Fuchsbandwurm, 10 Schnecke, 11 Regenwurm, 13 Insekten, 14 Plattwuermer, 15 Imker, 16 Krebstiere, 19 Puppe, 20 Asseln, 21 Zwitter
Die Bezeichnung HOLZWURM ist irreführend, weil es eine Larve und kein Wurm ist.

Wirbellose

Im Gegensatz zum Begriff *„Wirbeltiere“* (Unterstamm der Chordata) steht die Bezeichnung *„Wirbellose“* oder *„Wirbellose Tiere“* nicht für eine taxonomische Einheit. Es handelt sich um eine rein beschreibende Zusammenfassung verschiedener Tierstämme *(Invertebrata)*, synonym gebraucht mit der Bezeichnung *„Niedere Tiere“*. Zu ihnen gehören alle Metazoa mit Ausnahme der Wirbeltiere.

Talisman und Symbol

Um Krankheiten abzuwenden, werden den Kindern z. B. in Indien Armbänder aus heiligen Schnecken angelegt. Viele Schnecken- und Muschelarten werden von Naturvölkern bei rituellen Tänzen getragen. Fossile Belemniten gelten als Schutzmittel vor Furcht erregenden Träumen, wenn sie unter das Kopfkissen gelegt werden.

Schnecken und Muscheln stehen symbolisch für viele Inhalte in unterschiedlichen Kulturkreisen, z. B. im Christentum: Weinbergschnecke: Symbol der Auferstehung und Symbol der Jungfräulichkeit; Pilgerschnecke: Symbol der Erleuchtung und geistlichen Wiedergeburt und Grabessymbol.

In China ist z. B. die weiße Muschel Symbol des Mondes, die Kaurischnecke bei verschiedenen Naturvölkern Fruchtbarkeitssymbol und die Pecten-Muschel in Indien Symbol des Glücks und der Schönheit.

Riesen unter den Weichtieren und Stachelhäutern

- Für einen bei Timble Tickle gestrandeten Atlantischen Riesentintenfisch *(Architheutis princeps)* wurde ein Gesamtgewicht von 900 kg geschätzt. Obwohl es wahrscheinlich noch größere Exemplare gibt, gilt dieser Kopffüßer als schwerstes Weichtier. Er konnte einen Augendurchmesser von 23 cm vorweisen.
- Der größte Pazifische Riesentintenfisch *(Architheutis longimanus)*, dessen Länge exakt bestimmt wurde, maß 17,45 m. Das größte Exemplar von *Tridacna gigas*, der Riesenmuschel, wog 262,9 kg und maß 109 cm. Diese Muschelart hält auch den Altersrekord, der auf über 100 Jahre geschätzt wird.
- Die seltenste Muschel der Welt ist die Weißgezähnte Kaurimuschel *(Cypraea leucodon)*. Von dieser Art fand man bisher nur zwei Organismen.
- 225 g Gewicht und eine Größe von 27 cm konnten bei einer *Afrikanische Riesenlandschnecke* festgestellt werden. In der Gattung *Semifusus* kommen Schnecken mit einer Gehäusegröße bis 60 cm vor.
- Die größten Stachelhäuter sind Schlangensterne *(Gorgonocephalus stimpsoni)* mit einer Armlänge von 70 cm und einem Scheibendurchmesser von 14,3 cm.
- Die größten Seesterne *(Freyella remex)* sind ca. 45 cm lang und können eine Spannweite von 1 m erreichen.
- Obwohl Haarsterne *(Metacrinus superbus)* nur eine Armlänge von 19 cm vorweisen, besitzen sie einen 2 m langen Stiel.
- Die Riesen unter den Seewalzen *(Synapta maculata)* sind 2 m lang und haben einen Durchmesser von 5 cm.
- Die dickeren Seewalzen *(Stichopus variegatus)* erreichen einen Durchmesser von 21 cm, sind aber nur 1 m lang.
- Seeigel *(Sperosoma giganteum)* haben einen maximalen Durchmesser von 32 cm.

Literaturhinweise

Godan, D.: Mollusken – Ihre Bedeutung für Wissenschaft, Handel und Kultur. Parey Verlag, Berlin 1996

Rätselhafte Wirbellose

Ä = AE, Ö = OE, Ü = UE, ß = SS

Waagrecht: 5 Spinnenverwandter, der auch ein Sternzeichen ist; **8** Baustoff für das Außenskelett vieler Wirbelloser; **9** Tierstamm, der Kopffüßer, Schnecken und Muscheln umfasst; **12** Wirbellose mit acht Beinen; **17** essbarer größter Vertreter der Langschwanzkrebse; **18** Meeresbewohner, der auch an Pfählen in der Gezeitenzone lebt; **22** Stamm kleiner, drehrunder Tiere, zu denen die Trichinen gehören; **23** Insektenordnung mit festen Deckflügeln; **24** männliche Biene; **25** irreführende Bezeichnung für ein Weichtier, das sich bei Flucht „in dunkle Flüssigkeit einhüllt".

Senkrecht: 1 Regenwurm und Egel gehören zu diesem Tierstamm; **2** kunstvoll verwobene dünne Fäden der Kreuzspinne zum Beutefang; **3** häufigste einheimische Zecke, die auch gefährliche Krankheitserreger überträgt; **4** Sehsinnesorgan der Insekten; **6** Plattwurm an Wasserpflanzen und kleinen Steinen (Mz.); **7** Die Eier dieses Parasiten können sich auf Waldbeeren in Bodennähe befinden; **10** Weichtier, das es nackt oder mit Gehäuse gibt; **11** Humus bildender Vertreter der Ringelwürmer; **13** zu diesen Wirbellosen gehören drei Viertel aller bekannten Tierarten; **14** Bandwürmer und Strudelwürmer zählen zu diesem Stamm der Wirbellosen; **15** Bezeichnung für einen Bienenzüchter; **16** Gliederfüßer, die meist zwei Paar Antennen und typische Spaltfüße besitzen; **19** letztes Entwicklungsstadium zahlreicher Insekten; **20** landbewohnende Krebstiere an feuchten Stellen im Garten und Keller (Mz.); **21** diese Tiere können Eizellen und Spermien bilden.

Aufgabe

Löse das Kreuzworträtsel. Die markierten Felder ergeben ein Lösungswort. Es beschreibt eine Käfer- oder Wespenlarve, die meist in alten Möbeln lebt und deren Bezeichnung irreführend ist. Erkläre dies.

Metamorphose – Pflanzenorgane
Oberflächenvergrößerung
Osmose
Stofftransport
Wasserhaushalt – Pflanze
Wurzel

Stoffwechsel der Pflanzen

1 Bau und Funktion der Pflanzenorgane

Bau und Funktion der Wurzel

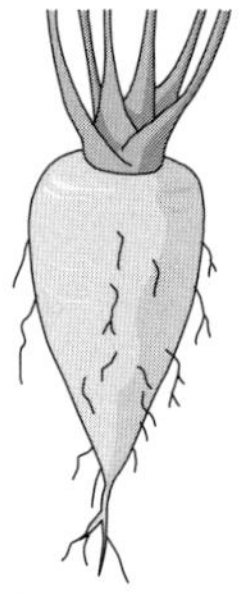

Speicherwurzel

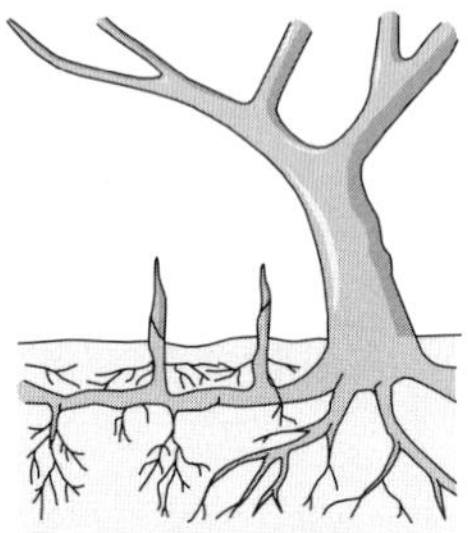

Luftwurzel (Mangrove)

Haftwurzel (Efeu)

Metamorphosen der Wurzel

Untersuchungen bei verschiedenen Pflanzen ergeben:
Wurzelhaare
- erreichen eine Länge von 80 – 1 500 µm
- haben einen Durchmesser von 5 –17 µm
- leben nur wenige Tage, es entstehen ständig neue Wurzelhaare

Schülerbuch Seite 68

② Eine Getreidepflanze besitzt 10 Milliarden Wurzelhaare. Ein Wurzelhaar hat im Durchschnitt die Länge von 1 mm. Berechne die Gesamtlänge aller Wurzelhaare in km. Vergleiche in einem Atlas, welcher Entfernung dies entspricht. Erläutere, welche Bedeutung dies für die Pflanze hat.

– *Die Gesamtlänge beträgt 10 000 km. Aus der Gesamtlänge der Wurzelhaare kann geschlossen werden, dass die Oberfläche der Wurzel durch die Gesamtheit der Wurzelhaare stark vergrößert ist und somit eine bessere Wasseraufnahme erfolgen kann.*

Arbeitsblatt Seite 71

1. Die Glasglocke mit hoch konzentrierter Salzlösung entspricht dem Zellplasma in der Wurzelhaarzelle. Die Glocke ist mit einer Folie verschlossen, durch die nur Wasserteilchen diffundieren, Salzteilchen aber nicht. Diese Eigenschaften entsprechen denen der Zellmembran. Das Außenmedium Leitungswasser ist wie das Bodenwasser niedriger konzentriert als das Innenmedium, das dem Zellplasma entspricht. Wasser steigt in dem Glasrohr auf, weil sich das Volumen in der Glocke durch eindringendes Wasser vergrößert.
Hinweis: Semipermeable Membranen sind erhältlich z. B. über Leybold Didactic GmbH, oder Verwendung einer Schweineblase (erhältlich über diverse Unterrichtsmittelanbieter).
2. Aufgrund der Konzentrationsunterschiede zwischen konzentriertem Zellplasma der Kartoffel und destilliertem Wasser wird Wasser durch die Zellmembran osmotisch aufgenommen (Massen- und Volumenzunahme).

Oberflächenvergrößerung

1937 hat H. J. Dittmer aus gemessenen Werten und Zählungen die Anzahl und die Oberfläche der Wurzel einer Roggenpflanze bestimmt. Die Oberfläche vergrößert sich durch das Vorhandensein zahlreicher Wurzelhaare. An einer Roggenpflanze befinden sich ca. 14 Millionen Wurzelhaare. Die Oberfläche der gesamten Wurzel einer Roggenpflanze weist schätzungsweise eine Gesamtoberfläche von rund 635 Quadratkilometern auf. Nicht alle Wurzelteile sind bezüglich der Wasser- und Mineralsalzaufnahme gleich aktiv. Aber auch unter Berücksichtigung dieser Tatsache ist die aufnehmende Oberfläche der Wurzel etwa 22-mal größer als die der oberirdischen Pflanzenteile, die Wasser abgeben. In der Regel geben Wurzelhaare kohlenhydrathaltigen Schleim ab, wodurch ein enger Kontakt zu den Bodenteilchen hergestellt und die Aufnahme von Stoffen erleichtert wird.

Nutzung der Osmose für dekorative Zwecke

Radieschen können auf Büffets dekorativ wirken. Dazu werden sie mehrfach kreuzförmig eingeschnitten und in Wasser gelegt. Nach kurzer Zeit verformen sie sich, sodass die Form des Radieschens einer Blüte ähnelt. Bei Radieschen befindet sich, wie in den meisten Speicherorganen, im zentralen Bereich die höchste Konzentration an gelösten Stoffen, z. B. Zucker. Wasser gelangt osmotisch ständig von außen in das Innere. Diese in der Mitte liegenden Zellen können aber nur eine bestimmte Menge an Wasser aufnehmen, weil durch den sie umgebenden Gewebeverband ein Gegendruck besteht. Durchschneidet man aber diesen Gewebeverband, so verringert sich der Gegendruck und die Zellen nehmen viel Wasser auf. Aufgrund des unterschiedlichen Zellinnendrucks „blähen“ sich die Radieschen regelrecht von innen auf und verformen sich. Neben Radieschen werden zur Dekoration auch Möhren verwendet, die längs eingeschnitten werden.

Veranschaulichung der Osmose

Die Aufnahme von Wasser durch eine semipermeable Membran in eine hoch konzentrierte Lösung kann am Hühnerei demonstriert werden. Ein Hühnerei wird wie folgt präpariert: Ein kleines Stück der Schale wird abgelöst, indem es etwa einen Tag lang mit der Spitze in ca. 5%ige Essigsäure gestellt wird (Essig). Das Ei wird vorsichtig abgespült und für ca. 1½ bis 2 Tage in destilliertes Wasser gelegt. Nach der osmotischen Wasseraufnahme ist der Druck im Ei erhöht. Sticht man mit einer Nadel die Eihaut vorsichtig an, spritzt das Wasser heraus („Springbrunnen“).

Hinweis zum aktiven Transport durch Membranen

Die Modelle zum osmotischen Wassertransport basieren auf der Voraussetzung, dass Mineralsalzionen nicht durch die Poren der Membran gelangen können. Für Schüler ergibt sich die Frage, wie Mineralsalzionen in die Zelle und von Zelle zu Zelle durch Membranen transportiert werden. Ohne auf Einzelheiten einzugehen, erscheint es sinnvoll, das Prinzip des aktiven Transports vereinfacht zu verdeutlichen.

Die Schüler sollten auch darüber informiert werden, dass bei der Wasseraufnahme und dem Wassertransport neben der Osmose noch weitere Transportvorgänge wirken. Die Zellwand quillt. Dadurch gelangt Wasser vom Boden in die Zellwand. Durch die Membran gelangt es osmotisch in die Zelle. Der Transport durch die wasserundurchlässigen Endodermiszellen zu den Wasser leitenden Gefäßen erfolgt aktiv.

Warum kann die Wurzel Wasser aufnehmen?

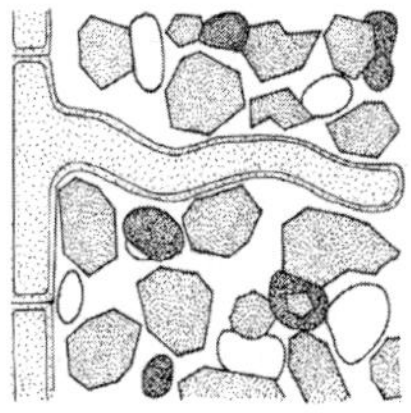

Über die Wurzel nimmt die Pflanze Wasser auf. Betrachtet man eine Wurzel mit der Lupe, kann man zahlreiche Wurzelhaare erkennen. Diese Wurzelhaarzellen enthalten Zellplasma, das eine hohe Konzentration an verschiedenen Stoffen wie Zucker, Salzen und Eiweißen aufweist.

Folgender Versuch zeigt, warum Wasser in die Wurzelhaarzellen eindringt:

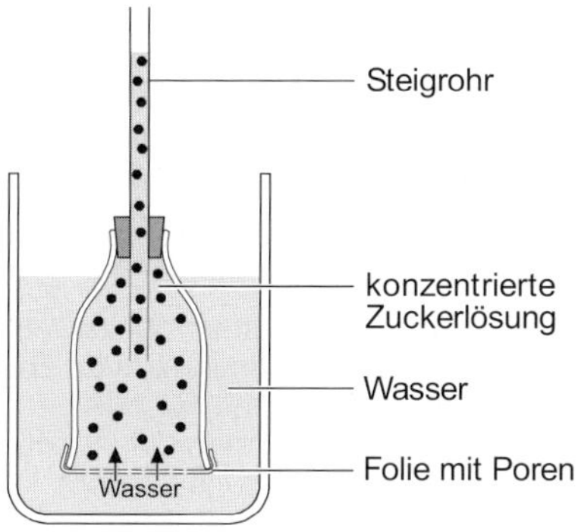

Eine Glocke wird mit einer Folie verschlossen, die Poren aufweist. Die Glocke ist mit einer hoch konzentrierten Salzlösung gefüllt. Sie steht in einem Gefäß mit Wasser. Die Poren in der Folie sind so klein, dass Wasserteilchen hindurch gelangen, Salzteilchen aber nicht.

Beobachtung: Nach 30 Minuten ist im angeschlossenen Steigrohr die Flüssigkeit um 5 cm gestiegen.

Aufgaben

1. Vergleiche den Versuch mit der Wasseraufnahme durch Wurzelhaarzellen.

2. Bei folgendem Versuch kannst du die Wasseraufnahme in pflanzliche Zellen selbst beobachten. Schneide aus einer Kartoffel 4 gleich große Streifen von ca. 4 x 1 x 1 cm. Wiege die 4 Streifen und bestimme die exakte Länge jedes einzelnen Streifens. Lege die vier Kartoffelstreifen 15 Minuten in destilliertes Wasser. Trockne danach die Kartoffelstreifen mit Küchenpapier ab. Wiege die Streifen erneut und bestimme ihre Länge. Verwende für die Aufzeichnung deiner Beobachtung folgende Tabelle. Erkläre das Versuchsergebnis.

	vor dem Versuch		nach 15 Minuten in destilliertem Wasser	
	Masse in g	Länge in mm	Masse in g	Länge in mm
1				
2				
3				
4				

Blattlaus
Metamorphose – Pflanzenorgane
Sprossachse
Stofftransport
Transpiration
Wasserhaushalt – Pflanze
Wurzel
Wurzeldruck

Die Sprossachse

Schülerbuch Seite 70

① Stelle einen frisch geschnittenen Stängel einer hell blühenden Pflanze (Alpenveilchen, Fleißiges Lieschen) in Wasser, das du zuvor mit Tinte angefärbt hast. Welche Beobachtung kannst du schon nach wenigen Minuten machen?

– *Tinte „zieht" mit dem Wasser durch die Pflanze und macht die Lage der Gefäße sichtbar.*

Arbeitsblatt Seite 73

1. A) Kapillarität: Die Kräfte zeigen nur in dünnen Röhren einen nennenswerten Effekt.
   B) Der Transpirationssog wird erkennbar, ebenso seine Abhängigkeit von Temperatur und Luftströmung.
2. Die Laubblätter werden zunächst weiter mit Wasser versorgt, das von den Wurzeln über die Gefäßteile zu den Laubblättern gelangt. Durch das Durchtrennen des Siebteils kann keine Lösung mit Zucker, die in den Laubblättern gebildet wird, in die Wurzeln gelangen. Sie erhalten keine Nahrung, sterben ab und die Aufnahme von Wasser und Mineralsalzen über die Wurzeln wird eingestellt.
3. Der Gefäßteil besteht aus lang gestreckten toten Zellen, bei denen keine Zwischenwände vorhanden sind. Somit entstehen dünne, feste Röhren, in denen Kapillarkräfte wirken. Das Wasser gelangt hier nach oben. Der davon getrennte Siebteil besteht aus Zellen, deren Zwischenwände Poren aufweisen. Hier fließt in Sommer und Herbst eine Lösung mit Zucker etc. langsam zu den Wurzeln oder Früchten, wobei die Lösung schrittweise in die Zucker verbrauchenden Zellen abgegeben wird.

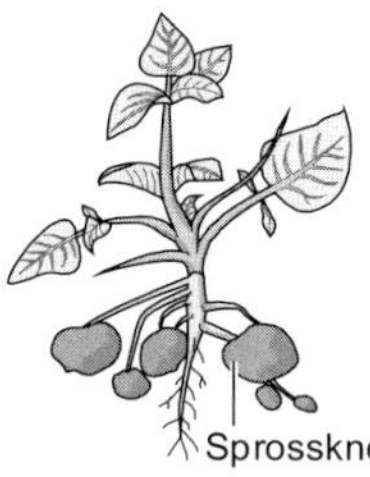

Kartoffel

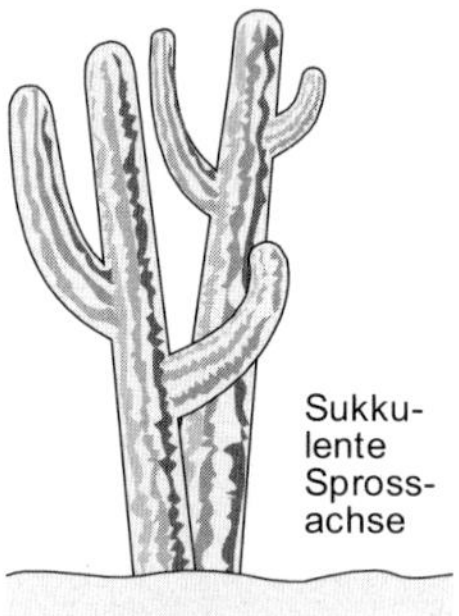

Säulenkaktus

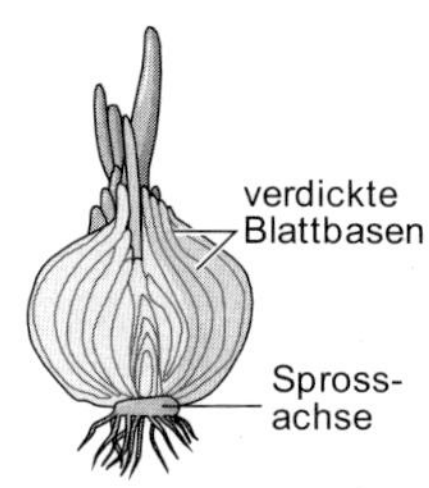

Schneeglöckchen

Metamorphosen der Sprossachse

Wasser und die darin gelösten Mineralsalzionen können im Gefäßteil mit einer Geschwindigkeit von 15 m pro Stunde und schneller aufsteigen.

Ein ca. 20 m hoher Ahornbaum gibt im Sommer durchschnittlich 200 Liter Wasser pro Stunde ab.

Blattläuse und der Stofftransport in Pflanzen

Blattläuse ernähren sich vom Saft, der im Siebteil einer Pflanze fließt. Betrachtet man eine Blattlaus während ihrer Nahrungsaufnahme, kann man an ihrem Hinterleib kleine Honigtautröpfchen erkennen. Genauere Untersuchungen dieser Flüssigkeit ergaben, dass seine Zusammensetzung dem Saft des Siebteils gleicht. Lediglich einige Nährstoffe, die die Blattlaus resorbiert hat, fehlten. Die Blattlaus sticht mit ihrem Stechrüssel den Siebteil an. Da in dem Siebteil ein hoher Druck besteht, schießt der Saft regelrecht in den Magen-Darm-Trakt der Blattlaus. Die Tiere schwellen auf ein Mehrfaches ihrer ursprünglichen Größe an. Je näher der Einstich am Bildungsort der Assimilate liegt, desto schneller fließt der Saft und desto höher ist die Zuckerkonzentration.

Diese Beobachtungen sind dadurch zu erklären, dass Assimilate aktiv in den Siebteil gepumpt werden, wodurch ihre Konzentration dort sehr hoch ist. Durch osmotische Aufnahme von Wasser in den Siebteil verdünnt sich die Lösung. Der hydrostatische Druck ist sehr hoch. Sobald Assimilate an die verbrauchenden Zellen abgegeben werden, tritt auch Wasser aus den Siebzellen aus und der Druck wird geringer.

Der Weg der Assimilate

Der folgende Versuch veranschaulicht, warum Assimilate immer nur von dem Ort der Bildung zum Ort des Verbrauchs fließen. Bei nacktsamigen Pflanzen wurde experimentell nachgewiesen, dass sich der Wassertransport im Gefäßteil auf den Transport von Assimilaten im Siebteil auswirkt (bei bedecktsamigen Pflanzen bisher nicht überprüft). Es entsteht ein Druckstrom. Die Fließgeschwindigkeit im Siebteil kann bis zu ein Meter pro Stunde betragen. Der Ferntransport kann also nicht allein durch Diffusion erfolgen. Die Assimilate gelangen in den Siebteil. Aufgrund der hohen Konzentration wird aus der Umgebung osmotisch Wasser in den Siebteil aufgenommen. Dieses stammt aus dem Gefäßteil, von wo aus es über angrenzende Zellen in den Siebteil gelangt. Im Siebteil entsteht ein Druckstrom. Die Lösung strömt zum Ort des geringeren Druckes, hier zum Ort des Verbrauchs. Die Assimilate werden aktiv durch die Zellmembranen transportiert. Das Wasser aus dem Siebteil gelangt in angrenzende Zellen und von dort in den Gefäßteil.

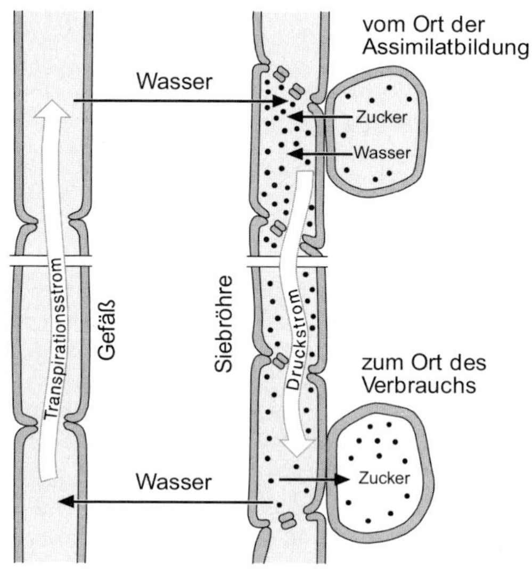

Wurzeldruck

Bei krautigen Pflanzen sind am frühen Morgen oft kleine Wassertropfen an Blatträndern, bei Gräsern an der Blattspitze zu beobachten. Durch die nächtliche Aufnahme von gelösten Mineralsalzionen bei geringer Transpiration steigt die Konzentration in den Wurzelhaarzellen. Das osmotisch aufgenommene Wasser wird weiter in den Gefäßteil geleitet. Während der Nacht ist der Transpirationssog sehr niedrig. Folglich bleibt die Wassersäule im Gefäßteil stehen. Durch den entstehenden Druck in der Wurzel wird sie regelrecht nach oben gepresst. Das Wasser kann bis zu einem Meter aufsteigen. Die Blätter erhalten mehr Wasser als durch Transpiration verloren geht. Überschüssiges Wasser wird in Form kleiner Tröpfchen von den Laubblättern abgesondert *(Guttation).*

Transportvorgänge in der Sprossachse

A

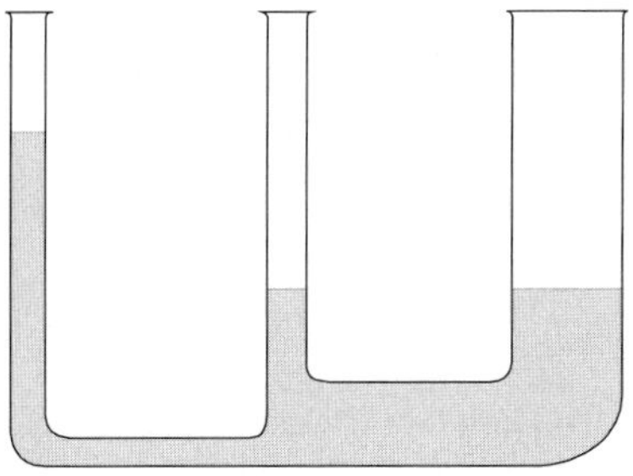

Beobachtung: Im sehr dünnen Glasrohr steigt im Gegensatz zu den dickeren Glasrohren die Wassersäule höher. Es wirken Kapillarkräfte.

B

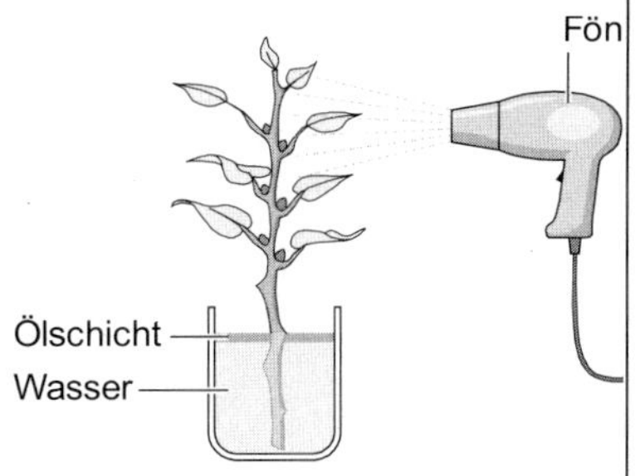

Beobachtung: Wird die Pflanze dem Luftstrom des Föns ausgesetzt, sinkt der Wasserspiegel im Becherglas schneller als im Kontrollversuch ohne Fön.

C

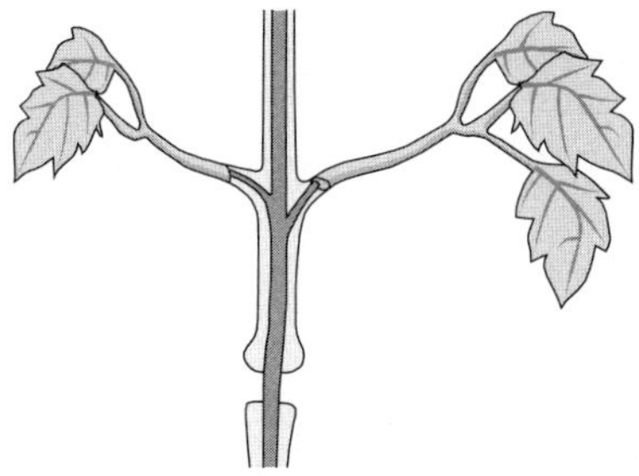

Bei einer verholzten Sprossachse werden durch einen ringförmigen Schnitt die äußeren Schichten durchtrennt, in denen die Siebteile liegen. Die Gefäßteile bleiben unversehrt. Auch nach einigen Tagen welken die Blätter nicht. Nach ca. 3 Wochen stirbt die Pflanze aber ab.

Aufgaben

1. Welche Abläufe in der Sprossachse werden mit den Versuchen A und B veranschaulicht?

____

____

____

2. Erkläre das Ergebnis von Versuch C.

____

____

____

3. Erläutere den Zusammenhang zwischen dem Bau der Sprossachse und ihren Transportfunktionen.

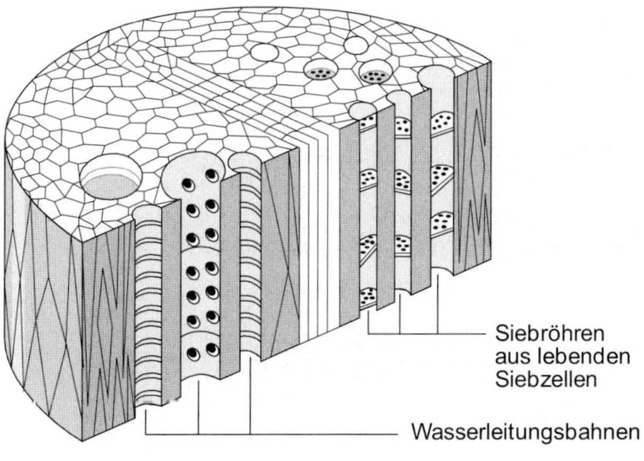

____

____

____

____

____

____

____

____

Atmung – Pflanze
Laubblatt
Metamorphose – Pflanze
Modell
Plasmaströmung
Spaltöffnung
Wasserhaushalt – Pflanze

Der Schichtenbau des Blattes

Arbeitsblatt Seite 75

2. Die Luftballons entsprechen den Schließzellen. Die nach Zusammenbinden und Aufblasen entstandene Öffnung zwischen den Luftballons entspricht dem Spalt. Das Verstärken der Luftballons auf der Innenseite entspricht der Verstärkung der Schließzellen an ihrer Innenseite. Beim Aufblasen der Luftballons entsteht die gleiche Wölbung wie bei der Aufnahme von Wasser in die Schließzellen.
3. Durch die Veränderbarkeit der Spaltweite in Anpassung an die Situation ist eine kontrollierte Wasserdampfabgabe gewährleistet. Somit wird verhindert, dass bei heißer, trockener Witterung infolge eines hohen Transpirationssogs viel Wasser abgegeben wird.

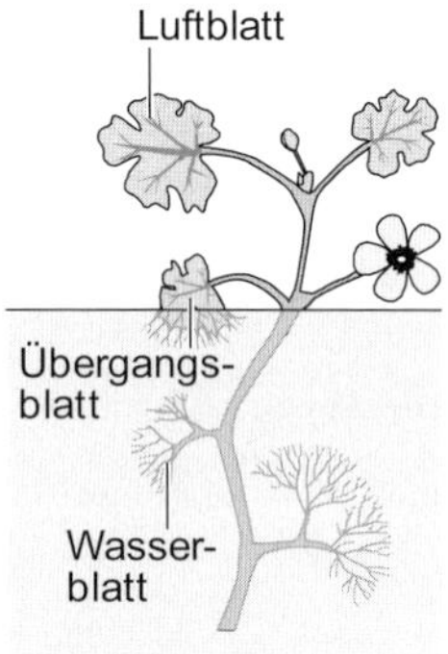

Metamorphosen des Laubblattes beim Wasserhahnenfuß

Wasserabgabe bei Pflanzen

Pflanzen geben Wasser fast ausschließlich über die Blätter ab. Der größte Teil des Wassers wird über die Spaltöffnungen abgegeben, ein Teil verdunstet aber auch über die Epidermis bzw. über die Kutikula. Abhängig vom Bau des Laubblattes beträgt die Wasserabgabe über diesen Weg zwischen 2 und 25 % der Gesamtverdunstung.

	max. Verdunstung mg Wasser / m^2 x min
sommergrüne Bäume gemäßigter Zonen	1,3 – 4,2
immergrüne Nadelbäume	1,5 – 1,8
Sukkulenten	0,5 – 1,9
Schwimmblattpflanzen	5,4 – 13,0

Plasmaströmung

Mit der Plasmaströmung werden Stoffe im Zellplasma verteilt. Zur Demonstration eignen sich Staubfadenhaare von *Tradescantia virginiana* und *Zebrina pendula*, Haare von jungen Kürbispflanzen, reife Früchte von *Liguster vulgare*, Epidermis von *Allium cepa* und Blättchen von *Elodea canadensis*. Im Frischpräparat bei 400facher Vergrößerung kann nach kurzer Zeit die Plasmaströmung durch das Wandern der Chloroplasten beobachtet werden. Durch die Wärmestrahlung der Mikroskoplampe wird die Plasmaströmung gefördert.

Nachweis der Wasserdampfabgabe durch Spaltöffnungen

Filterpapier wird mit Kobaltchlorid-Lösung getränkt. Danach wird es getrocknet. Kobaltchlorid (toxisch, Sicherheitsvorschriften beachten!) ist im trockenen Zustand dunkelblau. Wasser bewirkt einen Farbumschlag nach rosa. Die Wasserdampfabgabe durch Spaltöffnungen kann an verschiedenen Pflanzen überprüft werden. Das Filterpapier wird dazu auf die Blattoberfläche aufgelegt und mit Klebestreifen befestigt.

Der Versuch ist z. B. auch geeignet
- zur Feststellung, ob die Spaltöffnungen auf der oberen oder unteren Blattseite liegen;
- zum Vergleich der unterschiedlichen Transpirationsstärke verschieden angepasster Pflanzen (z. B. Hygrophyt, Xerophyt).

Hinweis zum Arbeitsblatt Seite 75

Gut geeignet sind schlangenförmige Luftballons, die für das Basteln von Figuren vorgesehen sind. Die Verknotung beider Ballons muss grundsätzlich an der Stelle erfolgen, die sich beim mäßigen Aufblasen nicht mit Luft füllt.

Betrachtung von Spaltöffnungen
Geeignet sind z. B. Abzugspräparate der oberen bzw. unteren Epidermis von Alpenveilchen, Tradescantia, Sansevieria

Spaltöffnungen

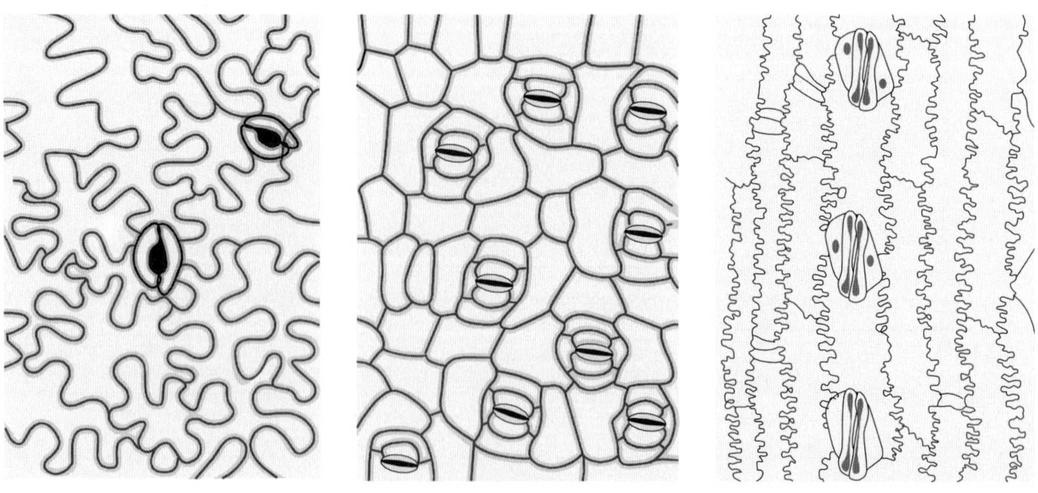

Christrose (Helleborustyp) — Rhoeo (Amayllideentyp) — Mais (Gramineentyp)

Funktionsweise und Bedeutung von Spaltöffnungen

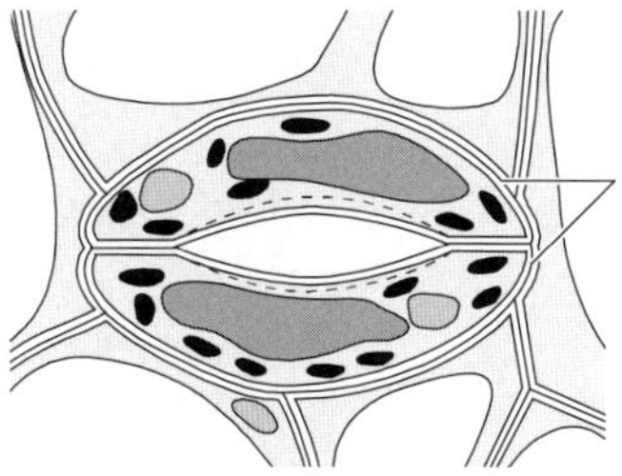

Der Gasaustausch bei den Laubblättern einer Pflanze erfolgt durch Spaltöffnungen. Der Mechanismus einer Spaltöffnung kann in einem Modellexperiment veranschaulicht werden.

Modell einer Spaltöffnung

Material: 2 große, schlauchförmige Luftballons, wasserlösliche Lackfarbe oder textiles Klebeband, Bindfaden.

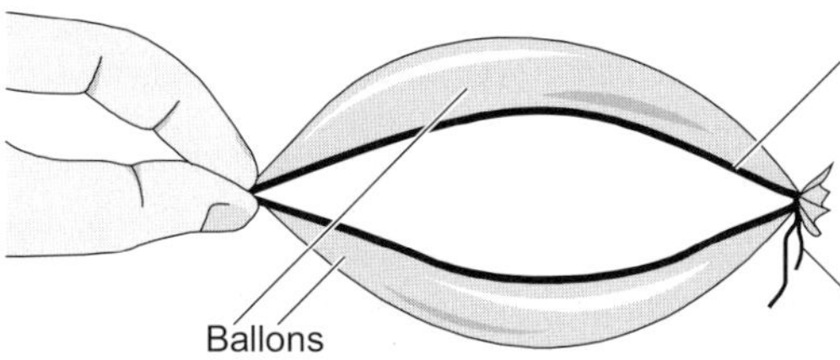

Skizze:

1. Zwei Luftballons werden mäßig aufgeblasen und zugehalten.
2. Jeder Ballon wird längs mit einer wasserlöslichen Lackfarbe eingestrichen, um eine einseitige Verstärkung zu erreichen. Lackfarbe eintrocknen lassen. (Die Verstärkung kann auch erreicht werden, indem längs ein Klebestreifen aus textilem Klebeband aufgebracht wird.)
3. Die Luftballons werden am unteren Ende vorsichtig so zusammengebunden, dass die Klebestreifen zueinander zeigen.
4. Dann werden die oberen Enden der beiden Ballons zusammengehalten.
5. Die Ballons werden dann etwas stärker aufgeblasen. Beobachtung? Dann lässt man wieder etwas Luft entweichen.
   Beobachtung?

Aufgaben

1. Baue das oben beschriebene Modell nach und führe den Versuch durch. Skizziere deine Beobachtung.

2. Vergleiche das Modellexperiment mit dem Bau und der Funktion einer pflanzlichen Spaltöffnung.

3. Ca. 90 bis 95 % des Wassers, das Pflanzen über ihre Blätter abgeben, entweicht normalerweise aus den Spaltöffnungen. An heißen, trockenen Mittagen sind die Spaltöffnungen der Pflanzen meist geschlossen. Welche Bedeutung hat die Beweglichkeit des Spaltöffnungsapparates für die Pflanze?

Fotosynthese
Fotosynthese – historisch
PRIESTLEY
Sauerstoffnachweis

2 Fotosynthese und Atmung

Pflanzen verbessern die Luft

Schülerbuch Seite 75

① Erstelle für die sechs Bilder in Abb. 74.1 jeweils einen kurzen erklärenden Text.

– *Bild 1: Glasbehälter werden so aufgebaut, dass ihre untere Öffnung ins Wasser taucht. Somit kann von außen keine „neue“ Luft in die Behälter gelangen. Auf einem Brett werden Mäuse eingesetzt. Sie können nur Luft atmen, die im Behälter ist.*
Bild 2: Die Mäuse im Behälter sterben. Von oben eingebrachte brennende Kerzen erlöschen. Der Sauerstoff ist verbraucht.
Bild 3: In einen anderen, aber genauso aufgebauten Behälter werden Pflanzen gegeben.
Bild 4: Eine von oben eingebrachte brennende Kerze brennt weiter. Im Vergleich dazu wird eine brennende Kerze in einen ebenso angebrachten Behälter geschoben, in dem sich aber keine Pflanzen befinden. Sie erlischt nach kürzerer Zeit. Die Pflanze hat den Sauerstoffgehalt in dem einen Behälter erhöht.
Bild 5: In die Behälter werden Mäuse eingesetzt.
Bild 6: In dem Behälter mit Pflanzen leben die Mäuse, in dem Behälter ohne Pflanzen sterben die Mäuse. Der von den Mäusen aufgenommene Sauerstoff wird zumindest teilweise von den Pflanzen ersetzt.

Arbeitsblatt Seite 77

1. Für Atmung und Verbrennung wird der gleiche Luftbestandteil benötigt. Er wird verbraucht.
2. Für Verbrennungsvorgänge wird Sauerstoff benötigt. Die in den Glasbehälter gegebenen Pflanzen produzieren Sauerstoff. Die Kerze kann brennen. Der für die Atmung der Mäuse benötigte Sauerstoff ist vorhanden.
3. Nur unter Einwirkung von Licht können Pflanzen bei der Fotosynthese Sauerstoff produzieren.

Nachweis von Sauerstoff mit Indigo

Indigo ist ein blauer Farbstoff. Wird Indigoblau mit Natriumdithionit ($Na_2S_2O_4$) in alkalischer Lösung reduziert, entsteht Indigoweiß. Durch Sauerstoff wird Indigoweiß wieder zu Indigoblau oxidiert.

Ein Standzylinder wird mit 0,1%iger wässriger Lösung von Indigoblau gefüllt. Tropfenweise wird so viel Natriumdithionitlösung zugesetzt, bis die Lösung gelblich wird. Indigoblau ist durch Reduktion in Indigoweiß überführt worden.

In diese Lösung werden frisch abgeschnittene Sprosse der Wasserpest gegeben. Dabei ist unbedingt darauf zu achten, dass sie vorsichtig in das Wasser hineingleiten, damit nicht unnötig Luftsauerstoff mit in die Lösung gelangt. Durch Überschichten mit Paraffinöl wird die Lösung luftdicht abgeschlossen. Der Standzylinder wird grellem Licht ausgesetzt. Bewährt hat sich das direkte Bestrahlen mit einer 100 Watt-Lampe. Der von Pflanzen gebildete Sauerstoff oxidiert Indigoweiß zu Indigoblau. Es erfolgt ein Farbumschlag nach Blau. Durch Andicken der Lösung mit etwas Gelatine kann beobachtet werden, dass die Blaufärbung von der Pflanze ausgehend fortschreitet.

Versuche von Joseph Priestley

Der Austausch der Luft zwischen dem Inneren des Glasgefäßes und der Außenluft musste möglichst gering gehalten werden. Durch folgende Versuchsanordnung konnte JOSEPH PRIESTLEY diese Bedingungen gewährleisten:

Pflanzen verbessern die Luft – eine Erkenntnis des 18. Jahrhunderts

Im Jahr 1771 macht der englische Chemiker JOSEPH PRIESTLEY wichtige Entdeckungen mithilfe folgender Versuche:

Versuchsreihe A:

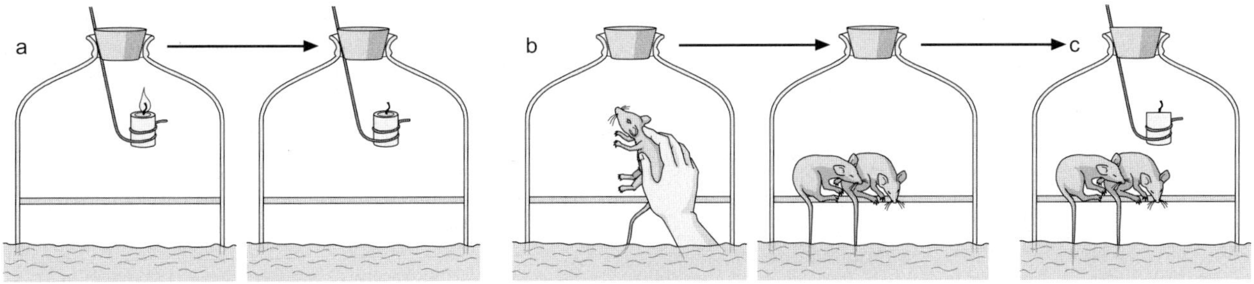

In einen abgeschlossenen Glasbehälter mit gewöhnlicher Luft schiebt er eine brennende Kerze. Nach einer gewissen Zeit erlischt die Flamme.

In einen weiteren abgeschlossenen Behälter mit gewöhnlicher Luft setzt er Mäuse. Nach einer gewissen Zeit sterben die Mäuse.

In den Behälter mit den toten Mäusen bringt er eine brennende Kerze. Die Flamme erlischt sofort.

Versuchsreihe B:
Zur weiteren Aufklärung der Zusammenhänge führt JOSEPH PRIESTLEY folgenden Versuch durch:

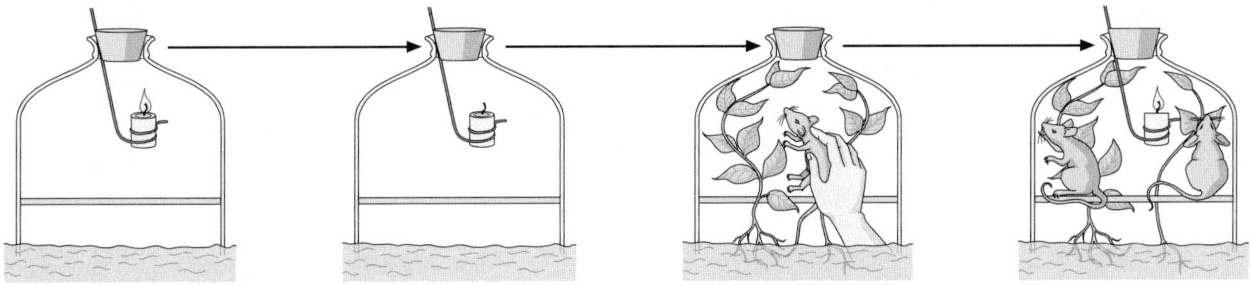

Aufgaben

1. Welche Schlussfolgerung lässt sich aus der Versuchsreihe A ziehen?

2. Erkläre das Ergebnis der Versuchsreihe B aus heutiger Sicht.

3. PRIESTLEY führte den Versuch B mehrmals zu verschiedenen Jahreszeiten durch. Er stellt fest, dass sich die Versuchsergebnisse in Herbst und Winter von denen im Sommer unterschieden. Im Winter trat bei den Mäusen auch bei Anwesenheit der Pflanze bereits nach kurzer Zeit starke Atemnot auf. Die Ursache dafür erkannte er nicht.
   Erkläre diesen Sachverhalt aus heutiger Sicht.

Fotosynthese
Fotosynthese – historisch
Pflanzenwachstum
VAN HELMONT

Material: Fotosynthese-Geschichte

! Schülerbuch Seite 76

① Entsprechend dem Versuch 1 ist es unmöglich, dass Pflanzen ihre gesamte Nahrung aus der Erde aufnehmen. Er schlussfolgerte, dass Wasser als Nährstoff dient.
③ Wasserpflanzen bilden nur in kohlenstoffdioxidhaltigem Wasser Sauerstoff, in kohlenstoffdioxidfreiem hingegen nicht. Er gewann die Erkenntnis, dass Pflanzen Kohlenstoffdioxid benötigen.

Die Fotosyntheseleistung einer 100-jährigen Buche mit ca. 600 000 Laubblättern an einem Sonnentag:

1 200 m^2 Blattfläche
10^{14} Chloroplasten mit 180 g Chlorophyll

Aufnahme von 9 400 Liter CO_2

Bildung von 12 kg Kohlenhydrate und 9 400 Liter O_2

Arbeitsblatt Seite 79

1. VAN HELMONT widerlegte, dass Pflanzen nur von Humus leben. Die Versuchsanordnung ist dazu geeignet. Es kann nachgewiesen werden, dass der Zuwachs der Pflanzenmasse weitaus höher ist als die Abnahme der Masse des Humus. Durch das Abdecken der Humusschicht kann weder von außen Erde zusätzlich in den Topf gelangen noch kann Erde z. B. durch den Wind weggeweht werden.
2. Er gab ausschließlich Regenwasser dazu. Daher schlussfolgerte er, dass vor allem Wasser der Pflanze als Nahrung dient.
3. Heute ist bekannt, dass für das Wachstum der Pflanzen neben Mineralsalzen und Wasser auch Kohlenstoffdioxid der Luft notwendig ist.

Z Erkenntnisse zur Fotosynthese – historischer Abriss

Um 1650: VAN HELMONT erkennt, dass Pflanzen nicht nur von Humus leben.

1771: J. PRIESTLEY entdeckt, dass Tiere zum Atmen den gleichen Luftbestandteil brauchen, der auch zum Verbrennen von Stoffen erforderlich ist. Er erkennt, dass Tiere in luftdicht abgeschlossenen Behältern länger überleben, wenn gleichzeitig Pflanzen im Behälter sind. Er schlussfolgert, dass durch Pflanzen „verdorbene Luft" in „gute Luft" umgewandelt wird. Er erkennt jedoch nicht die Funktion des Lichtes und kann deswegen auch nicht erklären, warum seine Versuche nachts einen anderen Verlauf nehmen.

1770 – 1772: K.-W. SCHEELE und J. PRIESTLEY ermitteln experimentell mit oxidierbaren Stoffen, dass nur $^1/_5$ der Luft zur Verbrennung bzw. Atmung bei Tieren tauglich ist.

1775: A. L. LAVOISIER erkennt, dass es sich bei dem Luftbestandteil, der zum Verbrennen und Atmen notwendig ist, um Sauerstoff handelt.

1779: I. INGENHOUSZ beweist experimentell, dass die Verbesserung der „verdorbenen Luft" durch grüne Pflanzenteile nur in Anwesenheit von Sonnenlicht erfolgt. Er stellt fest, dass Pflanzen nachts auch „verbrauchte Luft" abgeben.

1783: J. SENEBIER identifiziert „verbrauchte Luft" als Kohlenstoffdioxid. Er findet heraus, dass Pflanzen nur dann im Licht Sauerstoff herstellen, wenn Kohlenstoffdioxid vorhanden ist.

1804: N. DE SAUSSURE untersucht die Sauerstoffabgabe und die Kohlenstoffdioxidaufnahme quantitativ und erkennt, dass die Menge des aufgenommenen Kohlenstoffdioxids und die Menge des abgegebenen Sauerstoffs gleich groß sind.

1840: J. LIEBIG erkennt, dass bestimmte anorganische Elemente für das Wachstum der Pflanzen unverzichtbar sind.

1845: F. MEYER erkennt, dass bei der Fotosynthese Lichtenergie in chemische Energie umgewandelt wird und diese Energie in Form von Zucker gespeichert ist.

1857: F. MEYER setzt Verfahren ein, mit deren Hilfe Kohlenhydrate und Eiweiße in Pflanzenteilen und einzelnen Zellen nachgewiesen werden können. Mithilfe des Lichtmikroskops identifiziert er auch den Bildungsort der Stoffe. Diese Methode bringt einen wichtigen Fortschritt bei der Klärung von Stoffwechselprozessen und Transportvorgängen. Er weist u. a. nach, dass Stärke in Chloroplasten als Produkt der Fotosynthese entsteht und beschreibt den prinzipiellen Vorgang der Fotosynthese.

1862: J. SACHS entdeckt, dass der bei der Fotosynthese gebildete Zucker in Chloroplasten entsteht.

1883: TH. W. ENGELMANN entdeckt, dass der bei der Fotosynthese freigesetzte Sauerstoff in Chloroplasten gebildet wird. Darüber hinaus erkennt er, welche spektralen Anteile des Lichts bei der Fotosynthese wirksam sind. Der Zusammenhang zwischen Lichtspektrum, Fotosyntheseintensität und Sauerstoffbildung wird aufgezeigt. Um die Stellen, an denen die Fotosyntheseintensität am höchsten ist, zu finden, bestrahlt er einen Algenfaden mit spektral zerlegtem Licht. Er nutzt Sauerstoff liebende, bewegliche Bakterien, die sich im roten und blauen Bereich ansiedeln, also dort, wo Sauerstoff freigesetzt wird (ENGELMANN'scher Versuch).

Seit Beginn des 20. Jahrhunderts sind biochemische und molekularbiologische Prozesse der Fotosynthese, Besonderheiten der Fotosynthese bei verschiedenen Pflanzenarten und der Einfluss unterschiedlicher Faktoren auf die Fotosyntheseprozesse Gegenstand der Forschung.

Van Helmont´s Versuche

Nach Auffassung des griechischen Philosophen und Naturforschers ARISTOTELES (384 – 322 v.Chr.) galt, dass Pflanzen nur von Humus leben. Der Naturforscher VAN HELMONT nahm an, dass Luft und Wasser die Grundelemente des Universums seien. Seine Versuche dazu wurden erst 1648, vier Jahre nach seinem Tod, veröffentlicht:

„... ich habe ein irden Geschirr genommen, und auf die zweyhundert Pfund Erden darein gethan, die ich im Backofen lassen dürr werden. Dieselbe hab ich mit Regen-Wasser angefeuchtet, und einen Weiden-Stamm drein gepflantzet, welcher fünf Pfund wug. Endlich aber nach fünf Jahren ist ein Baum draus geworden, der hundert und neun- und sechtzig Pfund schwer war, und ohngefehr drey Untzen. Das irdene Geschirr aber ließ ich allzeit, wenn es vonnöthe war, bloß allein mit Regenwasser, oder mit distillierten Wasser begiesse. Es war aber groß und in die Erde eingesetzet, und damit der umherfliegende Staub sich nit unter die Erde mengete, hatte ich ein eisernes verzinntes Blech, so voller Löchlein war, oben drüber schlagen lassen. Ich habe aber nicht gerechnet das Gewicht der Blätter, so in diesen vier Jahren alle Herbste davon abgefallen. Endlich hab ich die Erd aus dem Gefässe wider gedörret, und befang eben die zweyhundert Pfund wie vor etwan zwo Untzen weniger. Und waren die hundert und vier-und-sechtzig Pfund Holtz, Rinde und Wurtzeln allein und bloß aus dem Wasser hervor gewachsen".

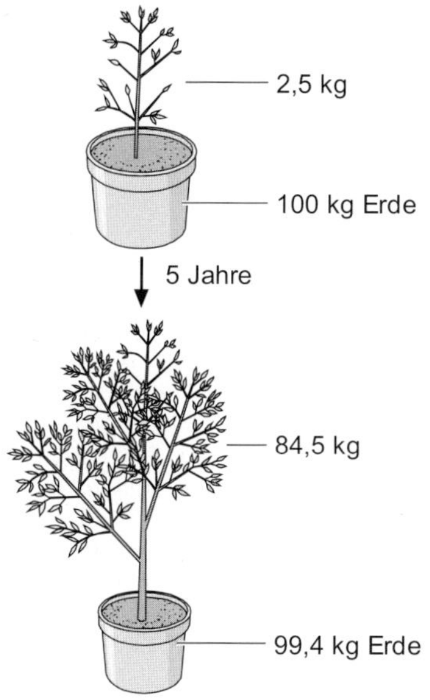

Aufgaben

1. Welche Vorstellungen über das Pflanzenwachstum konnte VAN HELMONT widerlegen? Begründe, warum die Versuchsanordnung dazu geeignet war.

2. Fasse die Schlussfolgerungen zusammen, die VAN HELMONT aus seinen Versuchen zog. Begründe seine Schlussfolgerungen.

3. Welche Stoffe benötigen Pflanzen zu ihrer Ernährung nach heutigem Wissensstand?

Auch grüne Pflanzen atmen

! Schülerbuch Seite 79

① Beschreibe die drei Stadien im Tagesverlauf einer Pflanze (Abb. 1). Erkläre für jedes Stadium, wie es zu den Kohlenstoffdioxidveränderungen kommt.

– *Bild 1: Bei intensiver Lichteinstrahlung am Mittag ist die Fotosyntheseleistung hoch, d. h. die Pflanze nimmt viel Kohlenstoffdioxid auf. Sie benötigt für die Fotosynthese mehr Kohlenstoffdioxid, als sie bei der Atmung abgibt. Folglich ist der Kohlenstoffdioxidgehalt der Luft niedrig.*
Bild 2: Nachts ist die Lichteinstrahlung sehr gering. Die Fotosyntheseleistung ist gleich Null. Die Pflanze nimmt kein Kohlenstoffdioxid auf. Für ihre Atmung benötigt die Pflanze Sauerstoff. Das bei der Zellatmung gebildete Kohlenstoffdioxid wird an die Luft abgegeben. Es wird sichtlich mehr Kohlenstoffdioxid abgegeben als aufgenommen und der Kohlenstoffdioxidgehalt der Luft steigt.
Bild 3: Am frühen Morgen steigt die Lichtintensität. Die Pflanze nimmt Kohlenstoffdioxid bei steigender Fotosyntheserate auf. Der Kohlenstoffdioxidgehalt der Luft nimmt ab.

② Vergleiche die Reaktionsschemata der Fotosynthese und der Zellatmung. Nimm kritisch dazu Stellung.

– *Gemeinsamkeiten: Bei Zellatmung und Fotosynthese spielen die gleichen Stoffe eine Rolle. Unterschiede: Die Ausgangsstoffe der Fotosynthese sind gleich den Reaktionsprodukten der Zellatmung. Die Ausgangsstoffe der Zellatmung sind gleich den Reaktionsprodukten der Fotosynthese. Bei der Fotosynthese ist zur Umwandlung der Ausgangsstoffe Lichtenergie notwendig, die im Traubenzucker gespeichert wird. Bei der Zellatmung wird bei dem Abbau der Ausgangsstoffe Energie frei.*

Arbeitsblatt Seite 81

1. Bei a erfolgt eine geringere Kohlenstoffdioxid-Abgabe als bei b. Die Abgabe von Kohlenstoffdioxid ist ein Maß für die Atmungsintensität. In relativ trockenen Körnern sind Lebensprozesse der Zellen auf ein Minimum reduziert. Somit erfolgt auch nur eine sehr geringe Atmung. In gequollenen Körnern können Stoffwechselprozesse, so auch die Atmung, optimal ablaufen.
2. Versuchsergebnisse: Erhöhung der Temperatur; Interpretation: Bei Veratmung von Zucker in Kohlenstoffdioxid und Wasser wird Energie (auch Wärmeenergie) frei.
3. Wenn Getreide zu feucht eingelagert wird, können die Zellen atmen und es wird Wärmeenergie frei. Diese Wärmeenergie kann sich im Inneren des Getreidehaufens stauen, wodurch sich die Temperatur stark erhöht. Das kann zur Selbstentzündung führen. Sie kann dadurch vermieden werden, dass man nur trockenes Getreide einlagert.

Z Selbsterhitzung und Selbstentzündung von Heu

Die Selbsterhitzung wird durch die Größe des Heuhaufens und den Wassergehalt des Heus beeinflusst. Bei der Einlagerung hat Heu normalerweise einen mittleren Wassergehalt von 30 %. Es erhitzt sich nur unmerklich. Ist der Wassergehalt höher, sinkt das Heu sehr stark zusammen, es steht wenig Sauerstoff zur Verfügung und es kommt zu Fäulnisprozessen. Die entstehende Wärmeentwicklung ist Ergebnis der Stoffwechselaktivität von Mikroorganismen im feuchten Heu.

In sehr großen Heuhaufen (über 2,5 Tonnen) kann die im Inneren entstehende Wärme nicht abgeführt werden. Äußere Schichten wirken isolierend. Die zu Anfang leichte Temperaturerhöhung wirkt sich fördernd auf die Stoffwechselprozesse aus. Nach und nach entstehen im Inneren „Nester“, in denen die Temperatur erheblich steigt. Die Mikroorganismen sterben ab. Normalerweise werden ca. 300 °C benötigt, um Heu zu entflammen. Wirkt eine Temperatur von 70 °C aber monatelang ein, wird das Heu entwässert. Es ist bekannt, dass unter solchen Bedingungen organische Verbindungen umgesetzt werden und flüchtige Verbindungen, z. B. Wasserstoff, Methan und Ethen, entstehen. Nicht vollständig geklärt ist, ob in diesem Zeitraum unter den entsprechenden Bedingungen das pflanzliche Material in Heukohle übergehen kann und wie bei dem beschränkten Sauerstoffzutritt eine Oxidation erfolgen kann. Die Beteiligung von Katalysatoren bei der Selbstentzündung wird diskutiert.

Bekannt ist, dass schon geringe Veränderungen an falsch gelagerten Heuhaufen zur Entzündung führen können. Beim Umschichten und Entnehmen von Heu gelangt Sauerstoff an die „Nester“. Bereits das Einstoßen einer Heugabel kann eine Entflammung verursachen.

Hinweis zum Versuch 2 auf dem Arbeitsblatt Seite 81

Die Erbsensamen werden ca. 2 Tage vorgequollen. Erst dann werden sie in die Thermoskanne gefüllt und die Messung beginnt. Um die weitere Temperaturerhöhung zu ermitteln (erfahrungsgemäß Temperaturerhöhung auf 50 °C bis 65 °C), kann die Messung nach ca. 24 Stunden erneut vorgenommen werden. Wegen des Sauerstoffverbrauchs ist die Thermosflasche durch kurzes Öffnen mindestens zwei Mal zu belüften.

Versuch zur Selbsterhitzung einer Kompostmiete

Durchführung: 100 g grob gehobelte Kartoffeln, 80 g Kaffeesatz, 10 g Sägespäne und 40 g Brotkrumen werden mit 2 Teelöffel Komposterde gut vermischt. Die Mischung wird locker in eine Thermoskanne gefüllt und ein Thermometer eingeführt.
Beobachtung: Wenige Stunden nach Beginn des Versuches erhöht sich die Temperatur. Nach ca. 3 Tagen ist das Temperaturmaximum von ca. 70 °C erreicht.

Brand im Getreidelager durch Selbstentzündung?

Bei der Feuerwehr geht die Meldung ein, dass eine Lagerhalle mit Getreide in Flammen steht. Die Untersuchung der Brandursache ergibt, dass sich das Getreide selbst entzündet hat. Es ist bekannt, dass die Temperaturen im Inneren eines großen Getreidehaufens unter bestimmten Bedingungen so hoch steigen können, dass eine Selbstentzündung möglich ist. Folgende Versuche geben Aufschluss über die Voraussetzungen für die Selbstentzündung:

Versuch 1
In einem Versuch wurde die Menge von Kohlenstoffdioxid ermittelt, die Getreidekörner in 24 Stunden abgeben.

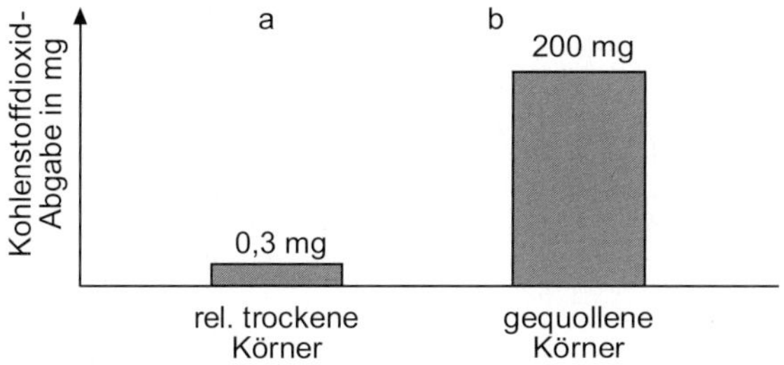

Versuch 2
Eine Thermosflasche wird zu etwa einem Drittel mit gequollenen Erbsensamen gefüllt und verschlossen. Durch den Korkstopfen hindurch wird ein Thermometer eingeführt. Im Abstand von 20 Minuten wird die Temperatur im Inneren der Thermosflasche gemessen.

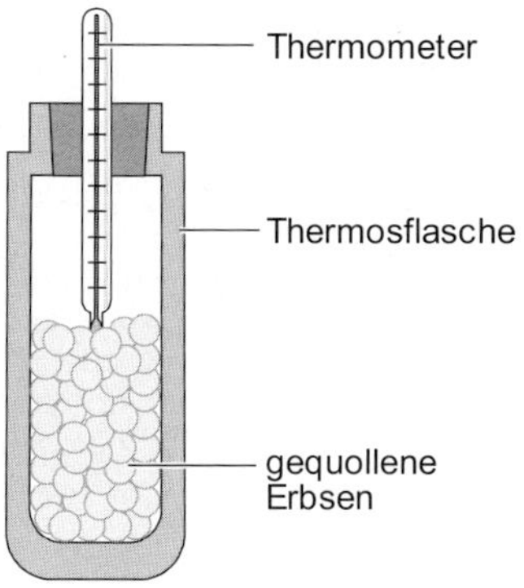

Aufgaben

1. Interpretiere die Ergebnisse von Versuch 1.

2. Führe den Versuch 2 durch. Notiere deine Versuchsergebnisse.

Zeit in Minuten	Temperatur in °C

3. Erkläre, wie es in großen Getreidelagern zu einer starken Temperaturerhöhung kommt. Wie kann eine Selbstentzündung von Getreide verhindert werden?

Wirkstoffe in der chemischen Unkrautbekämpfung, die die Fotosynthese stören:
- Glyphosat (Round-up Ultra, Durano, Touchdown): Aufnahme über die Laubblätter, nicht über die Wurzeln; Zerstörung des Chlorophylls; Verhinderung der Fotosynthese und des Wachstums
- Fluazifop (Fusilade ME): Schädigung des Chlorophylls; Störung der Fotosynthese; Hemmung des Wachstums

Praktikum: Fotosynthese und Atmung

Arbeitsblatt Seite 84

1. Zum Beispiel Menge an Sauerstoff, die produziert wird; Zunahme der Biomasse.
2. Entwicklung einer geeigneten Versuchsanordnung unter Berücksichtigung, dass sich die Lichtintensität schrittweise verändert, während alle anderen Faktoren konstant bleiben.
3. Mehrere Versuchsreihen sind notwendig, um zufällige, nicht allgemeingültige Messergebnisse bzw. die Verallgemeinerung von falschen Ergebnissen durch Messfehler auszuschließen.
4. Die Fotosynthese erreicht erst bei einer Beleuchtungsstärke von 5 klx eine hinreichende Intensität. Sie erhöht sich bis zu einer Beleuchtungsstärke von 10 klx. Bei einer weiteren Erhöhung der Beleuchtungsstärke bleibt die Fotosyntheseleistung jedoch konstant. Es wirken andere begrenzende Faktoren.

Arbeitsblatt Seite 85

1. A) 0,1 Vol% CO_2, 35 °C
   B) Schwachlicht
   C) kein Licht
   D) 0,03 Vol% CO_2
   F) 10 °C
2. Zum Beispiel optimale Bedingungen wie Temperatur, Lichtintensität und Kohlenstoffdioxidkonzentration der Luft führen zu Erhöhung der Fotosyntheseleistung. Maßnahmen wie zusätzliche Beleuchtung in Gewächshäusern, Begasung von Gewächshauskulturen, Anbau von Kulturpflanzen in Jahreszeiten, in denen möglichst günstige Temperaturbedingungen herrschen, führen zur Steigerung der Pflanzenproduktion und zur Erhöhung der Erträge.

Z Dichte von Spaltöffnungen bei verschiedenen Pflanzenarten

Pflanze	Anzahl der Spaltöffnungen pro mm^2	
	Blattoberseite	Blattunterseite
Apfel	0	290
Bohne	40	280
Buschwindröschen	0	67
Fetthenne	35	70
Flieder	0	330
Geranie	170	140
Kirsche	0	250
Leberblümchen	15	74
Lilie	0	330
Sauerklee	0	35
Seerose	490	0
Tradescantie	7	28
Wasserpest	0	0
Weymouthskiefer	140	0
Zypressenwolfsmilch	0	259

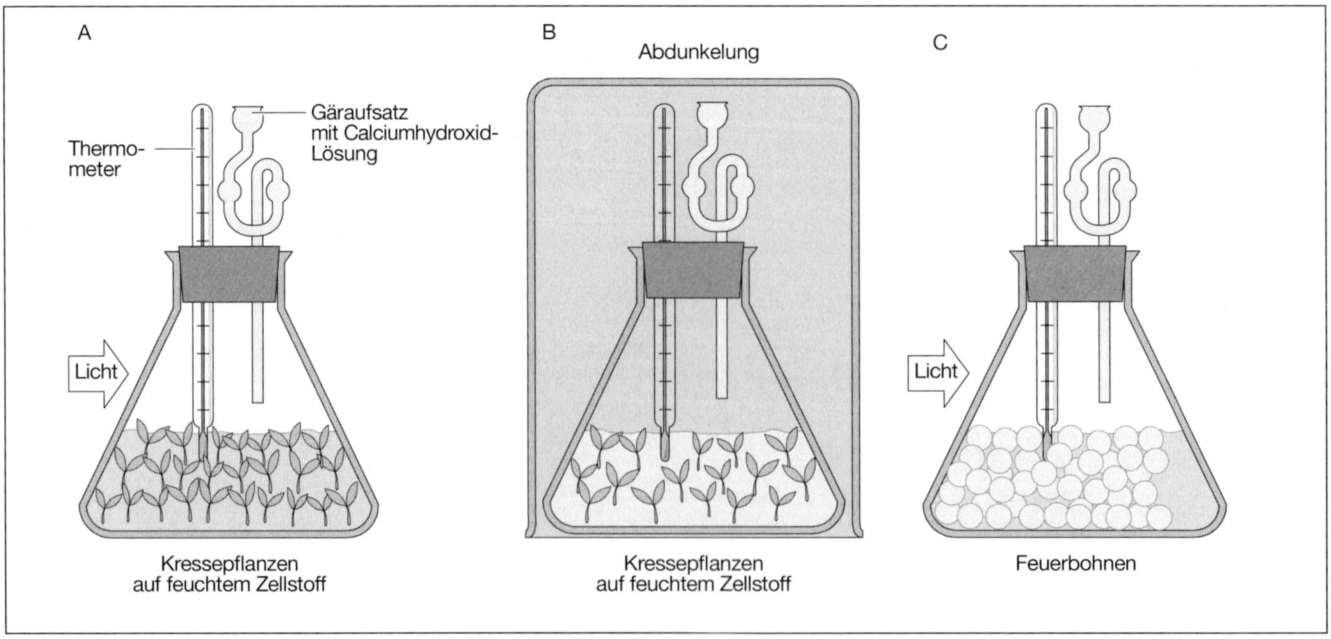

Können Pflanzen ersticken?

Wird eine Zimmerpflanze übermäßig gegossen, wird die Erde überwässert. Die Bodenluft wird verdrängt, sodass die Zellen der Pflanzenwurzel keinen Sauerstoff mehr erhalten. Sie können nicht mehr atmen und gehen zugrunde.

Einige Pflanzenarten sind an nassen Boden angepasst. Mangrovenbäume zum Beispiel wachsen in Wattgebieten tropischer Küsten. Ihre Wurzeln sind unter Wasser. Diese Wurzeln setzen sich aber in sogenannten Luftwurzeln fort (siehe Seite 70). Durch sie wird gewährleistet, dass genügend Sauerstoff an die Wurzeln unter Wasser gelangt.

Aber auch einige weniger an Staunässe angepasste Arten wie der Mais können mit Sauerstoffmangel durch Staunässe fertig werden. Die Querschnitte von Wurzeln, die in Staunässe gewachsen sind, zeigen gegenüber Wurzeln, die in belüfteten Böden gewachsen sind, Unterschiede. Bei erstgenannten wird verstärkt Ethen gebildet. Dadurch altern einige der Zellen in der Wurzelrinde sehr schnell und sterben ab. Die Zellwände werden enzymatisch zerstört. So entstehen luftgefüllte Röhren *(Aerenchym)*, in denen sich die vorhandene Luft sammelt. In Staunässe stehende Wurzeln werden durch diese „Schnorchel" versorgt.

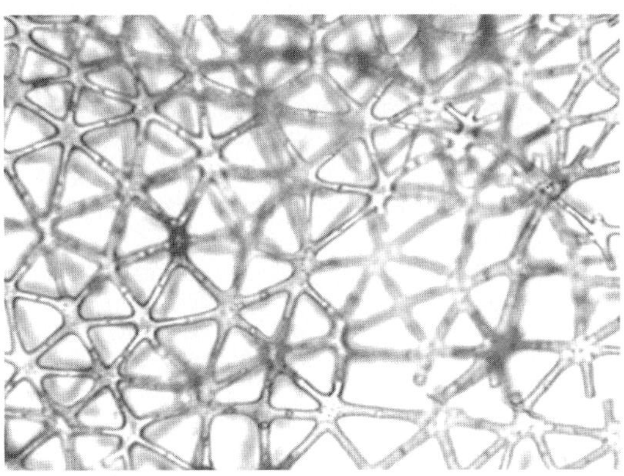

Geeignete Versuchsanordnung zum Nachweis der Pflanzenatmung

Die auf Seite 82 beschriebenen Versuchsanordnungen können auf ihre Eignung zum experimentellen Nachweis der Zellatmung pflanzlicher Zellen überprüft werden:

- Versuchsanordnung A ist ungeeignet, weil gleichzeitig Fotosynthese stattfindet und Kohlenstoffdioxid verbraucht wird.
- Versuchsanordnung B ist geeignet, weil durch Abdunkeln Fotosynthese verhindert wird und somit die Kohlenstoffdioxidkonzentration, die durch Atmung entsteht, nicht beeinflusst wird.
- Versuchsanordnung C ist geeignet, da die verwendeten pflanzlichen Zellen (Samen) kein Chlorophyll enthalten und somit keine Beeinflussung durch Fotosynthese erfolgen kann.

Verlustarme Lagerung von Obst

Sofort nach der Ernte werden Lageräpfel in einer Halle eingelagert, die keine Belüftung hat. Nach einer Lagerzeit von 5 Monaten findet man im Vergleich zur Zeit der Einlagerung folgende Werte:

bei Einlagerung	nach 5-monatiger Lagerung
21 % Sauerstoff	ca. 15 % Sauerstoff
0,03 % Kohlenstoffdioxid	ca. 6 % Kohlenstoffdioxid
Masse der Äpfel: 100 kg	Masse der Äpfel: 80 kg

Eine verlustarme Lagerung bedarf einer sortenspezifischen Temperatur, Luftfeuchtigkeit und einer erhöhten Kohlenstoffdioxidkonzentration.

Optimale Lagertemperatur für
Äpfel: ca. 1 bis 2 °C
Birnen: ca. –2 bis –1 °C
Bananen: ca. 8 bis 10 °C

Protexan als Hülle
Äpfel, die zum schnellen Schrumpfen neigen (wie Gelber Köstlicher, Undine, Boskop) werden oft mit Protexan behandelt. Dabei handelt es sich um ein Paraffinöl, in das die Äpfel vor der Einlagerung getaucht werden. Es bildet sich eine dünne wachsartige Schicht, die den Gasaustausch stark verringert.

Wärmeentwicklung bei Pflanzenatmung

Bei Pflanzen ist in der Regel die Wärmeentwicklung durch Zellatmung nicht auffällig. Die fast vollständige Abgabe der Wärme an die Umgebung wird durch die große Oberfläche der Pflanze und auch durch Verdunstung von Wasser begünstigt.

Es gibt Ausnahmen: In fleischigen Organen einzelner Pflanzenarten kann eine erhebliche Temperaturerhöhung durch Atmung nachgewiesen werden. Ein klassisches Beispiel sind die Aronstabgewächse. Die Blütenkolben des italienischen Aronstabes erwärmen sich um ca. 17 °C über die Umgebungstemperatur. Dies steht in Zusammenhang mit dem Bau der Blüte als Falle für die bestäubenden wechselwarmen Insekten. Geringe Temperaturerhöhungen sind auch bei anderen Blüten wie z. B. bei Cycadeen, bei *Victoria regia* und bei Palmen zu beobachten.

Versuche zur Fotosynthese I

In einer Versuchsreihe wurde bei der Zimmerpflanze Tradescantia der Einfluss der Beleuchtungsstärke (in Kilolux, klx) auf die Fotosyntheseleistung ermittelt. Die Versuche ergaben:

Beleuchtungsstärke in klx	Fotosyntheseleistung in % der maximal gemessenen Leistung					
	Versuchspflanze 1	Versuchspflanze 2	Versuchspflanze 3	Versuchspflanze 4	Versuchspflanze 4	Mittelwert
0	0	0	0	0	0	
2	4	4	6	2	5	
4	11	10	12	8	12	
5	22	21	22	15	24	
10	28	27	27	18	28	
15	28	27	28	19	27	
20	28	28	27	19	28	

Aufgaben

1. Woran kann man die Fotosyntheseleistung ablesen? Nenne zwei Möglichkeiten.

____

____

2. Skizziere eine geeignete Versuchsanordnung zur Durchführung der Versuchsreihe in deinem Heft.

3. Bilde aus den angegebenen Daten die Mittelwerte und trage sie in die Tabelle ein. Warum werden Versuchsreihen mit der gleichen Pflanzenart unter gleichen Bedingungen mehrfach wiederholt?

____

____

____

____

4. Interpretiere die Messergebnisse.

____

____

____

____

Versuche zur Fotosynthese II

Mithilfe der dargestellten Versuchsanordnung wird untersucht, welchen Einfluss bestimmte Faktoren auf die Fotosynthese haben. Es werden jeweils gleich große Sprosse der Wasserpest verwendet. Die Versuchsansätze werden zwei Tage den jeweiligen Bedingungen ausgesetzt. Erst danach wird, wie auf der nebenstehenden Abbildung dargestellt, das Reagenzglas zum Auffangen des entstehenden Sauerstoffs aufgesetzt. Es wird ermittelt, wie viel Sauerstoff bei den Versuchsansätzen jeweils in der gleichen Zeit produziert wird.

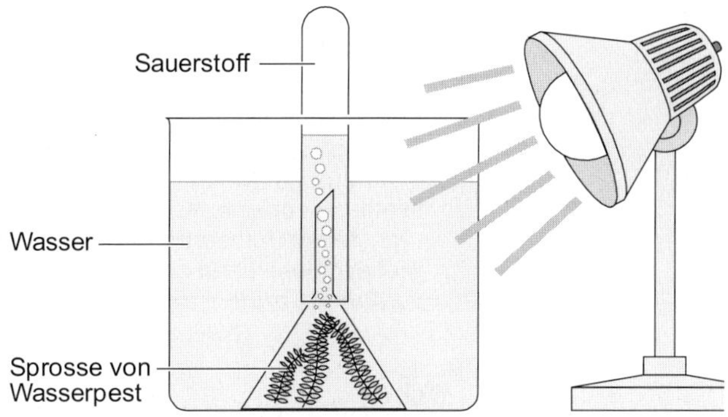

Versuchsansätze

A	B	C	D	E	F	G
	0,1 Vol% CO_2	0,1 Vol% CO_2		0,2 Vol% CO_2	0,1 Vol% CO_2	0,1 Vol% CO_2
Starklicht (200 000 lx)			Starklicht (200 000 lx)	Starklicht (200 000 lx)	Starklicht (200 000 lx)	Starklicht (200 000 lx)
	35 °C	35 °C	35 °C	35 °C		45 °C

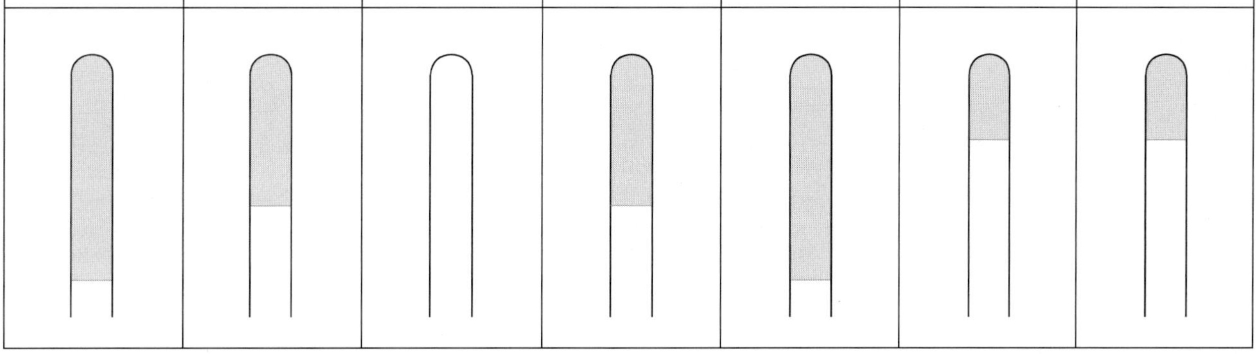

lx: Lux (Einheit für die Lichtstärke)

Aufgaben

1. Ergänze die fehlenden Versuchsbedingungen, indem du die unten stehenden Angaben in die Tabelle einordnest.

35 °C	kein Licht	0,1 Vol% CO_2	10 °C	Schwachlicht (5 000 lx)	0,03 Vol% CO_2 (Luft)

2. Leite aus den Versuchsergebnissen Maßnahmen für die Steigerung der Pflanzenproduktion in Gartenbau und Landwirtschaft ab und erkläre ihre Wirksamkeit.

Impulse: Sonnenenergie

Arbeitsblatt Seite 87

1. Feststellung des grünen Farbstoffs in den Chloroplasten.
2. In den rot gefärbten Laubblättern kann Fotosynthese stattfinden. Sie enthalten neben roten und gelben Farbstoffen auch Chlorophyll.
3. Fotosynthese kann stattfinden, da Chlorophyll vorhanden ist.

Z Grünalgen in großen Meerestiefen

Chlorophyll a und Chlorophyll b absorbieren insbesondere Licht im Blau- und Rotbereich. Die unten stehende Tabelle zeigt, dass auch in 50 m Tiefe noch genügend Licht bestimmter Wellenlängen dringt, sodass Fotosynthese stattfinden kann.

Arbeitsblatt Seite 88

Lösung: BLATT – BLATTADER – BLUETE – CHLOROPLAST – EPIDERMIS – FESTIGUNGSGEWEBE – FLACHWURZEL – INTERZELLULARRAUM – KUTIKULA – LEITBUENDEL – PALISADENGEWEBE – PFAHLWURZEL – RINDE (doppelt) – SCHLIESSZELLEN – SIEBROEHRE – SPALTOEFFNUNG – SPROSS – SPROSSACHSE – WURZEL – WURZELHAARE – WURZELHAUBE – ZENTRALZYLINDER

Arbeitsblatt Seite 89

Lösung:
1D, 2C, 3A, 4B, 5D, 6C, 7B, 8B, 9D, 10A, 11C, 12B, 13A, 14C, 15D, 16D, 17B

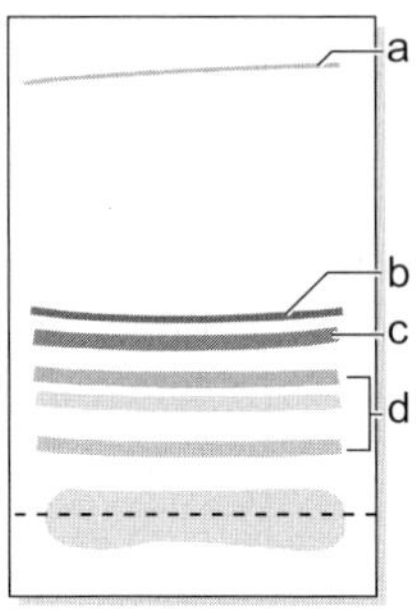

a Carotin
b Chlorophyll a
c Chlorophyll b
d Xantophylle
---- Start

Chromatogramm der Blattfarbstoffe (Kieselgel-Fertigfolie; Laufmittel Toluol / Propanol-2 im Verhältnis 9:1)

Tiefe	rot 680 – 610 nm	orange, gelb 625 – 508 nm	grün 570 – 515 nm	blaugrün 545 – 486 nm	blau 457 – 420 nm	blau, violett 435 – 400 nm
1 m	1 000	1 000	1 000	1 000	1 000	1 000
5 m	3,7	2,5	250	250	450	866
10 m	2,7	2,0	166	166	437	800
50 m	0,0021	0,032	2,2	2,5	201	200

Lichtintensität, die in 1 m Wassertiefe eindringt, ist als Bezugsgröße (= 1 000) festgelegt. Die Werte in 5, 10, 20 und 50 m Wassertiefe geben an, wie viel Licht in Bezug zum Licht in 1 m Tiefe ankommt.

Rätsellösung von Seite 88

Q	M	N	E	L	L	E	Z	S	S	E	I	L	H	C	S	P	A
K	E	U	U	G	K	E	S	P	R	O	S	S	S	B	Q	S	P
E	X	B	A	N	N	O	B	R	E	D	N	I	R	Q	R	A	L
C	U	V	E	R	O	U	B	U	R	I	N	D	E	P	L	Y	E
H	U	L	P	W	R	W	N	B	A	I	P	C	W	I	I	N	I
L	F	E	F	K	E	A	U	F	N	H	E	A	S	O	T	P	T
O	S	Z	A	U	K	G	L	R	F	K	L	A	A	W	K	J	B
R	R	R	H	T	S	G	S	U	Z	E	D	E	I	X	Q	H	U
O	M	U	L	I	S	Y	J	G	L	E	O	J	Z	I	C	D	E
P	B	W	W	K	J	P	T	E	N	L	L	T	P	R	G	C	N
L	L	H	U	U	L	N	R	G	L	U	E	H	L	Y	U	Y	D
A	A	C	R	L	J	K	E	O	W	S	G	Z	A	A	F	W	E
S	T	A	Z	A	C	W	N	V	S	W	H	I	R	A	P	Z	L
T	T	L	E	F	E	G	K	N	B	S	U	B	T	E	R	S	W
H	A	F	L	B	I	G	U	B	C	L	A	R	L	S	T	E	V
E	D	F	E	U	U	V	Q	B	J	A	U	C	Z	A	E	N	M
L	E	J	O	S	I	M	R	E	D	I	P	E	H	E	T	F	I
M	R	S	I	E	B	R	O	E	H	R	E	T	T	S	L	T	T
J	R	F	K	P	B	C	V	A	E	A	W	T	Q	E	E	C	O
Z	E	N	T	R	A	L	Z	Y	L	I	N	D	E	R	Z	O	P

Verstecktes Chlorophyll?

Manche Pflanzen, wie z. B. Blutbuche, Zebrakraut und einige Tradescantia-Arten, haben rote Laubblätter. Da Fotosynthese aber an das Vorhandensein des grünen Blattfarbstoffes Chlorophyll gebunden ist, müssten auch rot gefärbte Blätter Chlorophyll „versteckt" enthalten. Es gibt verschiedene Möglichkeiten, dies zu überprüfen:

- Die mikroskopische Untersuchung von Blattquerschnitten zeigt, wo Chlorophyll vorkommt.
- Die Farbstoffe des Laubblattes können aufgetrennt werden, sodass jeder einzelne Farbstoff erkennbar wird. Dazu wird das aus den Blättern gewonnene Gemisch auf ein Trägermaterial (z. B. Chromatographie-Papier) aufgetragen. Anschließend lässt man eine Flüssigkeit (Laufmittel) durch das Trägermaterial aufsteigen. Die Blattfarbstoffe werden mit dem Laufmittel transportiert. Aufgrund der unterschiedlichen Beschaffenheit der einzelnen Pigmente steigen sie unterschiedlich schnell im Trägermaterial auf und werden so voneinander getrennt.

Arbeitsanleitung

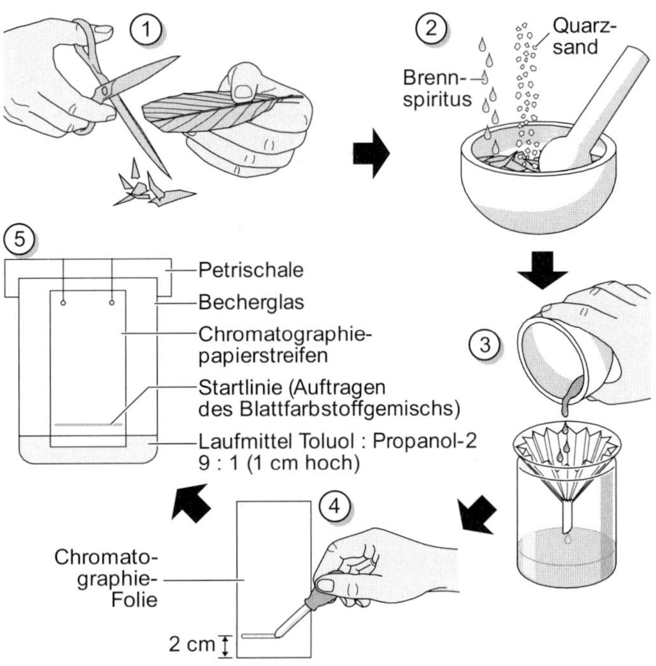

Aufgaben

1. Fertige von einem rot gefärbten Laubblatt einen Blattquerschnitt an und mikroskopiere ihn. Stelle fest, ob Chlorophyll vorhanden ist und an welcher Stelle es gegebenenfalls vorkommt.

2. Überprüfe experimentell, ob rot gefärbte Laubblätter Chlorophyll enthalten. Gehe dabei nach oben beschriebener Anleitung vor.

3. Kann in den rot gefärbten Laubblättern Fotosynthese stattfinden? Begründe.

Pflanzenanatomie

Q	M	N	E	L	L	E	Z	S	S	E	I	L	H	C	S	P	A
K	E	U	U	G	K	E	S	P	R	O	S	S	S	B	Q	S	P
E	X	B	A	N	N	O	B	R	E	D	N	I	R	Q	R	A	L
C	U	V	E	R	O	U	B	U	R	I	N	D	E	P	L	Y	E
H	U	L	P	W	R	W	N	B	A	I	P	C	W	I	I	N	I
L	F	E	F	K	E	A	U	F	N	H	E	A	S	O	T	P	T
O	S	Z	A	U	K	G	L	R	F	K	L	A	A	W	K	J	B
R	R	R	H	T	S	G	S	U	Z	E	D	E	I	X	Q	H	U
O	M	U	L	I	S	Y	J	G	L	E	O	J	Z	I	C	D	E
P	B	W	W	K	J	P	T	E	N	L	L	T	P	R	G	C	N
L	L	H	U	U	L	N	R	G	L	U	E	H	L	Y	U	Y	D
A	A	C	R	L	J	K	E	O	W	S	G	Z	A	A	F	W	E
S	T	A	Z	A	C	W	N	V	S	W	H	I	R	A	P	Z	L
T	T	L	E	F	E	G	K	N	B	S	U	B	T	E	R	S	W
H	A	F	L	B	I	G	U	B	C	L	A	R	L	S	T	E	V
E	D	F	E	U	U	V	Q	B	J	A	U	C	Z	A	E	N	M
L	E	J	O	S	I	M	R	E	D	I	P	E	H	E	T	F	I
M	R	S	I	E	B	R	O	E	H	R	E	T	T	S	L	T	T
J	R	F	K	P	B	C	V	A	E	A	W	T	Q	E	E	C	O
Z	E	N	T	R	A	L	Z	Y	L	I	N	D	E	R	Z	O	P

Aufgabe

Im Buchstabensalat sind 23 Begriffe versteckt, die Fachbegriffe zum Aufbau der Pflanzen darstellen (ä = ae, ü = ue, ö = oe, ß = ss). Man kann sie waagrecht (von rechts nach links oder von links nach rechts), senkrecht (von oben nach unten oder von unten nach oben), aber auch diagonal in beide Richtungen lesen. Liste alle Begriffe auf und finde eine kurze treffende Beschreibung dazu. Welcher Begriff kommt zweimal vor?

Bioquiz – Wer wird Punktesieger? **Thema: Fotosynthese**	1. Das Wort Fotosynthese bedeutet A) Zusammensetzung des Lichtes B) Aufbau eines Fotos C) Herstellungsprozess mithilfe einer Fotografie D) Substanzaufbau mithilfe von Licht
2. JOSEPH PRIESTLEY (1733–1804) entdeckte: A) Mensch und Tier verbessern verbrauchte Luft. B) Pflanzen verbrauchen verbesserte Luft. C) Pflanzen verbessern verbrauchte Luft. D) Pflanzen gedeihen nicht in verbrauchter Luft.	3. JAN INGENHOUSZ (1730–1799) entdeckte: A) Pflanzen benötigen Licht, um Sauerstoff zu bilden. B) Pflanzen brauchen Licht zur Kohlenstoffdioxidbildung C) Sauerstoffnachweis ist die Glimmspanprobe. D) Kohlenstoffdioxidnachweis ist die Knallgasprobe.
4. Als Gaswechsel bei der Pflanze bezeichnet man A) die Aufnahme von O_2 und die Abgabe von CO_2. B) die Aufnahme von CO_2 und die Abgabe von O_2. C) die Aufnahme von O_2 und CO_2. D) die Abgabe von O_2 und CO_2.	5. In den Chloroplasten der Pflanze A) entsteht Iodkalikumiodid. B) findet die Zellatmung statt. C) erfolgt der Abbau von Traubenzucker. D) wird Stärke gebildet.
6. Die Pflanze nimmt das Kohlenstoffdioxid auf über A) die Siebplatten in den Wurzeln. B) den Zentralzylinder im Stängel. C) die Spaltöffnungen in den Blättern. D) den Stempel in der Blüte.	7. Um Traubenzucker herzustellen, benötigt die Pflanze A) Stärke, Wasser und Licht. B) Wasser, Kohlenstoffdioxid, Licht und Chlorophyll. C) Wasser, Kohlenstoffdioxid, Sauerstoff und Licht. D) Stärke, Sauerstoff, Wasser und Licht.
8. Welche Nachweismethode gibt es? A) Stärkenachweis durch Indigoblau. B) Sauerstoffnachweis durch die Glimmspanprobe. C) Kohlenstoffdioxidnachweis durch Lack. D) Traubenzuckernachweis durch Iodkaliumiodid.	9. Alle Organismen geben durch die Zellatmung A) Sauerstoff ab. B) Stickstoffdioxid ab. C) Sauerstoff und Wasser ab. D) Kohlenstoffdioxid und Wasser ab.
10. Am Kompensationspunkt A) halten sich Fotosynthese und Zellatmung die Waage. B) werden schlechte Werte ausgeglichen. C) bleibt das Wachstum gleich. D) ist die Pflanze in einer Kammer.	11. Traubenzucker kann direkt weiterverarbeitet werden zu A) Fetten und Ölen. B) Vitaminen und Giftstoffen. C) Zellulose. D) Duftstoffen.
12. Der Gewöhnliche Fichtenspargel ist A) eine wohlschmeckende Delikatesse. B) eine symbiontische Pflanze. C) ein Halbparasit. D) eine Insekten fressende Pflanze.	13. Der Rundblättrige Sonnentau A) lebt auf nährstoffarmen Böden. B) besitzt kein Chlorophyll. C) wächst in den Kronen von Laubbäumen. D) lebt in Symbiose mit der Venusfliegenfalle.
14. Die grünen Pflanzen von heute sind A) Erdöl, Erdgas und Steinkohlevorräte. B) die Verursacher des Treibhauseffektes. C) nachwachsende Rohstoffe. D) fossile Energieträger.	15. Mitochondrien wandeln A) Energie in Sauerstoff um. B) Zucker in Stärke um. C) Sonnenenergie in Stärke um. D) Traubenzucker mithilfe von Sauerstoff in Energie um.
16. Die Fotosyntheseprodukte werden in der Pflanze A) durch den Transpirationssog befördert. B) über den Wurzeldruck verteilt. C) im Gefäßteil der Sprossachse transportiert. D) über den Siebteil zu den Orten des Verbrauchs gebracht.	17. In Querschnitten von Fichtennadeln erkennt man A) die Exodermitis. B) Harzgänge. C) herausgehobene Spaltöffnungen. D) große Luftkammern.

Metamorphose – Pflanzenorgane
Nachwachsende Rohstoffe
Parasitismus
Symbiose
Zuckerrübe

Lexikon: Ernährungsspezialisten unter den Pflanzen
Grüne Pflanzen heute ... und vor Jahrmillionen

Schülerbuch Seite 86

① 1 m^2 Blattfläche erzeugt pro Stunde etwa 1 g Sauerstoff. Wie viel Sauerstoff erzeugt eine Birke (200 000 Blätter, Fläche eines Blattes ca. 20 cm^2) in einer Stunde?

– *Die Fläche aller Laubblätter beträgt 400 m^2. Bei dieser Fläche kann die Birke in einer Stunde 400 g Sauerstoff abgeben.*

② Pro Stunde verbraucht ein Mensch etwa 200 g Sauerstoff, ein Flugzeug benötigt bei einer Flugzeit von 7 Stunden 35 t Sauerstoff.
a) Wie viel Sauerstoff verbraucht das Flugzeug in einer Stunde?
b) Wie viele Birken sind notwendig, um diese Sauerstoffmenge in einer Stunde zu produzieren?
c) Wie lange könnte ein Mensch mit dieser Sauerstoffmenge auskommen?

– *a) Das Flugzeug verbraucht 5 t Sauerstoff.*
b) Es sind 12 500 Birken notwendig.
c) Mit dieser Sauerstoffmenge könnte ein Mensch 25 000 Stunden (= 2,85 Jahre) auskommen.

③ Alle grünen Pflanzen zusammen produzieren durch die Fotosynthese jährlich ca. 250 Mrd. Tonnen Traubenzucker. Wie lang wäre ein Güterzug (Fassungsvermögen eines Güterwagens 35 t, Länge 20 m), der diese Jahresproduktion befördern könnte?

– *Der Güterzug von 7 142 857 Güterwagen (250 000 000 000 t : 35 t = 7 142 857) hätte eine Länge von 142 857 143 km.*

Arbeitsblatt Seite 91

1. *Symbionten:* Vergesellschaftung mit gegenseitigem Nutzen (Nestwurz)
Schmarotzerpflanzen: Ernährung von organischen Stoffen anderer lebender Pflanzen (Teufelszwirn, *Rafflesia*) oder Entnahme von Wasser und Nährsalzionen (Klappertopf)
2. Insekten fressende Pflanzen zersetzen mit Verdauungssäften Insekten und nehmen dadurch stickstoffhaltige Verbindungen auf. Somit kompensieren sie die Stickstoffarmut des Moorbodens.
3. Tillandsien sind lediglich auf anderen Pflanzen verankert, ernähren sich aber nicht von Stoffen, die diese Pflanzen bilden.

Raps – eine Rohstoffpflanze

Derzeit werden etwa 3 % des in Deutschland benötigten Diesels aus Raps hergestellt. Pro Hektar Land werden etwa 3 000 kg Rapssaat geerntet. Daraus gewinnt man 1 878 kg Schrot und 1 122 kg Rapsöl. Rapsschrot wird der Tierfütterung zugeführt. Durch Veresterung des Rapsöls entstehen Biodiesel (Kraftstoff) und Glycerin (Rohstoff für die chemische Industrie). Um den kompletten Dieselverbrauch in Deutschland über Biodiesel aus Raps zu decken, wären 22 Mio. Hektar Anbaufläche notwendig. Das entspricht etwa der Hälfte der Fläche der alten Bundesländer.

Nachwachsende Rohstoffe

Gewinnung von Rohstoffen für die Textilindustrie

genutzte pflanzliche Stoffe	hergestellt aus	Verwendungsmöglichkeiten
Baumwolle	Samenhaaren der Baumwollpflanze	Bekleidung
Kapok	Fruchthaaren des Kapokbaumes	Polster- und Stopfmaterial
Leinen	Stängelfasern der Flachspflanze	Bekleidung, Haushaltstextilien
Ramie	Stängelfasern des Chinagrases	Bekleidung
Hanf	Stängelfasern der Hanfpflanze	Seile, Taue
Jute	Stängelfasern der Jute (indisches Lindengewächs)	Textilien, Seile
Sisal	Blattfasern der Sisalagave	Seile, Teppichböden
Kokos	Fruchtfasern der Kokosnuss	Polster- und Stopfmaterial, Teppiche

Zuckerrübe als nachwachsender Rohstoff

Eine 500 g schwere Zuckerrübe liefert:
80 g Zucker (Verwendung in Lebensmittel-, chemischer und pharmazeutischer Industrie)
20 g Melasse (Verwendung als Tierfutter und in chemischer Industrie)
23 g Trockenschnitzel (Verwendung als Tierfutter)
377 g Wasser und Abfälle.

Überlebensstrategien von Pflanzen

Der **Teufelszwirn** umwindet mit seinen blassen, fadenförmigen Stängeln die Sprosse anderer Pflanzenarten. Die gesamte Pflanze enthält kein Chlorophyll. Ausstülpungen wachsen in den Zentralzylinder der Wirtspflanzen hinein und entnehmen hier organische Stoffe. Wasser und Mineralsalze nimmt sie durch ihre Wurzeln auf. Die Wirtspflanze wird geschädigt.

Der **Klappertopf** hat chlorophyll-reiche Laubblätter. Das Wurzelsystem ist stark zurückgebildet. Er heftet sich mit kleinen Saugwarzen an die Wurzeln anderer Pflanzen an und ist mit deren Wasserleitungsbahnen verbunden.

Die **Kannenpflanze** verdaut in einer Falle Insekten, aus deren Eiweiß sie stickstoffhaltige Verbindungen gewinnt. Sie betreibt Fotosynthese und nimmt durch Wurzeln Wasser auf.

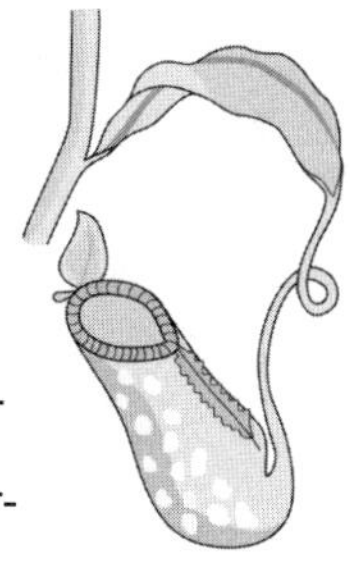

Die in den Tropen vorkommenden **Rafflesia**-Arten leben in den Wurzeln von Lianen. Von ihnen entnehmen sie u. a. Nährstoffe. Das Wachstum der Lianen wird dadurch stark verzögert. Nur die Blüten werden außerhalb der Wurzeln gebildet. Sie können einen Durchmesser von 1 Meter erreichen.

Tilandsien sind im tropischen Regenwald beheimatet. Die Luftfeuchtigkeit ist dort sehr hoch. Sie sind meist auf Ästen in den Kronen von Urwaldbäumen verankert, besitzen kein ausgeprägtes Wurzelsystem und haben keinen Kontakt zum Boden. Regenwasser enthält eine geringe Konzentration an Mineralsalzen, die zur Deckung ihres Bedarfs ausreicht.

Die **Nestwurz** hat stark zurückgebildete Laubblätter und ist chlorophyllfrei. Die Wurzelenden sind von Pilzmyzel umgeben, das in die Wurzeln eindringt. Dort fehlen die Wurzelhaare. Die Pilze zerlegen Humusbestandteile in mineralische Stickstoffverbindungen, die mit Wasser in die Wurzeln der Nestwurz gelangen.

Aufgaben

1. Gib an, welche dieser Pflanzen zu den Symbionten bzw. Schmarotzerpflanzen gehören. Begründe die Zuordnung.

   Symbionten:

   Schmarotzerpflanzen:

2. Die meisten Landpflanzen benötigen zur Deckung ihres Mineralsalzbedarfs Böden, die 15 bis 25 g Stickstoff und 1,5 bis 3 g Phosphor pro kg enthalten. Moorboden enthält aber nur ca. 12 g Stickstoff und weniger als 1 g Phosphor je kg. In Mooren findet man häufig Insekten fressende Pflanzen. Erläutere ihre Überlebensstrategie.

3. Welche oben genannte Pflanzenart lässt sich weder den Symbionten, Schmarotzerpflanzen, noch den Insekten fressenden Pflanzen zuordnen? Begründe.

Projekt: Färberwaid – eine „neu entdeckte“ Nutzpflanze

Färberwaid, nachwachsende Rohstoffe, Pflanzenfarbstoff, Projekt

Seit Jahrtausenden werden Farbstoffe aus Pflanzen gewonnen. Künstliche Farbstoffe haben heute pflanzliche Farbstoffe weitgehend verdrängt. Angesichts des wachsenden ökologischen Bewusstseins werden viele Farbstoff liefernde Pflanzen aber „neu entdeckt“, darunter auch der Färberwaid.

Zur Geschichte des Indigo

In Europa gewann man Indigo lange Zeit aus dem Färberwaid. Urkunden aus dem 12. Jahrhundert belegen z. B. vom Waidanbau in Thüringen. Die Stadt Erfurt wurde durch den Waidhandel so reich, dass daraus sogar die Mittel zur Gründung der Universität 1392 bereitgestellt werden konnten. Der hier produzierte Farbstoff wurde vor allem nach Sachsen und in die Tuchstadt Köln, aber auch nach Holland und England verkauft.

Nach Gründung der ostindischen Handelsgesellschaft durch die Holländer im Jahre 1602 wurde Indigo aus asiatischen Indigopflanzen nach Europa importiert. Um den heimischen Waidhandel zu schützen, wurden Beschränkungen zur Einfuhr und Weiterverarbeitung des indischen Indigos erlassen.

In Nürnberg drohte einem Färber sogar die Todesstrafe, wenn er sich nicht daran hielt. Nach einem langen Konkurrenzkampf setzte sich im 17. Jahrhundert der indische Indigo aufgrund seines höheren Farbstoffgehaltes durch.

1878 gelang es dem deutschen Chemiker Adolf von Baeyer, Indigo künstlich herzustellen. Ab 1897 wurde dieser synthetische Farbstoff in der Badischen Anilin- und Sodafabrik (BASF) in Ludwigshafen produziert und kam zu einem günstigen Preis in den Handel. 1914 wurden 96 % des benötigten Indigos synthetisch hergestellt.

In Erfurt zeugen noch heute Straßennamen, Stadtwappen, Mühlen und Häuser, die als Speicher dienten, vom früheren Waidanbau und -handel.

Die Schüler können sich darüber informieren, ob in ihrer Region auch Waidanbau betrieben wurde. Es kann erkundet werden, welchen Einfluss Waidanbau und -handel auf den „Reichtum“ verschiedener Regionen im Mittelalter hatte. Informationen z. B. unter www.thueringen.de/de/LZT/thueringen/blaetter/waid/content.html

Die ältesten „Waidfunde"

Man fand bei ägyptischen Mumien (2000 v. Chr.) mit Indigo gefärbte Bänder. Auf einem Papyrus eines thebanischen Grabes (3. oder 4. Jahrhundert n. Chr.) wird beschrieben, wie der Farbstoff aus der Waidpflanze hergestellt werden kann. Caesar schreibt in seinem Buch über den Gallischen Krieg: „Alle Britannier färben sich mit Waid (vitrum) blau und sehen daher in der Schlacht ganz schrecklich aus.“

Farbstoffgewinnung im Mittelalter

In Färberwaid und Indigo-Pflanzen findet man den blauen Farbstoff nicht direkt. Die Pflanzen enthalten eine Vorstufe des Indigos, das *Indican*. Es wird erst durch Oxidation zum blauen Farbstoff. Zur Gewinnung dieses Stoffes aus Färberwaid wurden die Pflanzenteile, vor allem die Blätter, in den Waidmühlen zerkleinert (s. Abb.) und das zerstampfte Material auf einen Haufen geschichtet, wo es ca. zwei Wochen vergor. Aus dem vergorenen Brei wurden faustgroße Kugeln geformt, getrocknet und von den Bauern als Halberzeugnis an Waidhändler verkauft. Die Masse musste erneut einer Gärung ausgesetzt werden. Dazu wurden die steinharten Kugeln mit sogenannten „Waidhämmern“ zerschlagen und mit Wasser versetzt. Außerdem wurde Urin zugegeben. Bei der Umsetzung bildet sich Ammoniak, welcher das für den Vorgang notwendige alkalische Milieu liefert. Nach einer bestimmten Lagerzeit wurde der vergorene Waid gesiebt und getrocknet. Das fertige Waid-Farbpulver kam in Fässer und gelangte so in die Färbehäuser. Hier wurde es nochmals mit Urin und Pottasche bei 60 °C verrührt. Nach drei Tagen entstand eine Farbbrühe, die sogenannte „Küpe“. Um Farbvarianten zu erreichen, wurde der Küpe auch Farbstoff der Krapp-Pflanze zugesetzt. Die Schüler stellen den Ablauf übersichtlich dar.

Mahlen der Waidblätter mit der Waidmühle

Was hat die Redewendung „Blau machen" mit dem Färben von Stoffen zu tun?

Um Wolle und Stoffe zu färben, wurden sie für eine Stunde in die Küpe getaucht. Das darin enthaltene Indigo hat aber im Farbbad eine gelbliche Farbe. Erst an der Luft oxidiert der Farbstoff und ändert seine Farbe von gelb nach blau. Die Färber hängten also die gefärbten Stoffe an die frische Luft und der Sauerstoff bewirkte den Farbumschlag. Da dies üblicherweise montags geschah und die Färber dann Pause machten, sprach man auch vom sogenannten „Blauen Montag" bzw. von „Blau machen".

Wichtige Färberpflanzen

Allein in Europa sind über 100 verschiedene Pflanzen bekannt, aus denen Farbstoffe gewonnen werden können. Für die Erforschung der wirtschaftlichen Nutzung steht in Deutschland jährlich ein Etat von 1,2 bis 2 Mio. Euro bereit. Aus Gründen des Anbaus und der Verarbeitung kommen derzeit nur einige Arten zum Einsatz.

Färber-knöterich	Polygonum tinctorium	blauer Farbstoff aus Blättern
Färber-krapp	Rubia tinctoria	roter Farbstoff aus Wurzeln und Ausläufer
Tibetischer Färberkrapp	Rubia cordifolia	braunroter Farbstoff aus Wurzeln
Färber-meister	Asperula tinctoria	roter Farbstoff aus Wurzeln
Färber-Safflor	Carthamus tinctorius	gelb bis orangeroter Farbstoff aus Blütenkopf
Färber-scharte	Serratula tinctoria	gelber Farbstoff
Färberwau	Reseda luteola	gelber Farbstoff
Färberwaid	Isatis tinctoria	blauer Farbstoff aus Blättern

Es können Informationsblätter über diese Nutzpflanzen erarbeitet werden (Name der Pflanze, Vorkommen, botanische Einordnung und Aussehen der Pflanze, wirtschaftliche Nutzung).

Informationen z. B. über www.thueringen.de/tmlnu/faerberwaid.htm

Aus Färberwaid bzw. anderen Färberpflanzen können die Schüler selbst Farbstoffe gewinnen. Anleitungen: www.naturbauprodukte.de

DieFärberpflanzen können auch als Kübelpflanzen angebaut werden. Saatgut bzw. Pflanzenmaterial ist z. B. erhältlich über einige Saatzuchtbetriebe bzw. botanische Gärten. (Kontaktadresse: Wolfgang Feige, Waidplatz 6, 99192 Neudietendorf).

Literatur

MEYER, U.: Farbstoffe aus der Natur – Geschichte und Wiederentdeckung, Verlag die Werkstatt, Göttingen 1997

Weitere Nutzung von Waid und anderen Färberpflanzen

Zu Beginn der 80er-Jahre wurde von einem thüringer Malermeister die Nutzpflanze Waid „neu entdeckt". Er suchte nach Alternativen für eine weitere Nutzung der Waidpflanze. Das Hans-Knöll-Institut für Naturstoff-Forschung Jena e. V. hat in Zusammenarbeit mit der Waid-Forschungs-GmbH Neudietendorf das Verfahren zur Waidverarbeitung wissenschaftlich untersucht und optimiert. In einem mehrere Wochen dauernden Fermentationsprozess des Waids bilden sich Stoffe, die eine starke fungizide und bakterizide Wirkung haben. Waid wird deshalb als Rohstoff für Anstrich- und Fassadenfarben, als Mittel zur Steinkonservierung und zum Holzschutz verwendet.

Schilf entzündet sich leicht. Als umweltschonende Lösung können mit Schilf gedeckte Reetdächer mit einem Extrakt brandschutzimprägniert werden, der aus Waidpflanzen gewonnen wird. Man geht davon aus, dass diese Imprägnierung ca. 70 Jahre hält.

Verschiedene Inhaltsstoffe von Färberpflanzen (z. B. Farbstoffe, Öle der Samen, bakterizide Stoffe) werden heute zunehmend in der Textilindustrie, bei der Lederverarbeitung, in der Lebensmittelindustrie, der Druckereitechnik, als Zusatzstoffe in Kosmetika und in der Kunststoffbranche eingesetzt.

Die Schüler informieren sich, wobei diese Produkte heute zum Einsatz kommen. Die Nutzung der Waidprodukte kann mit der herkömmlicher Alternativen aus wirtschaftlicher und ökologischer Sicht verglichen werden.

Informationen über die Erforschung und Anwendung von Inhaltsstoffen verschiedener Färberpflanzen sind z. B. erhältlich über:
- Fachagentur Nachwachsende Rohstoffe e. V. (FNR), Hofplatz 1, 18276 Gülzow; www.fnr.de
- Thüringer Zentrum Nachwachsende Rohstoffe der Thüringer Landesanstalt für Landwirtschaft, Apoldaer Str. 4, 07778 Dornburg
- Hans-Knöll-Institut für Naturstoff-Forschung e. V., Beutenbergstraße 11, 07745 Jena

Färbung mit Färberwaid

Ca. 1,5 kg Färberwaid mit dem Fleischwolf zerkleinern, einige Stunden bei Zimmertemperatur stehen lassen und dann langsam auf 30 °C erwärmen. Das Ganze durch ein Sieb gießen. Der Flüssigkeit werden ca. 20 ml 25%iges Ammoniak zugesetzt. Nach Erwärmung im Wasserbad auf 55 °C werden ca. 10 g Natriumhydrosulfit zugesetzt. Diese Farbstoffküpe reicht aus, um ca. 400 g Schafwolle bzw. Baumwollstoff zu färben. Das zu färbende Material wird ca. 10 Minuten in die Farbstofflösung eingetaucht, darin bewegt und dann gut unter fließendem Wasser gespült. Danach wird es nass aufgehängt und an der Luft getrocknet.
Vorsicht: Sicherheitsbestimmungen mit Chemikalien beachten und beim Arbeiten Handschuhe tragen.

Blattquerschnitt
Fotosynthese
Frühblüher
ökologische Nische
Ökosystem Wald
Rotbuche
Schattenblatt
Sonnenblatt
Stockwerke des Waldes

Ökosystem Wald

1 Die Organismen des Waldes

Die Pflanzen des Waldes bilden Stockwerke

Schülerbuch Seite 92

① Überprüfe im Wald, an welchen Stellen man den im Text beschriebenen Stockwerkbau besonders gut erkennen kann.
– *Lichtungen oder der Waldrand gewähren einen guten Überblick. Der Stockwerkaufbau ist hier wegen des höheren Lichteinfalls deutlicher ausgeprägt. So lassen sich Moos-, Kraut-, Strauch- und Baumschicht besonders gut erkennen.*
② Beschreibe Aussehen und Gliederung eines Waldes, der vom beschriebenen Aufbau deutlich abweicht. Nenne mögliche Ursachen dafür.
– *Stehen gleichaltrige Bäume eng beieinander (z. B. in einer dicht gepflanzten Aufforstung), sind die Stockwerke des Waldes nicht erkennbar. Zu wenig Licht erreicht den Boden. Hier wachsen höchstens Moose und wenige Schatten ertragende Kräuter (z. B. Sauerklee), kaum Sträucher oder nachwachsende Jungbäume.*

Schülerbuch Seite 93

① Die Tabelle gibt Auskunft über die durchschnittlichen Lichtmengen am Waldboden und Temperaturen im Verlauf eines Jahres. Stelle die Messwerte in einem Balkendiagramm dar. Erläutere die Ursachen dafür.
– *Das Balkendiagramm zeigt zunächst eine Abnahme der Lichtintensität vom Frühjahr zum Sommer, verursacht durch die zunehmende Belaubung der Bäume, danach, infolge des fortschreitenden Blattabwurfs, eine Zunahme der Lichtintensität bis zum Winter. Der Temperaturverlauf verhält sich gegenläufig, d. h. die Temperaturen sind im Sommer, wenn die Sonne den höchsten Stand erreicht hat, am größten.*

Sprossknolle Kartoffel

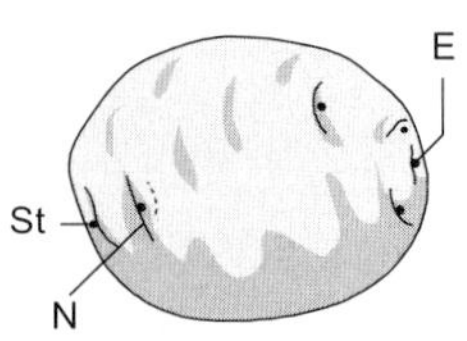

St: Insertionsstelle des Ausläufers
N: Blattnarben mit Augen
E: Endknospe

Arbeitsblatt Seite 96

1. a) Kutikula, b) obere Epidermis, c) Chloroplasten, d) Palisadenzellen, e) Schwammzellen, f) untere Epidermis, g) Kutikula
auffallende Unterschiede:
– verstärkte Palisadenschicht beim Lichtblatt;
– höhere Zahl von Chloroplasten beim Lichtblatt;
– dickere Schwammschicht beim Lichtblatt.
2. Die Sonnenblätter befinden sich im äußeren Bereich der Krone bzw. auf der Südseite die Schattenblätter im inneren Bereich der Krone auf der Nordseite des Baumes.
3. 1) entspricht der Fotosyntheserate des Sonnenblattes, 2) der Fotosyntheserate des Schattenblattes.
1) erreicht seinem Bau und der Lage entsprechend eine höhere Fotosyntheseleistung als 2).

Arbeitsblatt Seite 97

2. Mit einsetzender Belaubung der Bäume sinkt die auf den Boden auftreffende Lichtmenge. Im Sommer ist sie am geringsten und steigt im Herbst, mit Beginn des Laubfalls, wieder an.
3. Die Balken des Diagramms hätten die gleiche Höhe, da wegen der das ganze Jahr über vorhandenen Nadeln der Anteil des durchgelassenen Lichts konstant bleibt.
4. Seine Entwicklung erfolgt dann, wenn die Bäume noch unbelaubt sind, also viel Licht vorhanden ist. Wenn kaum mehr Licht auf den Boden gelangt, sterben die oberirdischen Teile ab, müssen dann auch nicht mehr versorgt werden. Die unterirdische Speicherung von Nährstoffen bringt Vorteile bei der schnellen Entwicklung im Frühjahr.
5. Sonnenblumen besitzen keine unterirdischen Speicherorgane. Ihre Entwicklungszeit liegt in der Zeit, in der die Bäume voll belaubt sind, also am Boden kaum Licht vorhanden ist.

Lichtverhältnisse im Laubwald

Licht wird im Lebensraum Wald im Laufe des Jahres zum Minimumfaktor. Im Sommer gelangen in einem typischen Buchenwald nur noch rund 3 % der fotosynthetisch aktiven Strahlung bis zur Krautschicht. Der größte Teil der Strahlung, bis zu 85 %, wird von den Bäumen und Sträuchern absorbiert. Durch Reflexion gehen etwa 10 % der Strahlung verloren.

Angepasstheiten der Frühblüher

Die Überbrückung sowohl der lichtarmen Sommerzeit als auch des Winters erfolgt bei allen Frühblühern mithilfe von Speicherorganen. Man unterscheidet Zwiebeln, Rhizome, Spross- und Wurzelknollen. Bei Zwiebeln handelt es sich um gestauchte Sprosse. Ihr Hauptspeicherstoff ist Zucker. Rhizome stellen unterirdische Sprossabschnitte dar, erkennbar daran, dass Blattnarben vorhanden sind. Sie speichern, ebenso wie Knollen, Stärke. Knollen sind verdickte Teile von Wurzeln oder Sprossachsen.

Eine ernste Gefahr für die im zeitigen Frühjahr austreibenden Frühblüher stellen die teilweise tiefen Temperaturen dar. Meist sind deshalb die jungen Pflanzen von dunkel gefärbten, festen Hüllblättern umgeben, die sich bei Sonneneinstrahlung gegenüber der Umgebung um bis zu 5 °C erwärmen können. Deshalb schmilzt in der Umgebung dieser Pflanzen der Schnee auch zuerst weg.

Der Gefahr des Vertrocknens bei tiefen Temperaturen begegnen die Frühblüher durch unterschiedliche Formen des Transpirationsschutzes, zum Beispiel durch Einrollen der ersten Blätter.

Blattbau und Blattstellungen

Viele dorsiventrale Blätter von Laubbäumen zeigen eine starke Abhängigkeit ihres anatomischen Baus vom Lichtgenuss. Durch die höheren Palisadenzellen, die zudem mehrschichtig angeordnet sein können, sind die Lichtblätter der äußeren Laubkrone auf der besonnten Seite dicker als die Schattenblätter im Inneren der Krone oder auf der Nordseite. Bereits die Blattknospen sind in der Regel auf der Südseite dicker.

Die Ausbildung von Sonnen- und Schattenblättern hat einen Einfluss auf die assimilatorischen Leistungen der Pflanze. So weisen die Sonnenblätter einer Buche beispielsweise den Kompensationspunkt bei 500 Lux auf, während der Kompensationspunkt der Schattenblätter bereits bei 150 Lux erreicht wird.

Dadurch, dass die Sonnenblätter in der Regel steil aufgerichtet stehen, wird verhindert, dass eine Überhitzung infolge der starken Sonneneinstrahlung auftritt, außerdem gelangt auf diese Weise mehr Licht auf die darunter liegenden, senkrecht zum Lichteinfall stehenden Schattenblätter.

Speicherorgane einiger Frühblüher

Pflanzenart	**Speicherorgan**
Buschwindröschen	Rhizom
Scharbockskraut	Wurzelknolle
Bärlauch	Zwiebel
Sauerklee	Rhizom
Schlüsselblume	Rhizom
Lerchensporn	Wurzelknolle
Märzenbecher	Zwiebel

Literaturhinweise

HANDEL, A., EISENREICH, D.: Frühling im Wald, BLV, München 1984

KIEFFER, E.: Zwiebelpflanzen – angepasst an kalte Jahreszeiten. Unterricht Biologie Heft 173, 1992, S. 14–19

Folienvorlage: Unterschiede zwischen Sonnen- und Schattenblättern bei der Buche

	Blattdicke gesamt (µm)	obere Epidermis (µm)	Palisadenschicht (µm)	Schwammschicht (µm)	untere Epidermis (µm)	Spaltöffnungen pro mm^2
Schattenblatt	73	9	20	35	9	113
Lichtblatt	160	14	87	46	13	413

Licht- und Schattenblätter bei der Buche

Betrachtet man die Blätter einer Buche, so stellt man fest, dass es, in Anpassung an die unterschiedlichen Lichtverhältnisse, verschieden ausgebildete Blätter gibt: kleinere, dicke Sonnenblätter und größere, dünne Schattenblätter.

Aufgaben

1. Die folgende Abbildung zeigt Querschnitte durch beide Blattarten. Beschrifte die Zeichnung und finde drei auffallende Unterschiede heraus.

Abb. 1 Querschnitt durch Sonnen- und Schattenblatt

2. An welcher Stelle des Baumes werden Sonnen- und Schattenblätter zu finden sein? Begründe deine Vermutung.

3. Bestimmt man über den Tagesverlauf die Fotosyntheserate – gemessen als Aufnahme von Kohlenstoffdioxid (CO_2) – eines Sonnenblattes und eines Schattenblattes, erhält man das folgende Ergebnis. Welche Darstellung entspricht der Fotosyntheserate eines Sonnenblattes, welche der eines Schattenblattes? Begründe deine Antwort.

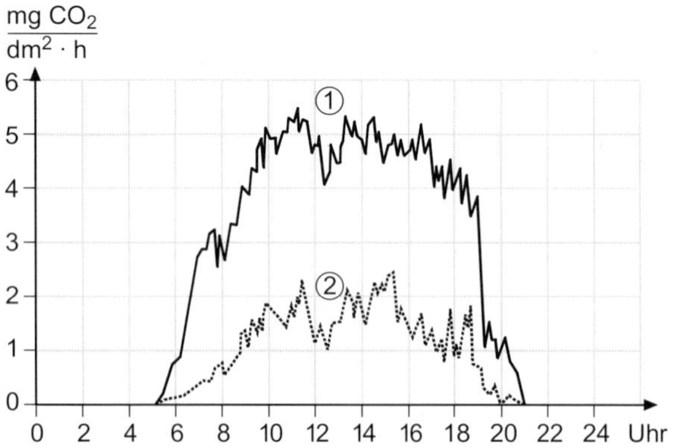

Abb. 2 Tagesgang der Fotosynthese

Warum blühen Buschwindröschen schon im März?

Mischwälder sind gekennzeichnet durch einen typischen Stockwerkaufbau. Die Lebensbedingungen für verschiedene Pflanzen- und Tierarten sind in den einzelnen Stockwerken sehr unterschiedlich. Dies gilt besonders für den Faktor Licht. In einem Wald wurde die auf die Kronenschicht eingestrahlte Lichtmenge und die auf den Boden auftreffende Lichtmenge gemessen. Der Anteil des Lichts, der in den verschiedenen Monaten eines Jahres den Boden erreichte, ist in der folgenden Tabelle angegeben.

Monat	Jan	Feb	Mrz	Apr	Mai	Juni	Juli	Aug	Sept	Okt	Nov	Dez
auftreffendes Licht (%)	50	50	50	30	6	4	7	7	7	12	30	50

Aufgaben

1. Stelle die Werte in einem Balkendiagramm dar.

Diagramm:

2. Erkläre das Diagramm.

3. Wie würde das Diagramm bei einem Fichtenwald aussehen? Begründe deine Annahme.

4. Eine an die Verhältnisse am Waldboden sehr gut angepasste Pflanze ist das Buschwindröschen. Es blüht bereits im März, seine oberirdischen Teile sterben im Sommer ab und es überwintert mithilfe eines Erdsprosses. Welche Vorteile hat das Buschwindröschen dadurch?

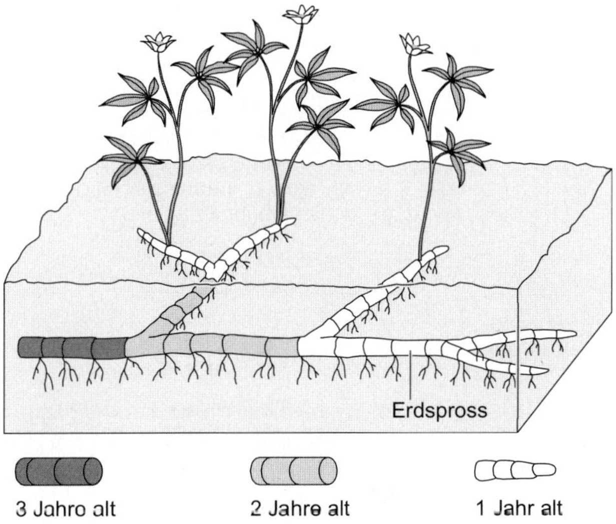

5. Überlege dir, warum im Wald keine Sonnenblumen wachsen.

Blattquerschnitt
Nadelbaum
Rotbuche
Transpiration
Waldkiefer
Wasserhaushalt – Pflanze

Die Rotbuche – unser häufigster Laubbaum
Die Waldkiefer – ein Nacktsamer

Schülerbuch Seite 94

① Beschreibe mithilfe der Abbildung in der Randspalte den unterschiedlichen Bau von Sonnenblättern und Schattenblättern.

– *Sonnenblätter zeigen im Querschnitt mehr Zellschichten als Schattenblätter, wodurch die Blätter dicker sind. Die Interzellularen der Sonnenblätter sind größer und umfangreicher. Beides führt zu einer besseren Fotosyntheseleistung der Sonnenblätter.*

Schülerbuch Seite 95

① Erkläre, weshalb die Blätter der meisten Laubbäume den Winter nicht überstehen können.

– *Im Gegensatz zu den Nadelblättern verlieren Laubblätter viel mehr Wasser durch Transpiration. Deshalb wäre der Wasserverlust im niederschlagsarmen Winter zu hoch und die Blätter würden vertrocknen. Außerdem besitzen Laubblätter keinen Kälteschutz, wie verdickte Zellwände oder in die Zellen eingelagerte Frostschutzstoffe.*

Arbeitsblatt Seite 99

1. Im Hellen wird die Gesamttranspiration gemessen, im Dunkeln die Transpiration bei geschlossenen Spaltöffnungen.
2. Das Öl verhindert ein Verdunsten des Wassers und damit eine Verfälschung des Versuchsergebnisses.
3. Anteil der Verdunstung bei geschlossenen Spaltöffnungen: Rotbuche: 21 %, Kiefer: 2,5 %. Im Vergleich zur Kiefer verliert die Buche etwa zehnmal mehr Wasser durch Transpiration bei geschlossenen Spaltöffnungen.
4. Die Buche verliert viel Wasser über die Blattoberfläche, dies führt zu Problemen bei der Wasserversorgung in den niederschlagsarmen Wintermonaten. Da die Kiefer nur wenig Wasser verliert, kommt sie mit geringeren Niederschlagsmengen aus.

Der Bau der xeromorphen Blätter

Immergrüne Pflanzen unterscheiden sich in ihrem Blattaufbau deutlich von den sommergrünen Pflanzen. Aufgrund des Baus ist die kutikuläre Transpiration deutlich geringer als bei anderen Blättern. Auffallend ist der hohe Anteil an Sklerenchymbauteilen, der selbst bei großem Wasserverlust für die Festigkeit der Blätter sorgt.

Einige wichtige Einrichtungen zur Herabsetzung der Transpiration sind die Ausbildung von Wachs-, Harz-, oder Kalküberzügen, die Verdickung der Kutikula, die Anlage mehrschichtiger Epidermen und die Versenkung der Spaltöffnungen zur Schaffung wasserdampfgesättigter, windstiller Räume. Die Anzahl der Spaltöffnungen ist dagegen, ähnlich wie bei Sonnenblättern, ziemlich groß, ein Vorteil für die Tage, an denen Fotosynthese möglich ist. Der wirksamste Transpirationsschutz ist aber die Reduktion der transpirierenden Oberfläche im Vergleich zum Gesamtvolumen.

Besonderheiten immergrüner Nadelbäume

Bei vielen Pflanzen liegt die Mindesttemperatur, bei der sie noch assimilieren können, um 0 °C. Immergrüne Nadelbäume sind noch bis zu –3 °C fotosynthetisch aktiv. Da bei Temperaturen unter –1 °C das Bodenwasser gefriert und die Wasseraufnahme durch die Wurzel nicht mehr möglich ist, tritt bei tiefen Temperaturen die Gefahr der Frosttrocknis auf. Ohne spezielle Einrichtungen gefrieren Blätter bei –2 °C bis –5 °C. Durch Anreicherung osmotisch wirksamer Substanzen kann dieser Wert durchschnittlich um bis zu weitere 5 °C gesenkt werden. Fichtennadeln sind sogar in der Lage, Temperaturen bis zu –35 °C zu ertragen.

Modellversuch zum Transpirationsschutz

Zwei Kreidestücke werden in Wasser gelegt. Eines der beiden Stücke wird danach mit heißem Wachs überzogen (in geschmolzenes Wachs eines Teelichtes eintauchen). Die Masse beider Kreidestücke wird bestimmt und notiert. Nach 1 bis 2 Tagen werden die Kreidestücke erneut gewogen. Das Stück mit dem Wachsüberzug weist den geringeren Masseverlust auf.

Querschnitt durch ein Buchenblatt und ein Kiefernblatt

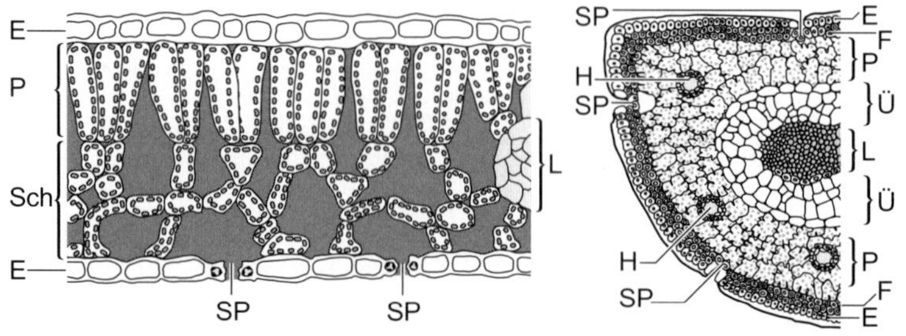

Buchenblatt:
E = Epidermis; Sp = Spaltöffnung; P = Palisadenzellen; Sch = Schwammzellen; graue Flächen = Zellzwischenräume; L = Leitbündel

Kiefernnadel:
E = Epidermis; F = Festigungsgewebe; P = Palisadenzellen; Ü = Übertragungsgewebe; L = Leitbündel; H = Harzgang

Warum wirft die Kiefer im Herbst die Nadeln nicht ab?

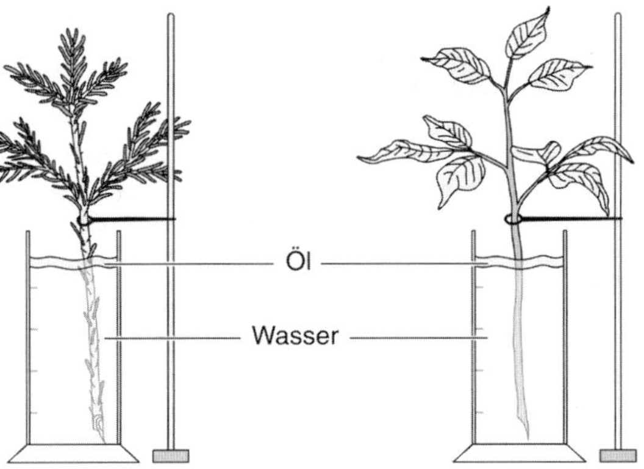

Pflanzen nehmen mit ihren Wurzeln Wasser auf und geben über die Blätter Wasserdampf ab. Ein wachsartiger Überzug schützt die Blätter dabei vor übermäßigem Wasserverlust. Über die Spaltöffnungen, die bei Dunkelheit und zu starker Sonneneinstrahlung geschlossen sind, kann die Wasserdampfabgabe zusätzlich geregelt werden. Die Gesamttranspiration eines Blattes setzt sich deshalb aus der Transpiration über die Blattoberfläche und der Transpiration über die Spaltöffnungen zusammen. In einem Versuch sollen Unterschiede bei beiden Vorgängen ermittelt werden.

In der folgenden Tabelle sind die Ergebnisse aufgeführt (Angaben in mg Wasser pro dm^2 Blattfläche):

	Rotbuche	**Kiefer**
Gesamttranspiration bei geöffneten Spaltöffnungen	420	540
Transpiration bei geschlossenen Spaltöffnungen	90	13
Anteil der Transpiration bei geschlossenen Spaltöffnungen an der Gesamttranspiration (in %)		

Aufgaben

1. Je ein Zweig jeder Baumart wird im Hellen und im Dunkeln aufgestellt. Erkläre warum.

___

2. Welche Funktion hat die Ölschicht auf der Wasseroberfläche?

___

3. Vervollständige die oben stehende Tabelle und vergleiche die Werte.

___

___

4. Versuche nun mithilfe des Diagramms zu erklären, warum die Buche im Herbst ihre Blätter abwerfen muss, die Kiefer aber nicht. Achte dabei besonders auf die Niederschlagsmenge.

___

___

___

___

___

Hohenheim (402 m) 8,4 °C 685 mm 40–50 Jahre

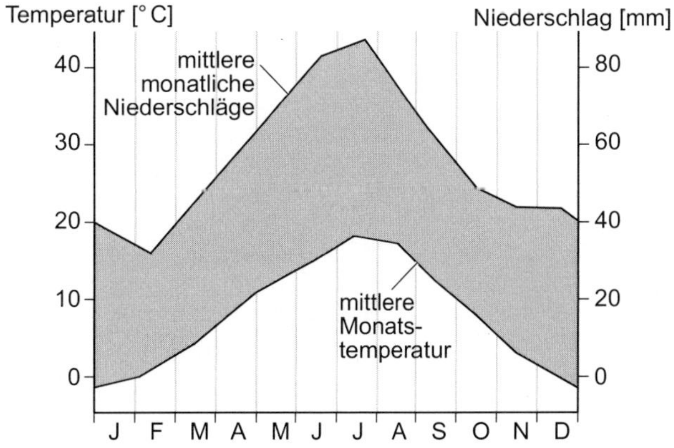

Wie Bäume wachsen
Material: Geschichte des Waldes

Schülerbuch Seite 96

① Zähle an einem gefällten Baumstamm die Jahresringe am oberen und unteren Ende und miss die Stammlänge. Ermittle daraus den mittleren Jahreslängenzuwachs.
– *Teilt man die gemessene Länge des Stammes durch die Differenz der Jahresringe am oberen und unteren Ende des Stammes, erhält man die durchschnittliche jährliche Zuwachsrate.*

Schülerbuch Seite 97

① Siehe Abbildung. Heute findet man in ganz Europa Wälder mit Ausnahme der Hochlagen der Alpen und Pyrenäen.
② Zu lange Frostperioden mindern die Wachstumsmöglichkeiten der Bäume.
③ Lange Frostperioden und geringer Niederschlag charakterisieren die Eiszeit. Entsprechende Bedingungen gibt es heute in den Hochlagen von Gebirgen und zum Teil in Sibirien.
④ Neben der Holzgewinnung und der Erzeugung von Holzkohle wurde der Wald auch als Nahrungsquelle für Haustiere genutzt. Verbiss von Jungpflanzen und das Fressen von Früchten (Eicheln und Bucheckern durch Schweine) führten zu einer Zunahme der Nadelhölzer bei Abnahme der Laubhölzer.
⑤ Der junge Baum hatte vermutlich durch Schräglage ein asymmetrisches Dickenwachstum, später nach einem Brand schloss sich eine Wunde. Unterschiedlich dicke Jahresringe deuten auf variierende Klimabedingungen hin.

Arbeitsblatt Seite 101

1. Tiefe Temperatur: Günstig für Kiefer.
   Ansteigende Temperatur, höhere Luftfeuchtigkeit: Günstig für Eichen.
   Ausschlaggebend für die Vorherrschaft ist der geringere Lichtbedarf der Buche.
2. Kiefer und Birken kommen, im Gegensatz zur Buche, mit mineralsalzarmen Böden aus. Deshalb haben sie auf solchen Böden einen Vorteil gegenüber der Buche und können sich durchsetzen.

Zusammensetzung der Wälder

Erste baumartige Farne mit einer Höhe bis zu 1 m traten vor etwa 400 Millionen Jahren auf. 50 Millionen Jahre später überzogen bereits Wälder mit bis zu 12 m hohen Bäumen ganze Kontinente.

In Mitteleuropa begann die erneute Bewaldung mit dem Ende der letzten Eiszeit etwa 10 000 v.Chr. Die zunächst typischen Birken- und Kiefernwälder wichen den Eichen-, Ulmen- und Eschenwäldern der Jungsteinzeit, die sich aufgrund des während der damaligen Wärmezeit feuchteren und um etwa 4 °C wärmeren Klimas behaupten konnten. Mit der sich anschließenden Abkühlung und dem damit verbundenen Rückgang der Luftfeuchtigkeit setzten sich, vor allem wegen der geringeren Ansprüche an den Faktor Licht, mehr und mehr Buchenmischwälder durch, die auch heute vorherrschend wären, wenn der Mensch nicht eingreifen würde.

Pollenanalyse

Auskunft über die Zusammensetzung der Wälder erhält man durch die sogenannte Pollenanalyse: Pollenkörner wurden vom Wind in Moore geweht, wo ihre Hüllen über Jahrtausende erhalten blieben. Da sich die Hüllen der einzelnen Arten unterscheiden, kann man durch mikroskopische Untersuchungen verschieden tiefer (und damit verschieden alter) Torfschichten die Zusammensetzung der Wälder in früheren Zeiten rekonstruieren.

Pollenpraktikum

Zum Pollenvergleich siehe auch das Pollenpraktikum Seite 28 / 29 in diesem Band.

Warum sah der Wald früher anders aus?

Mit dem Ende der letzten Eiszeit und der damit verbundenen langsamen Erwärmung begann etwa 10 000 v. Chr. die Bewaldung Mitteleuropas. Abhängig von den jeweils herrschenden klimatischen Bedingungen bildeten sich unterschiedliche Waldformen heraus, über deren Zusammensetzung die Pollenanalyse Auskunft gibt: Pollenkörner der verschiedenen Baumarten wurden vom Wind auch in Moorgebiete getragen, wo sie konserviert wurden und über Jahrtausende erhalten blieben. Durch die mikroskopische Untersuchung der Torfschichten auf Pollenkörner erhält man Auskunft über die Zusammensetzung der Wälder (% am Baumbestand). Dabei gilt: Je tiefer Pollenkörner zu finden sind, desto älter sind sie. Abb. 1 zeigt ein Pollendiagramm, in dem das Ergebnis einer solchen Untersuchung dargestellt ist. In Abb. 2 sind die Umweltansprüche einiger Baumarten aufgeführt.

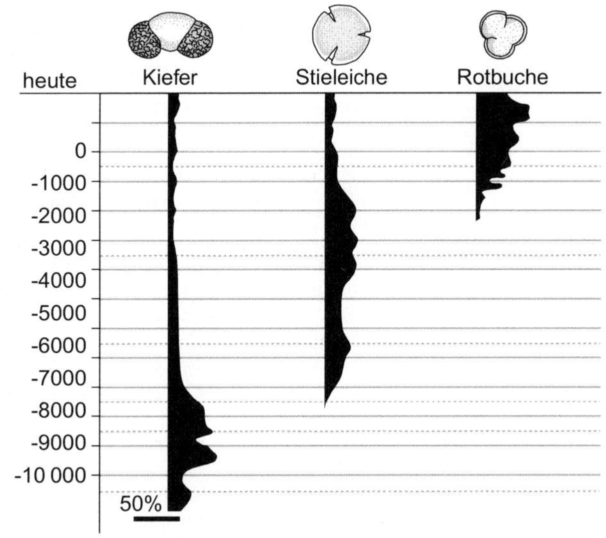

Abb. 1 Pollendiagramm

	Licht	Wärme	Spätfrost-empfindlichkeit	Luft-feuchtigkeit	Boden-feuchtigkeit	Mineral-salzgehalt	Tiefgründigkeit der Wurzel
Kiefer	●	○	○	○	○	○	◑
Stieleiche	●	●	●	●	◑	◑	●
Rotbuche	○	◑	●	◑	◑	◑	◑
Birke	●	○	○	○	○	○	○

● hoch
◑ mittel
◔ mäßig
○ gering

Abb. 2 Umweltansprüche einiger Waldbäume

Aufgaben

1. Versuche mithilfe der beiden Abbildungen zu erklären, warum die Zusammensetzung der Wälder sich im Laufe der Zeit geändert hat. Beachte dabei, dass es zur Jungsteinzeit, etwa 5000 v. Chr., um etwa 4 °C wärmer und feuchter war als heute.
   Welche Eigenschaft der Buche ist letztlich dafür verantwortlich, dass sie zum vorherrschenden Waldbaum Mitteleuropas wurde? Begründe deine Antwort.

2. „Alle lichtbedürftigen Bäume, wie Kiefern und Birken, weichen im Wettbewerb mit Buchen auf schlechtere Böden aus“. Erkläre, welcher Sachverhalt mit dieser Aussage angesprochen wird.

Baumarten
Eiche
Fichte
Holz
Kiefer
Rotbuche
Tanne

Lexikon: Bäume und Sträucher des Waldes

Arbeitsblatt Seite 103

Lösungswort: UMWELTFAKTOREN

Zusammensetzung des Waldes

Aufgrund seiner klimatischen Verhältnisse war Mitteleuropa ursprünglich ein reines Waldland. Die Wälder, die man heute in Deutschland antrifft, zeigen keine natürliche Zusammensetzung mehr. Viele Bestände haben durch den Anbau standortfremder Gehölze ihr charakteristisches Aussehen verloren. Natürliche Fichtenbestände kamen früher beispielsweise nur in Hochlagen über 1100 m vor. Wegen ihrer Schnellwüchsigkeit und Anspruchslosigkeit in Forsten angebaut, ist die Fichte heute der am häufigsten anzutreffende Waldbaum. Mit einem Anteil von 69 % sind die Nadelbäume die vorherrschenden Bäume im deutschen Wald. Ohne Eingriffe des Menschen wäre in Mitteleuropa dagegen die Buche der dominierende Waldbaum.

Eigenschaften einiger wichtiger Holzarten

Fichte / Tanne: Das Holz besitzt eine relativ geringe Dichte, aber gute Festigkeits- und Elastizitätseigenschaften. Es ist wenig widerstandsfähig gegenüber Witterungseinflüssen, verträgt sich aber gut mit Metallen und ist weitgehend resistent gegen schwache Säuren und Laugen. Es wird als Bau- und Konstruktionsholz im Hoch- und Tiefbau sowie im Innenausbau verwendet, vor allem aber in der Holzwerkstoffindustrie (Spanplatten, Sperrholz) und in der Papier- und Zellstoffindustrie.

Kiefer: Besitzt mittelschweres, mäßig hartes Holz mit guter Festigkeit. Das Kernholz besitzt eine hohe natürliche Dauerhaftigkeit und wird zum Beispiel vom Hausbockkäfer nicht angegriffen. Das Splintholz ist dagegen pilz- und insektengefährdet. Das Holz der Kiefer findet als Konstruktions- und Ausstattungsholz sowie im Möbelbau Verwendung. 90 % des von der Spanplattenindustrie verbrauchten Nadelholzes entfällt auf die Kiefer.

Buche: Besitzt schweres, sehr hartes und wenig elastisches Holz. Seine Festigkeitswerte liegen sogar noch über denen der Eiche. Das Holz arbeitet nach dem Trocknen stärker als andere Holzarten. Zudem ist es stark pilzanfällig und kann deshalb im Außenbereich ohne entsprechenden Schutz nicht eingesetzt werden. Buchen- und Eschenholz lässt sich am besten biegen. Berühmt ist der Thonet-Stuhl oder der Wiener Kaffeehausstuhl aus dampfgebogenen Buchenhölzern. Buchenholz stellt die am vielseitigsten verwendete einheimische Holzart dar. So werden sowohl Eisenbahnschwellen (billiger als Eichenholz) als auch Massivholzmöbel aber auch Furniere und Holzkohle aus Buchenholz hergestellt, ebenso wie Treppen und Parkettböden.

Eiche: Zeichnet sich durch sehr hartes und sehr schweres Holz aus. Es besitzt eine hohe Festigkeit und einen großen Abnutzungswiderstand sowie große Elastizität. Wird im Möbelbau, zur Furnierherstellung, zum Treppen-, Brücken- und zum Innenausbau verwendet. Es eignet sich vorzüglich zum Schiffs- und Fahrzeugbau, da es auch bei Wasserkontakt nahezu unbegrenzt haltbar ist. Weitere Verwendung findet es als Schwellenholz bei Weichen (da Buchenholz dort nicht die nötige Maßgenauigkeit aufweist). Nicht zuletzt sind Fässer zur Lagerung von Wein, Whisky oder Cognac aus Eichenholz hergestellt.

Wald in Deutschland:

a) Waldanteile in den Bundesländern,
b) Anteil der verschiedenen Baumarten am Gesamtbestand

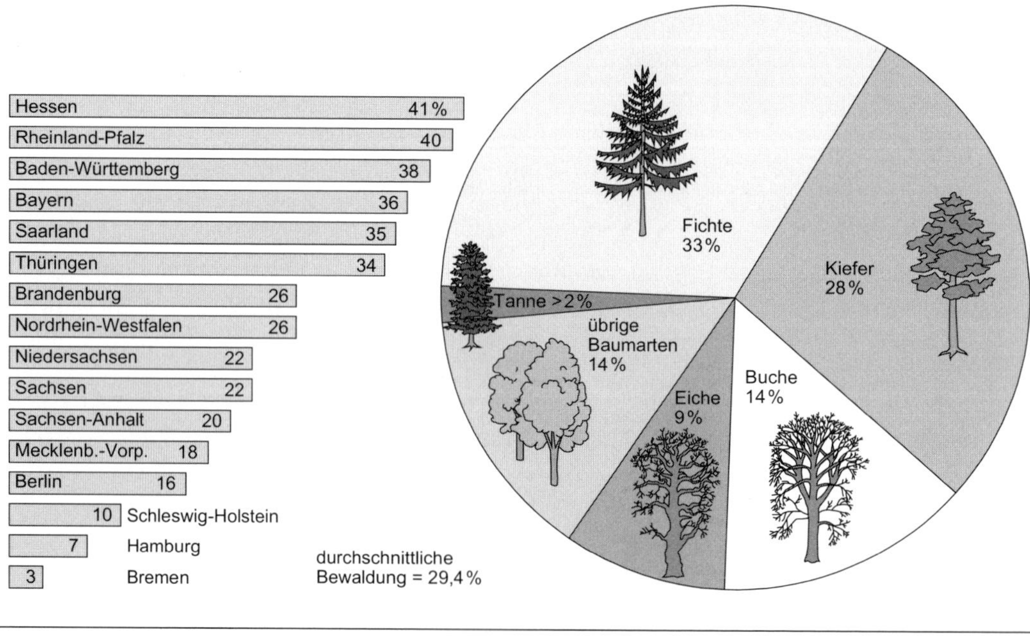

Bäume unterscheiden sich

Unsere einheimischen Waldbäume lassen sich an verschiedenen Merkmalen wie Wuchsform, Blatt- und Nadelaufbau sowie ihren Früchten erkennen.

Aufgabe

Finde heraus, welche Blätter/ Nadeln und welche Früchte zu welchem Baum gehören. Trage die Buchstaben in die dafür vorgesehenen Kästchen ein (erste Stelle: Blatt, zweite Stelle: Frucht). Von links nach rechts gelesen, ergeben die Buchstaben das Lösungswort. Es sagt aus, wovon die Zusammensetzung eines Waldes abhängig ist.

Stieleiche

☐☐

Fichte

☐☐

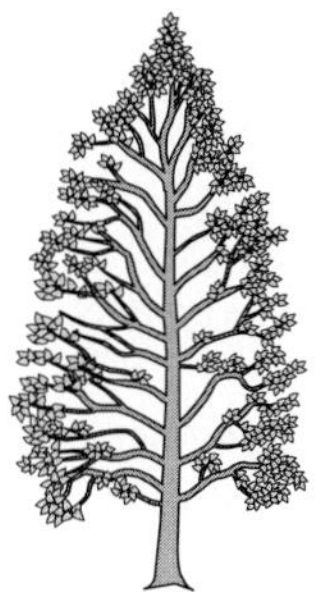

Schwarzerle

☐☐

Bergahorn

☐☐

Kiefer

☐☐

Lärche

☐☐

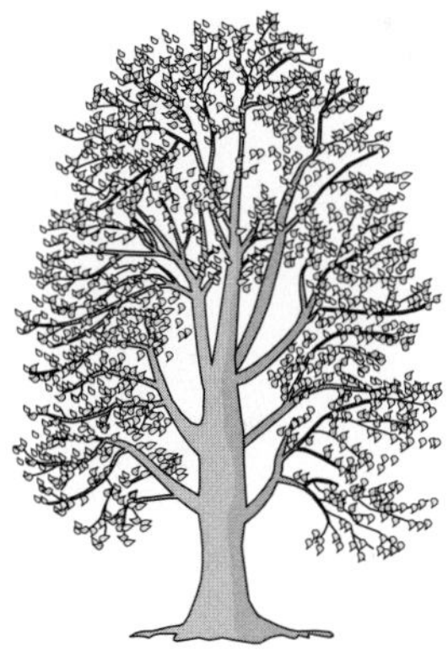

Rotbuche

☐☐

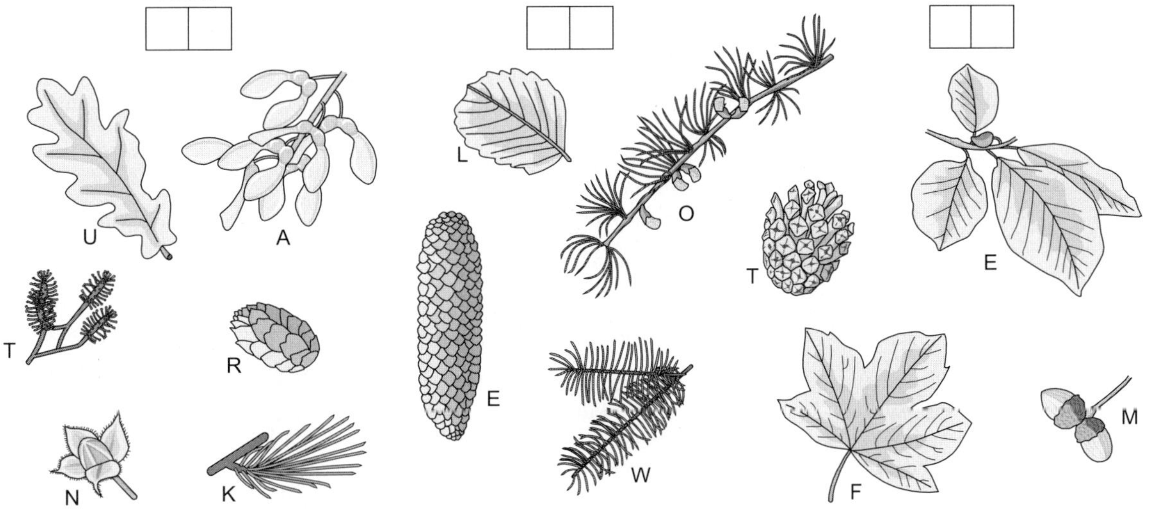

Lösungswort: ____

Moose – wichtige Wasserspeicher
Farne – blütenlose Kräuter des Waldes

Lebermoose

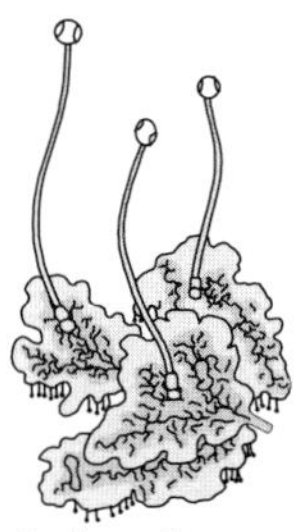

thallose Form

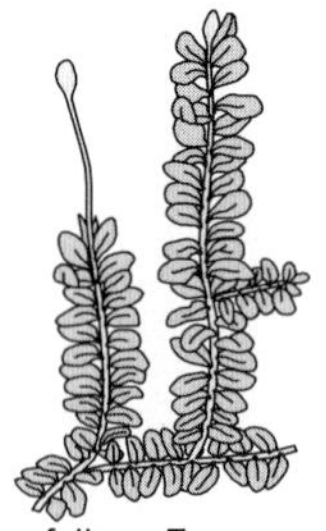

foliose Form

Laubmoose

akrokarpe Form

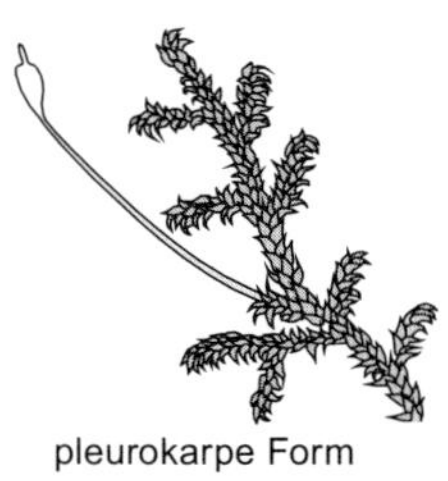

pleurokarpe Form

! Schülerbuch Seite 100

① Lasse ein Moospolster eintrocknen und wiege es. Lege es anschließend einen Tag lang ins Wasser, lasse es abtropfen und wiege erneut. Vergleiche die Ergebnisse und erkläre.

– *Moospolster speichern das Wasser zwischen den Blättchen wie ein Schwamm in seinen Hohlräumen. Torfmoos kann zum Beispiel das 20-fache seines Gewichtes an Wasser aufnehmen. Bei Trockenheit stellen die Moose ihre Lebensvorgänge ein und geben sehr viel Wasser ab, ohne Schaden zu nehmen. Beim nächsten Regen regeneriert das Moos und nimmt die Lebensvorgänge wieder auf.*

! Schülerbuch Seite 101

① Vergleiche mithilfe der Mittelspaltenabbildungen auf dieser Seite und der Seite 100 sowie der Texte beider Seiten die Fortpflanzung bei Moosen und Farnen. Stelle Gemeinsamkeiten und Unterschiede heraus.

– *Die Befruchtung verläuft bei Moosen und Farnen im Prinzip gleich: Die Antheridien bilden Schwärmer, die bei Anwesenheit von Wasser zu den Archegonien schwimmen und die Eizellen befruchten. Dabei spielen Lockstoffe eine wichtige Rolle. Der Ort, an dem die Antheridien und Archegonien wachsen, ist jedoch verschieden. Bei Moosen existieren männliche und weibliche Moospflanzen, d. h. die Schwärmer müssen eine relativ große Strecke überwinden und es muss reichlich Wasser da sein. Farne bilden die Antheridien und Archegonien auf dem Vorkeim, d. h. sie sind eng beisammen. Die große Farnpflanze wächst erst nach der Befruchtung heran. Die Moospflanzen entstehen dagegen als Knospen am Vorkeim und wachsen zu einer beträchtlichen Größe heran, während nach der Befruchtung der relativ klein bleibende Sporenträger entsteht.*

Arbeitsblatt Seite 105

1. Bei Versuch 1 und 3 sind keine Veränderungen an der Pflanze festzustellen, eine Zunahme der Masse ist allenfalls in äußerst geringem Umfang bei Versuch 1 festzustellen. Bei Versuch 2 und 4 entfalten sich die Blätter, die Massenzunahme ist groß.
2. a) Moose nehmen Wasser über die Blätter auf.
   b) Wasser kann als „flüssiges“ Wasser oder als Wasserdampf aufgenommen werden.
3. Samenpflanzen nehmen Wasser über die Wurzel auf und müssen dieses über Leitungsbahnen zum Teil über weite Strecken nach oben transportieren.

Z Bau und Gestalt der Moose

Die beiden Hauptgruppen der Moose sind die Lebermoose und die Laubmoose. Lebermoose besitzen entweder einen ungegliederten, lappigen Pflanzenkörper (thallöse Lebermoose) oder einen zwar in Stämmchen und Blätter gegliederten, aber doch weitgehend dorsiventral aufgebauten Pflanzenkörper (foliose oder beblätterte Lebermoose). Laubmoose sind dagegen immer in Stämmchen und Blätter gegliedert. Bei den akrokarpen Laubmoosen (Gipfelmoose) entspringt der Stiel der Sporenkapsel aus der Stammspitze, bei den pleurokarpen Moosen (Astmoose) aus kleinen, seitlichen Kurztrieben.

Z Wasserhaushalt der Moose

Da eine Kutikula fehlt, sind Moose in der Lage, Wasser über die gesamte Blattoberfläche aufzunehmen, bei Trockenheit aber auch wieder abzugeben. Bei Torf- und Weißmoosen treten spezielle tote Wasserzellen als Speicherorgane auf. Durch Kapillarkräfte strömt Wasser in diese ein und gelangt durch Diffusionsvorgänge an die lebenden Zellen. Primitive Leitungssysteme für Wasser findet man nur bei hochentwickelten Laubmoosen. Sie reichen zur Versorgung der Pflanze aber nicht aus. In der Regel findet die Wasserleitung als kapillare Außenleitung statt. Als Verdunstungsschutz besitzen viele Moose, speziell sonniger Standorte, an der Spitze der Blätter sogenannte Glashaare. Es handelt sich dabei um chloroplastenfreie Zellen, die sich wie ein Gespinst über das Moospolster legen und das Sonnenlicht reflektieren. Ansonsten wird ein Verdunstungsschutz hauptsächlich dadurch erreicht, dass sich die Blätter einrollen oder eng an das Stämmchen anlegen.

Informationen zur Versuchsdurchführung (Arbeitsblatt)

Als Versuchsobjekt eignen sich alle Laubmoosarten, wie Widertonmoos, Katharinenmoos oder Sternmoos. Die verwendete Waage sollte eine Genauigkeit von 0,01 g besitzen. Lufttrocken heißt, dass die Moospflanzen für 2 bis 3 Tage in einem trockenen Raum aufbewahrt werden. Die Versuche lassen sich in kleinen Bechergläsern und Erlenmeyerkolben durchführen, wobei die Moospflanzen mit einem Faden so befestigt werden, dass sie durch den Stopfen festgehalten werden.

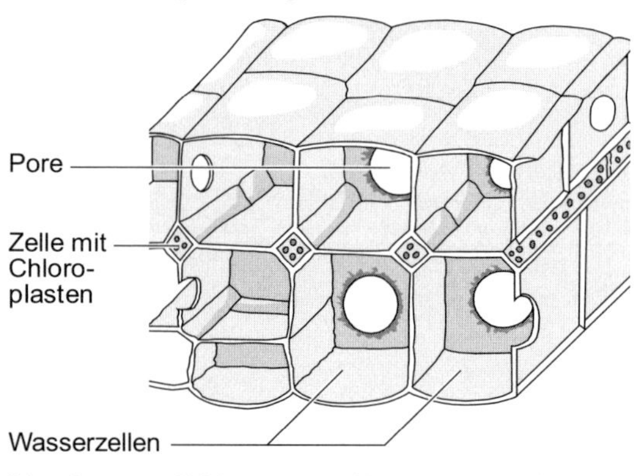

Blättchen vom Widertonmoos (Blattquerschnitt)

Moose sind wichtige Wasserspeicher

Moose haben keine Wurzeln wie andere Pflanzen. Zur Klärung der Frage, in welcher Zustandsform Moose Wasser aufnehmen, sollen die folgenden Versuche durchgeführt werden: Entferne zunächst von lufttrockenen Moospflänzchen die unteren Blätter. Führe die Versuche wie unten angegeben durch. Halte bei Versuch 1 und 2 die Pflanzen für 3 Minuten in das Wasser, achte dabei darauf, dass bei Versuch 1 die Blätter keinen Kontakt zum Wasser haben. Die Versuche 3 und 4 müssen über einen längeren Zeitraum, etwa 20 Minuten, durchgeführt werden. Auch bei Versuch 4 darf die Moospflanze keinen Kontakt zum feuchten Filterpapier haben.

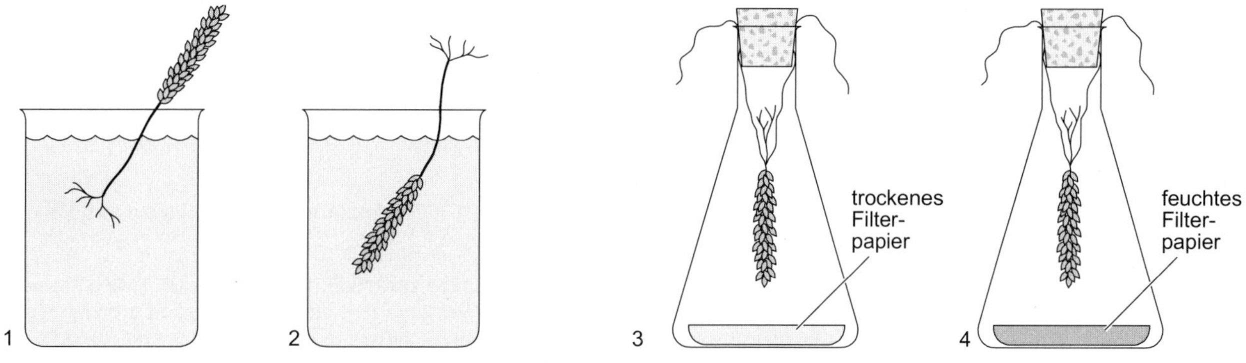

Aufgaben

1. Führe die Versuche durch und notiere die Ergebnisse in der nachstehenden Tabelle.

Versuch Nr.	1	2	3	4
Beobachtung				
Masse zu Versuchsbeginn				
Masse am Ende des Versuchs				

2. Beantworte mithilfe der Ergebnisse die folgenden Fragen:
   a) Mit welchen Pflanzenteilen nehmen Moose Wasser auf ?
   b) In welcher Zustandsform können Moose Wasser aufnehmen?

3. Überlege dir, warum Samenpflanzen wie die Sonnenblume im Gegensatz zu den Moosen ein leistungsstarkes Transportsystem für Wasser besitzen müssen.

Bestimmungsübung – Farn
Generationswechsel
Moos
Regenwald

Lexikon: Moose, Farne und Verwandte

Bestimmungshilfe

Als Kriterium zur Bestimmung der Farne wird die Art der Fiederung, die Form der Fiederchen sowie die Gestalt und Anordnung der Sporangien verwendet. Von den etwa 60 einheimischen Farnarten sind 10 häufiger vorkommende Landfarne aufgeführt.

Farne

Systematik der Farne: Die Klasse der Echten Farne (Filicatae), gekennzeichnet durch eine Aufteilung in Sprossachse, Wurzel und Blätter, gliedert sich in sechs Unterklassen:
- Maratiidae: tropische Baumfarne / Farne mit großen Wedeln;
- Natterzungenähnliche (Ophioglossidae) mit sterilen und fertilen Wedeln;
- Königsfarnähnliche (Osmundidae): Wedel mit sterilen und fertilen Abschnitten;
- Tüpfelfarnähnliche (Polypodiidae): alle Wedel einheitlich;
- Kleeblattfarne (Marsileidae): wasserlebend;
- Schwimmfarne (Salviniidae): wasserlebend.

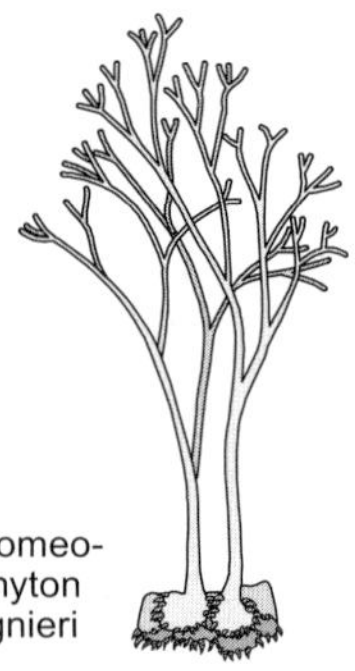
Homeophyton lignieri

Rhynia major

Tropische Farne: Von den heute bekannten rund 10 000 Arten der Echten Farne wachsen die meisten in tropischen Regenwäldern als Epiphyten. Einige davon werden bei uns als Zimmerpflanzen kultiviert. Bekannt sind vor allem der *Nestfarn* (Asplenium nidus) und der *Geweihfarn* (Platycerium alcicorne). Als typische Epiphyten bilden die Blätter dieser Pflanzen Trichter aus, in denen sich Regenwasser und Detritus sammelt.

Entwicklung der Farne: Die heutigen Farne haben vom Süßwasser bis zur Trockenwüste annähernd alle Lebensräume besiedelt. Die erste üppige Entwicklung der Farnpflanzen liegt mehr als 300 Millionen Jahre zurück. Die chemische Bindung der Sonnenenergie in den damals ausgedehnten Sumpfwäldern des Karbons ist die Grundlage für die heute ablaufende Energiegewinnung aus fossilen Brennstoffen. Erste Vertreter waren Ur-Farnpflanzen der Gattungen *Rhynia* und *Homeophyton* (s. Randspalte). Damals wie heute sind die Farne bei der Fortpflanzung auf Wasser angewiesen. Bei der Reife öffnen sich die Antheridien, wobei die Spermatozoid-Mutterzellen nach außen in das umgebende Wasser gelangen. Im Wasser quellen sie auf, platzen und entlassen ihre Spermatozoide. Mithilfe von Geißeln bewegen sich diese, angelockt durch Äpfelsäure auf die Eizellen zu. Auch die Öffnung der Archegonien und damit die Befruchtung ist erst nach dem Kontakt mit Wasser durch entsprechende Quellungsvorgänge möglich.

Anzucht von Prothallien aus Farnsporen

Tropische Farne wie Nestfarne, Geweihfarne oder Schwertfarne lassen sich aus Sporen leichter heranziehen als einheimische. Die Anzucht gelingt in nährsalzarmer Einheitserde Typ P (ersatzweise in nährstofffreiem Hochmoortorf) am besten. Die Anzuchtgefäße müssen in einem Raum mit großer Luftfeuchtigkeit (z. B. Aquarium mit locker aufgelegter Glasplatte) aufgestellt werden. Der Standort sollte hell, aber nicht sonnig sein. Sporen lassen sich am einfachsten gewinnen, wenn die Farnwedel (ggf. aus einem Blumengeschäft) eine Zeit lang auf einer Unterlage bei Raumtemperatur ausgelegt werden. Junge Farnpflanzen auf Prothallien entwickeln sich nach 14 bis 16 Wochen.

Literaturhinweise

AICHELE, D; SCHWEGLER, H.-W.: Unsere Moos- und Farnpflanzen, Franckh-Kosmos, Stuttgart 1984

PROBST, W.: Biologie der Moos- und Farnpflanzen; Quelle & Meyer, Heidelberg 1987

Themenheft Farne und Moose: Unterricht Biologie Heft 147; Friedrich Verlag, Seelze 1984

Farne aus dem Regenwald

Einheimische Farne

(angegeben ist jeweils die Länge der Wedel in cm)

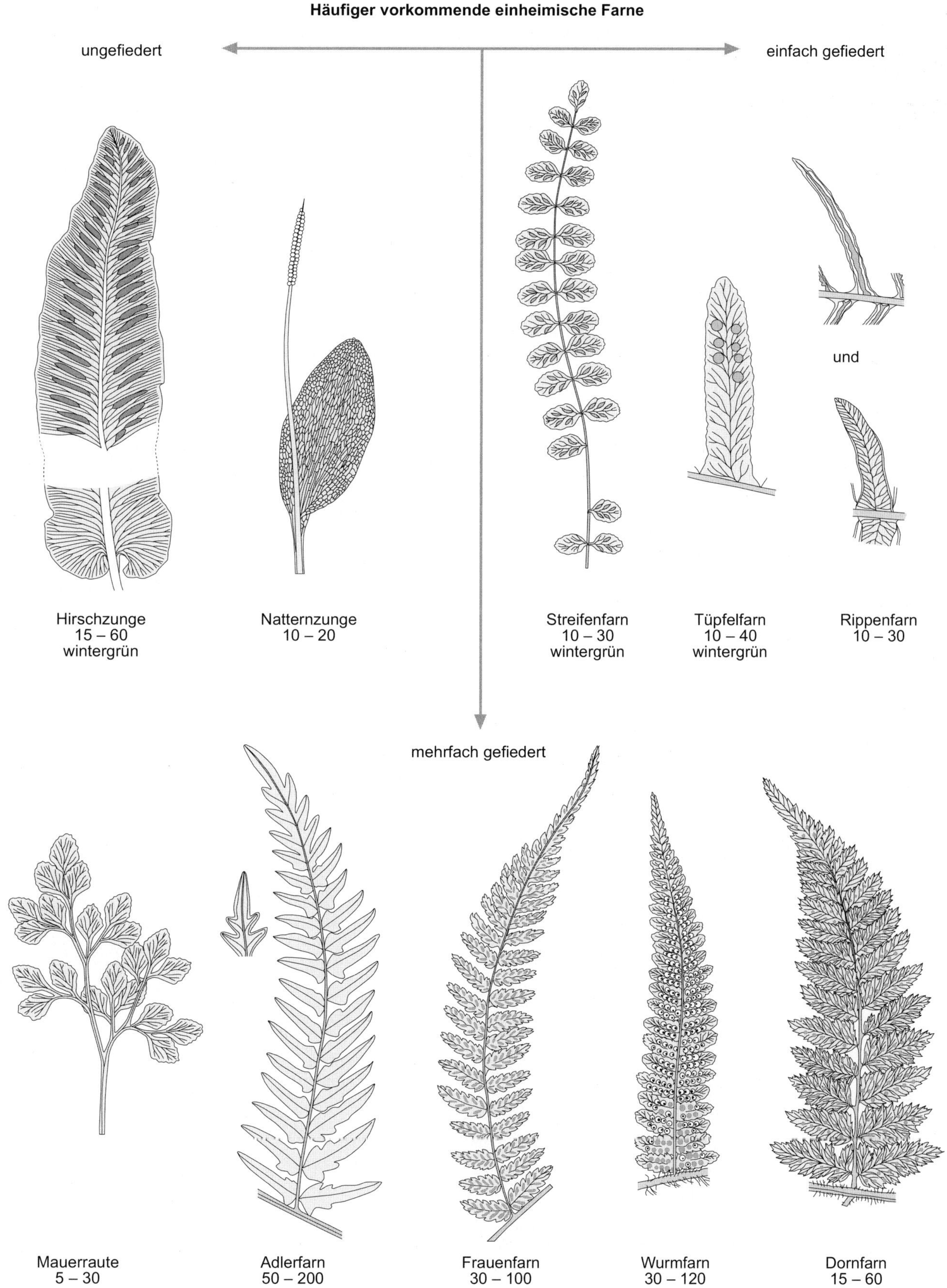

(angegeben ist jeweils die Länge der Wedel in cm)

Mykorrhiza
Pilz
Symbiose

Pilze – weder Tiere noch Pflanzen
Pilzen bilden eine Vielzahl von Lebensformen
Pilze sind lebensnotwendig für den Wald

! Schülerbuch Seite 104

① Schlage in einem Pilzbuch oder Lexikon nach und suche Beispiele für Lamellen- und Röhrenpilze.

– *Lamellenpilze: Champignon, grüner und weißer Knollenblätterpilz, Fliegenpilz, Hallimasch, Pantherpilz, Schwefelkopf.*
Röhrenpilze: Steinpilz, Butterpilz, Birkenreizker, Rotkappe, Satanspilz.

! Schülerbuch Seite 107

① Vergleiche die Ernährung der Pilze mit der Ernährung der Tiere und Pflanzen. Fertige dazu eine Tabelle an.

Pilze	**Tiere**	**Pflanzen**
heterotroph	heterotroph	autotroph
Vorgefertigte energiereiche Stoffe werden aufgenommen. Als Parasiten oder Symbionten können sie Nährstoffe direkt aufnehmen, als Saprophyten sondern sie eine vorverdauende Lösung ab.	Vorgefertigte energiereiche Stoffe werden aufgenommen. Meist wird die Nahrung im Verdauungstrakt abgebaut.	Energiereiche Stoffe werden durch Fotosynthese selbst hergestellt.

Arbeitsblatt Seite 109

1. 1. HUT
   2. SYMBIOSE
   3. GIFTE
   4. MYKORRHIZA
   5. ROEHREN
   6. WALD
   7. ZWEI
   8. SPOREN
   9. HYPHEN
   10. FLECHTE
   11. STIEL
   12. PARASITISCH
   13. CHITIN
   14. MYZEL
   15. LAMELLEN

   Lösungsworte: TIER ODER PFLANZE
2. Pilze sind weder das eine noch das andere. Sie sind keiner der beiden Gruppen zuzuordnen (weder noch).

Z Formen der Mykorrhiza

Man unterscheidet zwei Formen der Mykorrhiza. Bei der für Holzgewächse typischen ektotrophen Form bildet das Myzel eine dichte Auflage um die Wurzelspitzen, wodurch sowohl das Längenwachstum als auch die Ausbildung von Wurzelhaaren beeinträchtigt wird. Das Pilzmyzel schirmt die Wurzelspitze vollständig vom Boden ab, weshalb die Versorgung mit Wasser und Mineralstoffen auch vollständig über den Pilz erfolgen muss.

Bei der endotrophen Form werden junge, nicht kutinisierte Zellen der Rhizodermis einer Wurzel von den Pilzhyphen, durchzogen. Die Verbindung der Hyphen zum Myzel im Boden ist nur in geringem Umfang ausgebildet. Da die nötigen Enzyme fehlen, können Mykorrhizapilze keine Kohlenhydrate aus der Waldstreu freisetzen. Sie sind deshalb vollständig auf die Versorgung durch die befallenen Pflanzen angewiesen. Der Vorteil für die Pflanzen liegt einerseits in der Oberflächenvergrößerung der aufnehmenden Wurzeln, andererseits ist das Pilzmyzel in der Lage, schwer lösliche Bodenmineralien aufzuschließen und die Stickstoffversorgung der Pflanze zu verbessern.

Übergänge zwischen beiden Formen der Mykorrhiza sind möglich. Junge Kiefern besitzen eine endotrophe Mykorrhiza, wobei die Pilzhyphen mit zunehmendem Alter abgebaut werden.

Erstaunlicherweise kann die Symbiose auch in Parasitismus übergehen, wobei speziell bei starken Umweltbelastungen der Pilz die Pflanzenwurzeln verdaut.

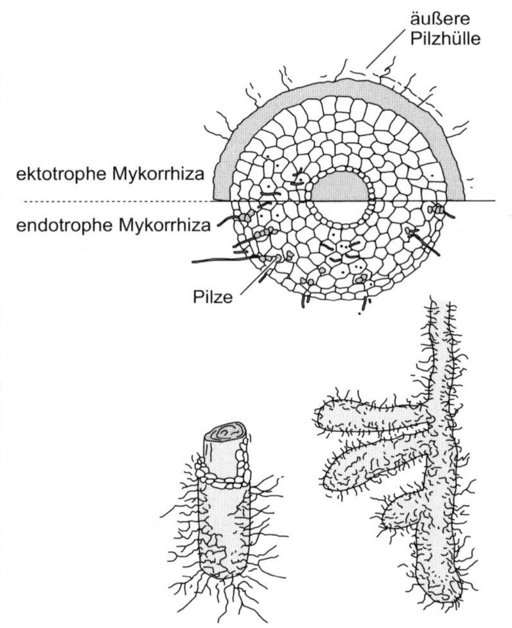

ektotrophe Mykorrhiza bei Buchenwurzeln

Verschiedene Formen der Mykorrhiza

Was weißt du über Pilze?

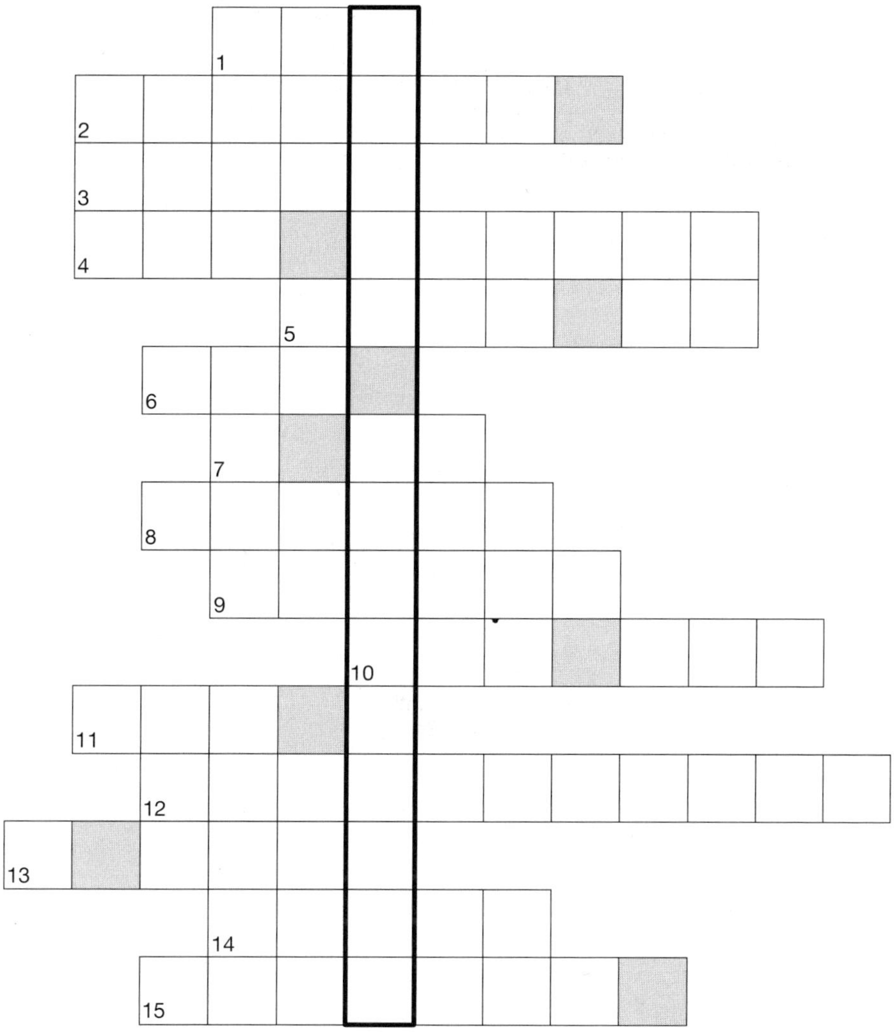

Aufgaben

1. Trage die Lösungen waagrecht ein. Die umrandeten Felder ergeben, von oben nach unten gelesen, ein Problem, mit dem sich Biologen bei der Beschäftigung mit Pilzen befassen mussten.

   1. Teil des Fruchtkörpers
   2. Zusammenleben von Organismen zu beiderseitigem Nutzen
   3. Inhaltsstoffe mancher Pilze, von deren Genuss abzuraten ist.
   4. Beispiel für 2.
   5. Bauelemente zur Oberflächenvergrößerung
   6. Lebensraum vieler Pilzarten
   7. Anzahl der Zellkerne in einer Zelle nach der Verschmelzung der Pilzfäden.
   8. mikroskopisch kleine Teile des Pilzes
   9. von ihnen gibt es + und –
   10. weiteres Beispiel für 2
   11. noch ein Teil des Fruchtkörpers
   12. Lebensweise, „Gegenteil“ von 2
   13. Baustoff für Zellwände
   14. Pilzgeflecht
   15. weitere Elemente zur Oberflächenvergrößerung

2. Welche Antwort findest du zu der Lösung des Kreuzworträtsels? Falls du nicht weiterkommst, helfen dir die in die richtige Reihenfolge gebrachten Buchstaben aus den grau unterlegten Feldern weiter.

____

____

Bestimmungsübung – Pilze
Pilz
Sporen

Lexikon: Pilze

Arbeitsblatt Seite 111

1 F, 2 L, 3 I, 4 E, 5 G, 6 E, 7 N
Lösungswort: Fliegenpilz. Die Bezeichnung „Fliegenpilz" geht auf die früher angewandte Methode zurück, gezuckerte Stücke des Pilzes mit Milch zu übergießen als Lockmittel für Fliegen.

Wissenswertes über Pilze

Von den annähernd 3 000 Ständerpilzarten Mitteleuropas sind die meisten deutlich in Hut und Stiel gegliedert. Die Bezeichnung „Fruchtkörper" für die oberirdisch sichtbaren Bestandteile ist nicht ganz korrekt, da es sich natürlich nicht um eine Frucht mit Samen im eigentlichen Sinne handelt, wie sie für höhere Samenpflanzen charakteristisch ist, sondern um Sporenbildner, wobei Sporen, im Gegensatz zu Samen, nur einzellig sind und meistens einen Durchmesser von weniger als $^1/_{100}$ mm aufweisen.

Die Zahl der von einem einzigen Fruchtkörper erzeugten Sporen ist riesig. So kann ein Feldchampignon knapp 2 Milliarden, ein mittlerer Fruchtkörper des Riesen-Bovisten 5 bis 6 Billionen Sporen hervorbringen.

Dass Pilze im Volksglauben oft mit dunklen Mächten in Verbindung gebracht wurden, zeigen Bezeichnungen wie „Hexenröhrling", „Satanspilz" oder „Hexenring".

Zu dieser Vorstellung mag auch die in vielen Fällen beim Verzehr auftretende berauschende oder giftige Wirkung beigetragen haben. Besonders bekannt ist die des Fliegenpilzes. Sein Hauptinhaltsstoff *Ibotensäure* und das daraus durch Kochen entstehende, bis zehnfach wirksamere *Muscimol*, soll unter anderem auch für die sagenhaften Kräfte der Berserker verantwortlich sein. Besondere Bedeutung erlangte der Fliegenpilz in Indien, wo er mit der altindischen Gottheit Soma identisch sein soll.

In Mittelamerika haben Psilocybe-Arten große kultische und religiöse Bedeutung. Mittlerweile haben diese Pilze weltweit Eingang in die Drogenszene gefunden. Wichtigster in Mitteleuropa beheimateter Rauschpilz ist der *Spitzkegelige Kahlkopf* (Psilocybe semilanceata).

Wichtigster einheimischer Giftpilz, da zuweilen mit dem Champignon verwechselt, ist der *Grüne Knollenblätterpilz* (Amanita phalloides). Einer seiner Inhaltsstoffe, das zur Gruppe der Octapeptide gehörende Amatoxin, hemmt das Enzym RNA-Polymerase II von Eukaryoten und damit die Synthese von m-RNA. Die Behandlung der Vergiftung ist dadurch erschwert, dass Vergiftungserscheinungen, wie Erbrechen, Durchfall und Krämpfe, erst 5 bis 20 Stunden nach der Gifteinnahme auftreten, wenn die Toxine bereits absorbiert sind und die Organschädigungen bereits begonnen haben.

Oberflächen von Pilzsporen

Verschiedene Fruchtkörperformen

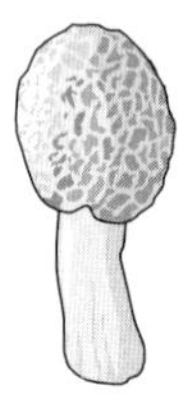
Speisemorchel (Morcheln)

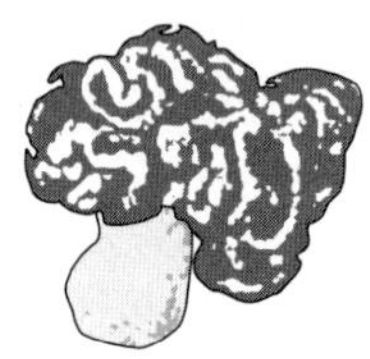
Frühjahrslorchel (Lorcheln)

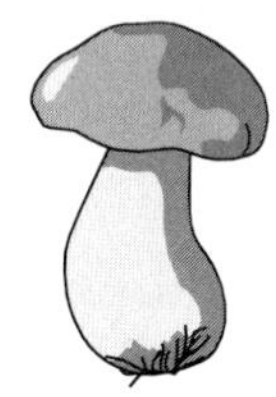
Steinpilz (Röhrenpilze)

Schmetterlingsporling (Porlinge)

Pfifferling (Leistenpilze)

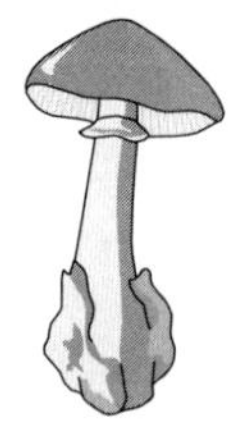
Grüner Knollenblätterpilz (Wulstlingartige)

Glimmertintling (Tintenpilze)

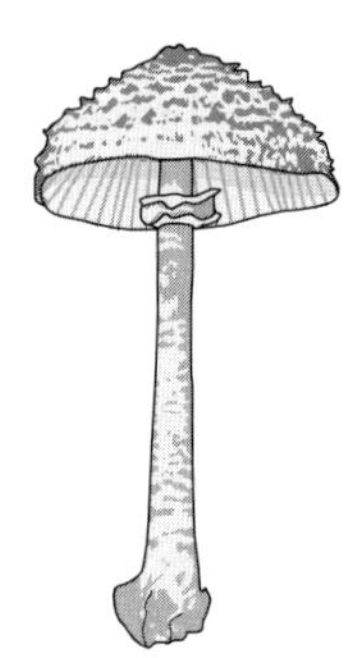
Riesenschirmling (Edelpilze)

Gewimperter Erdstern (Sternpilz)

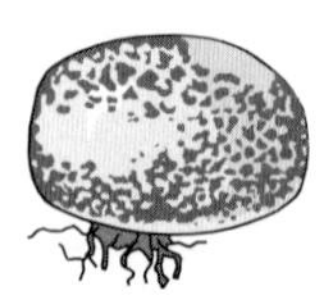
Kartoffelbovist (Hartboviste)

Wiesen-Egerling (Edelpilze)

Kennst du dich mit Pilzen aus?

Pilze weisen Merkmale auf, an denen man sie eindeutig erkennen kann. Besonders wichtig ist die Kenntnis solcher Merkmale für Pilzsammler zur Unterscheidung essbarer von giftigen Pilzen.

7
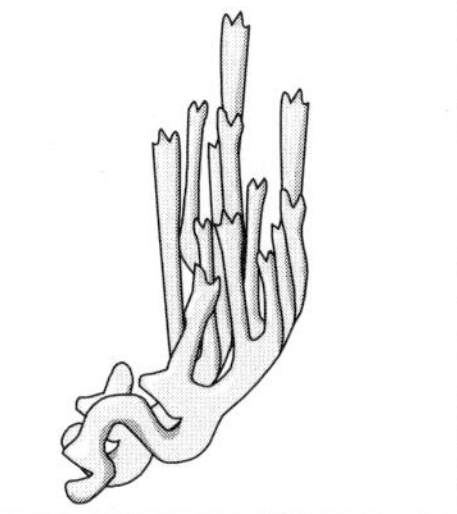

1

2
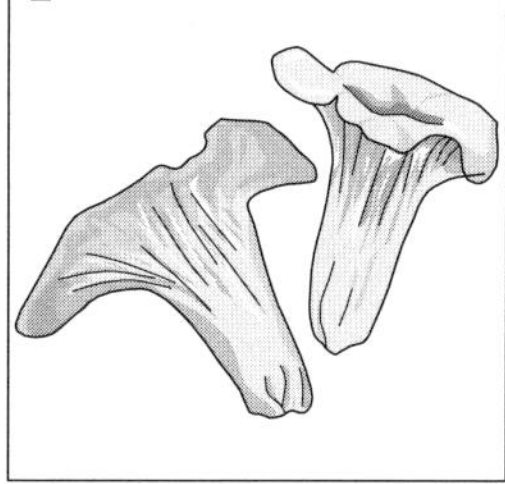

6
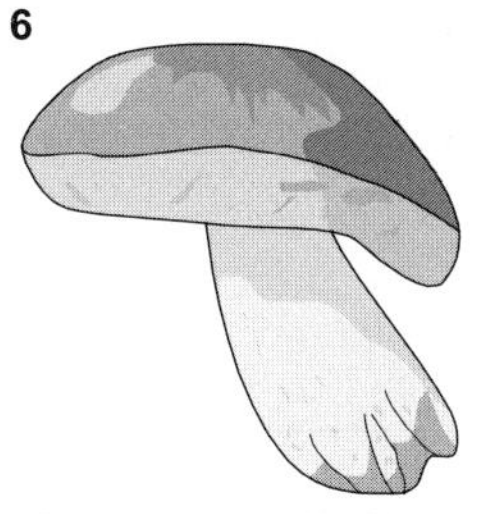

3
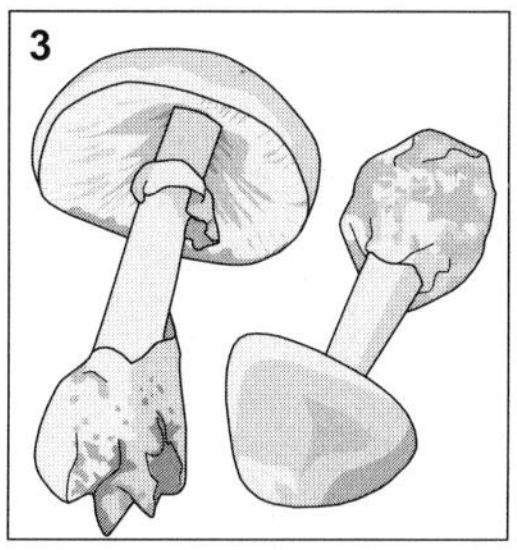

5
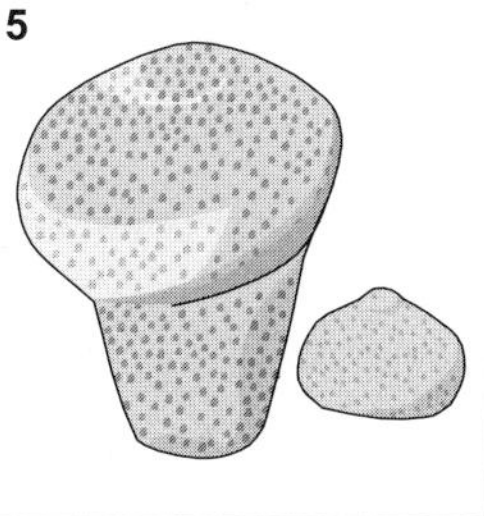

4
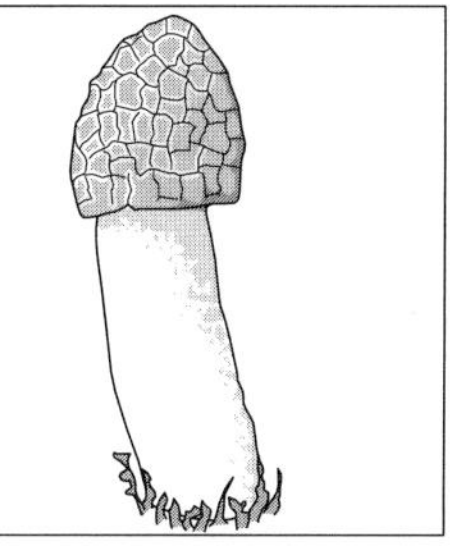

Stinkmorchel
(Rutenpilz)
Geruch nach faulendem Fleisch
ungenießbar
E

Flaschenstäubling
(Bauchpilz)
Sporen im Inneren des Fruchtkörpers gebildet
G

Waldchampignon
(Lamellenpilz)
jung: rötliche Lamellen
alt: braune Lamellen
essbar
F

Pfifferling
(Leistenpilz)
dottergelb
Leisten laufen weit am Stiel hinab
essbar
L

Knollenblätterpilz
(Lamellenpilz)
in Laubwäldern
Lamellen weiß
tödlich giftig
I

Goldgelbe Koralle
gelborange Fruchtkörper gabelartig verzweigt
jung essbar
N

Steinpilz
(Röhrenpilz)
Hut kastanienbraun
essbar
E

Aufgabe

Ordne die untenstehenden Beschreibungen den oben aufgeführten Pilzabbildungen zu. Bei richtiger Zuordnung ergeben die Buchstaben auf den Karten, im Uhrzeigersinn gelesen, eine weitere Pilzart. Finde heraus, woher dieser Pilz seinen Namen hat.

Lösung: ______________________________ pilz

____

____

Flechte
Symbiose
Wasserhaushalt –
Flechte

Flechten – eine Symbiose zwischen Pilzen und Algen

Isländisch Moos

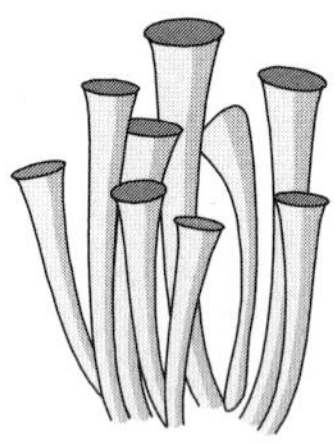

Becherflechte

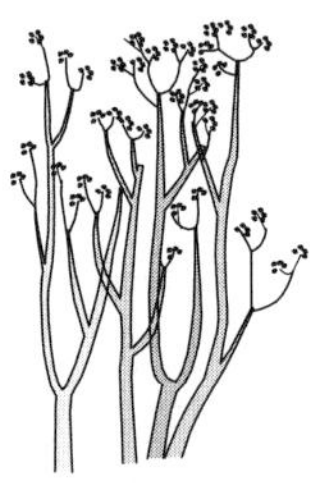

Strauchflechte

Bartflechte

Arbeitsblatt Seite 113

1. Rinde und Hyphen gelb, Algen grün
2. Diagramm 1

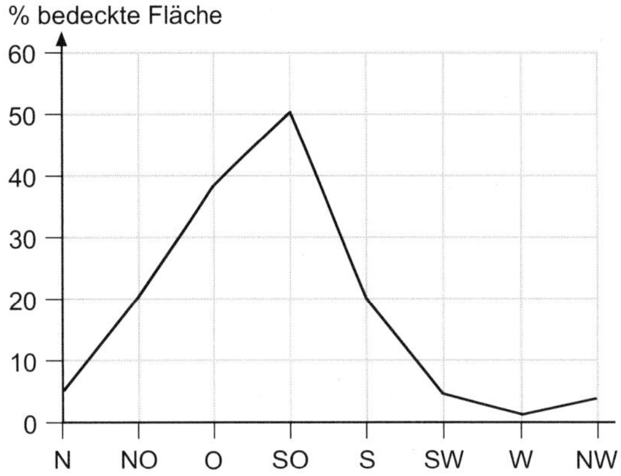

3. Der Kurvenverlauf der Flechtendichte aus Diagramm 1 und der Beleuchtungsstärke ist ähnlich, da die Flechte aufgrund der Fotosynthese der beteiligten Algen auf Licht angewiesen ist. Der Wasserfaktor spielt keine wichtige Rolle, da die Flechte längere Trockenperioden überstehen kann.

Aufbau und Lebensweise von Flechten

Jede Flechtenart ist durch eine spezifische, nur bei ihr vorkommende Pilz- und eine spezifische Algen- oder Cyanobakterienart gekennzeichnet. Die beteiligten Pilze sind fast ausnahmslos auf die Symbiosepartner angewiesen, sie kommen freilebend nicht vor. Algen und Cyanobakterien können dagegen auch ohne Symbiosepartner leben. Nach der Wuchsform unterscheidet man Strauch-, Blatt- und Krustenflechten. Mit radialen Zuwachsraten von 0,1 bis 2 mm pro Jahr bei Krustenflechten und 1 bis 5 mm bei Laubflechten wachsen Flechten extrem langsam. Krustenflechten können bis weit über 1000 Jahre alt werden.

Die Fortpflanzung erfolgt vegetativ oder generativ, wobei letztere mit der Bildung von Pilzfruchtkörpern (Apothecien) verbunden ist. Die von diesen gebildeten Sporen müssen nach der Ausbreitung erst auf passende Partner treffen.

Einfacher ist dagegen die vegetative Fortpflanzung, bei der Teile des Thallus, sogenannte Soredien, die beide Symbiosepartner enthalten, abgespalten werden und zu neuen „Individuen" heranwachsen. Der Stoffwechsel der Algen wird durch den Pilz so beeinflusst, dass die Versorgung mit geeigneten energiereichen Stoffen gesichert ist. So bilden die Algen Sorbitol, einen Zuckeralkohol, der von frei lebenden Algen nicht gebildet wird. Flechten kommen mit extremsten Bedingungen zurecht, sie überstehen monatelanges Austrocknen und Temperaturen bis zu –100 °C.

Flechtenstoffe sind in erster Linie Produkte des Pilzes. Sie haben unterschiedliche Funktionen: Durch eine Erhöhung der Permeabilität der Membranen fördern sie den Stoffaustausch zwischen Alge und Pilz. Farbige Stoffe, die in die Rinde eingelagert werden, schützen vor zu starker Sonneneinstrahlung. Antibiotisch wirkende Stoffe schützen vor Mikroorganismen und Flechtensäuren fördern die chemische Verwitterung von Gestein.

Besonders im 18. und 19. Jahrhundert wurden die roten, blauen und violetten Flechtenfarbstoffe zur Färbung von Textilien verwendet. Lackmus dient auch heute noch als Indikatorfarbstoff und Orcein zur Anfärbung von Chromosomen. Isländisch Moos fördert die Durchblutung der Schleimhäute und wird bei Husten und Katarrh eingesetzt. *Letharia vulpina*, die einzige gifthaltige Flechte Europas, diente früher, wie der Name ahnen lässt, zur Vergiftung von Raubtieren.

Literaturhinweise

JAHNS, HANS-MARTIN: Moose, Flechten – Mittel-, Nord- und Westeuropa. BLV Bestimmungsbuch, BLV Verlagsgesellschaft, München 1987
WIRTH, VOLKMAR: Flechtenflora. UTB Verlag Eugen Ulmer, Stuttgart 1980

Fortpflanzung bei Flechten

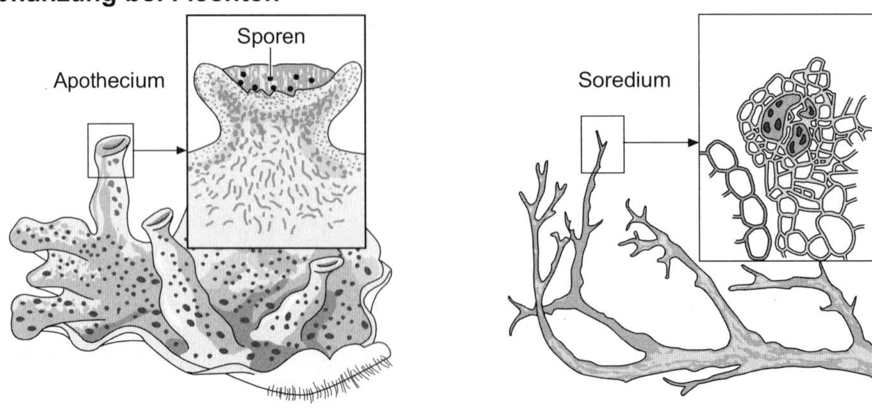

Flechten – eine Symbiose zwischen Alge und Pilz

Durch die Symbiosebeziehung ist es Flechten möglich, auch außergewöhnliche Lebensräume wie Baumrinden zu besiedeln. Auffallend dabei ist, dass die Flechten nicht gleichmäßig verteilt vorkommen. Eine Untersuchung der Flechtendichte auf einem Baumstamm in Abhängigkeit von der Himmelsrichtung ergab die in der folgenden Tabelle aufgeführten Ergebnisse.

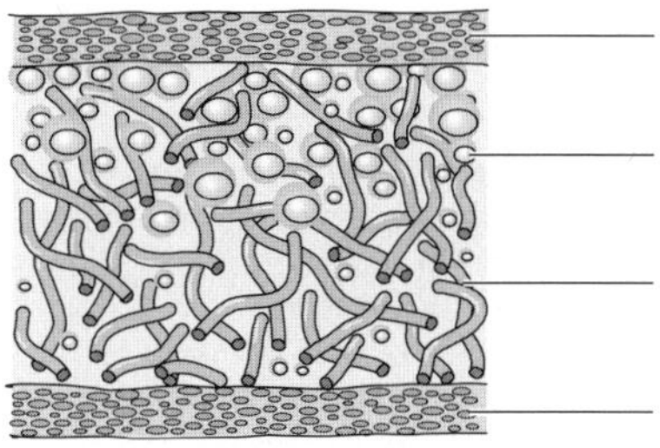

Himmelsrichtung	N	NO	O	SO	S	SW	W	NW
Flechtendichte in %	5	20	36	50	21	4	1	3

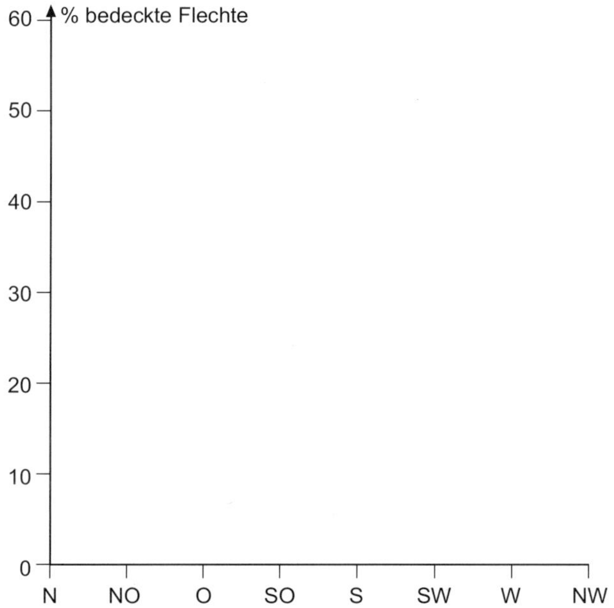

Abb. 1 Flechtendichte in %

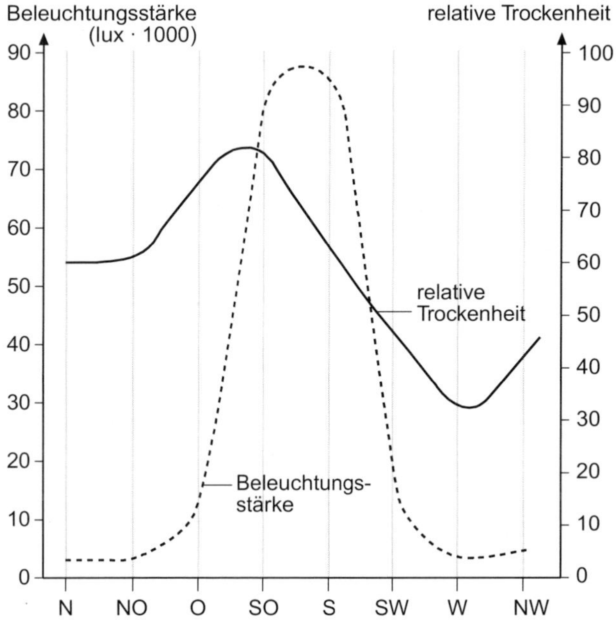

Abb. 2 Beleuchtungsstärke und relative Trockenheit in Abhängigkeit von der Himmelsrichtung

Aufgaben

1. Kennzeichne in der Abbildung die zum Pilz gehörenden Teile mit gelber Farbe und die mit ihm in Symbiose lebenden einzelligen Algen mit grüner Farbe.

2. Trage die Werte der Tabelle in die Abbildung 1 ein. Verbinde die Punkte zu einer Kurve.

3. Vergleiche den Verlauf der Kurven in den beiden Abbildungen. Was fällt dir auf? Suche eine Erklärung für die gefundenen Übereinstimmungen.

Der Wald – Lebensraum für viele Tierarten

Schülerbuch Seite 110

① Informiere dich z. B. in einem Tierlexikon über Vogelarten, die an Baumstämmen ihre Nahrung finden. Wie vermeiden diese Arten Konkurrenz zueinander?

– *Spechte ernähren sich von Käferlarven, die sie unter der Borke finden, von Ameisen und deren Puppen sowie von Nadelbaumsamen. Baumläufer sammeln kleinere Insekten und ihre Eier von der Oberfläche und von Ritzen der Borke ab. Kleiber ernähren sich von Insektenlarven, Spinnen und verschiedenen Samen. Außerdem nisten die Vögel unterschiedlich: Spechte in selbst gezimmerten, tiefen Höhlen im Baum, Baumläufer unter abstehenden Rindenteilen und Kleiber in kleinen Baumhöhlungen oder Nistkästen. Sie nutzen den Lebensraum unterschiedlich und besetzen damit verschiedene ökologische Nischen.*

Schülerbuch Seite 111

① In der Abbildung 110.1 sind zwei nicht im Text erwähnte Vogelarten dargestellt. Erläutere an ihnen das Prinzip der Konkurrenzvermeidung.

– *Es sind Sperber und Mönchsgrasmücke. Sie stehen zueinander nicht im Konkurrenz, sondern im Räuber-Beute-Verhältnis. Der Sperber ist mit seinen abgerundeten Flügeln zum wendigen Flug zwischen den Bäumen und Sträuchern befähigt. Dabei erbeutet er auch Mönchsgrasmücken, die auf den Zweigen nach Insekten und Spinnentieren suchen.*

② Im Text sind für verschiedene Vogelarten Schnabelformen und Ernährungsweisen genauer beschrieben. Auf welchen Zusammenhang zwischen Schnabelform und Ernährungsweise kann man schließen? Begründe!

– *Der Sperber besitzt einen Hakenschnabel, der sich zum Aufreißen der Beute und wie eine Schere zum Zerschneiden von Fleisch eignet. Der kräftige Finkenschnabel des Buchfinks ähnelt dem Kopf einer Zange und eignet sich zum Aufbrechen und Schälen von Körnern. Rotkehlchen und Mönchsgrasmücke können mit ihrem spitzen Schnabel wie mit einer Pinzette kleine Insekten, Spinnen, Würmer und Schnecken aus ihren Verstecken holen. Beim Baumläufer ist der spitze Schnabel zusätzlich gebogen und reicht noch wirksamer in die Verstecke und Gänge hinein. Der Specht hackt mit seinem Meißelschnabel die Rinde auf oder sprengt sie ab, um an tiefer sitzende Insektenlarven, Käfer oder Holzameisen zu gelangen. Der Eichelhäher gräbt mit seinem starken Schnabel Verstecke, um darin Vorräte (z. B. Eicheln) zu speichern.*

③ Bei Schadinsekten kommen manchmal Massenvermehrungen vor. Welche Bedingungen können solche Massenvermehrungen begünstigen?

– *Die Insekten profitieren vom ausgeglichenen Kleinklima im Innern des Waldes. Kommen Wärme und Trockenheit dazu, erleiden die Bäume Schäden durch verminderten Saft- und Harzfluss. Die Schadinsekten profitieren durch rasche Entwicklung der Larven und ungestörte Zeiten der Paarung und Eiablage.*

Arbeitsblatt Seite 115

1. Buchenkeimlinge können unter Eichen wachsen, Eichenkeimlinge unter Buchen aber nicht.
2. Das Wachstum von Buchenwurzeln wird durch die Anwesenheit von Eichen gefördert, das der Eichenwurzeln von Buchen gehemmt.
3. Die Mineralsalzversorgung ist durch die stärkere Durchwurzelung im oberen Bereich verbessert.
4. Durch die geringere Niederschlagsmenge ist die Eiche mit ihrer tiefreichenden Pfahlwurzel im Vorteil.
5. Die tiefer wachsenden Wurzeln erleichtern die ausreichende Wasseraufnahme.

Konkurrenz zwischen Buche und Eiche

Die wichtigsten bestandsbildenden Baumarten des mitteleuropäischen Flachlands sind Rotbuche und Eiche, wobei Stiel- und Traubeneiche in vielfacher Hinsicht so ähnlich sind, dass man sie gemeinsam der Buche gegenüberstellen kann. Unter natürlichen Bedingungen wäre die Buche dominierend. Lediglich an sehr nassen oder trockenen Standorten könnten sich andere Baumarten durchsetzen.

Die Ursachen für die Überlegenheit der Buche sind vielfältig. Einer der wichtigsten Faktoren ist der geringe Lichtbedarf der Buche. So kommen Buchen mit der Hälfte des für Eichen notwendigen Lichts aus, wodurch eine Verjüngung von Buchen unter Eichen, nicht aber von Eichen unter Buchen möglich ist. Der Fotosyntheseapparat der Buchen kann sehr schnell aktiviert werden und reagiert bereits auf einzelne Lichtblitze. Eine Eigenschaft, die sonst nur von tropischen Pflanzen des Unterwuchses bekannt ist. Trotz doppelt so hoher Fotosyntheseleistung der Eiche wird mit zunehmendem Alter der Bedarf an Biomasse (beispielsweise für das bis zu vierschichtige Palisadenparenchym der Blätter) so groß, dass die Buche mit ihrer Leichtbauweise der Blätter wieder im Vorteil ist.

Auch die effektivere Wasserversorgung der Eiche ist nur dort von Vorteil, wo längere Trockenperioden auftreten, beispielsweise im südeuropäischen Raum. Durch ihr flaches Wurzelsystem kann die Buche zwar nur Wasservorräte der oberen Bodenschichten ausnutzen, durch das eher feuchte mitteleuropäische Klima ist dies aber kein Nachteil. Von Vorteil ist die starke Durchwurzelung der oberen Bodenschichten dagegen für die Versorgung mit Nährsalzen, ein weiterer, für die Dominanz der Buche wichtiger Aspekt, ebenso wie die Auswirkung der Wurzelkonkurrenz.

Literaturhinweise

ELLENBERG, H.: Vegetation Mitteleuropas und der Alpen. Ulmer, Stuttgart 1996

ELLENBERG, H., MAYER, R., SCHAUERMANN, J.: Ökosystemforschung – Ergebnisse des Solling-Projekts. Ulmer, Stuttgart 1986

TWENHÖVEN, F. / HÄRDTLE, W.: Buche oder Eiche. Unterricht Biologie Heft 253, Friedrich Verlag, Velber 2000

Auch Pflanzen konkurrieren

Unter natürlichen Bedingungen, das heißt ohne Eingriffe des Menschen, wäre die Buche der vorherrschende Waldbaum in Mitteleuropa. Die Überlegenheit der Buche hat mehrere Gründe und zeigt sich z. B. im Vergleich mit der Eiche. Einer der Gründe ist der verschiedene Umgang mit dem Faktor Licht: Der Lichtbedarf in Prozent des maximal eingestrahlten Lichts beträgt bei der Buche 3 %, während er bei der Eiche 7 % beträgt.

Keimlinge: Buche und Eiche

Aufgaben

1. Was bedeutet der Lichtbedarf einerseits für eine Eiche, die unter einer Buche auskeimt, andererseits für eine Buche, die unter einer Eiche auskeimt?

____

2. Auch unterirdisch treten Buche und Eiche in Konkurrenz. In den Kasten können von beiden Seiten Wurzeln eingeführt werden. Das Wachstum der Wurzeln im Kasten kann untersucht werden. Grundsätzlich sind zwei verschiedene Versuchsansätze möglich: Beim Einkammerversuch werden auf beiden Seiten die Wurzeln der gleichen Art eingeführt, beim Mehrkammerversuch die Wurzeln zweier verschiedener Arten. Das Ergebnis solcher Versuche zeigt das folgende Diagramm.

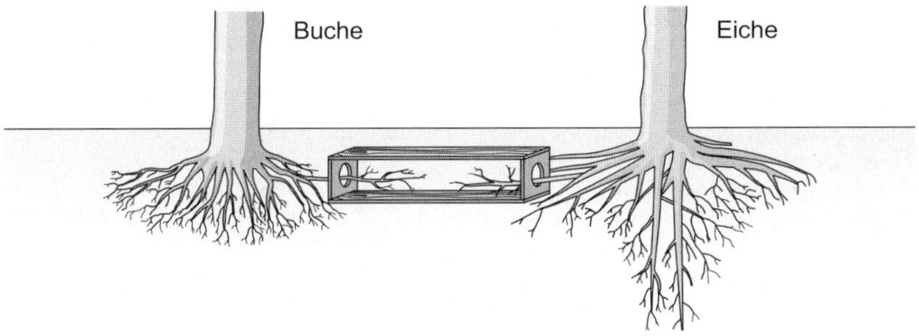

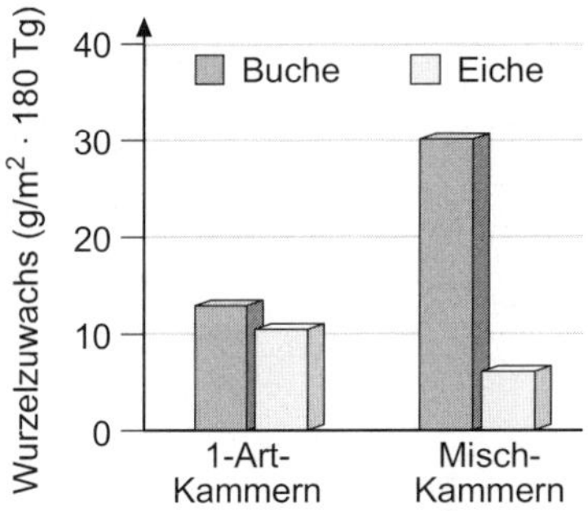

Welches Ergebnis lässt sich dem Diagramm entnehmen?

____

3. Wie kann man sich den Wirkungsmechanismus vorstellen?

____

____

4. Welchen weiteren Vorteil hat die Buche gegenüber der Eiche durch die Flachwurzeln? Bedenke, dass die Bildung von Mineralsalzen durch Bodenorganismen in den oberen Bodenschichten abläuft.

____

____

5. Welchen Vorteil hat die Eiche durch ihr Wurzelsystem im südeuropäischen Raum, wo die Buche von ihr verdrängt wird?

____

____

Ameise
Fraßspuren
Räuber – Beute
saurer Regen
Schädlingsbekämpfung, biologische
Wald

Warum schützt der Förster die kleine Rote Waldameise?

Schülerbuch Seite 113

① Vergleiche die Organisation des Ameisenstaates mit dem der Honigbiene. Nenne Gemeinsamkeiten und Unterschiede.

– *Gemeinsamkeiten: Männchen gehen aus unbefruchteten Eiern hervor, Weibchen aus befruchteten. Es gibt zahlreiche Weibchen mit unvollständig entwickelten Geschlechtsorganen (Arbeiterinnen) und wenige voll ausgebildete Königinnen. Männchen werden nur zu bestimmten Zeiten nachgezogen. Die Nester haben einen spezifischen Geruch, sodass staatsfremde und eigene Individuen unterschieden werden können.*
Unterschiede: Im Bienenstaat gibt es nur eine Königin, im Staat der kleinen Roten Waldameise sind es mehrere. Die Völker sind bei den Bienen nicht so reich an Individuen. Sie sind immer geflügelt, während bei den Ameisen nur die Geschlechtstiere während der Paarungszeit Flügel tragen. Im Bienenstaat herrscht eine ausgeprägte Arbeitsteilung, wobei die Tanzsprache in Verbindung mit Futterproben eine Sonderentwicklung darstellt. Ameisen haben nur die Fühlersprache, die auch bei den Bienen existiert.

② Für die Neugründung von Nestern durch Koloniebildung sind bei der kleinen Roten Waldameise keine Männchen erforderlich. Erläutere die Gründe dafür.

– *Für die Koloniebildung werden begattete Jungköniginnen benötigt. Sie besitzen in ihren Spermataschen einen Vorrat an Sperma zur Befruchtung der Eier.*

③ Wie könnte man dem Argument begegnen, dass Ameisen gar nicht so nützlich seien, weil zu ihren Beutetieren auch Nutzinsekten gehören?

– *Im Beutespektrum der Ameisen ist der Anteil von Schadinsekten vor allem dann sehr groß, wenn sie sich in Massenvermehrung befinden. Dann kommt die Nützlichkeit den Ameisen voll zur Wirkung.*

④ Fasse zusammen, welche Aufgaben Ameisen im Wald übernehmen.

– *Sie begrenzen die Vermehrung von Schadinsekten und schützen die Vegetation. Sie verbreiten Samen und sorgen auf diese Weise für die Ausbreitung von Pflanzen. Durch ihre Bautätigkeit lockern sie den Boden. Er wird besser durchlüftet und bietet für die übrigen Bodenorganismen bessere Lebensbedingungen.*

⑤ Vergleiche die verschiedenen Ameisenformen. Fertige dazu eine Tabelle an.

– *Königinnen sind groß, tragen zu Beginn Flügel und legen später Eier. Die kleineren Männchen haben ebenfalls Flügel. Sie sterben nach der Begattung. Die kleineren Arbeiterinnen haben keine Flügel, sind unfruchtbar und haben teilweise größere Kiefer (Wächterinnen).*

Arbeitsblatt Seite 117

1. Im näheren Umkreis der Ameisennester sind die durch Insektenfraß verursachten Schäden viel geringer, woraus man schließen kann, dass die Ameisen eine wichtige Rolle bei der Vernichtung von schädlichen Insekten spielen.
2. Die kleine Rote Waldameise ist die wichtigere Art, da die Völker mehr Individuen aufweisen, die jährliche Vermehrungsrate sehr viel höher ist und außerdem eine Verbreitung durch Tochterkolonien möglich ist.
3. Die Laufaktivität der Ameisen geht stark zurück.
4. Die Schädlinge können sich besser vermehren, da ihre Vertilgung durch Waldameisen nun stark eingeschränkt ist.

Biologische Schädlingsbekämpfung durch Waldameisen

Die Rolle speziell der kleinen Roten Waldameise als bedeutender Vertilger von Forstschädlingen führte bereits im Jahre 1792 dazu, dass sie in Brandenburg unter Naturschutz gestellt wurde. Die Hauptnahrung der Waldameisen besteht aus Insekten, speziell Raupen und Puppen, sowie Honigtau, der von bestimmten Rindenlausarten *(Lachniden)* produziert wird. Schätzungen gehen davon aus, dass von den Bewohnern eines mittleren Nestes der großen Roten Waldameise pro Jahr bis zu 8 Millionen Insekten vertilgt werden, darunter, speziell bei Massenvermehrung, bis zu 90 % Forstschädlinge. Die größere Bedeutung der kleinen Roten Waldameise liegt vor allem in der größeren Zahl der Individuen, in der stärkeren Vermehrungsrate und darin, dass eine Verbreitung durch Tochterkolonien möglich ist.

Auf den ersten Blick widersprüchlich erscheint die Tatsache, dass Rindenläuse von Waldameisen regelrecht gezüchtet und gehegt werden, wobei die Bestandsdichte der Lachniden in der Nähe der Ameisennester stark erhöht ist. Die Ameisen benötigen die von den Läusen ausgeschiedenen Pflanzensäfte mit ihrem großen Anteil an Kohlenhydraten, um ihren hohen Betriebsstoffwechsel aufrecht erhalten zu können. Bei genauer Betrachtung überwiegt jedoch der durch die Vertilgung von Forstschädlingen verursachte Nutzen um ein Vielfaches den Schaden, den die Hege der Rindenläuse an den Bäumen verursacht.

Literaturhinweise

DALHOFF, B.: Die Bedeutung der Waldameisen. Unterricht Biologie Sammelband Baum & Wald 1998

DUMPERT, K.: Das Sozialleben der Ameisen. Parey, Berlin/Hamburg 1978

GÖSSWALD, K.: Die Waldameise. Biologie, Ökologieund forstliche Nutzung. Band 1/2; Aula-Verlag, Wiesbaden 1989/90

SIELAFF, M.: Unsere Waldameisen. Broschat Verlag, Hohenwestedt 1988

Medienhinweise

FWU 3720 Der Ameisenstaat – das Jahr der kleinen Roten Waldameise

Waldameisen als Helfer des Försters

Bei einem Waldspaziergang trifft man manchmal auf die auffallenden Nestbauten der kleinen und großen Roten Waldameise. Oft sind die Bauten eingezäunt, um sie vor Zerstörungen durch Spaziergänger zu schützen. Mithilfe der nebenstehenden Abbildung kannst du herausfinden, warum Waldameisen für den Wald solch eine wichtige Bedeutung haben.

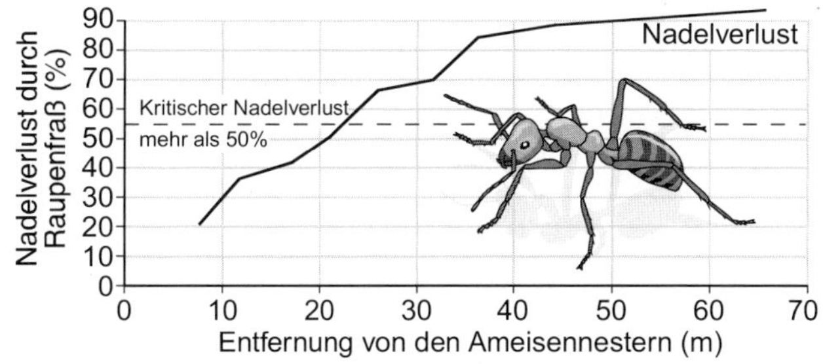

Aufgaben

1. Zu welchem Ergebnis bist du gekommen? Begründe deine Antwort.

2. Obwohl beide Ameisenarten äußerlich kaum zu unterscheiden sind, ist eine der beiden Arten für den Förster die wichtigere. Gib drei Gründe für deine Entscheidung an.

	kleine Rote Waldameise	große Rote Waldameise
Größe	9 mm	11 mm
Eiablage/Tag	30	300
Anzahl Arbeiterinnen / Volk	bis 800 000	bis 12 000
Anzahl Königin(nen)	bis 5 000	1
Lebensdauer Arbeiterin Lebensdauer Königin	bis 4 Jahre bis 20 Jahre	bis 6 Jahre bis 25 Jahre
Vermehrung/Jahr	bis 3 000 000	bis 500 000
Tochternestbildung	möglich	nicht möglich

3. Saurer Regen führt auch zu einer Versauerung des Waldbodens. Um die schädlichen Folgen für die Waldbäume abzumildern, kann Kalk auf dem Waldboden verteilt werden. In einem Versuch wurde gezählt, wie viele Ameisen pro Zeit eine bestimmte Fläche passieren. Wie wirkt sich das Ausbringen von Kalk auf die Waldameisen aus?

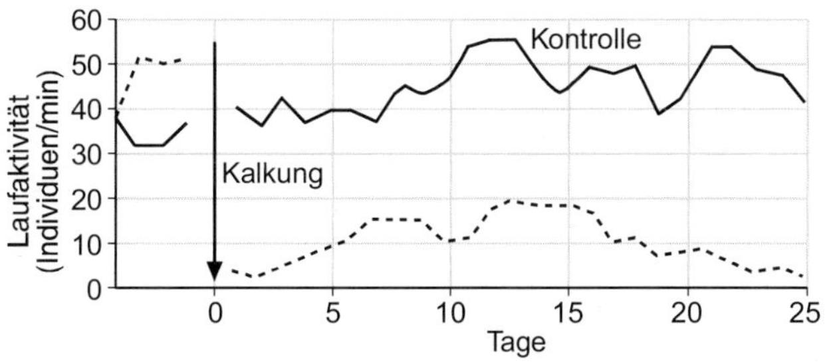

4. Welche Folgen ergeben sich für die Zahl der Schädlinge in diesem Gebiet?

Wer war der Täter? – Fraßspuren an Zapfen und Nüssen

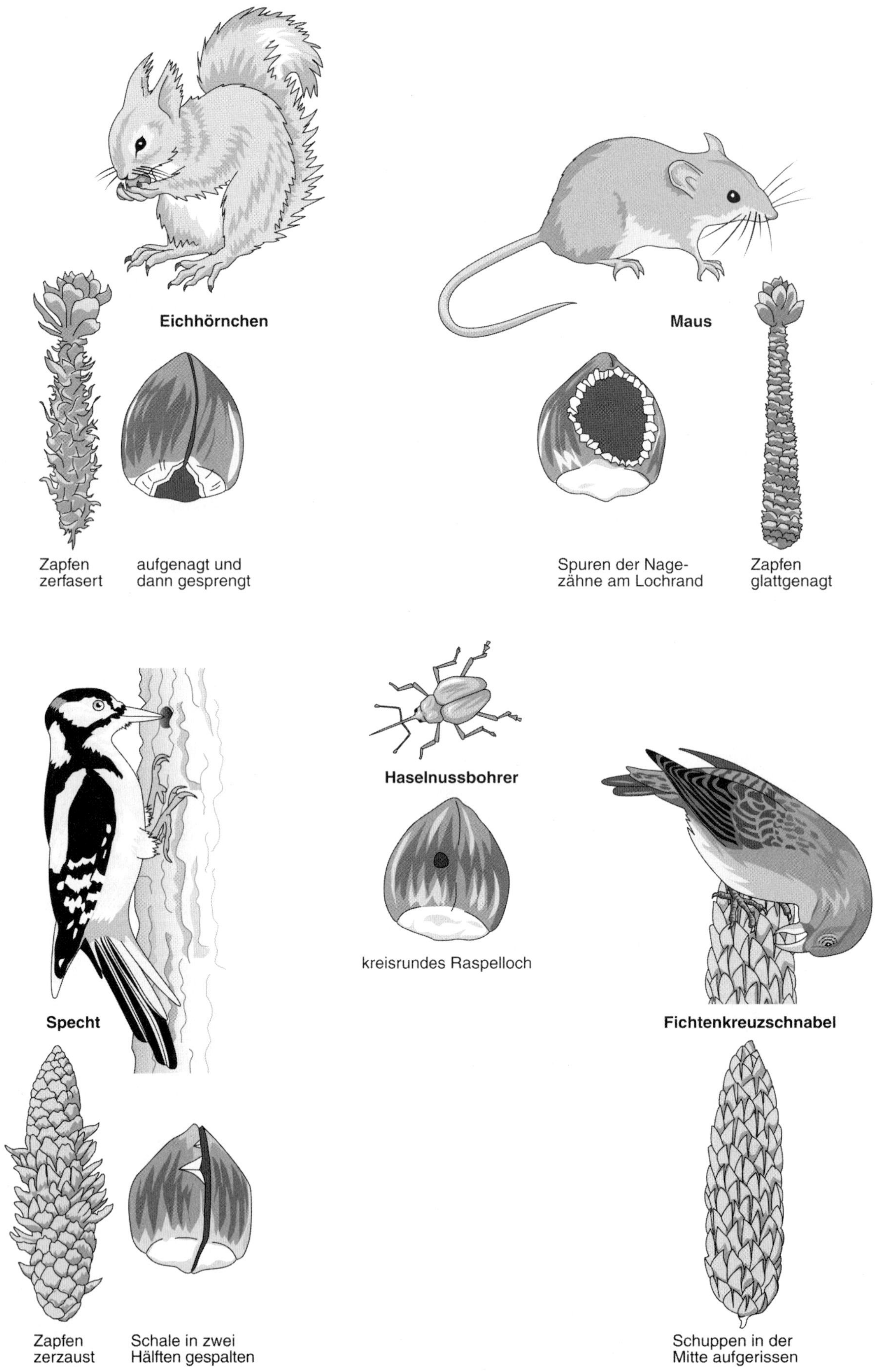

Wer war der Täter? – Fraßspuren an Rinde und Blättern

Gänge auf der Innenseite von absterbender oder toter Baumrinde

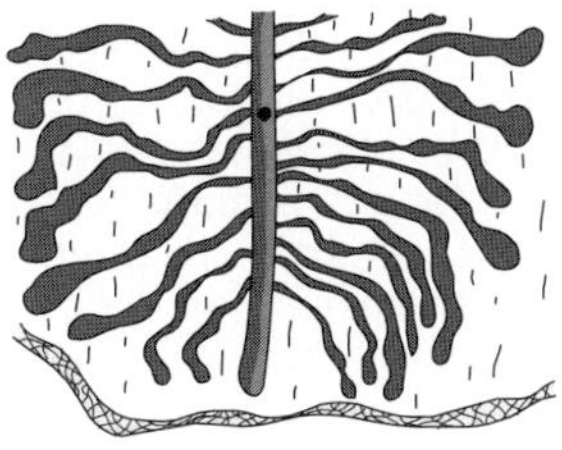

Borkenkäfer
meist nur ein senkrechter Hauptgang
(Fichte)

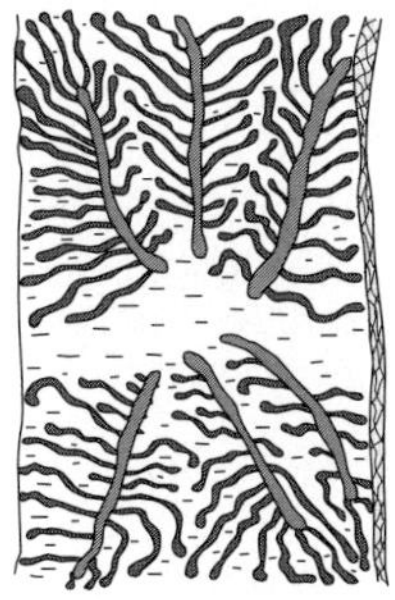

Kupferstecher
3 bis 6 strahlenförmige Hauptgänge
(Fichte)

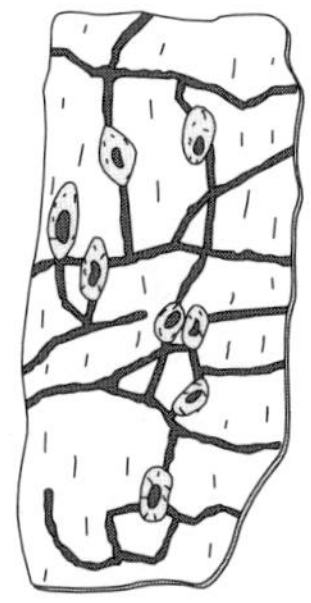

Rüsselkäfer
unregelmäßig gewundene Gänge, kein Hauptgang
(Fichte, Kiefer)

Fraßspuren an Blättern

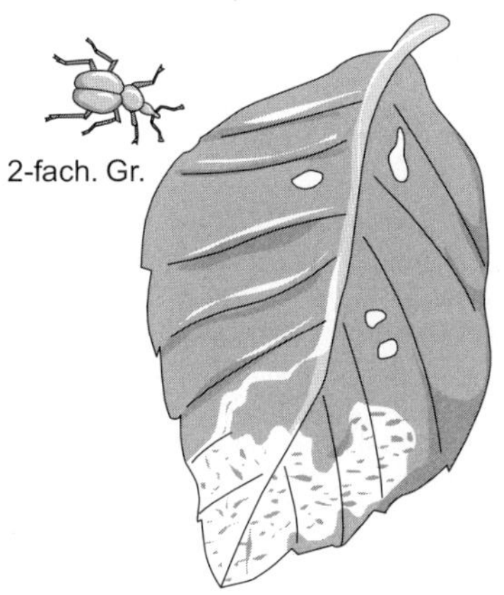

Buchenspringrüssler
(Gangmine beginnt an der Mittelrippe)

Miniermotte

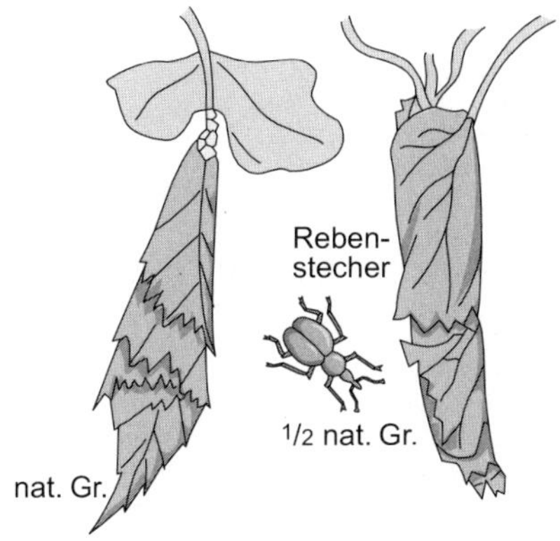

Rüsselkäfer

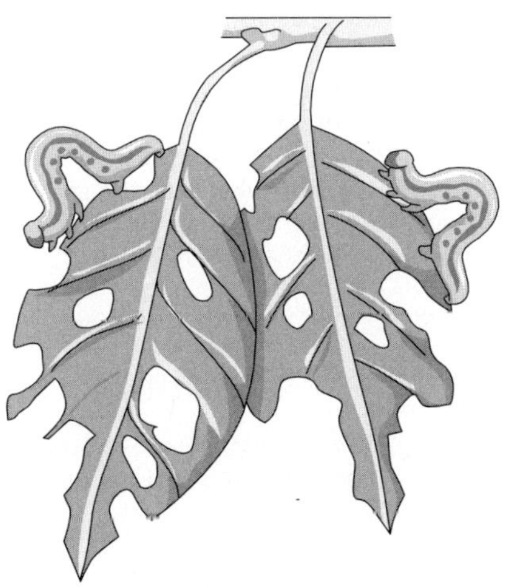

Frostspanner
(Lochfraß bis Kahlfraß)

Grünrüssler
(unregelmäßige Löcher)

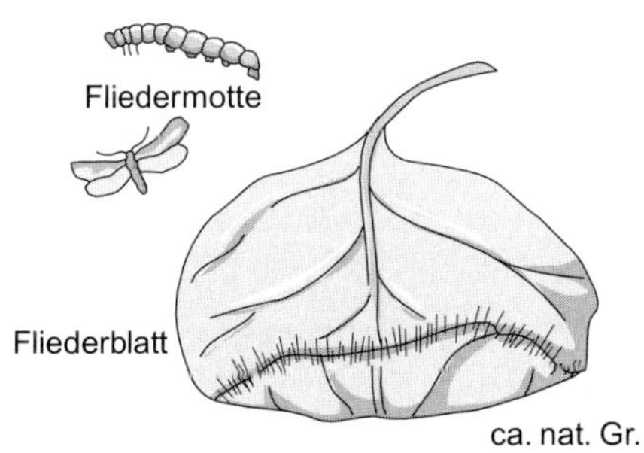

Blatttütenmotten
(Eier werden in „Tüten" abgelegt)

Eiche
Frostspanner
Nahrungskette
Räuber – Beute
Spiel
Tannin

2 Wechselbeziehungen im Ökosystem Wald

Nahrungsbeziehungen im Wald

Die chemische Zusammensetzung der Tannine ist, je nach Herkunft (Eiche, Kastanie, Pflanzengallen), sehr unterschiedlich.

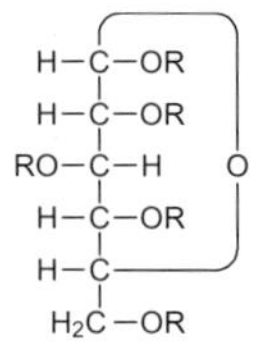

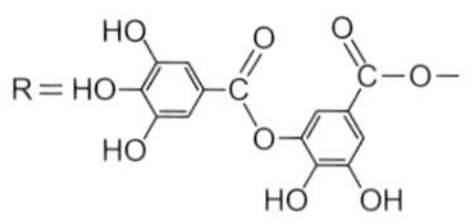

Eine mögliche Struktur erhält man, indem in der oben abgebildeten Formel der Glucose jedes R durch den Digalloyl-Rest ersetzt wird.

Tannine finden sich auch in Bier, Rotwein und Tee und sind für deren bitteren Geschmack verantwortlich.

Verwendung finden sie außerdem u. a. beim Gerben von Häuten, als Adstringens bei Durchfall und als Antiseptikum.

Schülerbuch Seite 117

① Schreibe anhand Abb. 116.1 weitere, nicht im Text besprochene Nahrungsketten auf und ordne den einzelnen Gliedern die entsprechenden Begriffe zu.

– *Fichtensamen – Waldmaus – Schlange – Gräser – Reh – Fuchs*
Haselnuss – Eichhörnchen – Sperber

② Weshalb können sich Borkenkäfer besonders gut in trockenen Jahren und in Monokulturen vermehren?

– *Der Saft und Harzfluss der Bäume ist vermindert. In Monokulturen ist die Zahl der vorgeschädigten Bäume besonders groß und ermöglicht den Borkenkäfern eine erfolgreiche Eiablage. Die Larven entwickeln sich bei Wärme und Trockenheit sehr rasch.*

Arbeitsblatt Seite 121

1. Der Proteingehalt der Blätter ist sehr hoch, sodass mit relativ wenig Blattmasse ein großer Zuwachs erreicht werden kann. Außerdem ist der Anteil an Tannin noch gering.
2. Da der Anteil an Protein abnimmt, müssen die Raupen relativ mehr Blattmasse fressen, um einen vergleichbaren Zuwachs zu erhalten. Der Anteil an Tannin in den Blättern ist höher, sodass insgesamt sehr viel mehr Tannin aufgenommen wird.
3. Tannin beeinträchtigt das Wachstum der Raupen. Die mit älteren Blättern gefütterten Raupen sind deutlich leichter.
4. Da die Raupen kleiner sind, müssen die natürlichen Feinde mehr Raupen fressen, um ihren Nahrungs- bzw. Energiebedarf zu decken. Dies kann unter Umständen zu Versorgungsschwierigkeiten führen.

Abwehrstrategien von Pflanzen

Neben Stacheln, Brennhaaren und besonders derbem Blattgewebe, die vom Fraß abhalten sollen, spielen chemische Substanzen bei der Insektenabwehr der Pflanzen eine wichtige Rolle. Die Inhaltsstoffe sind entweder einfach gebaut, wie Oxalsäure oder Cyanid, oder komplexer aufgebaute Verbindungen, wie Alkaloide, Saponine oder Tannine. Ursprünglich hatten viele dieser Inhaltstoffe wohl eine autökologische Funktion. Sie dienten zum Schutz der Pflanzen vor Trockenheit, Kälte oder UV-Licht.

Aufgrund ihrer Wirkung ist eine grobe Zuordnung zu einer der beiden Gruppen möglich:
– Substanzen, die in natürlich vorkommender Konzentration sofort toxisch wirken.
– Substanzen, die über eine längere Zeit aufgenommen, zu einer Beeinträchtigung des Ernährungszustands und der Vermehrung führen.

Zur ersten Gruppe zählen Stoffe wie Pyrethrum, ein von Chrysanthemenblüten gebildetes Nervengift, das Insekten innerhalb kurzer Zeit tötet, sowie die von über 800 Pflanzenarten gebildeten Cyanide. Zur zweiten Gruppe gehören Substanzen wie Tannin, das die Verdauung beeinträchtigt. Je mehr Tannin aufgenommen wird, desto schlechter entwickeln sich die Raupen. Sie bleiben deutlich schwächer und kleiner. Gegenüber den „normalen" Raupen ist ihre Fortpflanzungsrate beeinträchtigt. Ein besonders wirksamer Abwehrstoff ist Azadirachtin, eine vom Neem-Baum produzierte Substanz, die die Produktion bestimmter Insektenhormone beeinflusst. Durch Aufnahme des Wirkstoffs stoppt das Wachstum der Jungtiere. Bei erwachsenen Tieren wird die Eiablage verhindert.

Die vor allem in den Samen des Neem-Baumes gebildete Substanz findet mittlerweile vor allem im ökologischen Landbau als Pflanzenschutzmittel Verwendung.

Abwehr durch Hormone

Feuerwanzen entwickelten sich unterschiedlich schnell, je nachdem, mit welchem Zeitungspapier ihre Aufzuchtkästen ausgelegt waren. Solche, die auf amerikanischem Papier lebten, entwickelten sich deutlich langsamer als ihre Artgenossen, die europäisches oder japanisches Papier zur Verfügung hatten. Auf der Suche nach den Ursachen hierfür entdeckte man im Holz der Balsam-Tanne *(Abies balsameo),* aus dem das amerikanische Papier gefertigt wurde, eine entwicklungsverzögernde Substanz, die in ihrem Aufbau dem Juvenilhormon glich, das bei vielen Insekten den Fortgang der Entwicklung steuert. Solange es von den Larven produziert wird, häuten sie sich zwar, kommen aber nicht zur Verpuppung.

Inzwischen ist bekannt, dass in manchen Pflanzen mehr Insektenhormone enthalten sind als in den Insekten selbst. BUTANANDT und KARLSON konnten 1954 aus 500 kg Seidenraupen lediglich 25 mg Ecdyson isolieren. Aus derselben Menge Tüpfelfarn-Rhizomen *(Polypodium vulgare)* sind es dagegen 10 kg! Viele solcher zum Schutz vor Tierfraß im sekundären Stoffwechsel von Pflanzen „nachgemachten" Hormone finden heute als natürliche Pflanzenschutzmittel Verwendung.

Literaturhinweise

DREYER, W.: Phytophage an Buchen und Eichen. Unterricht Biologie Heft 253, Friedrich Verlag, Velber 2000

DULITZ, M.: Abwehrstrategien der Pflanze. Unterricht Biologie Heft 243, Friedrich Verlag, Velber 1999

Blätter wehren sich

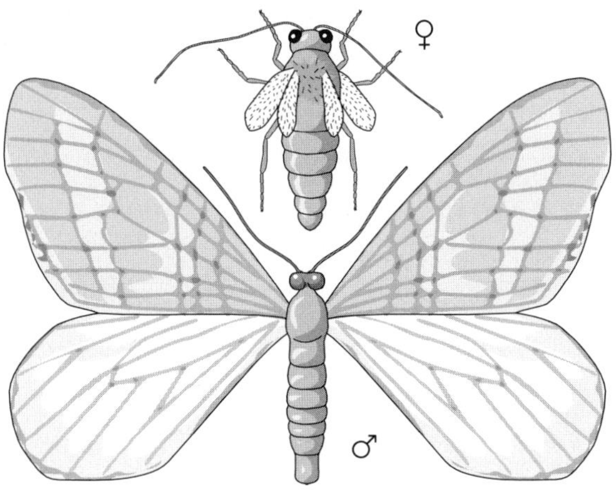

Die Raupen des Gemeinen Frostspanners ernähren sich hauptsächlich von Eichenblättern. Dabei nehmen sie einerseits Proteine auf, Stoffe, die sie zum Wachstum benötigen, andererseits aber auch Gerbstoffe oder Tannine, die von den Blättern als Abwehrstoffe hergestellt werden. Die Schäden, die sie dabei verursachen, reichen von einzelnen Blattlöchern bis hin zum Kahlfraß bei Massenbefall.

Forscher haben untersucht, wie sich die Zusammensetzung der Inhaltsstoffe in den Eichenblättern über das Jahr hinweg ändert (Abb. 1 und 2) und wie die Raupen des Frostspanners auf diese Schwankungen reagieren (Abb. 3).

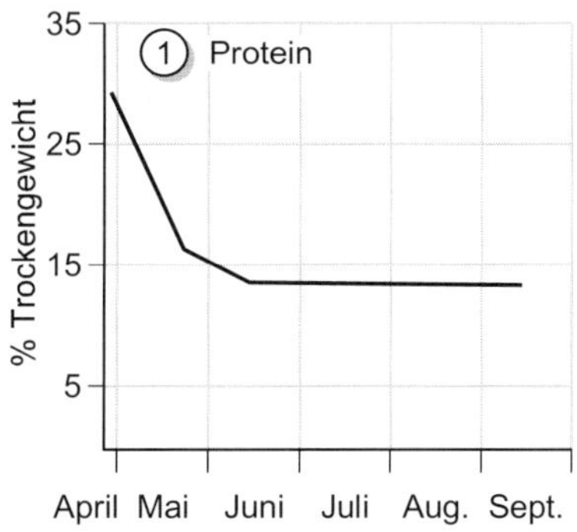

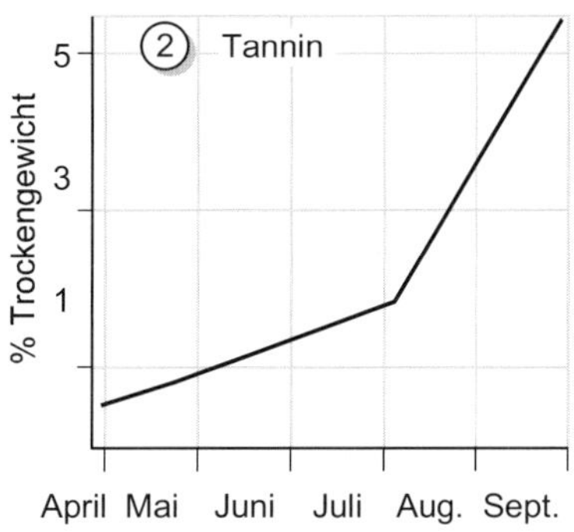

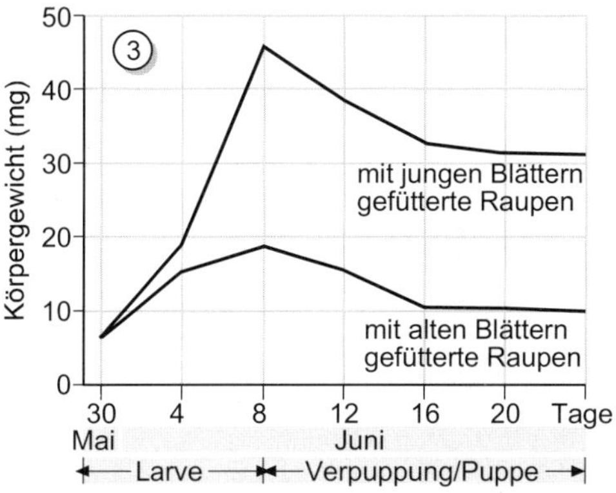

Aufgaben

1. Welchen Vorteil haben Schmetterlingsraupen, die sich im April / Mai von Eichenblättern ernähren?

____

____

2. Welche Probleme ergeben sich für Raupen, die erst im August zur Entwicklung kommen?

____

____

3. Beschreibe den Einfluss von Tannin auf die Entwicklung der Raupen.

____

____

4. Inwiefern wirkt sich der erhöhte Tanningehalt der Eichenblätter auch auf die natürlichen Feinde der Frostspannerraupen wie Meisen, Spechte und Eichelhäher aus?

____

____

Populationsökologisches Würfelspiel (nach K. Carow)

Ziel des Spieles ist es, durch eine Simulation die wechselseitige Beeinflussung von Räuber- und Beutepopulation zu erkennen.

Spielfeld

						1
						2
						3
						4
						5
						6
1	2	3	4	5	6	

Spielregeln

Ein Spieler vertritt die Räuber, der zweite die Beutepopulation. Zu Beginn wird das Spielfeld beliebig mit 10 Plättchen der Räuber- und 10 Plättchen der Beutepopulation besetzt. Es können auch andere Ausgangszahlen benutzt werden, wenn mindestens 15 Felder besetzt sind. Der Protokollant notiert dies. Mit einem Würfel wird die waagrechte, mit dem anderen die senkrechte Koordinate ermittelt. Räuber und Beute würfeln abwechselnd. Für das Zusammentreffen von Räuber und Beute gelten folgende Regeln:

1. Trifft der Räuber auf ein Beutefeld, so darf er dessen Stein umdrehen (die Räuberpopulation wächst um eins, die Beute verliert zwei Tiere).
2. Trifft der Räuber auf ein leeres oder eigenes Feld, so verliert er einen Spielstein, d. h. das Plättchen wird vom Spielfeld entfernt. (Der Marienkäfer verhungert infolge von Nahrungsmangel.)
3. Trifft die Beute auf ein leeres oder eigenes Feld, so erhält sie einen Spielstein dazu, der auf das erwürfelte oder ein benachbartes Feld gelegt wird (Vermehrung infolge guter Nahrungsbedingungen).
4. Trifft die Beute auf einen Räuber, so passiert nichts (keine Vermehrung möglich, eventuelle Nachkommen werden vom Räuber gefressen).
5. Ist das Spielfeld vollständig besetzt, können die Populationen nicht mehr wachsen. Beide Spieler dürfen auch dann weiterwürfeln, wenn ihre Populationen ausgestorben sind oder nicht mehr wachsen können.
6. Der Protokollant notiert nach jeweils 5 Räuber- und Beutewürfeln die Anzahl der Marienkäfer bzw. Blattläuse im Protokollbogen.
7. Das Spiel ist frühestens nach 300 Würfen beendet. Der Spielverlauf wird dann in einem Koordinatensystem dargestellt (x-Achse: Zahl der Würfe, y-Achse: Anzahl der Individuen; durchgezogene Kurve: Beute; gestrichelte Kurve: Räuber).

Populationsökologisches Würfelspiel (nach K. Carow)

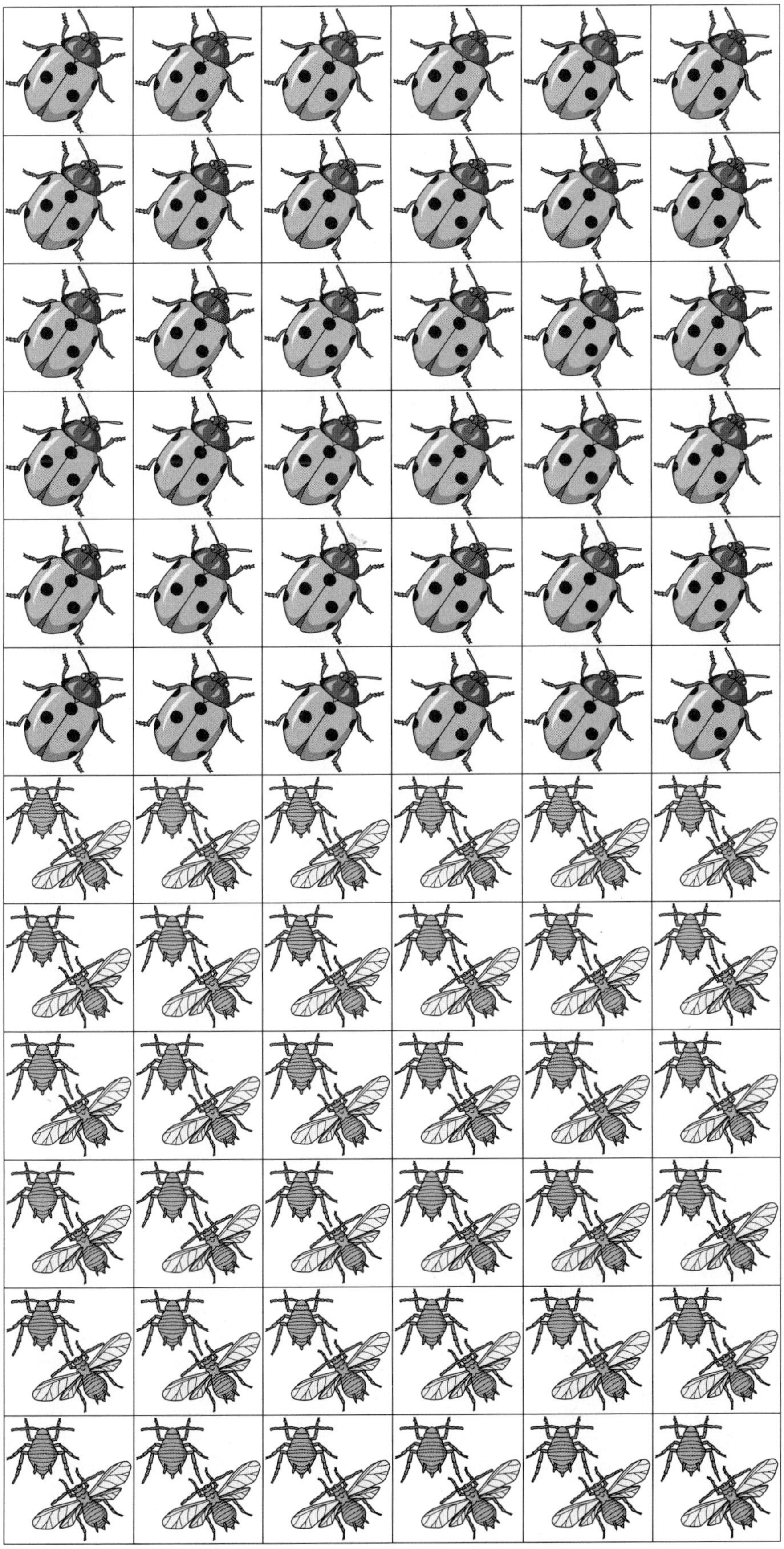

Material:
- 2 verschiedenfarbige Würfel
- Spielfeld und Spielsteine (s. u.)
- Protokollbogen

Anzahl der Teilnehmer:
- 2 Spieler,
- 1–2 Protokollanten

Ziel des Spieles:
Durch eine Simulation soll die wechselseitige Beeinflussung der Räuber- und Beutepopulation erkannt werden.

Bastelanleitung:
Die Vorlage für das Spielfeld und die Spielsteine im gleichen Maßstab vergrößert kopieren. Zur Herstellung der Spielsteine den Bogen ausschneiden, an der Mittellinie falten, zusammenkleben und in 36 Plättchen zerschneiden. Jedes Spielplättchen stellt wechselseitig Blattläuse und Marienkäfer dar. Zur besseren Haltbarkeit kann das Material laminiert werden.

Destruent
Regenwurm
Schädlingsbekämpfung
Wald

Tote Tiere und Pflanzen werden im Boden zersetzt

Schülerbuch Seite 118

① Welche Organismen nutzen die Mineralstoffe, die am Ende der Abbaukette freigesetzt werden?

– *Die Pflanzen brauchen die im Boden befindlichen leicht löslichen Mineralstoffe, die von den Wurzeln aufgenommen werden, zur Synthese von Baustoffen und Wirkstoffen.*

Arbeitsblatt Seite 125

1. 1: Wasser: 100 %
   2: Insektizid 0,025 %: 70 %
   3: Fungizid 0,005 %: ≈ 53 %
   4: Fungizid 0,025 %: 10 %
   Bei Behandlung mit Wasser wurden alle Zweigstücke bewegt bzw. eingezogen. Sowohl das Insektizid als auch das Fungizid vermindern die Aktivität erheblich. Nur wenige Aststückchen werden bewegt bzw. eingezogen. Je höher die Konzentration, desto stärker die Wirkung.
2. Das Fungizid zeigt stärkere Wirkung, da bei vergleichbarer Konzentration die Aktivität der Regenwürmer fast völlig lahm gelegt ist.
3. Der Kontrollversuch zeigt die Aktivität der Tiere ohne Schädigung.

Humusbildung

Destruenten bauen abgestorbenes pflanzliches und tierisches Material ab, um dadurch ihren Energie- und Nährstoffbedarf zu decken. Man unterscheidet *Erstzersetzer*, wie Schnecken, Asseln und Tausendfüßer, und *Folgezersetzer*, wie Milben und Springschwänze, die das zerkleinerte Material und die Kotballen der Erstzersetzer weiterverarbeiten. Die endgültige Mineralisation erfolgt dann durch verschiedene Bakterien- und Pilzarten. Bestimmte Pflanzenbestandteile wie Lignin werden beim Abbau nicht mineralisiert, sondern in einem Mumifizierungsprozess nur bis zu bestimmten Abbaustufen umgewandelt. Aus dem Lignin entstehen so Polyphenole, die zusammen mit Huminsäuren den Bodenhumus ergeben. Wenn sich die mineralischen Tonbestandteile des Bodens mit den organischen Humusstoffen verbinden, entstehen Ton-Humus-Komplexe. Diese Komplexe sind in der Lage, Nährsalzkationen wie Mg^{2+} und K^+ oberflächlich zu adsorbieren. Im Gegensatz zu den Nährsalzanionen können diese nur schwer aus dem Boden ausgewaschen werden. Die Kationen werden von den Pflanzen im Austausch gegen Wasserstoffionen aufgenommen. Die Humuskomplexe sind in der Lage, auch giftige Metallkationen wie Al^{3+}, Cd^{2+} und Pb^{2+} zu binden. Auf diese Weise wird verhindert, dass diese Kationen ins Grundwasser gelangen. Die Mineralisation der Humusstoffe erfolgt nur sehr langsam.

Verwertbarkeit von Laub durch Destruenten

Organismen benötigen zum Aufbau ihres Körpers Stickstoff. Pflanzenteile mit hohem Stickstoffanteil und geringerem Kohlenstoffanteil werden deshalb bevorzugt abgebaut. Das Verhältnis von Kohlenstoff und Stickstoff (C/N) wird als Zahlenwert angegeben. Hohe Werte stehen für einen geringen Stickstoffanteil. Buchenlaub hat ein hohes C/N-Verhältnis, die Destruenten finden daher ungünstigere Verhältnisse vor als in der Streu eines Mischwaldes. Im Buchenwald erfolgt die Zersetzung der Laubstreu deshalb bedeutend langsamer.

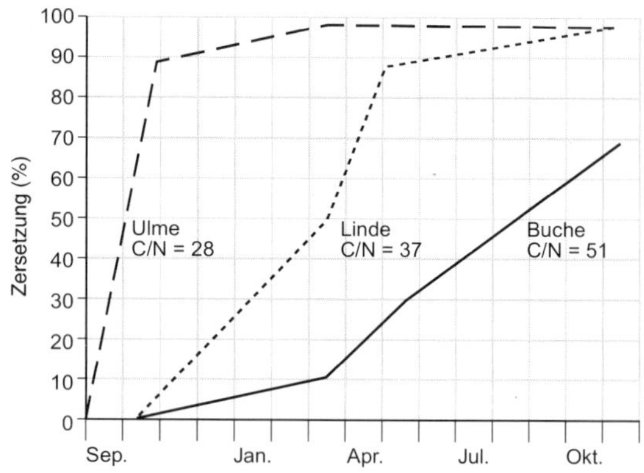

Abbau von Laubstreu

Bodenluft und Bodenfauna

Mit zunehmender Tiefe nimmt der Sauerstoffgehalt des Bodens deutlich ab. Durch die Tätigkeit der Bodenfauna kommt es zu einer Anreicherung von Kohlenstoffdioxid. Im Vergleich zu ihren oberirdischen Verwandten ertragen die Bodenorganismen diese erhöhten Konzentrationen ohne Probleme.

Bodenart	Bodentiefe	CO_2-Gehalt
Sandböden	15 cm	0,25 %
	30 cm	0,31 %
Gründlandböden	15 cm	1,46 %
	45 cm	1,64 %
Ackerböden	15 cm	0,34 %
	45 cm	0,45 %
	1 – 4 m	4 – 8 %
Fichtenwaldböden	15 cm	1,13 %
	70 cm	9,39 %

Tab. 1 Kohlenstoffdioxidgehalt in der Bodenluft

Was hat dem Regenwurm den Appetit verdorben?

Neben zahlreichen anderen Organismen sind an der Zersetzung der Laubstreu auch Regenwürmer beteiligt. In einem Experiment wurde untersucht, wie Regenwürmer auf Substanzen zur Bekämpfung z. B. von Borkenkäfern *(Insektizide)* und zur Bekämpfung von Holzpilzen *(Fungizide)* reagieren. Als Maß für die Zersetzeraktivität der Regenwürmer wurde deren Leistung bei der Beseitigung von Zweigstückchen in einem Versuchsfeld herangezogen. Zweigstückchen, die 12 Stunden nach dem Einsatz eines Insektizids bzw. Fungizids bewegt wurden, sind mit (/) gekennzeichnet, solche, die ganz oder teilweise in den Boden eingezogen wurden, mit (•).

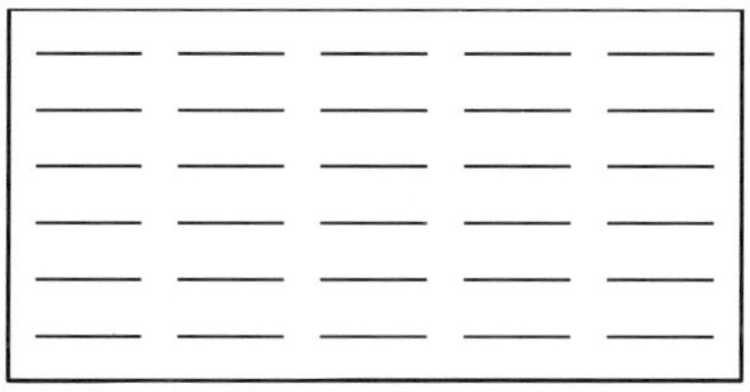

Zweigstücke zu Versuchsbeginn

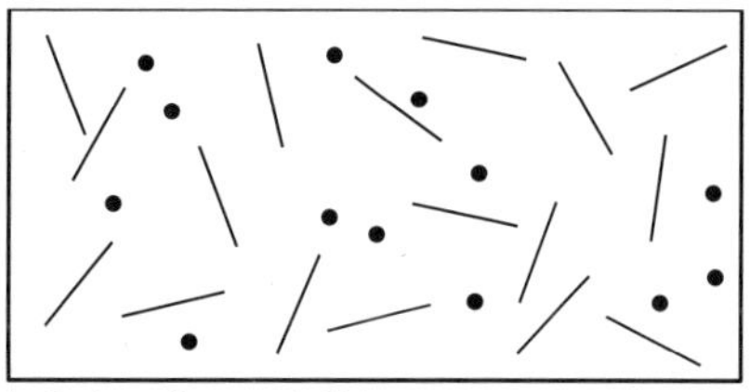

1: Behandlung mit Wasser

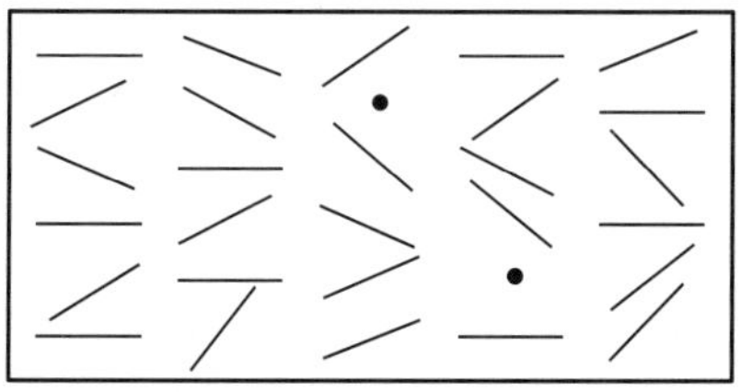

2: Behandlung mit Insektizid (0,025 %)

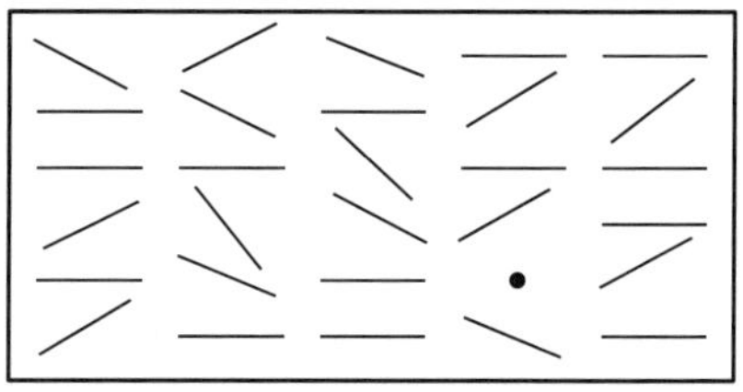

3: Behandlung mit Fungizid (0,005 %)

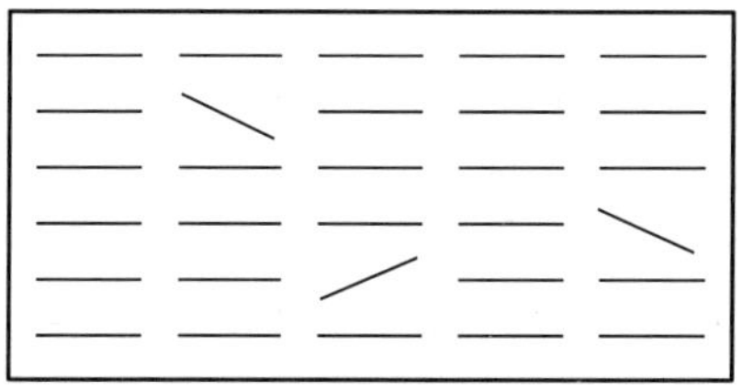

4: Behandlung mit Fungizid (0,025 %)

Aufgaben

1. Berechne jeweils den Anteil der bewegten einschließlich der in den Boden eingezogenen Zweigstückchen. Stelle die Ergebnisse in einem Diagramm dar und beschreibe sie.

2. Welche der beiden ausgebrachten Substanzen hat die stärkere Wirkung? Begründe deine Meinung.

3. Welche Bedeutung hat der Versuch mit Wasser?

Projekt: Untersuchungen im Wald

Boden, Destruent, Eiche, Fotosynthese, Ökosystem, Pilz, Produzent, Projekt, Wald

Herstellung eines Flaschengartens

Ein Glas mit mindestens drei Litern Inhalt (für kleinwüchsige Arten) wird zunächst mit einer Schicht Holzkohle und dann mit Erde bis zu einem Viertel gefüllt. Bepflanzt werden kann mit Moospolstern, Farnen, Flechten und Efeu. Nach dem Angießen wird das Glas verschlossen und an einem hellen, aber nicht zu sonnigen Ort aufgestellt. Sollte das Glas beschlagen, wird kurz gelüftet, ansonsten ist keine Pflege notwendig.

Mögliche Beobachtungen bzw. Untersuchungen: Tiere im Boden und im Moos, Veränderung der Luft- und Bodentemperatur.
Mögliche Fragestellung: Handelt es sich um ein offenes oder geschlossenes System?

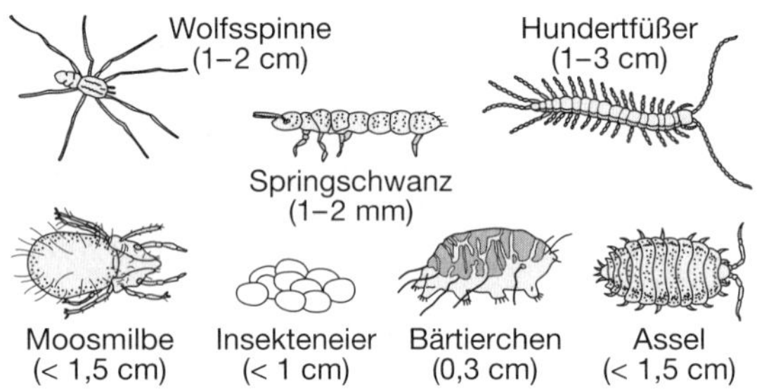

Einrichten eines Miniterrariums

In einer Petrischale, die mit einer 2 bis 3 mm hohen Schicht Agar ausgegossenen wurde (2 g Agarpulver in 100 ml Wasser aufkochen), werden kleine Moospolster und/oder Flechtenkrusten eventuell mit anhaftender Borke so aufgebracht, dass noch freie Agarflächen sichtbar sind. Der Deckel der Petrischale wird aufgelegt und mit einem Klebeband fest verschlossen. Die verschiedenen Tiere (z. B. Milben, Bärtierchen, Spinnen, Asseln etc.) innerhalb des Miniterrariums können beobachtet und bestimmt werden.

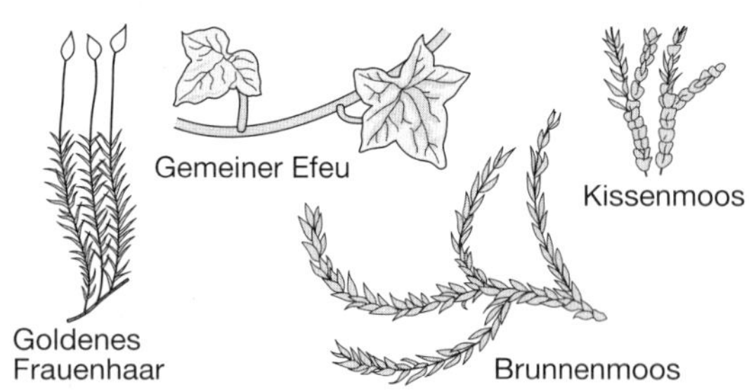

Versuche zur Keimung

Im Oktober werden Eicheln und Bucheckern in Blumentöpfen ausgesät und angegossen. Plastiktüten mit kleinen Luftlöchern verhindern das Austrocknen. Sie werden in den Kühlschrank gestellt und im März herausgeholt.

Nachweis von Stärke, Fett und Zucker in Eicheln und Bucheckern

Stärkenachweis: Einige Stücke kleingehackter Eicheln werden in einem Mörser oder mit einem Pürierstab zu Mehl verarbeitet. In einem Reagenzglas kann man in der Mehlprobe Stärke nachweisen. Auch bei einer geschälten Buckecker kann auf diese Weise Stärke nachgewiesen werden.

Fettnachweis: Mit Eichelmehl und einer zerdrückten Buchecker wird der Fettnachweis durchgeführt (Fettfleckprobe). Der Nachweis verläuft nur bei der Buchecker positiv.

Zuckernachweis: In einem Reagenzglas wird eine Spatelspitze Eichelmehl in 5 ml Wasser aufgelöst. Nach Zugabe von Fehling'scher Lösung und Erwärmen im Wasserbad kann Zucker nachgewiesen werden. Der Zuckernachweis gelingt ebenso bei einer Buchecker.

Herstellung von Eichelkaffee und Eichelkakao

Die Eicheln werden getrocknet und nach dem Entfernen der Samenhüllen geröstet. Dadurch werden die bitteren Gerbstoffe zerstört. Nach dem Mahlen der gerösteten Eicheln übergießt man einige Teelöffel des Mehls mit heißen Wasser. Nach dem Ziehen wird der Extrakt durch einen Filter gegossen. Setzt man dem Eichelpulver nach Geschmack Zucker und Kakao zu, so erhält man eine andere Geschmacksrichtung, die eventuell durch den Zusatz von Milch noch verbessert werden kann.

Extraktion von Gerbstoffen aus Blättern

Ein Eichen- oder Buchenblatt wird mithilfe einer Schere zerkleinert, die Stückchen werden jeweils in ein Reagenzglas gegeben, das Glas zu etwa $^3/_4$ mit Wasser aufgefüllt und locker mit einem Stopfen verschlossen. Der Versuchsansatz wird 10 Minuten im siedenden Wasserbad erhitzt. Die überstehende gelbbraune Lösung wird in ein zweites Reagenzglas abgegossen. Bei Zugabe einiger Tropfen verdünnter Säure (HCl, 10 %) erfolgt ein typischer Farbumschlag. Je dunkler die Färbung, desto mehr Gerbstoff enthält die Lösung. Gibt man zu der so gewonnenen Lösung verdünnte Eisen-II-chlorid-Lösung hinzu, entsteht eine blaue Tinte.

Pilzanbau

Holz zersetzende Pilze, wie Austernpilze, Limonenpilze, Samtfußrüblinge und Shitakepilze können auf Stroh oder Holz auf einfache Weise kultiviert werden. Versand der Pilzbrut und Informationen zur Zucht: Firma HAWLIK Euro-Pilzbrut GmbH, Postfach, 82062 Großdingharting, www.pilzshop.de

Temperaturmessung im Wald

Verschieden tiefe Löcher (z. B. 30 cm, 10 cm, 5 cm) werden in den Waldboden gebohrt. Die Temperatur in diesen Löchern wird über 1 Minute bestimmt. Zusätzlich wird die Temperatur an der Grenze der Boden- und Luftschicht gemessen. Befestigt man das Thermometer an einer über einen Ast geworfenen Schnur, kann durch Hochziehen der Schnur die Temperatur in 50 cm, 100 cm bzw. 150 cm Höhe bestimmt werden. Die Ergebnisse können in einem Diagramm dargestellt werden.

Bestimmung des Wassergehaltes von Pflanzen

Krautige Teile verschiedener Pflanzen werden abgewogen und zerkleinert. Die zerkleinerten Pflanzenteile bringt man in Petrischalen für einige Stunden oder über Nacht bei ca. 105 °C in den Trockenschrank. Nach dem Abkühlen wird der Masseverlust bestimmt. Er entspricht dem Wassergehalt der Pflanzen und wird in Prozent des Frischgewichts angegeben.

Wassergehalt verschiedener Pflanzen:
Kreuzdorn 55 %, Holunder 85 %, Rotbuche 68 %

Bestimmung des Bodenwassergehaltes

Bodenproben verschiedener Art (zum Schutz vor Wasserverlust in Plastiktüten transportieren) werden genau gewogen und in Petrischalen flach ausgebreitet. Die Schalen werden im Trockenschrank bei etwa 105 °C über einen Tag getrocknet und ihr Inhalt nach dem Abkühlen erneut gewogen. Der Masseverlust entspricht dem Wassergehalt des Bodens zur Sammelzeit und kann in Prozent des Frischgewichts angegeben werden. Zur Bestimmung der Wasserkapazität füllt man eine abgewogene Menge des trockenen Bodens in einen mit Filterpapier ausgelegten Trichter. Nun wird so viel Wasser zugegeben, bis das überschüssige Wasser aus dem Filter läuft. Die Masse des wassergesättigten Bodens abzüglich der Masse des trockenen Bodens ergibt die Wasserkapazität des Bodens, die in Prozent des Trockengewichts angegeben wird.

Wasserkapazität verschiedener Böden:
Sandboden: 19 %, humusreicher Sandboden: 53 %, Moorboden: 126 %

Untersuchung des Kalkgehaltes von Böden

Bodenproben werden auf einem Uhrgläschen mit verdünnter Salzsäure (ca. 10%ig) übergossen. Anhand der ablaufenden Reaktion kann man auf den Kalkgehalt des Bodens schließen.

Reaktion	Kalkgehalt in %
keine	unter 0,5
kurze, schwache Gasentwicklung	0,5 – 2
kurze, stärkere Gasentwicklung	3 – 4
lange, starke Gasentwicklung	5 und mehr

Nachweis der Wasserverdunstung

Filterpapier wird mit 5%iger Kobaltchloridlösung getränkt und im Trockenschrank getrocknet. Ober- und Unterseite eines Blattes werden mit jeweils einem Streifen des trockenen Papiers bedeckt und der Versuchsansatz wird mit zwei Objektträgern und Gummiringen vorsichtig fixiert (Blattadern nicht verletzen. Die Farbänderungen treten an den Stellen auf, die zwischen den Blattadern liegen). Nach ca. 15 Minuten schlägt die Farbe auf der Blattunterseite von blau nach rosa um.

Bestimmung der Blattoberfläche

Die Bestimmung der Blattoberfläche ist auf zwei Arten möglich:

- Durch Übertragung des Blattumrisses auf Millimeterpapier und Auszählen der abgedeckten Fläche.
- Durch Wägung: Von einem rechteckigen Karton, der etwas größer sein muss als das zu untersuchende Blatt, werden der Flächeninhalt (A_1) und die Masse (m_1) bestimmt. Nach dem Übertragen des Blattumrisses auf den Karton wird das „Blatt" ausgeschnitten und gewogen (m_2). Die Blattoberfläche (A_2) kann mit folgender Formel bestimmt werden:

$$A_2 = \frac{A_1 \cdot m_2}{m_1}$$

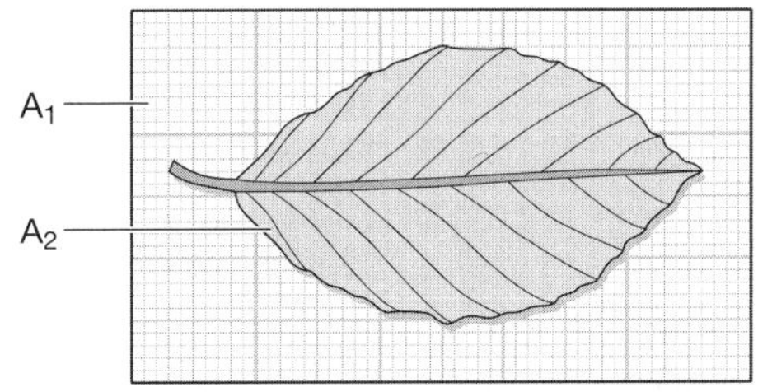

Die gesamte Blattoberfläche des Baumes kann berechnet werden (Annahme: Eine 100-jährige Buche besitzt 600 000 Blätter) und mit der Standfläche des Baumes verglichen werden (Kreis mit r = 5 m).

Abbau von Blättern

Als Versuchsobjekte eignen sich Blätter von Eichen und Buchen sowie Erlen, Ulmen und Eschen. Aus den Blättern werden quadratische Stücke (1,5 cm x 1,5 cm) mit möglichst wenig großen Blattadern geschnitten. Jeweils vier Stücke unterschiedlicher Baumarten werden in eine Petrischale gebracht, deren Boden mit einer dünnen Schicht feuchter Garten- oder Komposterde bedeckt ist. Die Schale wird geschlossen, der Deckel beschriftet und der Versuchsansatz warm gestellt, evtl. muss gegossen werden.
Ergebnis: Eichen- und Buchenlaub zersetzt sich sehr viel langsamer als das Laub der anderen Baumarten.

Der Versuch kann abgewandelt werden, indem jeder Petrischale vier Kellerasseln zugesetzt werden.
Ergebnis: So lange Alternativen vorhanden sind, meiden die Asseln das Laub von Eichen und Buchen.

Konsument
Nahrungskette
Nahrungsnetz
Ökosystem
Produzent

Der Kreislauf der Stoffe und der Weg der Energie

! Schülerbuch Seite 123

① Erläutere mithilfe von Abb. 1, weshalb Nahrungsketten nicht beliebig lang sind.

– *Die verfügbare Energie nimmt in der Nahrungskette sehr schnell ab. Setzt man den Energiegehalt der Biomasse von grünen Pflanzen gleich 100 %, speichern die Pflanzenfresser (Erstverbraucher) davon nur 10 %. Auf jeder weiteren Trophieebene (Zweit- und Drittverbraucher) werden wieder jeweils nur 10 % der Energie gespeichert. Deshalb hat eine Nahrungskette selten mehr als vier Glieder bzw. Trophiestufen, weil die Menge der verfügbaren Energie schließlich zu gering ist.*

② Erläutere, weshalb der Weg der Energie einer Einbahnstraße ähnelt und ständig nachgeliefert werden muss, sodass die Stoffkreisläufe aufrechterhalten werden können.

– *Alle Lebewesen wandeln einen Teil der freigesetzten Energie in Wärme um, die abgegeben wird. Sie ist so für alle Lebewesen verloren.*

③ Es gab in der Geschichte der Erde Phasen, in denen ein Teil des organischen Materials dem Stoffkreislauf entzogen wurde. Damals entstanden die Kohle- und Erdölvorkommen, die man heute zur Energiegewinnung wieder verbrennt.
   a) Wie muss sich damals der Kohlenstoffdioxidgehalt der Atmosphäre verändert haben?
   b) Welche Auswirkungen hat heute die Verbrennung von Kohle und Erdöl auf die Atmosphäre? Begründe.

– *a) Kohle, Erdöl und Erdgas enthalten Kohlenstoff, der aus dem Abbau von pflanzlichen oder tierischen Organismen stammt, letztlich also auf die Fotosyntheseleistung grüner Pflanzen zurückzuführen ist. Durch die Bildung fossiler Energielager wurde der CO_2-Gehalt der Atmosphäre verringert.*
b) Durch die Verbrennung fossiler Energieträger nimmt der CO_2-Gehalt der Atmosphäre heute wieder zu. Diese Zunahme ist in den vergangenen 100 Jahren bereits nachweisbar. Sie wird sich mit großer Wahrscheinlichkeit auf das Klima auswirken: CO_2 ist zu 50 % an den Auswirkungen des Treibhauseffekts beteiligt. Dafür spricht: In den letzten 100 Jahren hat sich die Weltdurchschnittstemperatur bereits um 0,5 °C erhöht. Da sich dies jedoch im Bereich normaler Schwankungen befindet, ist der Zusammenhang noch nicht beweiskräftig.

1 g Kohlenstoff entspricht:

2,2 g pflanzlicher Trockensubstanz

1,7 g organischer tierischer Trockensubstanz

1 g Trockenmasse entspricht ca. 21 kJ

Arbeitsblatt Seite 129

3. z. B. Bakterien, Pilze, Regenwürmer. Sie schließen den Stoffkreislauf, indem sie aus organischen Stoffen Mineralsalze herstellen, die für die Produzenten lebensnotwendig sind.
4. Es fehlt die von der Sonne gelieferte Energie. Im Gegensatz zum Stoffkreislauf geht beim Durchlauf durch das Ökosystem Energie verloren. Zum Antrieb der Vorgänge muss deshalb ständig Energie durch die Sonne nachgeliefert werden.

Z Energie im Ökosystem

Außerhalb der irdischen Atmosphäre erhält eine senkrecht zur Sonnenstrahlung stehende Fläche einen Energiebetrag von 8,37 $kJ/cm^2 \cdot min$ zugestrahlt. Dieser als *Solarkonstante* bezeichnete Wert, kann z. B. mithilfe von Erdsatelliten bestimmt werden. An der Atmosphärengrenze beträgt der durchschnittliche Energiefluss nur noch rund 2 $kJ/cm^2 \cdot min$. Von diesem Energiebetrag gehen beim Durchtritt des Sonnenlichts durch die Atmosphäre und beim Auftreffen auf die Erdoberfläche durch Absorption, Reflexion, Streuung und Umwandlung in Wärme etwa 50 % verloren. Die Pflanzen der Biosphäre können nur einen außerordentlich geringen Bruchteil der auf die Erdoberfläche auftreffenden Sonnenstrahlen, zwischen 0,1 % und 4 %, in Form von chemischer Energie speichern.

Ein Teil der von den Pflanzen erzeugten Biomasse (40 – 60 %) wird von ihnen selbst zur Energiegewinnung veratmet. Die verbleibenden Biomasse dient dem Aufbau der Körpersubstanz der Pflanzen. Man bezeichnet sie als *Nettoprimärproduktion*. Der Übergang der Biomasse von der ersten in die zweite Trophieebene des Ökosystems vollzieht sich mithilfe der Pflanzenfresser. Er erfolgt unter einem hohen Energieverlust. Bis zu 90 % der in der pflanzlichen Biomasse gespeicherten Energie kann dabei für den Konsumenten verloren gehen. Ähnlich sind die Verhältnisse beim Übergang in höhere Trophieebenen. In der Regel verfügen Ökosysteme deshalb nur über 3 bis 4 Trophieebenen.

Ökologische Pyramiden

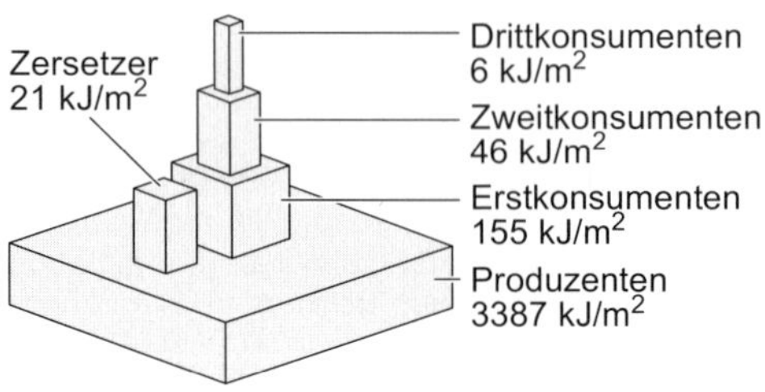

Energiegehalt der Biomasse der Lebewesen

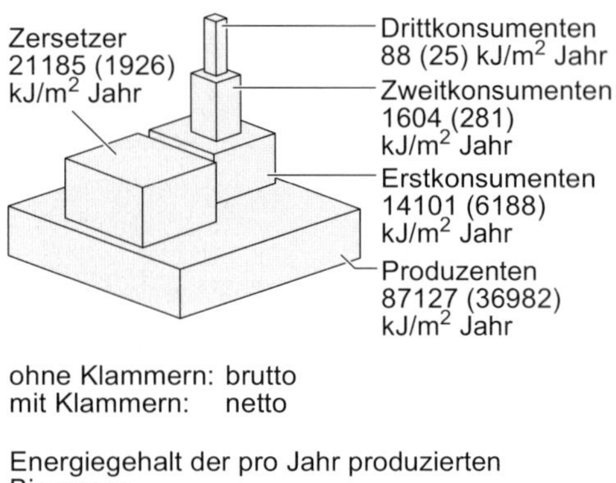

ohne Klammern: brutto
mit Klammern: netto

Energiegehalt der pro Jahr produzierten Biomasse

Stoffkreislauf und Energiefluss im Ökosystem

Die Organismen eines Ökosystems sind über Nahrungsketten und Nahrungsnetze miteinander verbunden. Über sie erfolgt die Weitergabe von Stoffen und von Energie. Das folgende Schema zeigt einen Ausschnitt aus dem Ökosystem Wald.

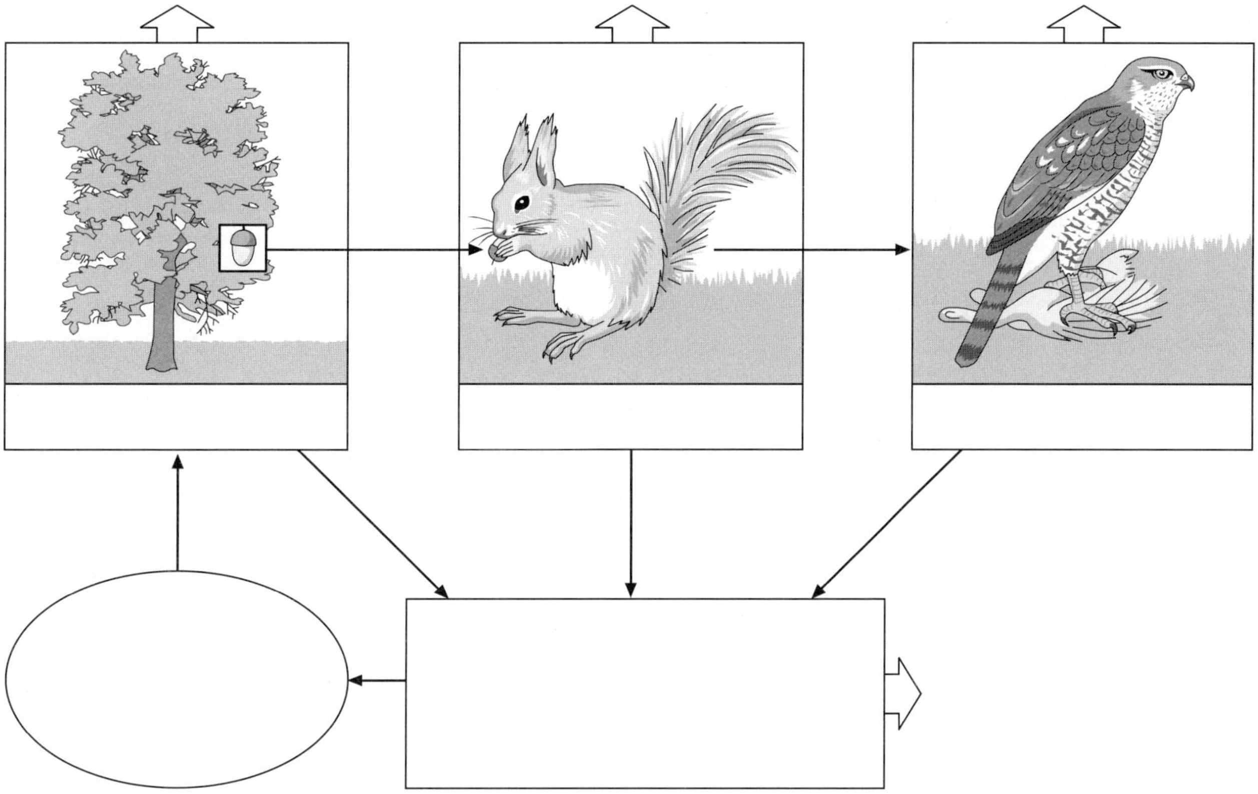

Aufgaben

1. Trage in das Schema die folgenden Begriffe ein: Produzent, Erstverbraucher (Pflanzenfresser), Zweitverbraucher (Fleischfresser), Destruent, Mineralsalze.

2. Kennzeichne den Weg der organischen Stoffe mit roter Farbe, den der Mineralsalze mit blauer und die verloren gegangene Energie mit grüner Farbe.

3. Gib drei Beispiele für die Gruppe der Destruenten an und erläutere ihre Aufgabe im Ökosystem.

4. Warum kann ein Ökosystem, so wie es im Schema dargestellt ist, nicht funktionieren? Was fehlt?

3 Die Bedeutung des Waldes für den Menschen

Vom Urwald zum Nutzwald

Schülerbuch Seite 126

① Erläutere, welche Auswirkungen Monokulturen aus Fichten auf lange Sicht auf die Entwicklung von Schädlingen, den Boden und die Vielfalt der Pflanzen- und Tierwelt haben. Begründe.

– *Die Vermehrung und Verbreitung der Schädlinge wird gefördert. Der Boden verarmt an den von der jeweiligen Art besonders viel aufgenommenen Mineralstoffen. Die monotone, gleich bleibende Umgebung bewirkt, dass wenige, gut angepasste Arten überwiegen.*

Arbeitsblatt Seite 131

1. Der Gesetzgeber definiert, was unter Wald zu verstehen ist. Umnutzungen von Waldflächen sind genehmigungspflichtig; genehmigte Waldrodungen oder Kahlhiebe müssen spätestens nach drei Jahren wieder aufgeforstet werden. Durch Beratung und finanzielle Förderung von staatlichen Stellen wird privaten Waldbesitzern eine sachgemäße Bewirtschaftung ihres Waldes ermöglicht. Diese Maßnahmen bewirken, dass die Fläche des Waldes nicht abnimmt und die Qualität des Waldes erhalten bleibt.

Die forstwirtschaftliche Nutzung des Waldes

Man unterscheidet Bestandsbegründung und Bestandspflege. Die Begründung kann durch Saat oder Pflanzung, bei Altwaldbeständen durch Verjüngung erfolgen. Bei der Pflege werden verschiedene Phasen unterschieden:

1) *Jungwuchsphase:* Zeitspanne von der Begründung bis zum Zeitpunkt, an dem sich die Pflanzen berühren; Plantage muss gegen Wildverbiss geschützt werden, Konkurrenz von unerwünschten Pflanzenarten wird ausgeschaltet, nötigenfalls wird gedüngt;
2) *Dickungsphase:* Pflanzen sind mannshoch, schlecht gewachsene Bäume werden entfernt;
3) *Durchforstungsphase:* Gut geformte Bäume, sogenannte Zukunftsstämme, bleiben in ausreichendem Abstand voneinander stehen, die anderen werden mit Farbtupfern markiert und entfernt.

Nachhaltigkeit und Waldwirtschaft

Der Begriff „Nachhaltigkeit" wird zum ersten Mal 1757 in dem ersten umfassenden forstwirtschaftlichen Lehrbuch „Grundsätze der Forstökonomie" von WILHELM GOTTFRIED MOSER erwähnt. Der Autor beschreibt die durch Waldübernutzung ausgelöste ökologische, ökonomische und soziale Krise. Schon zu dieser Zeit ist eine Aufspaltung des Nachhaltigkeitsverständnisses in einen rein ökonomischen und einen stärker ökologisch ausgerichteten Ansatz zu verzeichnen. Forstwirtschaftliche Nachhaltigkeit ist auch heute nicht deckungsgleich mit ökologischer Nachhaltigkeit, weil die forstliche Erhaltung eines Waldes den natürlich ablaufenden Prozessen entgegengesetzt sein kann.

Literaturhinweise

Agrarwirtschaft, Fachstufe Landwirt, 5. Aufl. BLV München 1997
JÜDES, U. (Hrsg.): Nachhaltigkeit. Themenheft Unterricht Biologie, Heft 261, 2001
JÜDES, U.: Agenda 21. Nachhaltige Sprachverirrung: Auf der Suche nach einer Theorie des Sustainable Development. In: Politische Ökologie, Heft 52, S. 26 ff, 1997
LINCK, G. et al.: Nachhaltige Land- und Forstwirtschaft. Springer Verlag, Berlin 1997
RADKAU, J.: Natur und Macht; Eine Weltgeschichte der Umwelt. C.H. Beck Verlag, München 2000
SCHACHTNER, S.: Größer, schneller, mehr. Zur Geschichte der industriellen Papierproduktion und ihrer Entwicklung in Bergisch Gladbach. Rheinland Verlag, Köln 1996

Medienhinweise

Internet:
www.bergischgladbach.de/stadtinfos/museen/rheinmuseum.htm
Rheinisches Industriemuseum Papiermühle Alte Dombach, 51465 Bergisch-Gladbach, Tel.: 02202/936680

Magdeburger Holzordnung von 1618

Ehe jemand Bauholz angewiesen wird, soll derselbe zuvor für jeden Eichbaum, so er abholzen will, wenigstens sechs Eichenheister in selbige Holzung wieder pflanzen.

Geschichte und Nutzung des Waldes

Geschichte des Waldes

Seit der letzten Eiszeit wandelte sich der Wald in Mitteleuropa unter dem Einfluss von Klimaveränderungen vom ursprünglichen Eichen-Mischwald zum Buchen-Mischwald. Der heutige Wald ist das Ergebnis menschlicher Eingriffe in die Vegetationsform. Zu allen Zeiten lieferte der Wald Bau- sowie Brennholz und trug zur Verbesserung der Luft und des Klimas bei. In der Steinzeit diente er den Jägern und Sammlern als Nahrungsquelle, später den Siedlern und Bauern als Weide für Schweine. Durch Rodung, Weide- und Streunutzung wurde der Wald zurückgedrängt und ausgeplündert. Daher wurde eine Regulierung der Nutzungen notwendig.

zu fällen einen schönen Baum
braucht's eine halbe Stunde kaum
zu wachsen, bis man ihn bewundert,
braucht er, bedenk' es, ein Jahrhundert
(EUGEN ROTH)

Waldgesetze

Nach dem Bundeswaldgesetz wird jede „mit Forstpflanzen bestockte Grundfläche, aber auch kahlgeschlagene, verlichtete Flächen, Waldwege, Waldblößen, Lichtungen, Waldwiesen, Holzlagerflächen und weitere mit dem Wald verbundene Flächen“ als Wald bezeichnet. Umwelt- und Forstpolitik müssen die Rahmenbedingungen schaffen, unter denen die Gesundheit und Leistungsfähigkeit des Waldes langfristig gesichert werden kann. Nach dem Bundeswaldgesetz dürfen Waldflächen nur mit Genehmigung der zuständigen Landesbehörden gerodet oder in andere Formen der Bodennutzung umgewandelt werden. Erstaufforstung ist genehmigungspflichtig. Jegliche Form von Waldzerstörung ist verboten, jeder ist verpflichtet Schaden vom Wald abzuwenden, Waldrodungen und Kahlhiebe im Schutzwald müssen vorher genehmigt werden, Kahlflächen sind innerhalb von drei Jahren wieder aufzuforsten. Besitzer haben ihren Wald sachgemäß zu bewirtschaften. Sie werden dabei durch den Staat kostenlos beraten und finanziell unterstützt.

Thema Wald im Internet

- www.bmu.de Das Bundesumweltministerium bietet zahlreiche Verknüpfungen zu Umweltinstitutionen und Verbänden; z. B. Schutzgemeinschaft Deutscher Wald, Forest Stewardship Council = Welt-Forst-Rat
- www.dainet.de Deutsches Agrarinformationsnetz
- www.wwf.de WWF, weiter unter Begriff Wälder
- www.greenpeace.de weiter unter Kampagnen zum Waldschutz
- www.faf.de Schule im Wald

Multifunktionelle Waldnutzung

Die Nutzungsmöglichkeiten des Waldes durch den Menschen lassen sich vier verschiedenen Funktionskreisen zuordnen:

- Wald als Erholungsraum (Sozialfunktion)
- Wald als Produktionsraum (Wirtschaftsfunktion)
- Wald als Komponente in Stoffkreisläufen, Bodenschutz und Klimageschehen (Regulationsfunktion)
- Wald als Heimstätte zahlreicher Organismenarten (Lebensraumfunktion)

Aufgaben

1. Die Geschichte des Waldes zeigt, dass dieses Ökosystem ohne gesetzliche Regelungen keinen Bestand hat. Um eine Gesellschaft, die nicht in der Lage ist, ihre lebenserhaltenden Ökosysteme zu schützen, ist es schlecht bestellt. Der Wald fungiert als gesellschaftlicher „Indikator“ dafür, in welchem Maße es zu einem Ausgleich zwischen ökonomischen und ökologischen Interessen kommt. Welche Lehren wurden aus der wechselvollen Geschichte des Waldes gezogen, um seine Nutzungsmöglichkeiten durch den Menschen auch in Zukunft zu erhalten?

2. Die Gefährdungen des Waldes haben sich im Laufe der Zeit gewandelt. Durch die industriellen Aktivitäten des Menschen kam es zu einer flächenhaften „Vergiftung“ des gesamten Waldökosystems. Die Bundesregierung veröffentlicht regelmäßig einen sogenannten Waldschadensbericht. Informiere dich über die aktuelle Situation des Waldes. Tipp: Bei deinen Recherchen können auch die angegebenen Internet-Adressen hilfreich sein.

Holz
Mikroskopie
Papier
Wald

Holz als Wirtschaftsfaktor

Schülerbuch Seite 127

① In der Mittelspalte sind verschiedene Weiterverarbeitungsformen von Holz dargestellt. Wo finden diese ihre Verwendung? Fertige dazu eine Tabelle an.
– *Hinweis: Außer zu Papier und Holzwolle (Verpackungsmaterial) findet man Hinweise auf die Verwendung der Produkte in Baumärkten.*

② Wieso klemmen deiner Meinung nach Schubladen aus massivem Holz an manchen Tagen, an anderen aber nicht?
– *Holz ist ein natürliches Material, das Wasserdampf aufnehmen kann. Dadurch quillt es auf, das Volumen wird vergrößert. An Tagen mit hoher Luftfeuchtigkeit klemmen deshalb die Schubladen, bei geringer Luftfeuchtigkeit nicht.*

③ Berechne anhand der Daten in der Mittelspalte den Anteil von Altpapier am Gesamtpapierverbrauch.
– *Der Anteil beträgt ca. 73,4 %.*

④ Weshalb wird heute zunehmend Umweltschutzpapier verwendet? Wo wird es vor allem verwendet?
– *Umweltschutzpapier wird zum überwiegenden Teil aus Altpapier hergestellt (geringerer Holz- und Wasserverbrauch, Bleichen ohne Chlorverbindungen). Verwendung findet Umweltschutzpapier z. B. als Verpackungsmaterial, Zeitungs-, Schreib- und Kopierpapier.*

holzhaltiges Papier:
chemisch nur wenig aufbereitet, hoher Anteil an Lignin
- Umdruckpapier
- Paketpapier
- Zeitungspapier
- Papierhandtuch

holzfreies Papier:
chemisch stark aufbereitet, reiner Zellstoff
- Hygienepapier
- Schreibpapier
- Filterpapier

Arbeitsblatt Seite 133

1. In der Längsrichtung reißt Papier glatt-gerade, in der Querrichtung gezackt-schräg. In der Längsrichtung werden die parallel laufenden Fasern nur getrennt, in der Querrichtung zerrissen oder auseinander gezogen.
2. vgl. Folienvorlage
3. Einige Fasern färben sich rot (Lignin), andere bleiben farblos (Zellulose).

Zur Geschichte des Papiers

Die Papierherstellung wurde vor etwa 2000 Jahren in China erfunden. Aus dem Jahre 105 n. Chr. stammt die erste Dokumentation, in der ein Verfahren beschrieben wird, das zur Papierherstellung Fasern des Maulbeerbaumes und Textilabfälle verwendet. Direkte Vorgänger des Papiers sind der aus Ägypten stammende Papyrus und das noch ältere, aus Tierhäuten gewonnene Pergament.

Die zunächst streng gehütete Kunst der Papierherstellung breitete sich von China über Korea und Japan aus, wurde im 8. Jahrhundert von den Arabern übernommen und etwa 400 Jahre später nach Europa gebracht. Die erste Papiermühle wurde um das Jahr 1150 in Spanien gegründet. Die erste deutsche Papiermühle aus dem Nürnberger Raum geht auf das Jahr 1390 zurück.

Hinweise zum Mikroskopieren

Die Phlorogluzinlösung wird auf dem Objektträger mit einem Tropfen mittelstarker Salzsäure versetzt und durch das Präparat gesaugt. Ligninhaltige Zellen färben sich rot, reine Zellulosefasern bleiben farblos. So lässt sich auch das Fehlen von Lignin bei Einkeimblättrigen zeigen.

Im Idealfall lässt sich mikroskopisch unterscheiden, woraus das Papier gefertigt wurde: Nadelhölzer enthalten nur spindelförmige Tracheiden mit runden Hoftüpfeln sowie kurzen Markstrahlen. Nadelholzschliff (Zeitungspapier) enthält ganze, zerrissene oder zerschnittene Tracheiden, evtl. sogar Bündel aus parallel angeordneten Tracheiden, die von Markstrahlen gekreuzt werden. Laubhölzer weisen neben den dünnen Tracheiden und Markstrahlen auch dickere, kurze Tracheen auf.

Literaturhinweis

DIETERLE, A.: Papieruntersuchung mit einfachen Mitteln. In: Unterricht Biologie Heft 187, 1993

Fasererkennung unter dem Mikroskop

a) Nadelbaumzellstoff (Fichte) b) Holzschliff (Fichte) c) Laubbaumzellstoff (Rotbuche)

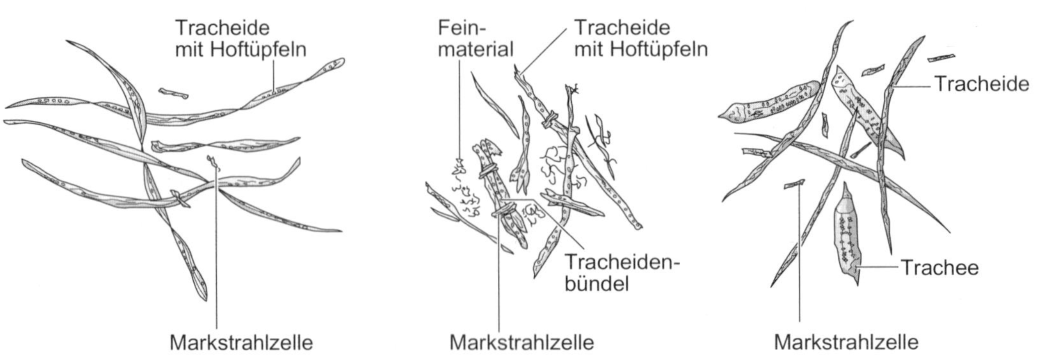

Papier

Obwohl die „Erfindung“ des Papiers in China bereits 2000 Jahre zurückliegt, wird bei uns Holz zur Herstellung von Papier erst seit dem Ende des 18. Jahrhunderts verwendet. Das Holz wird dabei zunächst mechanisch zerkleinert und die so entstandene Masse unter Zugabe von Wasser und verschiedenen Füllstoffen, wie Gips und Stärke, zu einem dünnen Brei verarbeitet. Dieser wird schließlich ausgewalzt und getrocknet. Entfernt man bei der Herstellung des Papiers den Gerüstbaustoff des Holzes, das Lignin, so erhält man das wertvollere „holzfreie“ Papier, das hauptsächlich Zellulosefasern enthält und beispielsweise als Schreibpapier verwendet wird. „Holzhaltiges“ Papier, wie Zeitungspapier, enthält einen höheren Anteil an Lignin und vergilbt, im Gegensatz zum „holzfreien“ Papier rasch. Bei der maschinellen Verarbeitung werden die Fasern in der Laufrichtung der Walzmaschinen ausgerichtet, wodurch man eine glatte Oberfläche erhält.

Aufgaben

1. Bestimme die Faserrichtung von Papier: Reiße dazu Zeitungspapier in der Richtung von oben nach unten und quer dazu ein. Notiere deine Beobachtungen und versuche eine Erklärung zu finden.

2. Mikroskopische Untersuchung: Weiche einen kleinen Papierschnitzel auf dem Objektträger in einem Wassertropfen ein und zerzupfe das Papier anschließend mit Präpariernadeln. Wähle einige kleine Faserbüschel aus und entferne den Rest. Bedecke anschließend das Objekt mit einem Deckglas und mikroskopiere. Fertige eine Zeichnung an.

Zeichnung:

3. Weise Lignin folgendermaßen nach: Sauge einen Tropfen salzsaure Phlorogluzinlösung durch das Präparat. Notiere deine Beobachtungen.

Fichte
saurer Regen
Wald
Waldschäden

Warum ist der Wald so wichtig?
Unsere Wälder sind gefährdet

Schadstufe 0:
ohne Symptome;
Blattverluste zwischen 0 % und 10 %

Schadstufe 1:
schwach geschädigt;
Blattverluste zwischen 11 % und 25 %

Schadstufe 2:
mittelstark geschädigt;
Blattverluste zwischen 26 % und 60 %

Schadstufe 3:
stark geschädigt;
Blattverluste zwischen 61 % und 99 %

Schadstufe 4:
abgestorben

Schülerbuch Seite 129

① Fasse die Rolle des Waldes für den Wasserhaushalt zusammen und nenne mögliche Folgen der Waldzerstörung.
– *Ein großer Laubbaum kann mehrere hundert Liter Wasser pro Tag verdunsten. Ein großer Wald beeinflusst damit durch Entstehung von Verdunstungskälte das Klima einer Landschaft. Das verdunstende Wasser stammt aus Niederschlägen und kann in den Pflanzen (besonders stark z. B. in den Moosen) und im lockeren Waldboden gespeichert werden. Diese Speicherwirkung entfällt nach der Abholzung des Waldes; das Wasser fließt vermehrt oberflächlich ab und schwemmt fruchtbaren Boden mit sich. Die dadurch bedingte Erosion kann so stark sein, dass der felsige Untergrund freigelegt wird, auf dem für lange Zeit keine höheren Pflanzen mehr Fuß fassen können. Am Unterlauf der Flüsse entstehen Überschwemmungen.*

② Informiere dich über die Möglichkeiten der Nutzung alternativer und regenerierbarer Energiequellen. Berichte.
– *Neben der Nutzung von Sonnen-, Wind- und Wasserkraft kommen Biodiesel aus Raps o. ä., der Einstieg in die Wasserstofftechnologie und Brennstoffzellen infrage. Auch das Für und Wider der Kernenergie lässt sich hier diskutieren.*

Schülerbuch Seite 131

① Nenne die Faktoren im Boden, die sich durch sauren Regen verändern und erläutere jeweils, welche Folgen sich für einen Baum ergeben.
– *Die Senkung des pH-Wertes im Boden ist eine Folge der Anwesenheit von Schwefeldioxid sowie Stickstoffoxiden in der Luft und führt über mehrere Wege (indirekt) zu Schädigungen. Nährstoffe werden ausgewaschen. Damit sind sie für die Wurzeln nicht mehr in ausreichender Menge verfügbar. Die Mykorrhizapilze werden geschädigt. Dadurch ist die Aufnahme der vorhandenen Nährstoffe eingeschränkt. Giftige Schwermetallionen, die vorher fest an Bodenteilchen gebunden waren, können in Lösung gehen und über die Wurzeln aufgenommen werden. Dadurch wird der Baum geschädigt. Dies wird im Vertrocknen der Wipfel und Triebspitzen sichtbar, die nicht mehr ausreichend versorgt werden, sowie im Austreiben von Knospen an den unteren Zweigen bzw. am Stamm (Bildung von „Angsttrieben").*

Arbeitsblatt Seite 135

1. Nur der jüngste Nadeljahrgang ist vollständig erhalten. Je älter der Zweig ist, desto weniger Nadeln weist er auf.
2. Der zusätzliche Kurztrieb soll die Nadelverluste ausgleichen.
3. Baumscheibe 1: Durchmesser ca. 12 cm, Jahresringe breit
   Baumscheibe 2: Durchmesser etwa 9,5 cm, Jahresringe schmal
4. Baumscheibe 1 ist die einer gesunden Fichte, Baumscheibe 2 die einer kranken Fichte. Da bei der kranken Fichte die Fotosynthese beeinträchtigt ist, ist der jährliche Zuwachs geringer.

Waldsterben

Mitte der 70er-Jahre des letzten Jahrhunderts traten erstmals großflächig Erkrankungen an Weißtannen im süddeutschen Raum auf. Zu Beginn der 80er-Jahre kamen Schäden an Fichten und Kiefern hinzu und seit Mitte der 80er-Jahre sind zunehmend auch Laubbäume betroffen. Die beobachteten Schäden wurden zum Begriff „Neuartige Waldschäden" zusammengefasst.

Als Ursachen werden mehrere Hypothesen diskutiert:

- **Die saure-Regen-Hypothese:** Luftschadstoffe, wie Schwefeldioxid und -trioxid sowie Ammoniak und die daraus entstehenden Säuren und Fotooxidantien, gelangen beispielsweise über die Spaltöffnungen in die Blätter, wo sie die Biomembranen schädigen und das Leitgewebe angreifen. Dadurch ist einerseits die Fotosyntheseleistung eingeschränkt, andererseits die Versorgung mit Wasser und Nährsalzen sowie die Nährstoffleitung beeinträchtigt. Als erste sichtbare Schäden treten *Chlorosen* (Veränderungen infolge mangelnder Chlorophyllbildung) und, in fortgeschrittenem Stadium, *Nekrosen* (allmählich absterbende Gewebepartien) auf. In der Folge erscheinen die typischen Schadbilder wie zunehmende Verlichtung der Kronen.
- **Die Bodenversauerungshypothese:** Verursacht durch den sogenannten Auskämmeffekt der Baumkronen ist der Schadstoffeintrag unter Bäumen bis zu 4-mal so hoch wie im Freiland. Dadurch kommt es zu einer Anreicherung von sauer reagierenden Substanzen im Boden. In der Folge werden Calcium-, Magnesium- und Kaliumionen ausgewaschen. Durch die saure Reaktion des Bodens werden auch die normalerweise von Bodenkolloiden gebundenen Aluminiumionen sowie Cadmium- und Bleiionen freigesetzt. Sie führen zu einer Beeinträchtigung des Wurzelwachstums und zu einer Schädigung der Mykorrhiza.
- **Das Stickstoffproblem**: Infolge der hohen Stickstoffeinträge aus der Luft (über Stickoxide und Ammoniak), die im Boden in Nitrat- und Ammoniumionen umgewandelt werden, kommt es zu einer Anreicherung dieser Nährsalze. Die verminderte Frostresistenz von Bäumen ist eine direkte Folge dieser Erscheinung. Außerdem verbessert sich die Nahrungsqualität für Blätter fressende Insekten, wodurch deren Massenvermehrung begünstigt wird. Zusätzlich begünstigt die hohe Stickstoffbelastung die Versauerung des Bodens.

Medienhinweise

Erlebnisreisen in die Natur: Der Wald
Klett CD-ROM Best.Nr.: 114872

Der Wald ist krank

Bereits seit 1980 beobachtet man zunehmend verschiedenartige Schäden an Waldbäumen, die mit dem Begriff „Neuartige Waldschäden" und „Waldsterben" bezeichnet werden.

Neueste Informationen zur Schadenssituation der Wälder unter www.dainet.de

Aufgaben

1. Die Abbildung zeigt den Zweig einer gesunden (links) und einer geschädigten Fichte (rechts). Stelle auffallende Unterschiede zusammen.

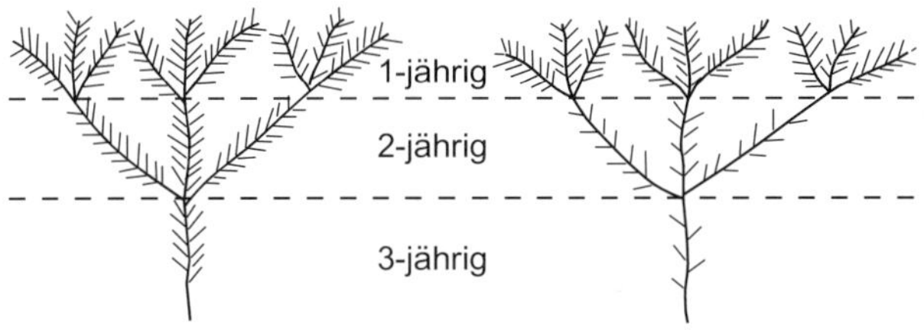

2. Viele kranke Nadelbäume bilden sogenannte Angsttriebe aus. Stelle eine Vermutung zu deren biologischer Bedeutung auf.

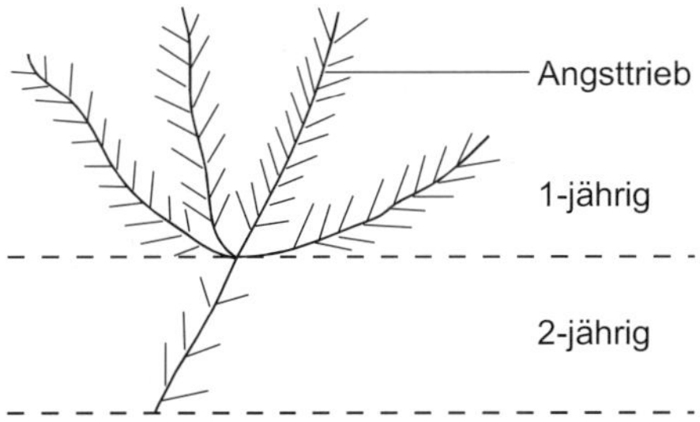

3. Waldschäden zeigen sich nicht nur an Zweigen, sondern auch am Holz. Die zwei abgebildeten Baumscheiben stammen von gleich alten Fichten. Stelle auffallende Unterschiede in der Tabelle zusammen.

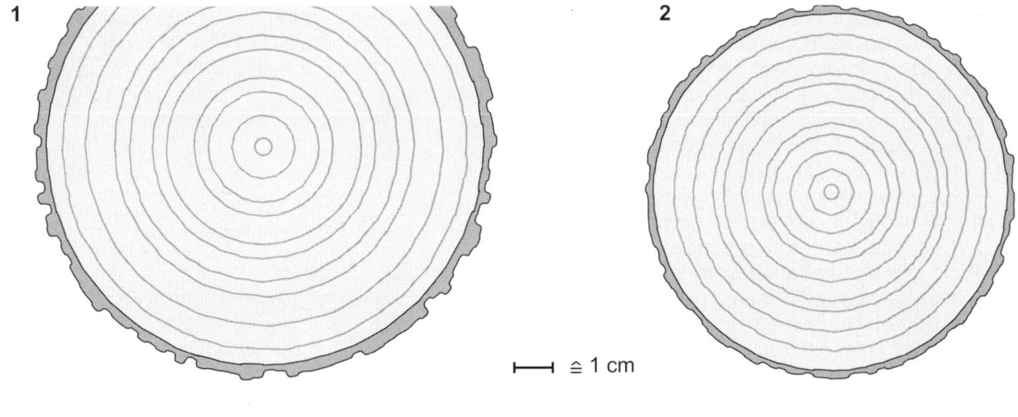

	Baumscheibe 1	Baumscheibe 2
Stammdurchmesser in cm		
Jahresringe		

4. Bei welcher der beiden Baumscheiben handelt es sich um die einer gesunden, bei welcher um die einer kranken Fichte? Begründe.

Regenwald
Umweltschutz
Wald
Waldschäden

Tropische Regenwälder sind gefährdete Großlebensräume

Arbeitsblatt Seite 137

2. Umwandlung in Acker- und Weideland; Gewinnung von Holz als Rohstoff und zur Energieversorgung; Abbau von Bodenschätzen
3. Da die Nährsalze hauptsächlich in der Biomasse gespeichert vorliegen, werden diese durch die Abholzung aus dem Kreislauf entzogen. Die wenigen im Boden verbleibenden Nährsalze sind nach wenigen Jahren verbraucht oder ausgewaschen.

Z Formen des tropischen Regenwaldes

Die drei wesentlichen Typen sind der Tieflandregenwald in Äquatornähe, gekennzeichnet durch gleichbleibende Temperaturen um 28 °C und Niederschlagsmengen von mindestens 1800 mm/ Jahr, der Gebirgsregenwald in Höhenlagen von 1800 m bis 3500 m mit Temperaturen, die nachts bis zum Gefrierpunkt absinken können und der halb immergrüne Regenwald in der Nähe der Wendekreise mit stärker ausgeprägten Jahreszeiten sowie Trockenzeiten mit teilweisem Laubfall.

Z Folgen der Rodung tropischer Regenwälder

Zerstörungsgrad tropischer Wälder:

Ost-/Westafrika:	72 %
Zentralafrika:	45 %
Lateinamerika:	37 %
Südasien:	63 %
Südostasien:	38 %
Welt total:	42 %

(Stand: 1992)

Der Regenwaldboden ist, im Gegensatz zu unseren einheimischen Wäldern, mit einer nur wenige Zentimeter dünnen Humusschicht versehen und dient in erster Linie als Substrat für die Wurzeln. Die Mineralsalzversorgung der Pflanzen erfolgt über das Regenwasser und die stark ausgebildete Mykorrhiza der nur in die obersten Bodenschichten vordringenden Wurzelsysteme. Temperaturbedingt erfolgt die Zersetzung von organischem Material sehr rasch. Bei diesen Zersetzungsvorgängen spielen Termiten eine wichtige Rolle. Bis zu 25 % der Waldfläche können von unterirdisch angelegten Termitenbauten durchzogen sein. Wird der Wald gerodet, findet eine starke Auswaschung der Mineralsalze statt, nur eine geringe Menge wird von Bodenkolloiden adsorbiert und kann von angebauten Pflanzen nur einige Jahre ausgenutzt werden.

Nach Auflassen der Kultur wächst ein Sekundärwald heran, der aber längst nicht die Üppigkeit und Vielfalt des ursprünglichen Waldes erreicht. Nach erneutem Roden, beispielsweise beim Wanderackerbau, treten erneut Mineralsalzverluste ein, sodass schließlich nur noch wenige anspruchslose Arten gedeihen können oder Versteppung eintritt.

Gab es 1980 noch 19,4 Millionen km^2 tropischen Regenwald, so ging die Fläche 1990 auf 18 Millionen km^2 zurück. Bei gleichbleibendem Verbrauch werden 2050 nur noch 5 bis 8 Millionen km^2 Regenwald erhalten sein.

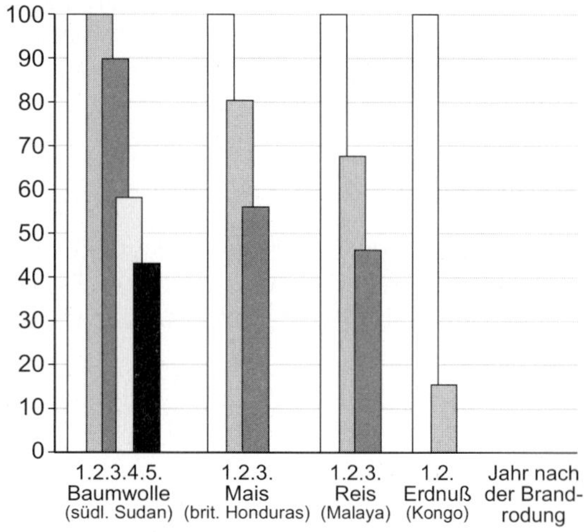

Ernten auf tropischen Böden (Ertrag im 1. Jahr = 100 %)

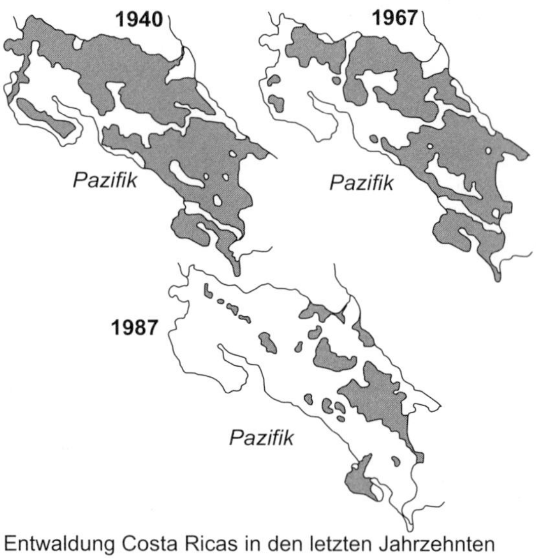

Entwaldung Costa Ricas in den letzten Jahrzehnten

	einmaliger Holzwert	laufende Nutzung pro Jahr
Artenzahl	27	12
Holzvolumen (m^3)	94	–
Holzwert (Dollar)	1001	–
Rohprodukte (kg)	–	160
Anzahl Früchte	–	5500
Marktwert (Dollar)	–	698

Holzwert von Stämmen bei einmaliger Abholzung und jährlicher Ertrag bei laufender Nutzung einer Versuchsfläche von 1 ha

Der tropische Regenwald – ein gefährdeter Lebensraum

Wälder können nur in bestimmten Zonen der Erde entstehen. Unter den dort jeweils herrschenden klimatischen Bedingungen haben sich verschiedene Waldformen entwickelt. Eine solche Waldform stellt der tropische Regenwald dar. Ursprünglich waren etwa 11 % der Erde von Regenwäldern bedeckt, heute sind es nur noch 5 %. Der Grund für den starken Rückgang ist die über Jahrzehnte erfolgte Abholzung und Brandrodung, der auch heute noch in jeder Minute ca. 40 ha (50 Fußballfelder) zum Opfer fallen.

Aufgaben

1. Zeichne die großen Regenwaldgebiete der Erde in die Karte ein. Benutze dazu deinen Atlas.

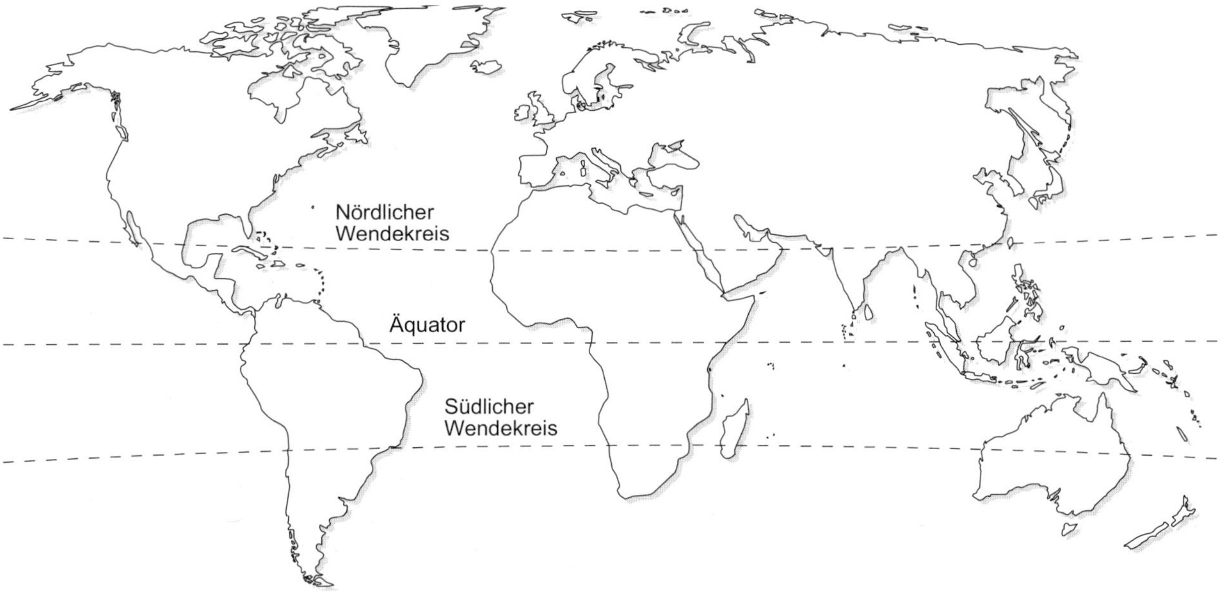

2. Gib drei Gründe an, warum tropische Regenwälder abgeholzt werden.

3. Die folgende Abbildung zeigt die Verteilung der Mineralsalze in verschiedenen Wäldern. Erkläre, warum sich bei gerodeten Flächen in Regenwaldgebieten die landwirtschaftliche Nutzung nach durchschnittlich zwei bis drei Jahren nicht mehr lohnt.

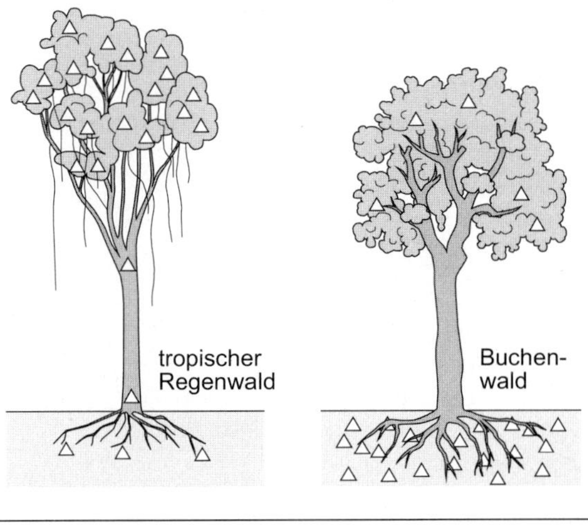

Gewässer
ökologische Nische
Ökosystem
See
Wasserpflanzen
Zonierung

Gewässerökosysteme

1 Pflanzen und Tiere am und im See

Die Pflanzengesellschaften des Ufers

See: nicht ablassbar, Licht nicht bis zum Grund

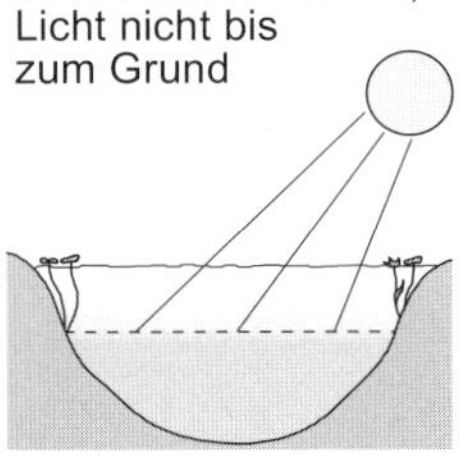

Weiher: nicht ablassbar, Licht bis zum Grund

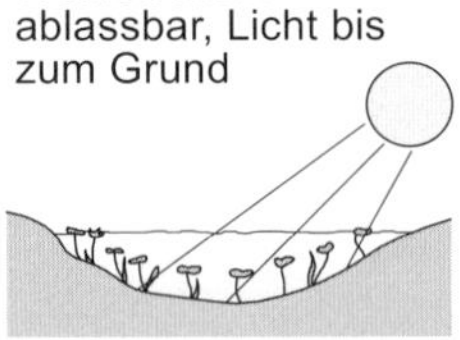

Stausee: ablassbar, Licht nicht bis zum Grund

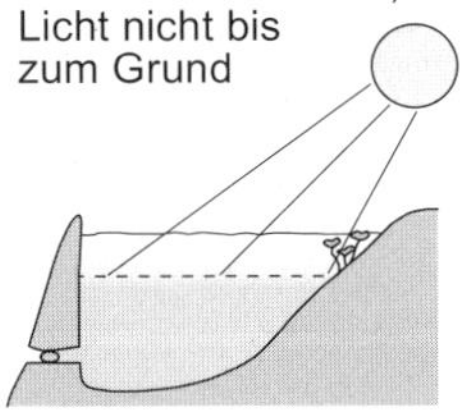

Teich: ablassbar, Licht bis zum Grund

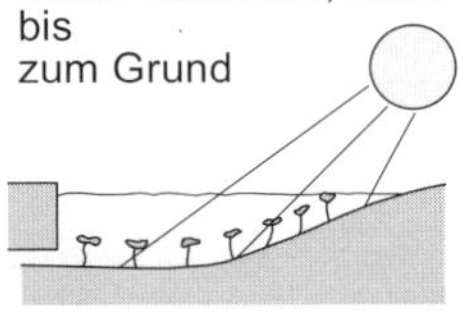

Stehende Gewässer

Schülerbuch Seite 137

① Stelle in einer Tabelle die Umweltbedingungen des Schwimmblattgürtels und die entsprechenden Angepasstheiten der Teichrose zusammen.

– *Schwimmblattgürtel:*
Hier treten durch unterschiedliche Wasserstände verschiedene Abstände zwischen Boden und Wasserspiegel auf. Der Wind kann Wellengang verursachen, der zum Überspülen der Blätter führt. Der Untergrund kann schlammig und sauerstoffarm sein.
Teichrose:
  - *Heftiger Wind über der Wasseroberfläche vertreibt bestäubende Insekten: Große, gelbe und intensiv duftende Blüten locken Insekten an.*
  - *Überflutungsgefahr durch Wellen bei den Schwimmblättern: Eine Wachsschicht auf der Oberfläche lässt Wasser abperlen, die Spaltöffnungen liegen auf der Oberseite der Blätter; dadurch bleibt Gasaustausch möglich.*
  - *Große Lichtintensität und volles Farbspektrum auf der Wasseroberfläche: Schwimmende Blätter (durch luftgefüllte Hohlräume in den Blättern) lassen gute Lichtaufnahme für die Fotosynthese zu.*
  - *Wechselnde Wassertiefe: Luftgefüllte Hohlräume in den Blättern lassen sie schwimmen; elastische Stängel halten Blätter bei unterschiedlichen Wasserständen bis zu 4 Metern Tiefe an der Oberfläche.*
  - *Sauerstoffarmer Faulschlamm am Verankerungsort der Wurzelstöcke: Große Luftkanäle in den Stielen von den Blättern zu den Wurzeln zur Sauerstoffversorgung.*
  - *Von Wasser umgebener Standort: Luftgefüllte Schwimmfrüchte lassen eine Verbreitung zu, verlieren nach einiger Zeit die Luft, sinken zu Boden und keimen dann.*

② Begründe, warum ein Festigungsgewebe im Blatt des Rohrkolbens nötig ist, im Stängel des Tausendblattes dagegen fehlen kann.

– *Die Stängel und Blätter des Rohrkolbens ragen über die Wasseroberfläche hinaus und sind dort dem Wind ausgesetzt. Da die Blätter des Rohrkolbens auch große Hohlräume zur Luftleitung besitzen (Aerenchym), sind Versteifungsleisten erforderlich. Das Tausendblatt wächst untergetaucht und hat fein gespaltene Blätter mit geringem Strömungswiderstand..*

③ Überlege, wie Wassersportler Pflanzen des Ufers gefährden. Welche Konsequenzen ergeben sich daraus zum Schutz der Pflanzen?

– *Vom Ufer aus startende Boote bilden Schneisen im Röhricht und in der Schwimmblattzone. Beim Segeln und Surfen können die Sportler in diese Zonen hineingetrieben werden, wobei Schäden entstehen. Fahrende Motorboote erzeugen Wellenschlag und schädigen dadurch das Röhricht. Durch Schutz ganzer Seebereiche werden die Pflanzengesellschaften insgesamt geschont. In den belasteten Zonen können Pfahlwände, Reisigdämme u. ä. vorgebaut werden, um das Röhricht zu schützen.*

Arbeitsblatt Seite 139

1. *Epidermis:* Schutz vor Austrocknung durch kleine, zellwandreiche Zellen;
   Bast: Leitung von Fotosyntheseprodukten zu Organen, die selbst nicht assimilieren können;
   Wasserleitungsbahn: Leitung von Wasser zur Versorgung von Pflanzenteilen, die keinen Kontakt mit dem Wasser haben;
   Luftkanal: Leitung von Luft zur Sauerstoffversorgung untergetauchter Pflanzenteile und zur Erhöhung des Auftriebs.
2. Die Epidermis ist bei allen Pflanzen vorhanden, aber bei Land-, Sumpf- und Schwimmblattpflanzen mit starker Kutikula, die bei der Tauchblattpflanze fehlt. Die Kutikula dient als Schutz vor Austrocknung; diese Gefahr ist hier nicht gegeben. Die Saftleitung fehlt bei der Tauchblattpflanze; es gibt keine ausgebildeten Wurzeln, die ernährt werden müssen. Bei der Land- und der Sumpfpflanze ist die Wasserleitung gut, bei der Schwimmblattpflanze jedoch nur schwach ausgebildet und bei der Tauchblattpflanze ganz reduziert. Bei Schwimm- und Tauchblattpflanzen können sich die Blätter direkt aus dem angrenzenden Wasser versorgen. Die Luftkanäle finden sich bei Sumpf- und Schwimmblattpflanze (versorgen die Wurzeln mit Sauerstoff) und bei der Tauchblattpflanze (sorgen für den nötigen Auftrieb).

Literaturhinweise

JURČÁK, J./JUNGBAUER W.: Anatomische Anpassungen von Aquarienpflanzen an das Leben im Wasser. Praxis der Naturwissenschaften Biologie 41, 1992, S. 17 – 21

LEDER, K.: Experimente zur Druckventilation bei Schwimmblattpflanzen. Praxis der Naturwissenschaften Biologie 45, 1996, S. 30 – 35

SCHMIDT, E.: Ökosystem See. Der Uferbereich des Sees. Biologische Arbeitsbücher Quelle und Meyer 12 /1, Wiesbaden 1996

Medienhinweise

FWU 10 00542: Geschützte Pflanzen nasser Standorte
FWU 10 02305: Leben in der Seeuferzone (Litoral)
FWU 42 01995: Claude Monet: Seerosenteich (fächerübergreifend: Kunst)

Stängelaufbau bei Land- und Wasserpflanzen

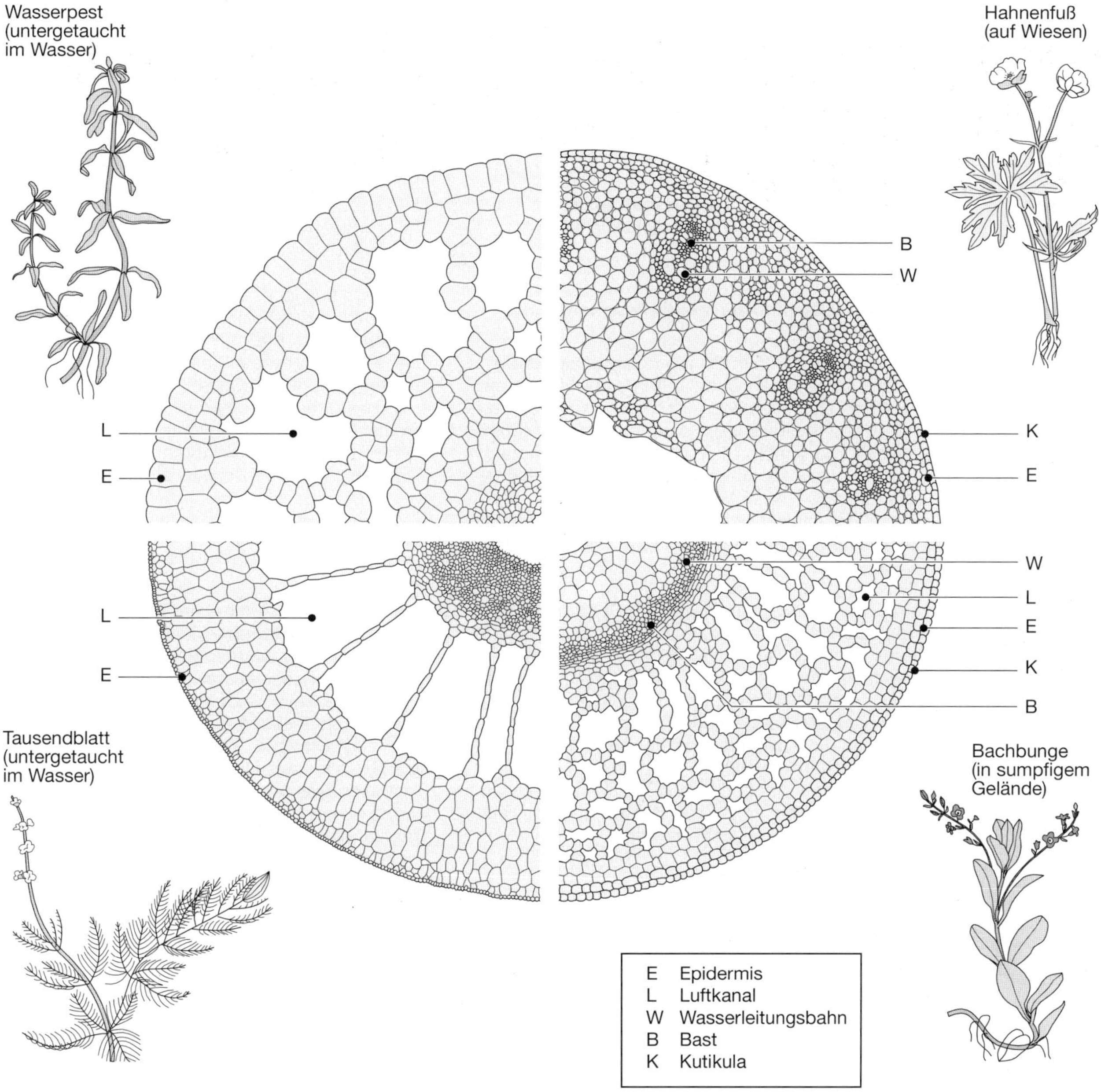

Aufgaben

1. Nenne die Funktionen von Epidermis, Bast, Wasserleitungsbahnen und Luftkanälen.

____

____

2. Vergleiche die dargestellten Querschnitte hinsichtlich des Aufbaus ihrer Gewebe und stelle den Bezug zu ihrem Lebensraum her.

____

____

____

Gewässer
Mikroskopie
ökologische Nische
See
Teich
Zonierung

Lexikon: Pflanzen am Seeufer
Lexikon: Tiere im und am Teich

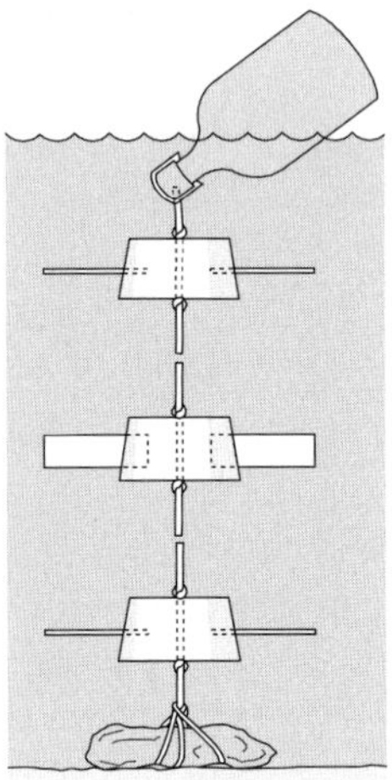

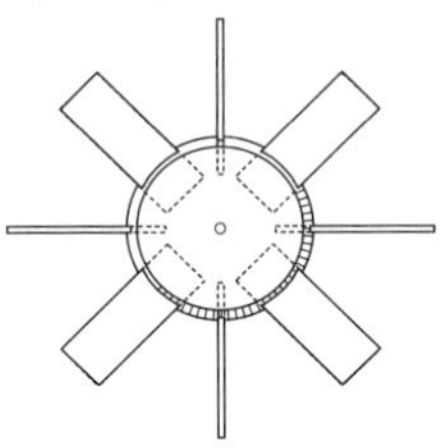

Arbeitsblatt Seite 141

1. A 3: Weidegänger,
   B 4: Überkriecher,
   C 2: Substratabbürster,
   D 1: Tentakelfänger (klebrige Tentakel),
   E 5: Tentakelfänger (Nesselkapseln)
2. (s. Hinweise „Modell und Wirklichkeit")

Uferpflanzen als Aufwuchsträger

In stehenden und fließenden Gewässern entwickeln sich auf den Oberflächen von Pflanzen und Steinen Überzüge aus Algen (hauptsächlich Faden- und Kieselalgen), Bakterien und kleine tierische Organismen. Die mikroskopische Untersuchung dieser Fauna und Flora ist ein lohnendes Unterfangen, da sich auf engem Raum ökologische Abhängigkeiten, vor allem von der Tiefe und damit dem Lichtgenuss, erkennen lassen *(vertikale Zonierung)*.

Aus der Ufervegetation wird ein Schilf- oder Binsenstängel herausgeschnitten. Der Unterwasserteil des Stängels wird in 10 cm lange Abschnitte zerlegt. Mit einer Rasierklinge wird der Aufwuchs in nummerierte Blockschälchen oder kleine Petrischalen geschabt. Mit Mikroskop und Binokular werden die einzelnen Formen bestimmt. Die Verteilung charakteristischer Formen wird grafisch aufgetragen. Auf ähnliche Weise können auch die Ober- und Unterseiten von Schwimm- oder Tauchblattpflanzen untersucht werden.

Aufwuchs auf künstlichen Substraten

Große Korken werden durchbohrt, sodass sie aufgefädelt werden können. Die einzelnen Positionen werden durch Knoten in der Schnur gesichert. In die Korken werden vier jeweils gegenüberliegende Schlitze angebracht, in die Objektträger gesteckt werden (s. Randspalte). Bei eutrophen Gewässern empfehlen sich vertikale Schlitze, bei oligotrophen horizontale (in eutropher Umgebung werden waagerechte Objektträger zu schnell mit Detritus bedeckt). Am unteren Ende der Schnur wird ein Stein als Anker angebunden, am oberen Ende eine leere Plastikflasche als Boje. Die Korken werden auf dem obersten Meter alle 20 cm angeordnet, darunter reicht jeweils ein Meter Abstand. Im Abstand von einer Woche (oligotrophe Gewässer) bzw. 2 bis 3 Tagen (eutrophe Gewässer) wird aus jeder Tiefe ein Objektträger entnommen und in Weithalsflaschen in Fundortwasser vorsichtig zum Klassenraum transportiert. Eine Seite wird abgewischt (bei den horizontal exponierten die untere). Unter dem Binokular können die Objektträger in einer mit Wasser gefüllten Petrischale untersucht werden. Bei mikroskopischer Untersuchung wird (ohne zu quetschen) ein möglichst großes Deckglas aufgelegt.

Modell und Wirklichkeit

Das Arbeitsblatt hilft bei der Erkenntnis, wie viele verschiedene Strategien zur Nahrungsaufnahme existieren. Dies wird am Beispiel der Lebewesen des Aufwuchses ansatzweise dargestellt. Natürlich haben alle diese Modellbeispiele enge Grenzen. Moostierchen sezernieren keinen aushärtenden Klebstoff, Planarien saugen nicht durch Unterdruck wahllos alles auf. Die Modellorganismen haben insbesondere dann einen hohen Erkenntniswert, wenn zugleich die Spezialisierung sowie die Begrenztheit der Ernährungsstrategien vor Augen geführt werden.

Literaturhinweise

LÜTHJE, E./ PROBST, W.: Aufwuchs im Aquarium. Unterricht Biologie Heft 248, 1999, S. 27–30

RUDZINSKI, H.G.: Aufwuchsorganismen. Unterricht Biologie Heft 129, 1987, S. 32–35

Aufwuchs auf Tauchblattpflanzen in Seen

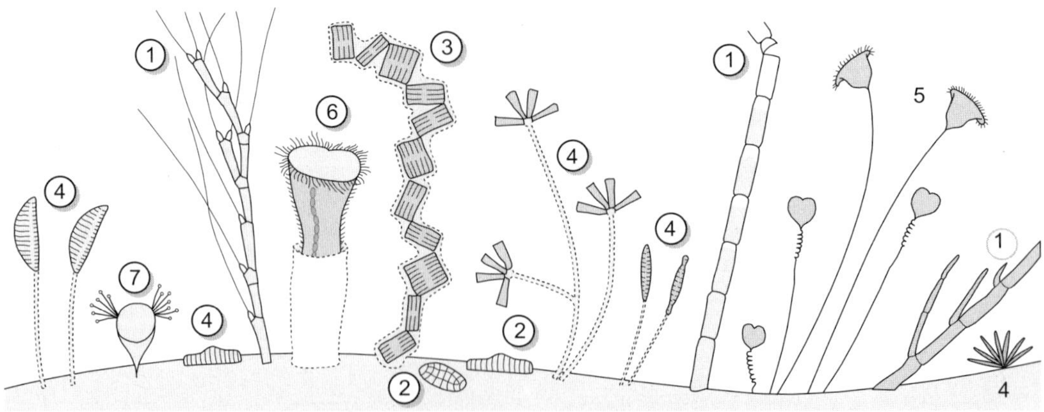

1: fädige Grünalgen; 2: Kieselalgen, die flach dem Substrat aufsitzen oder 3: Zickzackbänder bilden bzw. 4: Gallertstiele haben; 5: Glockentierchen; 6: Trompetentierchen mit Gallertwohngehäuse; 7: räuberische Saug-Wimpertierchen

Aufwuchs als Nahrung

Auf Wasserpflanzen, an Bootsstegen oder Brückenpfeilern lebt eine Vielzahl von Organismen, die auf diesen Unterlagen angeheftet sind. Für sie verwendet man die Bezeichnung „Aufwuchs“. Manche Tiere, die zum Teil selbst zum Aufwuchs gehören, ernähren sich von diesen Lebewesen. Dabei sind verschiedene Techniken der Nahrungsgewinnung zu beobachten.

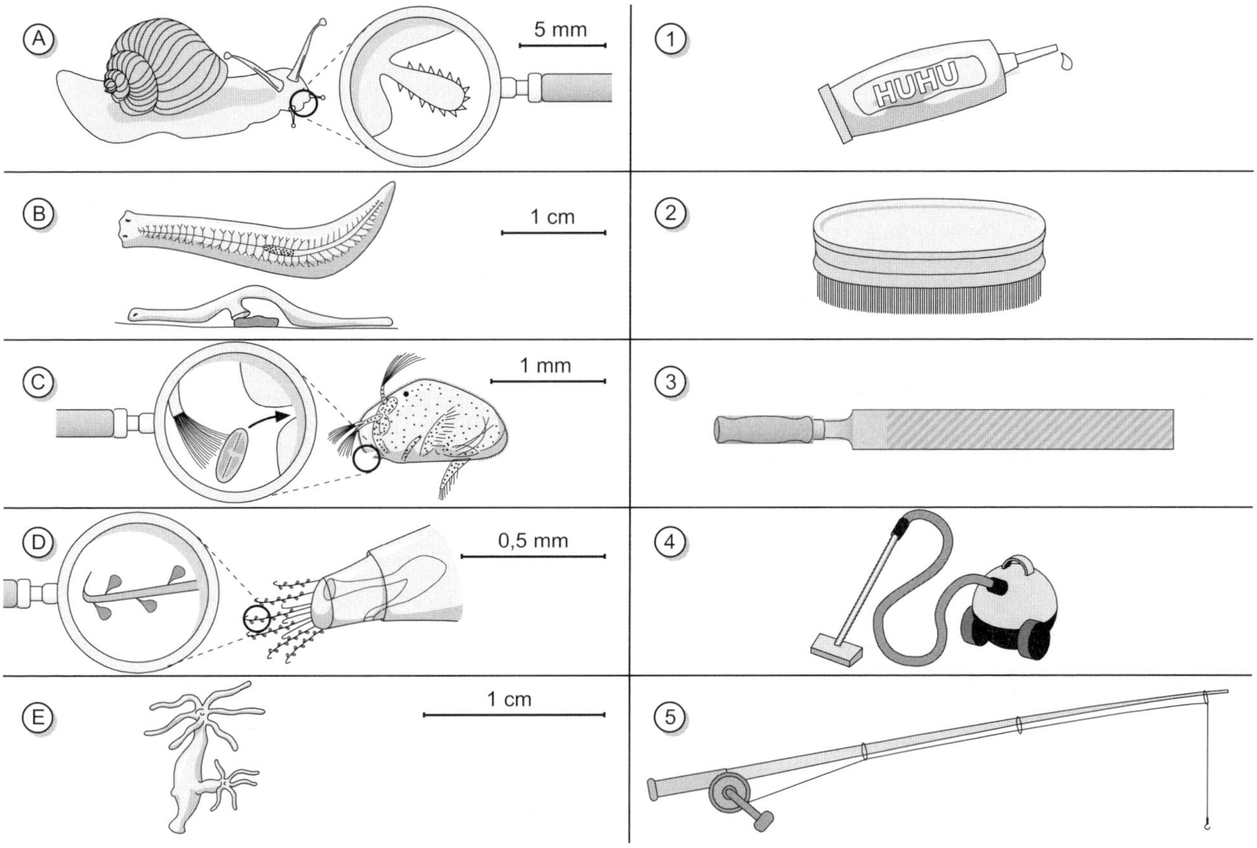

Aufgaben

1. Die Art und Weise der Nahrungsgewinnung der dargestellten Lebewesen lässt sich an den abgebildeten Werkzeugen verdeutlichen. Welche der folgenden Ernährungsstrategien gehören zu welchem Tier: Tentakelfänger (2x!), Überkriecher, Substratabbürster, Weidegänger?

Tierart	Werkzeug	Strategie
A: Wasserschnecke		
B: Strudelwurm		
C: Muschelkrebs		

Tierart	Werkzeug	Strategie
D: Moostierchen		
E: Süßwasser-polyp		

2. Die Werkzeuge stellen Modelle für die Mechanismen der Nahrungsgewinnung dar. Erkläre, wo die Grenzen der Modelle liegen.

____

____

____

Fortpflanzung – Kieselalge
Gewässer
Kieselalgen

Schweben im freien Wasser
Wie Tiere im Wasser atmen

Zentrische (oben) und pennate (unten) Kieselalgen

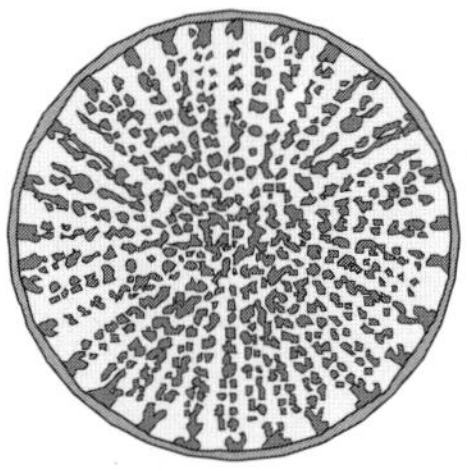

Stephanodiscus hantzschii (ø ca. 8–20 µm)

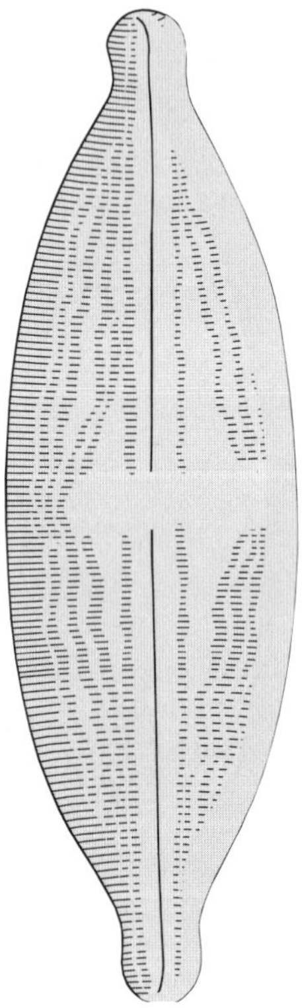

Anomoeoneis sphaerophora (Länge ca. 55 – 80 µm)

Schülerbuch Seite 141

① Fasse in einer Tabelle die Formen der Atmung im Wasser zusammen und ordne ihnen entsprechende Tierarten zu.

– *Hautatmung: Schlammröhrenwürmer, Frösche*
Außenkiemen: Molchlarve
Innenkiemen: Fisch, Teichmuschel, Sumpfdeckelschnecke, Flusskrebs
Tracheenkiemen: Königslibellenlarve, Kleinlibellenlarve, Eintagsfliegenlarve
Tracheenatmung (zum Teil mit Schnorchel): Gelbrandkäfer und seine Larve, Stabwanze, Stechmückenlarve, Rattenschwanzlarve, Wasserspinne

Arbeitsblatt Seite 143

a) Längsspalt (Schleim, Fortbewegung), b) Deckel, c) Boden, d) Gehäuse,(b, c, d Schutzhülle), e) Chloroplasten (Fotosynthese), f) Zellkern (Erbgut), g) Öltropfen (Speicherstoff, Auftrieb)

Kieselalgen

Die Kieselalgen (Diatomeen) bilden durch ihre eigenartige Vermehrung eine interessante Gruppe unter den Algen. Ihre unterschiedlich großen Schalenhälften (vergleichbar mit dem Deckel und dem Unterteil einer Petrischale) weichen bei der Zellteilung auseinander, während sich der Zellkörper teilt. Die „alten" Schalenhälften bilden neue Deckel, während Unterteile neu gebildet werden müssen. So nimmt allmählich die Größe einer Hälfte der Kieselalgenzellen ab, bis ein unterer Grenzwert erreicht ist. In diesem Fall vereinigt sich der Plasmakörper in der Art eines Gameten mit einem zweiten und bildet einen kompletten Satz Schalenhälften in der ursprünglichen Größe aus.

Dank der widerstandsfähigen Schalen aus Kieselsäure (einem glasähnlichen Material) können Schalenpräparate durch Ausglühen und Oxidation mit starken Säuren und Oxidationsmitteln (konz. Schwefelsäure und Natriumnitrat) hergestellt werden, die zur Artbestimmung in der Regel notwendig sind. Die Widerstandsfähigkeit der Schalen hat dazu beigetragen, dass Kieselalgen aus der Kreide und dem Tertiär noch heute als Kieselgur erhalten geblieben sind. Diese fossilen Algen sind dank ihrer festen Schale noch heute bestimmbar.

Alfred Nobel verwandte Kieselgur 1866 zur Herstellung von Dynamit. Hochempfindliches Nitroglycerin wird von Kieselgur aufgesaugt und dadurch wesentlich leichter handhabbar.

Kieselalgen bilden zwei Haupttypen, die auch gleichzeitig die beiden Ordnungen der Klasse Diatomeen darstellen: länglich *(pennate)* Formen mit häufig benthischer Lebensweise und runde *(zentrische)* Formen, die keinen Längsspalt besitzen und überwiegend planktisch leben. Aus dem Längsspalt der pennaten Diatomeen wird Schleim sezerniert, der die Fortbewegung ermöglicht.

Diatomeenmodell

Das Modell einer zentrischen Diatomee lässt sich leicht aus einer Petrischale und etwas Knetgummi oder Fimo herstellen. Das Bild einer Diatomeenschale wird in einem für Boden und Deckel einer Petrischale passenden Maßstab auf Folie kopiert und dort hineingeklebt. Aus farbigem Knetgummi werden Zellkern, Chloroplasten und Öltröpfchen modelliert.

Literaturhinweise

Göke, G.: Zur Herstellung von Diatomeen-Dauerpräparaten mit Naphrax. Mikrokosmos 77, S. 191 ff

Rodewald, B.; H. J. Schlichting: Wenn Wasser schlüpfrig und Luft klebrig wird. Praxis der Naturwissenschaften Physik 37(5). S. 22 – 30, 1988

Streble, H.; D. Krauter: Das Leben im Wassertropfen. Franckh-Kosmos, Stuttgart 1988

Medienhinweise

Hinweise auf Kieselalgen finden sich nur verstreut in folgenden Medien:
FWU 10 00792: Mikroorganismen im Boden
FWU 10 03022: Das Watt
FWU 32 03441: Lebensraum Wattenmeer
FWU 42 01651: Lebensraum Wattenmeer

Strategien gegen das Absinken

Koloniebildung: Asterionella

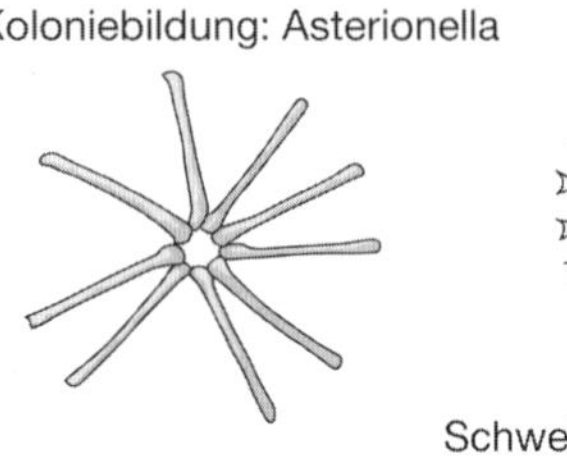

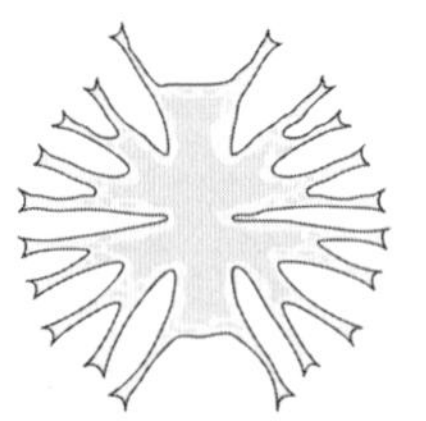

Schwebefortsätze: Micrasterias

Gallerthüllen: Volvox

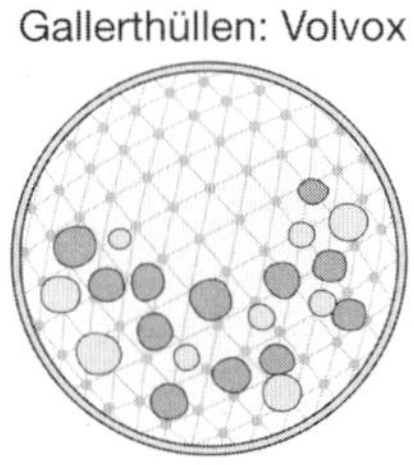

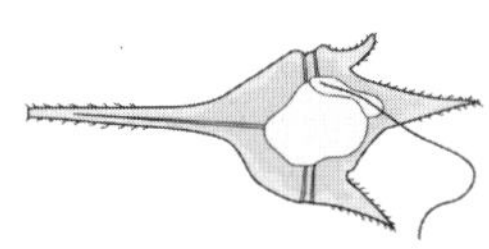

Geißeln: Ceratium

Kieselalgen

Viele Arten der Kieselalgen sind Teil des Planktons des Sees, da sie im Wasser schweben. Andere jedoch leben auf dem Boden oder auf Wasserpflanzen. Die Abbildung zeigt eine solche festsitzend lebende Kieselalge. Ihre verschiedenen Bestandteile haben unterschiedliche Aufgaben.

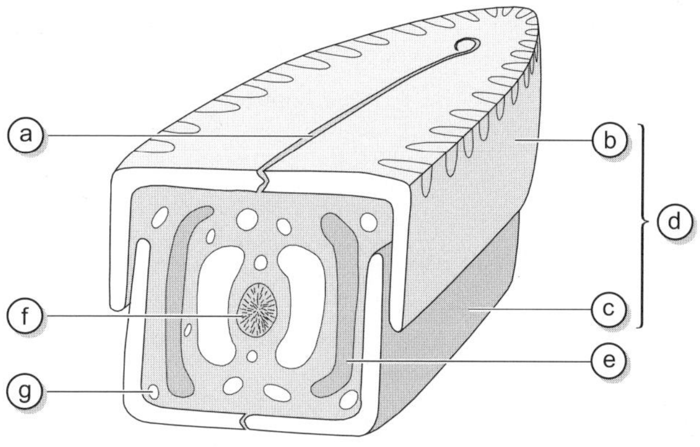

Deckel		Längsspalt	
Boden		Zellkern	
Gehäuse		Öltropfen	
Chloroplast			

Aufgaben

1. Ordne die Beschriftung der oberen Tabelle den angegebenen Zellbestandteilen zu.
2. Welcher Bestandteil der Zelle hat welche biologische Bedeutung? Trage dies in die Tabelle unten ein.

Nahrungsvorrat (auch zur Erhöhung des Auftriebs)	
produziert Schleim (zur Fortbewegung)	
Fotosynthese (zur Ernährung)	
Schutzhülle (zur Erschwerung des Gefressenwerdens)	
enthält Erbgut (Anweisungen für Zellaufbau und Zellvorgänge)	

3. Die folgende Darstellung zeigt schematisch die Weitergabe der Gehäusehälften bei der Vermehrung sowie die von Zeit zu Zeit stattfindende Neubildung des Gehäuses. Markiere die dargestellten Gehäusehälften farblich jeweils so, dass die Schalenhälften bei der Weitergabe ihre Farbe behalten.

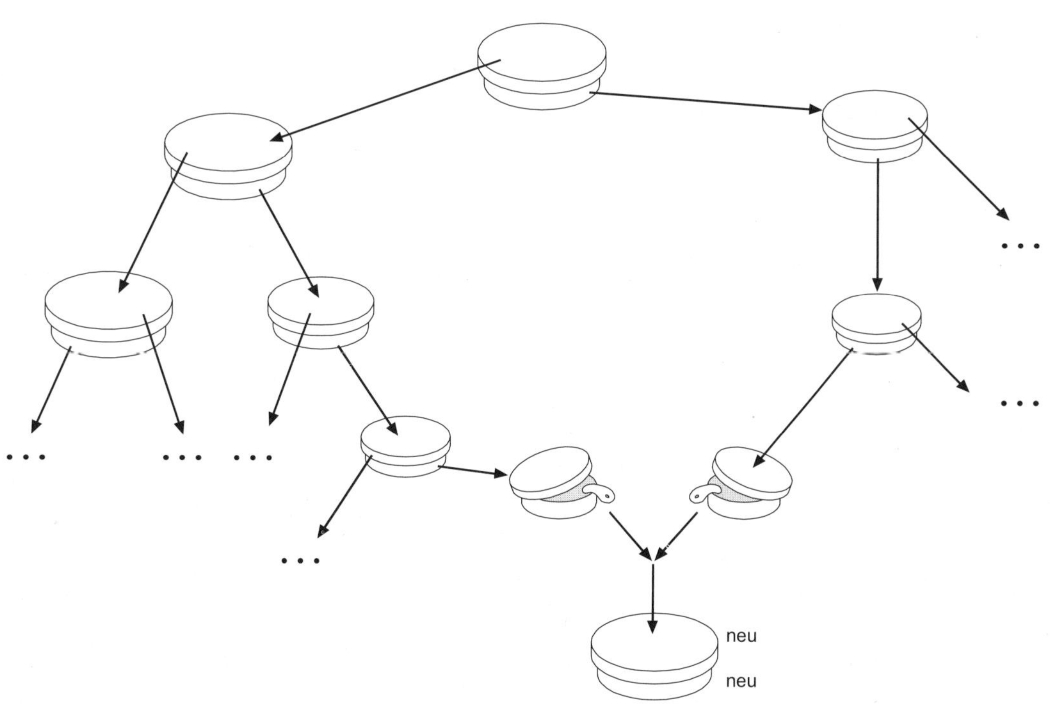

Enten
Konkurrenzvermeidung
ökologische Nische
Ökosystem
See
Wasservögel

Ökologische Nischen von Wasservögeln

Schülerbuch Seite 142

① Stelle in einer Tabelle die wesentlichen Aspekte der ökologischen Nischen der auf Seite 143 vorgestellten Wasservogelarten zusammen.

	Nest	Nahrungserwerb
Graureiher	*Koloniebrüter in Gewässernähe*	*Feuchtwiesen, flaches Wasser*
Stockente	*Bodennest, Anfang Röhrichtgürtel*	*gründelnd im flachen Wasser, pflanzl. Nahrung, tierisches Plankton*
Reiherente	*zwischen Seggen und Binsen im Röhricht*	*tiefer tauchend, Muscheln, Schnecken, Würmer*
Teichralle	*versteckt in Uferpflanzen*	*pickt von der Oberfläche nach Schnecken, Insekten und Laich*
Teichrohrsänger	*über dem Boden an Schilfstängeln*	*Insekten zwischen Schilfhalmen*
Große Rohrdommel	*dicht am Wasser, auf Röhrichtstängeln*	*im Röhricht, Schnecken, Insekten, Frösche*
Haubentaucher	*Schwimmnest aus Pflanzen*	*tauchend in größerer Tiefe, Fische*

② Wasservögel sind in den letzten Jahren seltener geworden. Warum? Schlage mögliche Naturschutzmaßnahmen vor.

– *Rückgang der Röhrichtbestände (Lebensraum). Maßnahmen: Unterschutzstellung von Seeufern, Neuanlage von Röhricht.*

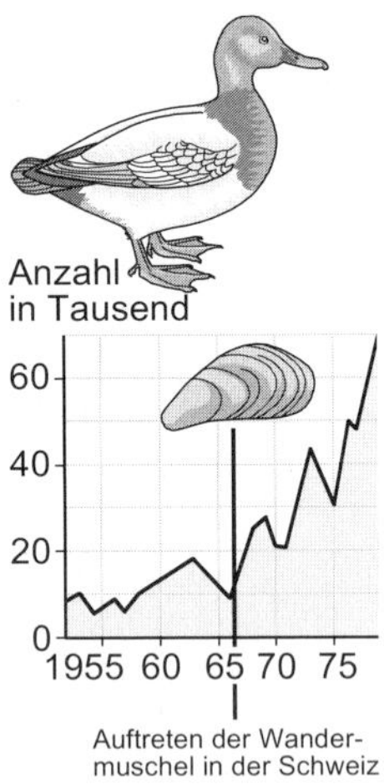

Häufigkeit von Tafelenten an Schweizer Seen

Arbeitsblatt Seite 145

1. *Lage und Bau des Nestes:* Schwimmnest vor dem Röhrichtgürtel / verstecktes Nest am Anfang des Röhrichtgürtels / Nest an Land zwischen Binsen und Seggen.
   Nahrung: Fische, Wasserinsekten / pflanzliche Nahrung, etwas tierische Nahrung / Muscheln, Schnecken, Würmer
3. *Brutplatzkonkurrenz:* Nester an verschiedenen Standorten; *Nahrungskonkurrenz:* Nahrungssuche in verschiedenen Tiefen, daraus resultierend unterschiedliches Nahrungsspektrum; *Nahrungskonkurrenz bei Jungtieren:* unterschiedliche Brutzeiträume.

Konkurrenz und Einnischung bei Wasservögeln

Die Dichte einer Population wird u. a. durch innerartliche Konkurrenz bestimmt, die ihrerseits durch dichtebegrenzende Faktoren bestimmt wird. Im Falle der in der Schweiz überwinternden Tafelenten ist die Verfügbarkeit der Nahrung der wichtigste dichtebegrenzende Faktor. Ab ca. 1966 wanderte die Wandermuschel *Dreissenia polymorpha* in die schweizer Seen ein. Die Randspaltengrafik zeigt die daraus resultierende Änderung der Bestände der Tafelenten. Innerhalb der Verwandtschaftsgruppe der Lappentaucher sind die unterschiedlichen Nischen an ihrem Nahrungsspektrum festzumachen, entsprechend sieht ihre Verbreitung an verschiedenen Gewässertypen aus: Der Haubentaucher besiedelt vor allem tiefere, offene Seen. In flacheren Gewässern wie Stadtteichen kommt er nur vor, wenn dort das Angebot an Weißfischen ausreichend groß ist. Die anderen Arten werden an für den Haubentaucher nicht geeignete Standorte verdrängt. Als letzter in der Reihe findet sich der Zwergtaucher, der in flachen Gewässern (< 1 m) konkurrenzlos ist.

Medienhinweise

FWU 32 03510: Der See als Nahrungsraum für Vögel

Nahrungsspektren bei Wasservögeln

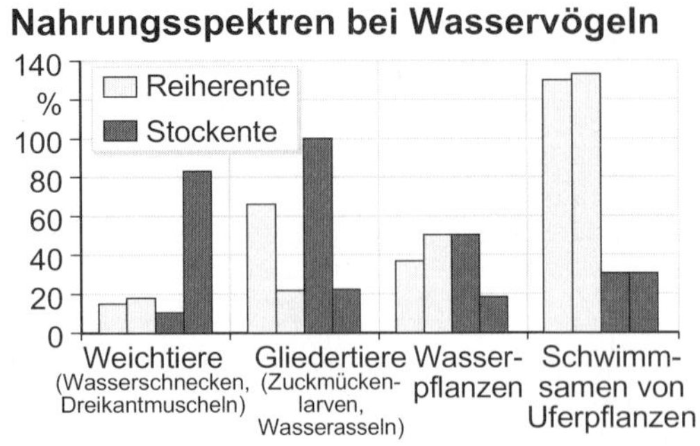

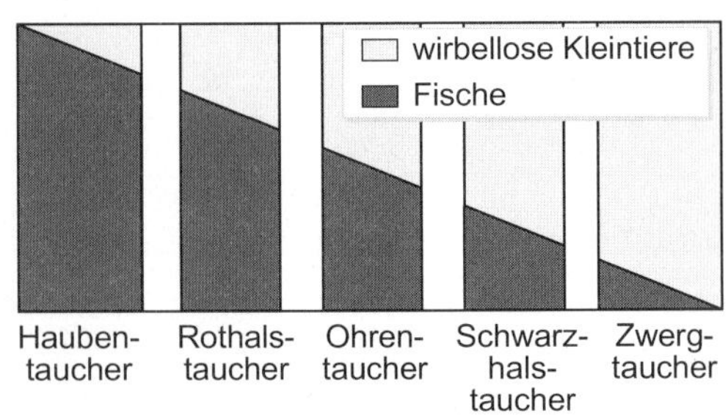

Links: Winternahrung bei Stock- und Reiherente im Winter 1979/80 und 1980/81 (Gliedertiere bei Stockente im Winter 1980/81 = 100 %)
rechts: Fische und wirbellose Kleintiere als Nahrung bei Lappentauchern

Vogelleben am See

Viele unserer Teiche und Seen werden von verschiedenen Schwimmvögeln bewohnt. Einige davon sind leicht zu erkennen.

	Haubentaucher	**Stockente**	**Reiherente**

Lage und Bau des Nestes			
Eiablage	April bis Juli	Februar bis Mai	Ende Mai bis Juni
Brutdauer	4 Wochen	4 Wochen	3 ½ Wochen
Nestlingszeit	9 bis 10 Wochen	8 ½ Wochen	6 Wochen
Nahrung			
Nahrung der Jungtiere	Wasserinsekten, kleine Fische	Wasserinsekten, Krebstiere, Schnecken	Wasserinsekten, Krebstiere, Schnecken
Verhalten bei der Nahrungssuche	taucht bis zu 50 m	gründelt	taucht bis ca. 6 m

Aufgaben

1. Vervollständige die oben stehende Tabelle.

2. Trage die Zeiten von Eiablage, Brut und Nestlingszeit der verschiedenen Vogelarten mit unterschiedlichen Farben in die Kalenderleiste ein.

	Februar	März	April	Mai	Juni	Juli
Haubentaucher						
Stockente						
Reiherente						

3. Erkläre, wodurch bei den drei genannten Vogelarten, die gemeinsam an einem See vorkommen können, Nahrungskonkurrenz vermieden wird.

Dichteanomalie
Gewässer
Stagnation – See
Zirkulation – See

Schichten im See
Temperatur im Jahresverlauf

Schülerbuch Seite 145

① Beschreibe und erkläre die Abb. 1 dieser Seite und die Abb. 144. 2.
– *Durch die Dichteanomalie des Wassers und die Erwärmung von oben entstehen Schichten. Während oben Sauerstoff gelöst wird und durch Fotosynthese frei wird, dominiert unten der Verbrauch.*

② Fischsterben wird häufig im Sommer beobachtet, selten im Herbst. Begründe.
– *Im Sommer fehlt die Durchmischung (sauerstoffarmes Tiefenwasser).*

③ Erläutere, warum unter einer Eisdecke im See Fische überleben können.
– *Im kalten Wasser ist relativ viel Sauerstoff gelöst, wenn das Gewässer nicht überdüngt ist. Außerdem benötigen die wechselwarmen Tiere wenig Sauerstoff.*

Temp./ 0 °C	Dichte kg/l
0 (Eis)	0,91860
0 (Wasser)	0,99987
3,98	1,00000
5	0,99999
10	0,99973
15	0,99913
18	0,99862
20	0,99823

(aus SCHWOERBEL, J.: Einführung in die Limnologie, Stuttgart 1999)

Arbeitsblatt Seite 147

siehe Folienvorlage

Ergänzende Versuche

Dichte von Eis: Wägung und Volumenbestimmung eines Eiswürfels.
Verhalten einer „normalen“ Flüssigkeit: Eisessig (100 %) friert bei 17 °C, 96 %ige Essigsäure bei 10 °C. Ein Styroporgefäß, das oben offen ist (Simulation des Sees), wird mit Essigsäure gefüllt und in den Kühlschrank gestellt. Die abgekühlte Flüssigkeit sinkt nach unten, sodass das Gefäß vom Boden her zufriert. Hätte Wasser die gleichen physikalischen Eigenschaften, würden Seen vom Boden her zufrieren. In gemäßigten Klimaten reichte die sommerliche Sonneneinstrahlung dann nicht aus, sie vollständig aufzutauen.

Dichteanomalie

Am Vortag des Versuchs wird genügend Eis flach in Plastiktüten eingefroren. Vor Versuchsbeginn wird das Eis in ein Tuch gewickelt und mit einem Hammer zerkleinert. Ein Teil Kochsalz auf drei Teile Eis ergibt eine Kältemischung, die bis –21 °C abkühlt. Das Wasser wird am Vortag abgekocht. Man lässt es abkühlen und bewahrt es in einer Flasche (am besten Plastikflasche mit Schraubverschluss) auf. Beim Ablesen der Pipette daran denken, dass sich der Nullpunkt unten befindet! Die Pipette nicht mit der Kältemischung in Berührung bringen, damit der Flüssigkeitsfaden nicht einfriert.

Nach ca. einer halben Stunde hat das Wasser 0 °C erreicht. Es friert nicht sofort. Die Abkühlung geht weiter bis auf einige Grade unter Null (Unterkühlung). Das Einfrieren geschieht dann schlagartig im ganzen Kolben. Die Volumenzunahme ist dabei so groß, dass ein Wasserstrahl aus der Pipette herausschießt. Die Temperatur steigt dabei wieder auf 0 °C.

Literaturhinweise

GRAW, U.: Projektplanung: Gewässer, Ernst Klett Verlag, Stuttgart 2002
SCHWOERBEL, J.: Einführung in die Limnologie. Gustav Fischer, Stuttgart 1999
WITTLER, R.: Das Projekt Wasser im naturwissenschaftlichen Unterricht. Physik in der Schule 34, S. 19–23, 1996

Medienhinweise

FWU 61 00220: Der See (Computersimulation)

Abhängigkeit der Dichte des Wassers von der Temperatur

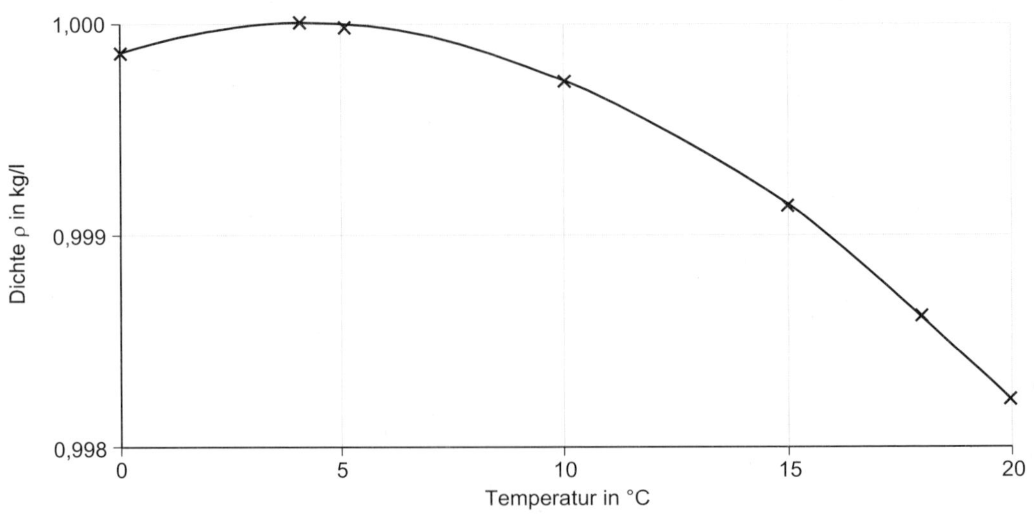

Dichteanomalie von Wasser

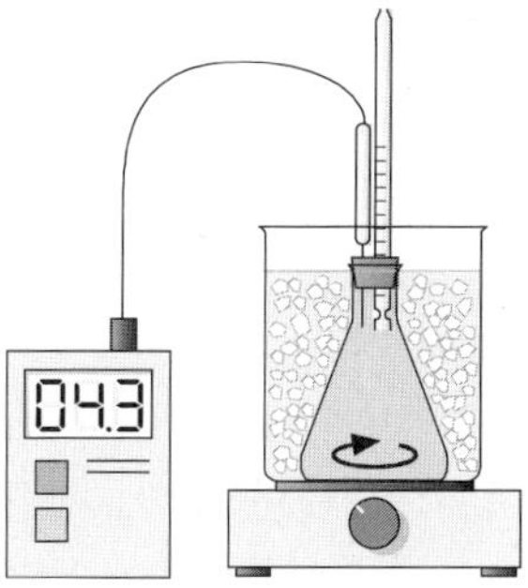

Die Veränderung der Dichte von Wasser bei Änderung der Temperatur lässt sich mit einfachen Mitteln messen. Man braucht dazu einen Enghals-Erlenmeyerkolben (250 ml) mit passendem Stopfen und ein Becherglas, in das der Kolben gut hineinpasst, eine gläserne Messpipette (1 ml) sowie ein elektronisches Thermometer, einen Magnetrührer und eine Waage. Der Stopfen muss zwei Bohrungen enthalten, eine, durch welche die Pipette passt und eine kleinere, durch die man den Fühler des Thermometers schieben kann. Fühler und Pipette müssen dicht hineinpassen, die Pipette muss sich aber noch bewegen lassen. Am besten wird ihr Mundstück mit etwas Vaseline eingefettet.

Die Pipette wird mit dem Mundstück voran in die Bohrung geschoben. Ihre Spitze muss also nach oben zeigen. Wiege den Kolben mit dem Rührmagneten, dem Stopfen und der Pipette. Fülle den Erlenmeyerkolben mit Wasser, das am Tag vorher abgekocht wurde, und setze den Stopfen mit der Pipette auf. Im Kolben darf sich keine Luftblase befinden! Wiege erneut. So ermittelst du, wie viel Wasser sich in dem Kolben befindet. Notiere auch diesen Wert! Schiebe den Thermofühler durch die zweite Öffnung. Der Wasserstand in der Pipette wird jetzt ansteigen. Reguliere ihn durch Hineinschieben oder Herausziehen der Pipette so, dass er sich in der Nähe der Pipettenspitze (also fast ganz oben) befindet. Zerkleinere 500 g Eis. Dazu kannst du es in ein altes Handtuch einwickeln und auf dem Boden mit einem Hammer zerschlagen. Mische es in einer Schüssel mit 170 g Kochsalz. Du erhältst eine Kältemischung, die –21 °C kalt wird. Setze den Erlenmeyerkolben in das Becherglas, stelle beides auf den Magnetrührer und schalte ihn ein. Notiere Wasserstand und Temperatur. Gib jetzt die Kältemischung dazu. Der Stopfen soll jedoch nicht bedeckt sein! Lies bei jedem Grad Temperaturänderung den Flüssigkeitsstand ab und notiere ihn.

Bei 4 °C hat Wasser die Dichte ρ = 1 g / ml. Da du das Wasser vorher abgewogen hast, kennst du auch sein Volumen bei 4 °C. Diesen Wert kannst du schon unter „Volumen“ bei 4 °C eintragen. Stelle fest, um wie viel höher der Wasserstand bei den einzelnen Temperaturen im Vergleich zum Wasserstand bei 4 °C ist. Trage das Ergebnis unter „Änderung“ ein. Addiere das Volumen bei 4 °C zu dem Wert „Änderung“ und notiere die Summe in der Spalte „Volumen“. Teile den Wert „Volumen“ durch die zu Beginn ermittelte Masse des Wassers. Du erhälst die Dichte des Wassers bei den verschiedenen Temperaturen.

Masse des Wassers m:					*) im Vergleich zum Wasserstand bei 4 °C				
Temperatur [°C]	Wasserstand in der Pipette	Änderung [ml] *)	Volumen (V) [ml]	Dichte ρ = m / V [g / ml]	Temperatur [°C]	Wasserstand in der Pipette	Änderung [ml] *)	Volumen (V) [ml]	Dichte ρ = m/V [g / ml]
20					9				
19					8				
18					7				
17					6				
16					5				
15					4		0		1
14					3				
13					2				
12					1				
10					0				

Aufgabe

Stelle die Versuchsergebnisse in einem Diagramm dar.

Büschelmücke
Gewässer
Gewässeruntersuchung
See
Stagnation – See
Zirkulation – See

Praktikum: Untersuchung eines stehenden Gewässers

Arbeitsblatt Seite 149

2. Die Büschelmücken müssen das sauerstoffarme Tiefenwasser verlassen, um zu atmen und zu fressen. Im sauerstoffreichen Oberflächenwasser laufen sie aber Gefahr, von Fischen gefressen zu werden. Deswegen wandern sie nur nachts in diese Zone, da sie dann von den sich optisch orientierenden Fischen weniger leicht gesehen werden. Um den Tag zu überstehen, müssen sie ihren Stoffwechsel anpassen.

Die Büschelmücke Chaoborus als fakultativer Anaerobier

Die tagesperiodische Wanderung der Büschelmücke zur Verminderung des Fraßdrucks durch Fische ist ein seit langem beschriebenes Phänomen. Weniger bekannt ist, welcher Stoffwechselweg beschritten wird, um den *aeroben* (nachts) und *anaeroben Stoffwechsel* (tags) in Einklang zu bringen. Im sauerstoffreichen Milieu in den oberen Schichten des Gewässers wird aus Glucose über Pyruvat ein Malat-Speicher angelegt. Tagsüber (anaerobes Milieu) reagiert dann das Malat über Fumarat zu Succinat. Dabei wird etwa vier Mal so viel ATP gebildet wie bei der Milchsäure- oder der alkoholischen Gärung, die den bekannteren Weg der anaeroben Energiegewinnung darstellt. *Chaoborus* gelingt es auf diese Weise, den sonst bei alkoholischer oder Milchsäure-Gärung auftretenden Verlust energiereicher Substanz wenigstens teilweise aufzufangen.

Entnahme von Wasserproben aus Kleingewässern

Die im Schülerbuch gezeigte Schöpfflasche kann (vom Boot oder Steg aus) in Seen eingesetzt werden; in Kleingewässern geringer Tiefe ist sie jedoch meist nicht geeignet. Völlig ungeeignet ist sie zur Bestimmung des im Wasser gelösten Sauerstoffs.

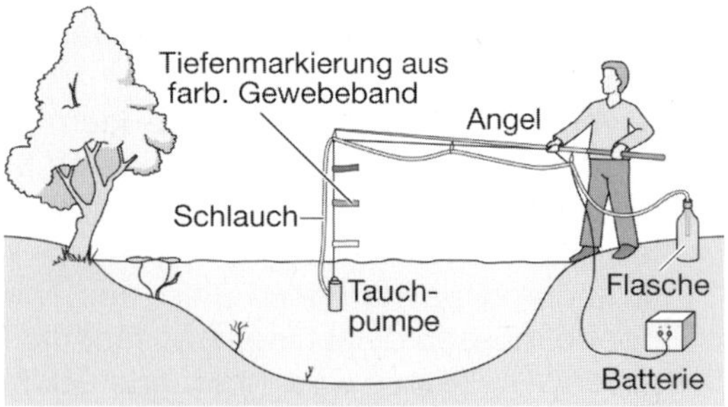

Dazu eignet sich eine preiswerte Tauchpumpe, die über eine Motorradbatterie (12 V, leichter zu transportieren als Autobatterie) betrieben wird. Das in der Regel nur einen Meter lange Anschlusskabel muss verlängert werden. Die Lötstellen müssen sorgfältig (am besten mit passendem Schrumpfschlauch) isoliert werden (Schrumpfschläuche bestehen aus einem speziellen Kunststoff und ziehen sich beim Erwärmen mit einem Heißluftgebläse (notfalls Feuerzeug) bis auf die Hälfte ihres Durchmessers zusammen). Pumpen und Schrumpfschlauch sind z. B. erhältlich bei: Conrad-electronic, 92240 Hirschau.

Literaturhinweise

ENGELHARDT, W.: Was lebt in Tümpel, Bach und Weiher? Franckh-Kosmos, Stuttgart 1996

ENGLISCH, H., B. OPALKA und E. ZEBE: The anaerobic metabolism of the larvae of the midge *Chaoborus crystallinus*. Insect Biochemistry 12, S. 149–155, 1982

SCHWAB, H.: Süßwassertiere. Ein ökologisches Bestimmungsbuch. Klett, Stuttgart 1995

ZEBE, E., M. GRIESHABER, U. SCHÖTTLER: Biotopbedingte und funktionsbedingte Anaerobiose. Biologie in unserer Zeit 10, S. 175–182, 1980

Medienhinweise

FWU 32 03900 u. 42 01749: Der Teich im Park – ein labiles Ökosystem

Messungen an einem Talsperrenvorbecken in Westfalen

Sauerstoff-, Ammonium- und Nitratkonzentrationen im Sommer.

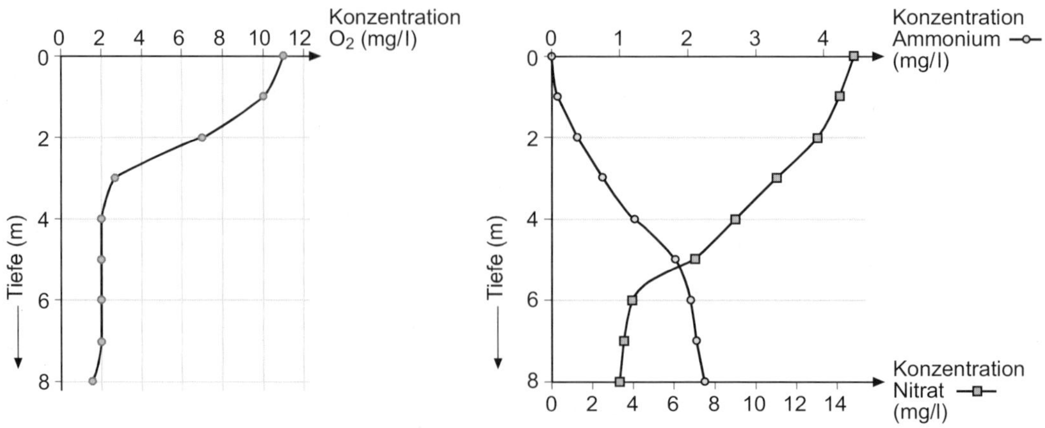

Erkläre die gegenläufige Verteilung von Ammonium und Nitrat.

Auf und ab

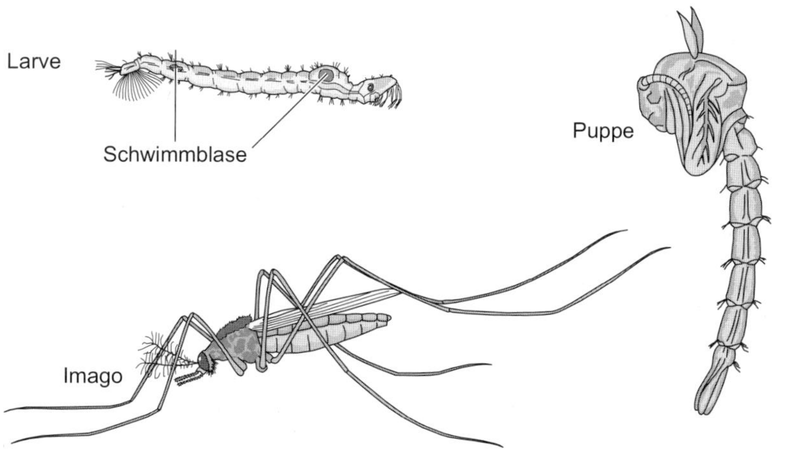

Die Larven der Büschelmücke, die in vielen stehenden Gewässern leben, können längere Zeit ohne Sauerstoff auskommen. Danach müssen sie wieder sauerstoffhaltige Schichten aufsuchen. Sauerstoff nehmen die Tiere mit ihren Tracheenkiemen direkt aus dem Wasser auf. Am Vorder- und Hinterende sind die Tracheen zu Organen mit Schwimmblasenfunktion umgebildet. Büschelmückenlarven ernähren sich hauptsächlich von planktischen Krebstierchen; selber werden sie von Fischen gefressen.

Bei der Untersuchung eines Sees wurden im Sommer regelmäßig folgende Werte gemessen:

Aufenthaltsort der Büschelmückenlarven

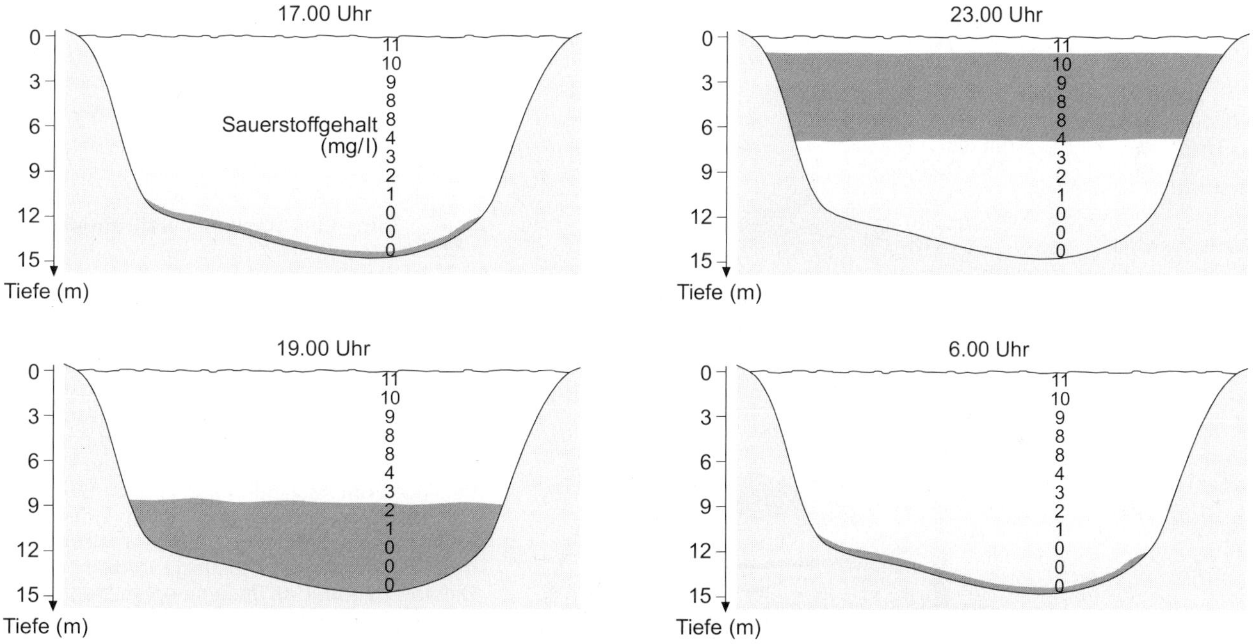

Die meisten Fischarten können bei Sauerstoffkonzentrationen < 2 mg/l nicht existieren.

Aufgaben

1. Zeichne mit Farbstift in die Grafiken die Bereiche ein, in denen die Fische leben.

2. Welchen Grund könnten die täglichen Wanderungen der Mückenlarven haben? Notiere!

Algen
Nahrungskette – See
See
Stoffkreislauf

Nahrungsbeziehungen und Stoffkreislauf im See

Schülerbuch Seite 149

① Nenne drei Nahrungsketten aus der Abbildung 1 auf Seite 148.

– *Algen → Wasserflöhe → Großlibellenlarve → Rotfeder → Graureiher;*
Wasserpflanzen → Teichralle;
Wasserpflanzen → Rotfeder → Hecht.

② Moderne Schädlingsbekämpfungsmittel sollen biologisch abbaubar sein. Begründe.

– *Tiere und Pflanzen nehmen nicht abbaubare Schädlingsbekämpfungsmittel in ihren Körper auf, wenn diese Stoffe in ihrer Umwelt vorkommen. Werden diese Organismen gefressen, werden auch die Schädlingsbekämpfungsmittel aufgenommen. Da ein Tier wesentlich mehr an Nahrung zu sich nimmt, als es seinem eigenen Massenzuwachs entspricht, nimmt es auch entsprechend viel an Schädlingsbekämpfungsmitteln auf. Während jedoch der größte Teil der Nahrung zur Deckung seines Energiebedarfs wieder abgebaut wird, bleiben die nicht abbaubaren Schädlingsbekämpfungsmittel im Körper und reichern sich so dort an.*

Anreicherung von Schadstoffen in der Nahrungskette: Bilder in benötigter Anzahl vergrößert kopieren und auf Magnetfolie kleben. Zur Darstellung der Schadstoffe rotes Papier auf Magnetfolie kleben und mit Bürolocher ausstanzen.

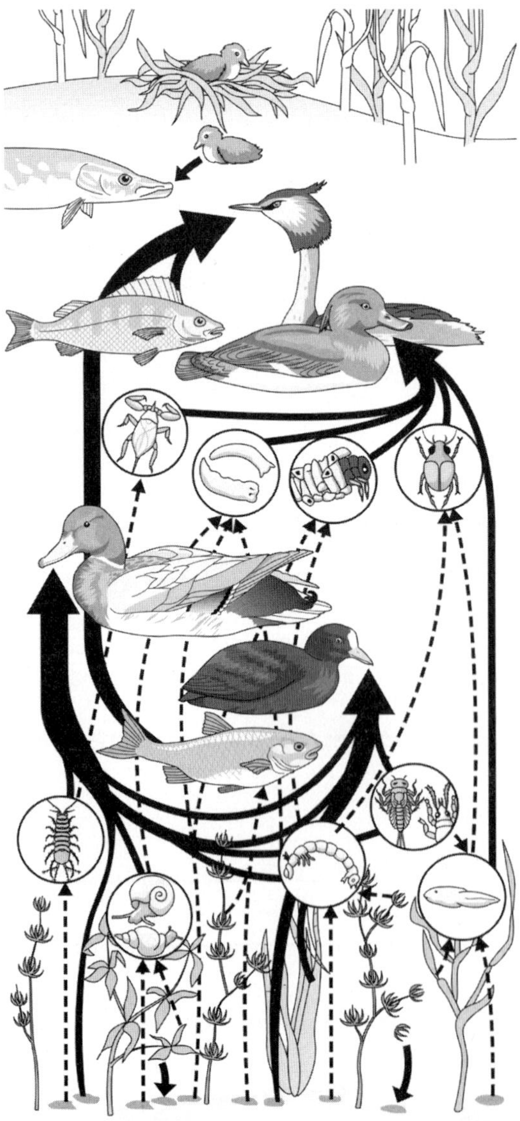

③ Wende dein Wissen über Nahrungsketten und Energiefluss an und erkläre die Aussage: „Bei der Ernährung der Menschen in den Industrienationen könnte viel Energie in der Landwirtschaft eingespart werden".

– *Viele Menschen in den Industrienationen ernähren sich von Fleisch, z. B. von Schweinen und Rindern. Wenn diese Menschen mehr pflanzliche Nahrung nutzen würden, gingen die Energieverluste zugunsten des Lebens der Tiere nicht verloren, sondern könnten direkt zur Ernährung der Menschen verbraucht werden.*

Arbeitsblatt Seite 151

1. Erzeuger und Erstverbraucher, die reine Pflanzenfresser sind, haben eine feste Position in den Nahrungsketten. Verbraucher zweiter oder höherer Ordnung können meist unterschiedliche Plätze einnehmen. Der Karpfen frisst Pflanzen (Erstverbraucher), aber z. B. auch Zuckmückenlarven (Zweitverbraucher).
2. Verschiedene Lösungsmöglichkeiten. Beachte: Die Richtung der Pfeile bezeichnet den Weg der Nahrung, also vom Erzeuger zum Verbraucher höchster Ordnung.

Algen als Basis der Nahrungskette

Auf dem Arbeitsblatt sind höhere Pflanzen und Armleuchteralgen *(Chara)* als Nahrungsgrundlage dargestellt. Das daraus resultierende Nahrungsnetz hat im *Litoralbereich* (lichtdurchfluteter Teil des Bodenbereiches) annähernd Gültigkeit, während im *Pelagial* (Bereich des freien Wassers) planktische Algen die Basis der Nahrungsbeziehungen darstellen. Die vorherrschenden Klassen der Algen unterscheiden sich je nach Seetyp und Jahreszeit. Im Frühjahr und Herbst dominieren oft Kieselalgen, während im Sommer meist Grünalgen und Cyanobakterien („Blaualgen") die höchsten Dichten zeigen. Das Zusammenbrechen der Algenpopulationen im Sommer (trotz hoher Lichtintensitäten) ist direkt auf die in dieser Zeit einsetzende starke Vermehrung der Kleinkrebse zurückzuführen *(„grazing")*, im Frühjahr hingegen begrenzen schlechte Witterungsbedingungen das Wachstum der Algen.

Literaturhinweise

BLUME, D.: Stoffkreisläufe. Naturwissenschaften im Unterricht (Biologie), 31(9), S. 304 – 311, 1983

LÜTHJE, E.: Der Kormoran – Nahrungskonkurrent des Fischers? Unterricht Biologie, Heft 184, 1993, S. 53

MENZDORF, A.: Pestizid- und Schwermetallrückstände in Nahrungsmitteln. Praxis der Naturwissenschaften Biologie, 39 (5), S. 29 – 33, 1990

Medienhinweise

FWU 10 02305: Leben in der Seeuferzone (Litoral)

Wer frisst wen?

Eine Schulklasse hat einen kleinen See untersucht und dabei die abgebildeten Lebewesen gefunden. Die Schülerinnen und Schüler überlegen, wer wem als Nahrung dient.

Blessralle

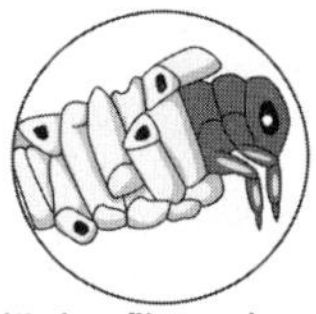
Köcherfliegenlarve

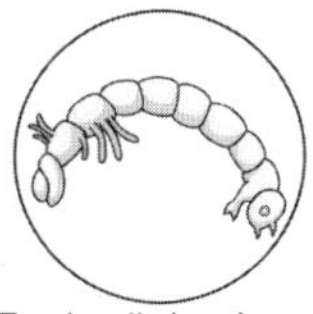
Zuckmückenlarve

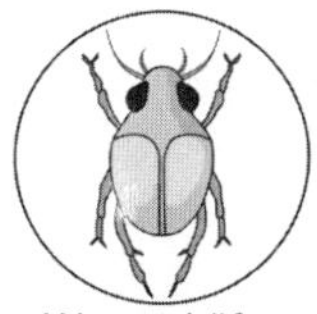
Wasserkäfer

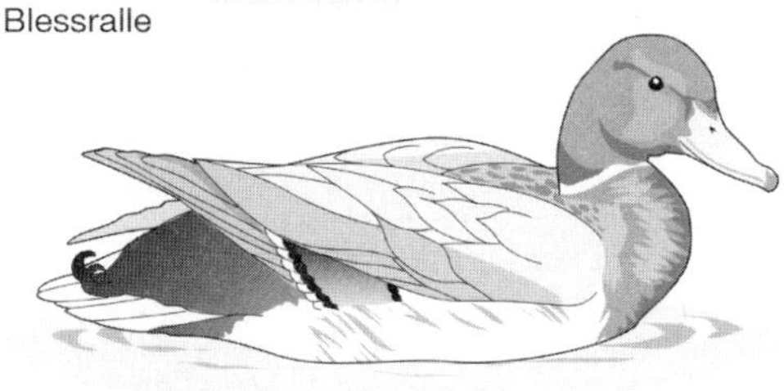
Stockente

Wasserskorpion

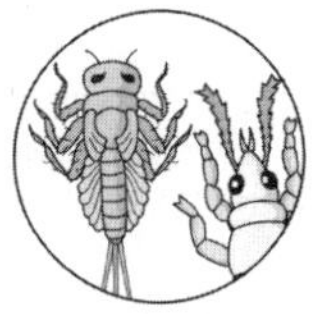
Eintagsfliegenlarven

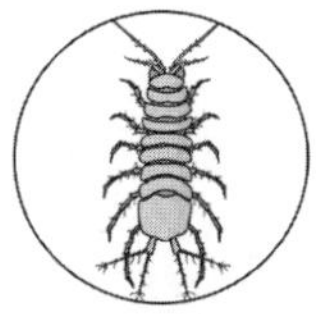
Wasserassel

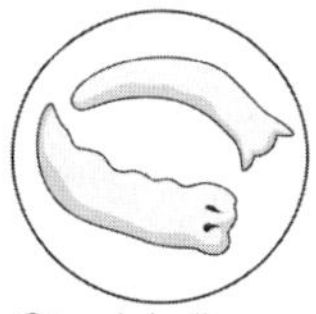
Strudelwürmer

Wasserschnecken

Kaulquappe

Reiherente

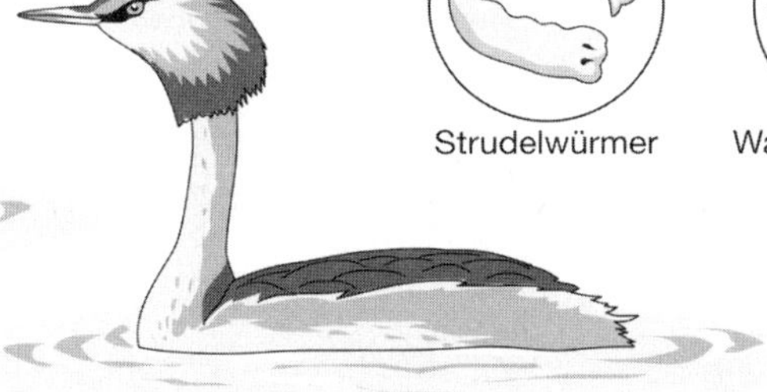
Haubentaucher

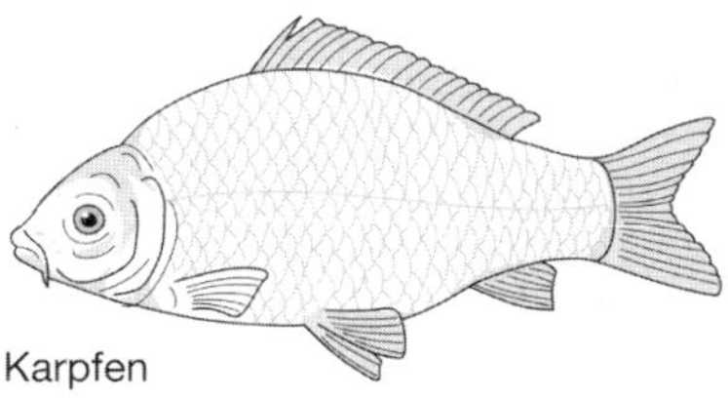
Karpfen

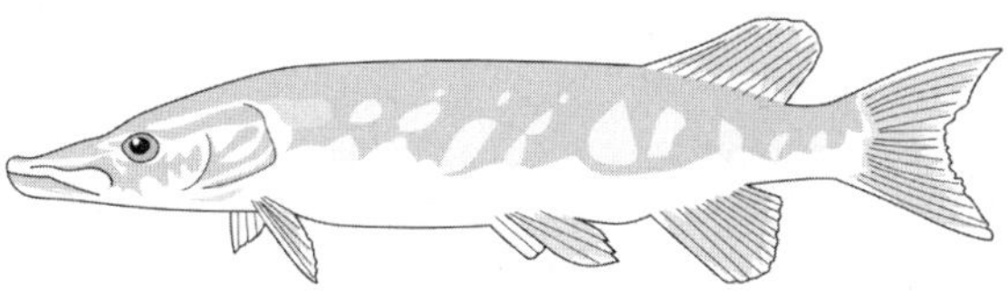
Hecht

verschiedene Wasserpflanzen

Aufgaben

1. Schneide die Bilder der Organismen aus und lege mit ihnen verschiedene Nahrungsketten. Gibt es Organismen, die in verschiedenen Nahrungsketten an unterschiedlicher Position stehen können? Notiere deine Anordnungen.

____

____

2. Zeichne auf ein DIN A3-Blatt den Querschnitt durch einen See. Klebe die oben stehenden Bilder auf und zeichne mit Pfeilen ein mögliches Nahrungsnetz.

Eutrophierung
Moor
Phytoplankton
See
Sonnentau

Eutrophierung eines Sees
Ein Moor entsteht

Phytoplankton im oligotrophen See:

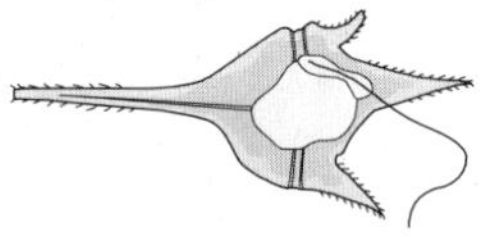

Hornalge (Panzergeißler)

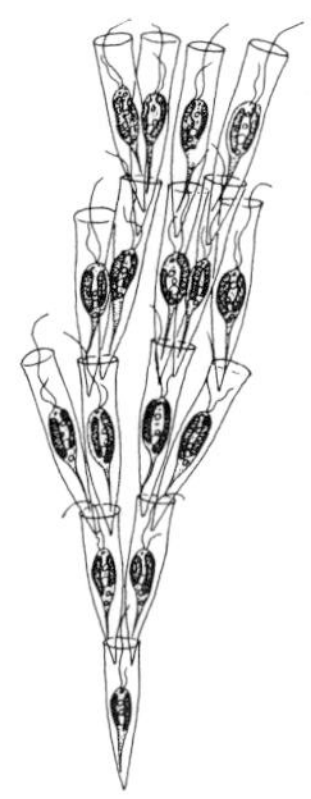

Becherbäumchen (Goldalgen)

Phytoplankton im eutrophen See:

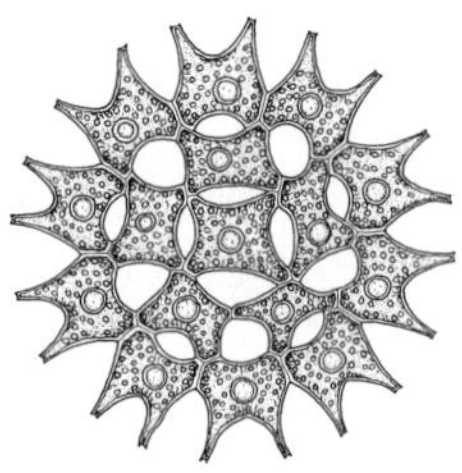

Zackenrädchen (Grünalge)

Schülerbuch Seite 150

① Welche Maßnahmen kann man gegen die Eutrophierung von stehenden Gewässern ergreifen?

– *Einschränkung der Düngung auf umliegenden landwirtschaftlichen Flächen (Abschwemmung von Düngemitteln fördert Eutrophierung), keine Abwassereinleitung in das Gewässer (Ringleitung, Kläranlage am Ausfluss des stehenden Gewässers, falls das nicht möglich wenigstens Denitrifizierung und Phosphatfällung in der Kläranlage).*

Schülerbuch Seite 151

① Diskutiert in eurer Klasse das Pro und Contra des Torfabbaus.

– *Pro: Erhaltung von Arbeitsplätzen, Gewinn von Siedlungs- und landwirtschaftlicher Fläche. Contra: Trockenlegung von Feuchtbiotopen, damit verbunden Bedrohung von im Moor lebenden Pflanzen- und Tierarten, wie Sonnentau, Birkhuhn usw. Torf nur scheinbar im Garten bodenverbessernd, entzieht in Wirklichkeit dem Boden Feuchtigkeit.*

Arbeitsblatt Seite 153

1. Ausscheidung von Kleb- und Lockstoffen – Festkleben des Insekts – Einbiegen der Haare um das Insekt – Abgabe von Verdauungssäften zur Verdauung des Insekts – Aufnahme der verdauten Stoffe vom Sonnentau – Rückbiegen der Haare – unverdauliche Chitinhülle bleibt übrig
2. Die Ansicht ist falsch. Der Sonnentau ernährt sich durch die bei der Fotosynthese hergestellten Kohlenhydrate. Die gefangenen Insekten dienen einzig zur zusätzlichen Stickstoffversorgung.

Schülerexperimente zur Eutrophierung

Durch einen Nylonstrumpf filtriertes Teichwasser wird in zwei 500 ml-Becher- oder Einmachgläser gegeben. In ein Glas wird 0,5 g Natriumphosphat (Na_3PO_4) gegeben. Die Gläser werden für zwei bis drei Wochen auf eine sonnige Fensterbank gestellt. Die beiden Proben werden mikroskopisch untersucht und verglichen.

Eutrophierung

Eutrophierung ist ein natürlicher Vorgang, der generell so gut wie alle, auch vom Menschen unbeeinflusste Seen betrifft und als „Altern“ eines Sees interpretiert wird. Menschlicher Einfluss beschleunigt diesen Alterungsvorgang häufig in extremem Maße. Erhöhte Eutrophierung bedeutet auch stärkere Sedimentation und damit schnelleres Verlanden des Sees. Mit der Verlandung hat der See das Ende seines „Lebens“ erreicht. Eutrophierung, Verlandung und Moorbildung sollten deshalb im Zusammenhang behandelt werden.

Literaturhinweise

ISECKE-VOGELSANG, M. und VOGELSANG, A.: „Die Moorsoldaten“ – Lied aus dem Widerstand gegen den Nationalsozialismus. Lehrer-Journal/ Hauptschulmagazin 2 (2), S. 37–44, 1987 (fachübergreifend Musik / Deutsch)

OTTO, K. H.: Hochmoore. Nutzung oder Bewahrung? Geographie heute, 17 (144), S. 46–51, 1996

RUDZINSKI, H. G.: Übersicht und Kennzeichnung der Moormuseen in Nordwestdeutschland. Unterricht Biologie Heft 114, 1986, S. 51–52

STREBELE, H., KRAUTER, D.: Das Leben im Wassertropfen. Frankh Kosmos, Stuttgart 1981

Themenheft Moor: Unterricht Biologie Heft 109, 1985

Medienhinweise

FWU 10 00665: Vögel der Wiesen, Sümpfe und Moore
FWU 10 03163: Biotop Moor – Das Niedermoor
FWU 10 03164: Biotop Moor – Das Hochmoor
FWU 10 03207: Pollenanalyse und Landschaftsgeschichte
FWU 32 03896 und 42 01748: Das Hochmoor: Wachstum, Zerstörung, Regeneration
FWU 42 01537: Moor

Seentyp	Wasserfarbe	Sichttiefe	Tiefenwasser (Spätsommer)	Uferausbildung	Phytoplankton	Fische
oligotroph	blau bis grünlich	> 6 m	> 70 % Sauerstoffsättigung	steil, röhrichtarm	Goldalgen, Dinoflagellaten	Felchen, Groppe, Elritze
eutroph	gelbbraun bis braungrün	meist < 2 m	0 – 30 % Sauerstoffsättigung	flach, Röhricht und Laichkräuter	Grünalgen, Cyanobakterien, Kieselalgen	Aal, Brachsen, Barsch, Karpfen

Vergleich oligo- und eutropher See

Der Rundblättrige Sonnentau

Der Rundblättrige Sonnentau ist eine typische Hochmoorpflanze. Kleine rötliche Haare auf seinen Blättern scheiden glitzernde, klebrige Tropfen aus, die Insekten anlocken und festhalten. Untersucht man nach einigen Tagen das gefangene Insekt, findet man nur noch dessen leeren Chitinpanzer.

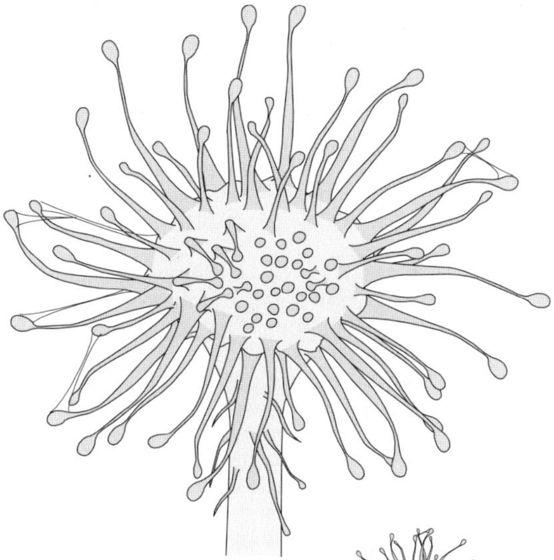

Blatt mit gefangenem Insekt

Aufgaben

1. Beschreibe die Vorgänge auf den Blättern des Sonnentaus. Welche Funktion haben die Haare auf den Blättern? Notiere!

2. Der Sonnentau ist grün und betreibt Fotosynthese wie fast alle Pflanzen. Allerdings lebt er im Moor, in dem der Stickstoffgehalt sehr gering ist. Stickstoff benötigen die Pflanzen aber, um in ihren Zellen z. B. Eiweiße aufzubauen.
   Nimm zu der Aussage Stellung, die Insekten hätten für den Sonnentau (und die anderen Fleisch fressenden Pflanzen) die gleiche Bedeutung wie die Antilope für den Löwen.

Lebensräume entlang des Rheins

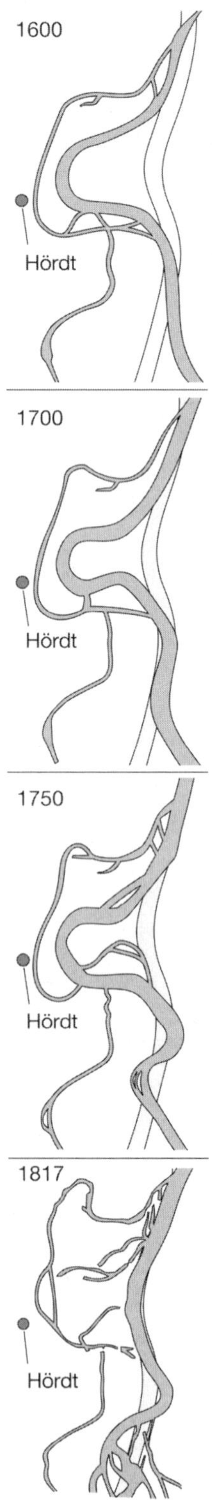

Der Rhein bei Hördt (nördl. Karlsruhe) von 1600–1817

Schülerbuch Seite 153

① Erkläre die Angepasstheiten der Lebewesen eines Gebirgsbaches.

– *Die Körperformen der Gliederfüßer und ihrer Larven haben keinen großen Strömungswiderstand. Sekretfäden oder beschwerende Gehäuse verhindern die Abdrift. Viele Kleintiere leben im Lückensystem des Bachbodens. Größere Bachbewohner können sich mit ihrem strömungsgünstigen Körper und der starken Muskulatur der Strömung entgegenstellen und auch stille Randzonen nutzen. Moose und Algen im Bach leben hier in Formen, die dem Wasser geringen Widerstand bieten.*

② Beschreibe die Umweltbedingungen im Verlauf eines Fließgewässers.

– *Während der Oberlauf durch Nährstoffarmut und hohe Fließgeschwindigkeiten gekennzeichnet ist, entsteht durch das Wachstum der Wasserpflanzen, durch Eintrag von Biomasse über Zuflüsse und Ufervegetation ein nährstoffreicher Mittellauf mit geringer Strömungsgeschwindigkeit. Zum Unterlauf hin nimmt die Abwasserfracht des Flusses zu, oft auch die Temperatur und der Nährstoffgehalt, sodass hier Sauerstoffmangel eintritt. Im Delta entsteht unter dem Einfluss von Ebbe und Flut eine Brackwasserzone.*

③ Erkläre die Bedeutung der Auen (Abb. 2).

– *Auen sind ein Rückhalteraum für Hochwasser und Lebensraum für eine Vielzahl von Vögeln, Insekten und Amphibien. Sie sind Laichgewässer für Flussfische und ein Biotop mit Pflanzengesellschaften, die an Überflutungen angepasst sind. Sie bilden ein Wasserreservoir und beeinflussen damit das regionale Klima und die Grundwasserbildung.*

Arbeitsblatt Seite 155

1. 1838: 3,3 km^2, 1978: 0,2 km^2
2. Vergrößerung der Hochwasserspitzen, da die Hochwässer Aueflächen nicht mehr überfluten können.
3. Eintiefung des Flusslaufs durch höhere Fließgeschwindigkeit, Deich, Verschwinden der Auenvegetation und der zahlreichen Nebenarme, Ansiedlung von Laub- und Nadelwald, Autobahn, Vergrößerung der Siedlungsfläche. Grundwasserabsenkung durch tiefer liegendes Flussbett mit Wassermangel für Pflanzen.

Die Rheinkorrektur durch Tulla

Die „Rheinkorrektur“, mit der TULLAS Name bis heute verknüpft ist, verkürzte den Lauf des Rheins um 81 km, vor allem durch die Durchstiche von Mäandern zwischen Karlsruhe und Mainz. Die mittlere Strömungsgeschwindigkeit erhöhte sich von 0,08 m/s auf 2,0 m/s. In der *Furkationszone*, d. h. im Bereich starker Verzweigung, wurde der Rhein durch das Anlegen von Deichen in seinem Lauf gebändigt. Einen wesentlichen Grund hatten diese Maßnahmen u. a. in dem Wunsch Frankreichs und des Großherzogtums Baden, den Verlauf der Staatsgrenze festzulegen. Da die Hauptabflussrinne den Grenzverlauf kennzeichnete, musste diese nach jedem Hochwasser neu bestimmt werden. Weitere Gründe sind in der Hochwassersicherung und in der Neugewinnung von Ackerland zu sehen. Preußen nämlich befürchtete verstärkte Hochwässer in seinen flussabwärts gelegenen Territorien. Dass diese Befürchtungen begründet waren, zeigt sich auch heute noch an Hochwässer am Mittel- und Niederrhein.

Der Rückgang und die Veränderung in der Artenvielfalt wurde von den Bewohnern des Oberrheins kaum wahrgenommen. War vorher die Auenlandschaft eines der artenreichsten Ökosysteme Mitteleuropas, verschwanden viele Tier- und Pflanzenarten. Einzig die Auswirkung auf die Fischerei wurde beklagt, denn durch die Trockenlegung verschwanden Laichplätze. Zudem machte die erhöhte Fließgeschwindigkeit den Fischen zu schaffen, vor allem bei den strömungsliebenden Arten wie Stör, Meerforelle oder Lachs.

„Kein Strom oder Fluss, also auch nicht der Rhein, hat mehr als ein Flussbett nöthig, oder, welches einerlei ist, kein Strom oder Fluss hat mehrere Arme nöthig“ (TULLA 1812)

„... man lege dem muthwillig vagabundierenden Schweizerburschen (= Rhein) *... wie den mit ihm auf der Wanderschaft begriffenen Kiesbänken ihr Handwerk, halte Ersteren ... zu sittsamem Laufe an und die Letzteren mache man sesshaft ... damit Beide erfahren, dass, Dank unserm Reichskanzler, jetzt Ordnung bei uns herrsche!“* (anon. zit. nach HONSELL, ca. 1878)

„Von einem Fluss, der seine Ufer zerstört, sagt man, er sei gewalttätig. Von seinen Ufern, die ihn einengen, sagt man das nicht“ (B. BRECHT)

Exkursionen

Bei Exkursionen oder Klassenfahrten an den Oberrhein bietet sich der Besuch im NSG *Kühkopf-Knoblochsaue*, einem Auenrelikt, umflossen von einem ehemaligen Rheinmäander (jetzt Altarm) an. Ein Besucherzentrum führt in die Landschaft ein (Stockstadt am Rhein, Tel. 06158 / 86980).

Der *Taubergiessen*, der „Urwald am Oberrhein“ ist das zweitgrößte Naturschutzgebiet Baden-Württembergs (16 km^2) und zieht sich über 12 km parallel zum Rhein hin. Hier existieren noch Hart- und Weichholzauen. Mittlerweile ist der Taubergiessen zu einer Attraktion mit Boots- und Kutschfahrten geworden. (Kappel / Rhein-Grafenhausen, http://www.taubergiessen.net).

Literaturhinweise

BERNHARDT, C.: Die Rheinkorrektion. Bürger im Staat 2 / 2000 (erhältlich bei der Landeszentrale für politische Bildung Baden-Württemberg)

Unterricht Biologie, Themenheft „Lebensraum Auen“. Heft 203, 1995

Tullas Rheinkorrektur

Der Oberrhein zwischen Basel und Karlsruhe war bis in die 2. Hälfte des 19. Jahrhunderts ein Labyrinth aus Flussarmen und über 2 000 teils mit Auenwäldern bestandenen Inseln. Bei jedem Hochwasser veränderten sich die Flussläufe. Kilometerweit wurden Inseln und fruchtbares Ackerland am Rande des Rheintals überschwemmt. Mit Durchstichen der Mäander im nördlichen Teil des Oberrheins (Karlsruhe bis Mainz) und Eindeichungen im gesamten Verlauf des Oberrheins wurde der Fluss in ein festes Bett gezwungen.

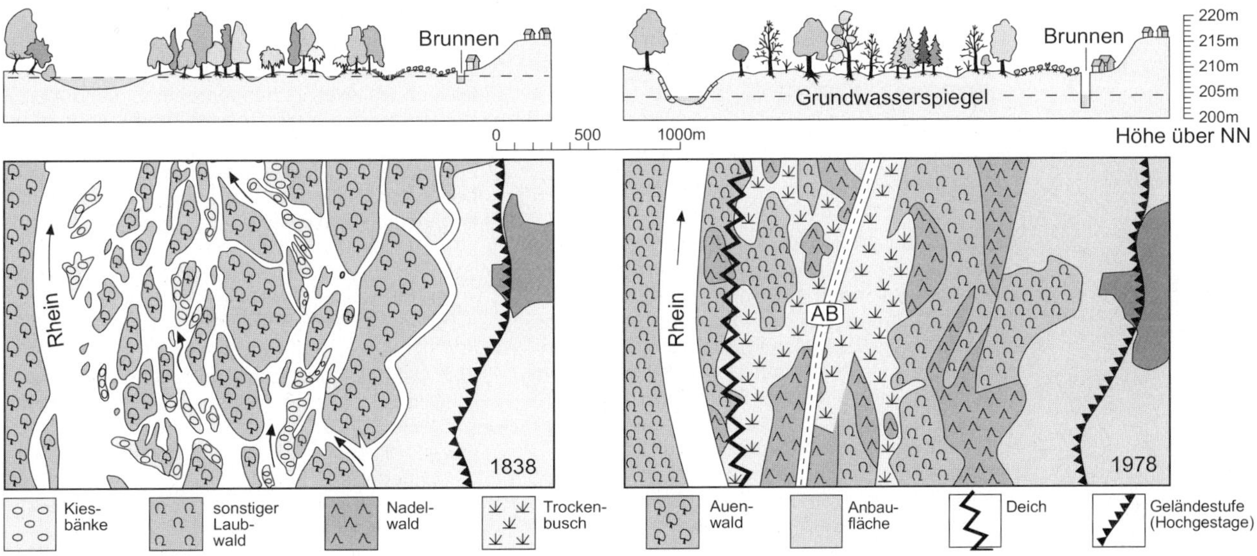

Die Rheinaue bei Grißheim

Aufgaben

1. Ermittle die bei Hochwasser überschwemmbare Fläche auf den Kartenausschnitten der rechten Rheinseite. Übertrage sie dazu auf Millimeterpapier und zähle die Kästchen.

   1838: ____________ km^2 1978: ____________ km^2

2. Welche Folgen hatte die „Korrektur" des Oberrheins für den Mittel- und Unterrhein?

   ____

   ____

   ____

3. Beschreibe die erkennbaren landschaftlichen Veränderungen von 1838 bis 1978. Nenne Gründe dafür, dass im 20. Jahrhundert Trockengebüsche auftraten und die Bäume der ehemaligen Auen abstarben.

   ____

   ____

   ____

   ____

   ____

Fließgewässer
Gewässergüte
Nitrifikation
Zeigerorganismen

Bestimmung der Gewässergüte
Lexikon: Zeigerlebewesen in Fließgewässern

Wasserinsekten trotzen der Strömung

Die Larve der *Kriebelmücke* (re) hält sich mit einem Hakenkranz am Hinterende fest, während die Puppe (li) ihre Hülle mit Sekret an der Unterlage festklebt.

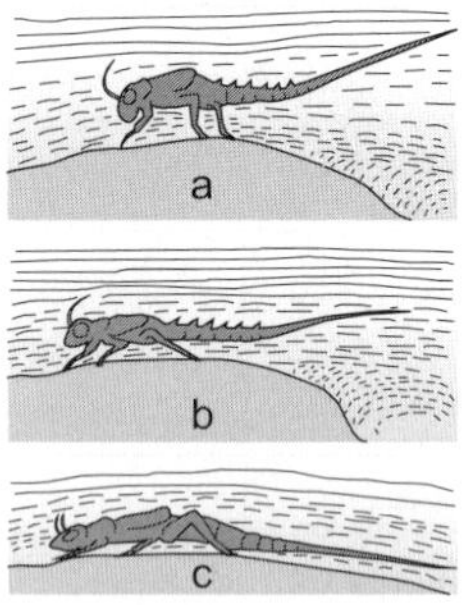

Die Eintagsfliegenlarve *Heptagenia* duckt sich tief in die strömungsarme Grenzschicht.

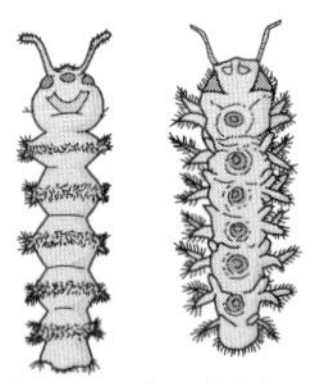

Die Larve der *Lidmücke* besitzt Saugnäpfe an ihrer Unterseite und kann damit den Strömungen unter einem Wasserfall trotzen.

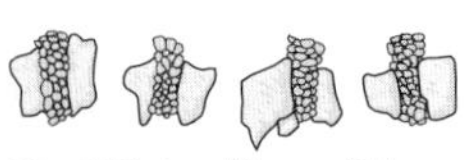

Die Köcherfliege *Silo* baut ein Gehäuse mit schweren Steinen rechts und links.

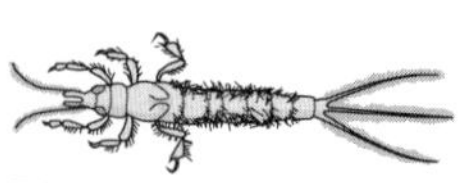

Die Larve der Eintagsfliege *Ephemera* gräbt sich in der Uferzone ein.

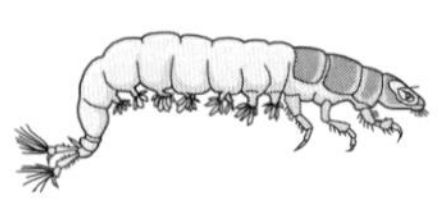

Die Larve der Köcherfliege *Hydropsyche* nutzt die Strömung aus, um Nahrung zu sammeln. Sie baut ein Fangnetz.

Arbeitsblatt Seite 157

1. 1: I, 2: III-IV, 3: II, 5: I-II, 5: 3,5
2. ja, bis auf die Nitratwerte, die hier bei allen Stellen Güteklasse I entsprechen würden.
4. Hohe Ammoniumwerte bedeuten niedrige Nitratwerte und umgekehrt. Ammonium wird in Anwesenheit von Sauerstoff zu Nitrat oxidiert (bzw. bei Fehlen von Sauerstoff wird Nitrat zu Ammonium reduziert).

Nitrifikation

Eiweiße in Abwässern werden durch von Bakterien abgegebene Enzyme zu Aminosäuren abgebaut, die von den Bakterien aufgenommen und weiter verarbeitet werden. Bei reichhaltigem Eiweißangebot, wie es typischerweise in Abwasser zu finden ist, nutzen die Bakterien nur einen Teil der Aminosäuren zum Aufbau eigener Biomasse, der Rest wird zur Energiegewinnung weiter abgebaut. Die Stoffwechselendprodukte, darunter erhebliche Mengen an Ammonium, werden wieder in die Umgebung ausgeschieden. Deswegen treten die Ammoniumspitzenwerte stromabwärts nicht direkt an der Einleitungsstelle auf. Zu berücksichtigen ist, dass diese Vorgänge zum Teil bereits in der Kanalisation ablaufen. Erst bei ausreichendem Sauerstoffangebot kann die Nitrifizierung stattfinden: Ammonium wird über Nitrit zu Nitrat oxidiert (s. Folienvorlage). Bei der Skalierung der x-Achse wurde nur der Stickstoffanteil der Moleküle berücksichtigt, dadurch werden die Graphen besser vergleichbar. Eine Umrechnung ist nach folgender Gleichung möglich:
mg $N\text{-}NH_4^+$/l x 1,29 = mg NH_4^+/l bzw.
mg $N\text{-}NO_3^-$/l x 4,43 = mg NO_3^-/l

Untersuchung des Stickstoffhaushaltes

Die Nitrifikation ist in hohem Maße temperaturabhängig. Unterhalb von 6 °C wird sie stark gehemmt. Zur Untersuchung des Stickstoffhaushaltes bieten sich die Sommer- und Herbstmonate an. Benötigt wird eine ausreichend lange Fließstrecke (bis zu 7 km), zu deren Beginn organisches Abwasser eingeleitet wird und die im weiteren Verlauf frei von weiteren Zuflüssen oder Einleitungen ist. Zur Bestimmung der Stickstoffverbindungen reichen kolorimetrische Testkits (z. B. Fa. Merck, Darmstadt). Hygienevorschriften sind strikt zu beachten: Gummihandschuhe und Handdesinfektionsmittel verwenden!

Literaturhinweise

FEY, J. M.: Die Anpassung von Larven an die Wasserströmung. Unterricht Biologie, Heft 59 1981, S. 43 – 44
FEY, J. M.: Biologie am Bach. Quelle & Meyer, Wiesbaden 1996
GRAW, U.: Natura Projektplanung: Gewässer. Ernst Klett Verlag, Stuttgart 2002
MEYER, D.: Wassergütebeurteilung von Fließgewässern. Lebendbestimmung – makroskopisch-biologische Feldmethoden. Bund f. Umwelt u. Naturschutz Niedersachsen
SCHWOERBEL, J.: Einführung in die Limnologie. Gustav Fischer, Stuttgart 1999

Medienhinweise

FWU 10 02571: Gewässergüte
FWU 10 03261, 42 02071: Zeigerorganismen in Fließgewässern

Veränderung des Nitrat- und Ammoniumgehaltes in einem Fluss nach einer Abwassereinleitung

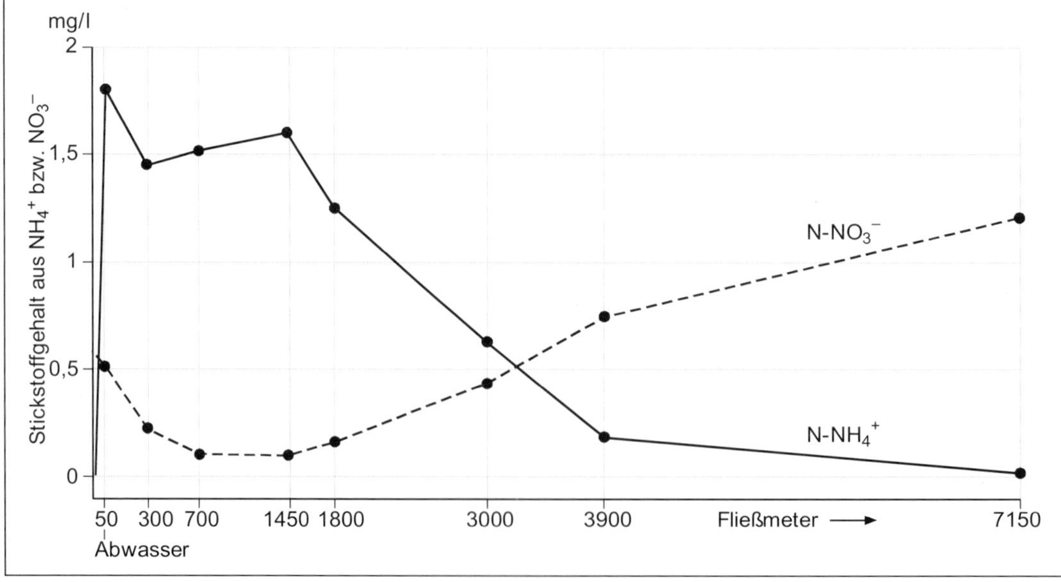

Gewässergüte

Ein Nebenbach des Rheins wurde im Juni an verschiedenen Stellen auf Zeigerorganismen und einige chemische Werte untersucht. Die Karte zeigt die Lage der Probestellen.

Probestelle Nr.	**1**	**2**	**3**	**4**	**5**
echter Abwasserpilz	0*	4	0	0	4
Steinfliegenlarven	3	0	2	3	0
Eintagsfliegenlarven	2	0	1	2	0
Köcherfliegenlarven	3	0	4	3	0
Bachflohkrebse	3	0	4	3	0
Wasserasseln	0	0	2	0	0
Wassertemperatur (°C)	11	18	20	10	23
Geruch	frisch	stark faulig	leicht faulig	frisch	jau-chig
Farbe	farblos	grau	leicht grau	farblos	grau
Trübung	klar	stark trüb	leicht trüb	klar	stark trüb
Sauerstoffgehalt (mg/l)	9	3	7	9	4
Ammonium (mg/l)	< 0,1	2,5	1,0	0,1	2,0
Nitrat (mg/l)	0,5	0,1	1,2	0,5	0,1

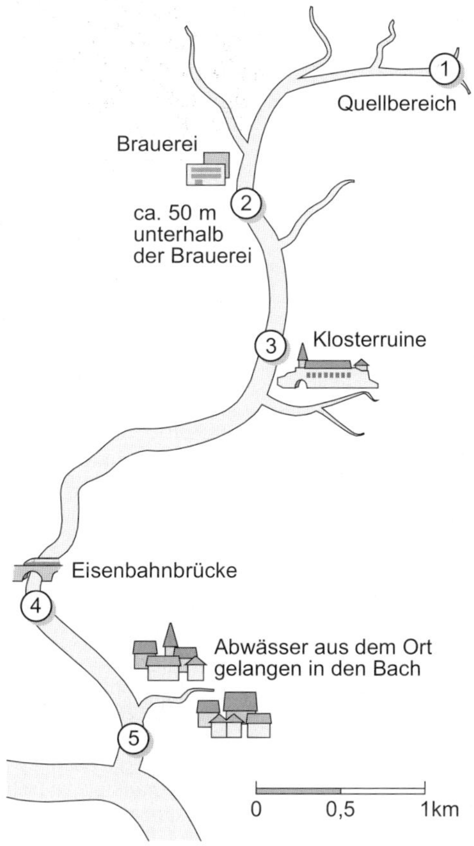

* 0 = nicht gefunden, 1 = Einzelfund, 2 = selten, 3 = häufig, 4 = massenhaft

Aufgaben

1. Stelle die Gewässergüte an den einzelnen Probestellen mithilfe der Zeigerorganismen fest. Verwende dein Schulbuch, um Lebewesen und Güteklassen einander zuzuordnen.

Probestelle Nr.	1	2	3	4	5
Gewässergüte					

2. Werden die biologisch ermittelten Güteklassen durch die chemisch ermittelten Werte bestätigt?

____

3. Verwandle die Karte in eine Gewässergütekarte, indem du die Güteklassen einträgst.

4. Stelle die Ammonium- und die Nitratwerte grafisch dar. Welche Zusammenhänge erkennst du?

____

____

Abwasserreinigung
Belebtschlamm
Destruent
Eutrophierung
Fließgewässer
Kläranlage
Nahrungskette
Naturschutz
Selbstreinigung

Material: Untersuchungen an Fließgewässern
Die Selbstreinigung in einem Fließgewässer
Abwasserreinigung in einer Kläranlage

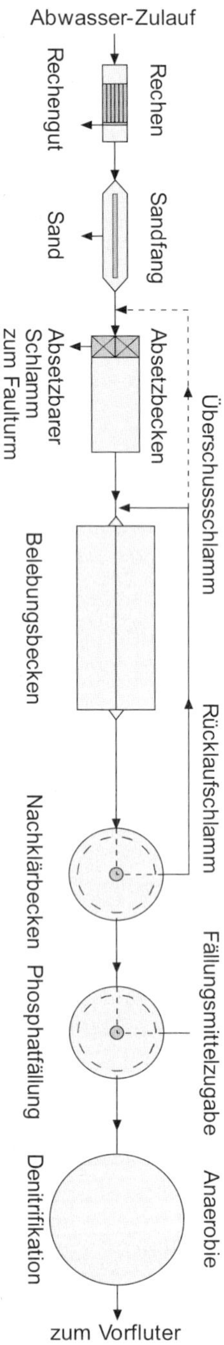

Schema einer modernen Kläranlage mit 3. Reinigungsstufe und Denitrifikationsstufe

Schülerbuch Seite 156/157

① Im Oberlauf findet man fast 50 % Zerkleinerer, ungefähr ¼ Sedimentfresser und Filtrierer, wenig Weidegänger und Räuber. Im Mittellauf machen die Sedimentfresser und Filtrierer fast 50 % der Lebensgemeinschaft aus (Zunahme), bei Weidegängern ebenfalls eine Zunahme, wenig Zerkleinerer und wenig Räuber. Die Sedimentfresser und Filtrierer dominieren mit ca. 80 % im Unterlauf, Räuber gibt es wenig.

② Das Vorherrschen der Zerkleinerer im Oberlauf erklärt sich dadurch, dass hier viel Falllaub der Uferbäume ins Wasser fällt, das umgesetzt wird. Daneben ernähren sich Sedimentfresser und Filtrierer vom Detritus, das die Zerkleinerer bereitstellen. Die wenigen Weidegänger fressen den Algenaufwuchs auf Steinen ab. Räuberische Steinfliegenlarven ernähren sich von anderen Tieren.
Im Mittellauf erklärt sich die starke Zunahme der Sedimentfresser und Filtrierer durch die Zunahme von Feindetritus aus dem Oberlauf. Die Zunahme der Weidegänger wird möglich, weil die Bäume am Gewässerrand zurücktreten und damit der Algenaufwuchs auf Steinen zunimmt. Abnahme der Zerkleinerer durch geringeres Aufkommen an Grobdetritus.
Im Unterlauf mit geringer Fließgeschwindigkeit und wenig Beschattung ist viel Feindetritus und Phytoplankton im freien Wasser. Dies erklärt das Überwiegen der Sedimentfresser und Filtrierer. Räuber ernähren sich von beiden.

③ Die Bachbegradigung bewirkt eine höhere Fließgeschwindigkeit des Wassers und damit auch eine größere Schleppkraft. Die Konsequenzen sind, dass größere Teilchen (auch Lebewesen) von Wasser verdriftet werden können und sich nicht auf dem Untergrund ablagern. Es fehlen im Beispiel Strömungshindernisse und Versteckmöglichkeiten für Tiere. Wegen der hohen Wasserströmung können sich keine oder nur wenige Pflanzen halten.

④ Bach A: Naturnaher Bach mit grobkörnigem Untergrund, der Rückzugsräume und unterschiedliche Strömungsverhältnisse bietet, entsprechend große Artenvielfalt. Das Säulendiagramm zeigt eine große Artenvielfalt und Individuendichte.
Im Bach B ist die Strömung stark und der Untergrund besteht aus feinem Substrat. Dadurch werden viele Tierarten verdriftet und es können sich weit weniger Individuen halten.

⑤ Im Bach A zeigt der Verlauf der Ammoniumkurve an, dass bereits nach 7 bzw. 10 km Fließstrecke der Ammoniumgehalt sich Null nähert, während vergleichbare Werte im Bach B auch nach 40 km noch nicht erreicht sind (Indiz für den frühen Eiweißabbau über Nitrit zu Nitrat).
Wegen der hohen Strömungsgeschwindigkeit im Bach B können sich die Mikroorganismen nicht so gut vermehren und damit den Abbau der Eiweiße nicht in dem Maße voranbringen. Im Bach A vermehren sich die Mikroorganismen bei der geringeren Strömung und im Strömungsschatten von Steinen stärker, sodass der Abbau erheblich schneller gelingt.

⑥ Die Gewässergüte nimmt deutlich ab.

⑦ Verbesserungen überwiegen aufgrund von Maßnahmen zur Reinhaltung der Gewässer, auch wenn noch viel zu tun bleibt.

⑧ Die beiden Tabellen zeigen, dass sowohl die Phosphateinträge als auch die Stickstoffverbindungen überwiegend aus der Landwirtschaft und aus kommunalen Kläranlagen stammen. Wenn man die Eutrophierung in den Gewässern reduzieren möchte, muss man zunächst in der Landwirtschaft so gezielt düngen, dass der Boden und die Pflanzen die Mineralstoffe halten und nützen können. Außerdem wird deutlich, dass in den kommunalen Kläranlagen die 3. Stufe mit einer chemischen Fällung von Phosphaten und Stickstoffverbindungen flächendeckend eingeführt werden muss.

Schülerbuch Seite 158

① Erkläre die Vorgänge der biologischen Selbstreinigung mithilfe der Abbildung 2.
– *Erklärung im Schülerbuchtext.*

Schülerbuch Seite 159

① Vergleiche die Vorgänge bei der biologischen Selbstreinigung in einem Bach mit den Stationen in einer Kläranlage.
– *Ufer- und Wasserpflanzen kämmen große Verunreinigungen aus dem Wasser (Rechenanlage). In ruhigen Flussabschnitten setzen sich Sand und grobe Partikel (Sandfang) und teilweise auch Schwebstoffe (Vorklärbecken) ab. Bakterien und andere Mikroorganismen im freien Wasser sowie auf Steinen und Pflanzen bauen organische Stoffe ab (Teilschritte der biologischen Reinigung). Frei werdende Nährsalze fördern das Pflanzenwachstum, sodass der Gehalt des Wassers an Nitraten und Phosphaten abnimmt (chemische Reinigung).*

Arbeitsblatt Seite 159

1. 1: Glockentierchen,
   2: Rädertierchen,
   3: Pantoffeltierchen,
   4: Bakterien.
   Nahrungskette: Bakterien → Wimpertierchen → Rädertierchen
2. 10 000 000 l Abwasser, 4500 kg organische Substanz, 4500 kg mineralische Substanz
3. Verminderung der organischen Substanz durch Bakterien von 4500 kg auf 450 kg, durch Wimpertierchen von 450 kg auf 45 kg, durch Rädertiere von 45 kg auf 4,5 kg.

Literaturhinweise

BÜKER, D.: Mensch-Kultur-Abwasser. Verlag Die Blaue Eule, Essen 2000
GRAW, M.: Projektplanung Gewässer, Ernst Klett Verlag, Stuttgart 2002

Biologische Abwasserreinigung

Entnimmt man dem Belüftungsbecken einer nach dem Belebungsverfahren arbeitenden Kläranlage eine Probe, so zeigen sich unter dem Mikroskop kleine Zusammenballungen von Organismen, die *Belebtschlammflocken*. Sie enthalten vor allem Bakterien, Wimper- und Rädertierchen. Meistens sind die Lebewesen mit Gallerte aneinander befestigt, einige Formen schwimmen aber auch frei zwischen den Flocken.

Die Schlammteilchen werden durch elektrische Oberflächenladungen zusammengehalten. Auch Bakterien und einige der tierischen Besiedler nutzen diese Kräfte, um sich an den Partikeln zu verankern.

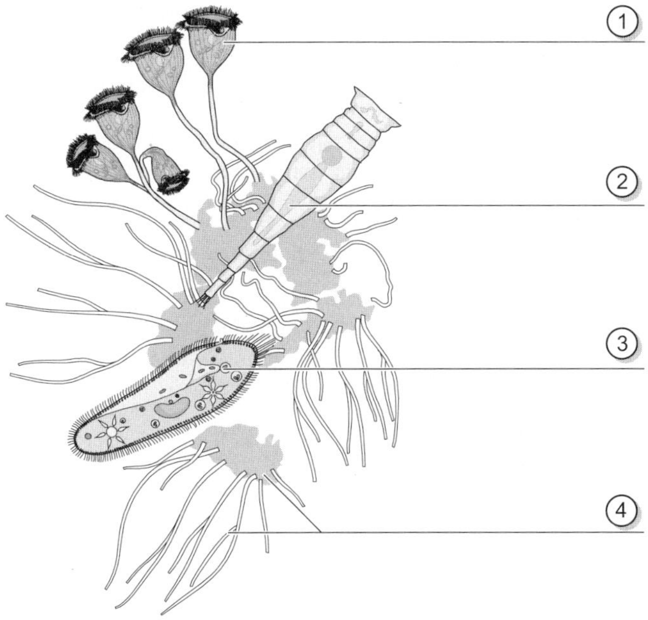

Aufgaben

1. Identifiziere die abgebildeten Organismen und ordne sie einer Nahrungskette zu. (Beachte: Zwei der gezeigten Lebewesen stehen auf der gleichen Nahrungsebene.)

1	2	3	4

2. Eine Person gibt etwa 200 Liter Abwasser pro Tag über Dusche, Waschbecken und Toilette in die Kanalisation ab. Darin enthalten sind ca. 180 g gelöste und feste Stoffe. Die Hälfte dieser Stoffe besteht aus abbaubaren, organischen Substanzen, die andere Hälfte ist mineralischen Ursprungs und nicht abbaubar.
   Berechne den Abwasseranfall und die Menge an abbaubarer und nicht abbaubarer Substanz für eine kleine Stadt von 50 000 Einwohnern. (Beachte: Abwasser aus Industrie und Gewerbebetrieben ist hierbei nicht mitgerechnet!)

Abwasser:	l	organische Substanz:	kg	mineralische Substanz:	kg

3. Die Organismen der Kläranlage bauen auf jeder Stufe der Nahrungskette ca. 90 % der organischen Stoffe ab, d. h. sie veratmen sie zu CO_2 und H_2O. 10 % geben sie an die nächste Ebene weiter. Berechne, welche Menge der im Abwasser enthaltenen organischen Substanz nach Passage des Belebungsbeckens nach dem oben geschilderten Modell übrig geblieben ist.

Projekt: Wasser

Gewässer, Gewässeruntersuchung, Kläranlage, ökologische Nische, Selbstreinigung, Trinkwasser, Wasserpflanzen

Wasserläufe – früher und heute

Die Landesvermessungsämter drucken historische Karten nach, die zum Teil den gleichen Maßstab und Blattschnitt haben wie die heutigen topographischen Karten, sodass sich der heutige Verlauf von Wasserläufen und das Vorkommen von stehenden Gewässern mit Zuständen bis vor ca. 150 Jahren vergleichen lassen. Genauso kann auch die Ausdehnung von Flussauen früher und heute ermittelt werden.

Material hierzu z. B. in Müller, R.: Trinkwasser für Millionen. Unterricht Biologie Heft 203, 1995, S. 33–38. Kartenverzeichnisse können bei den Ämtern angefordert werden.

Gewässer in der Stadt

Auch in der Stadt lassen sich Gewässer untersuchen. Bäche, Flüsse, Teiche und Tümpel bieten eine breite Palette von Beobachtungsmöglichkeiten. Vieles ist gerade im besiedelten Raum besonders intensiv zu beobachten: Einfluss von Begradigungen auf Strömungsgeschwindigkeit und Besiedlung, Spundwände als Ersatzbiotope, Kläranlagenauslauf als Ersatz für Produzenten.

Am Weiher im Stadtpark lassen sich die Verhaltensweisen von Enten beobachten.
Praxis der Naturwissenschaften Biologie, Heft 2/43, 1994
Schmidt, E.: Entenprobleme am Stadtparkteich. Unterricht Biologie Heft 135, 1988, S. 43–45

Der Rhein – immer noch die Kloake der Nation?

Der Rhein galt ja lange Zeit als das Synonym für Wasserverschmutzung. Gleichzeitig steht er für Romantik und weinselige Gemütlichkeit. Wie passt das zusammen? Wie sieht die Verschmutzungssituation heute aus? Was hat sich verändert? Sind noch Folgen des Sandoz-Unfalls nachweisbar? Welchen Aufwand muss man treiben, um 20 Millionen Einwohner aus dem Rhein mit Trinkwasser zu versorgen?

Material hierzu liefern die (deutschsprachigen) Jahresberichte der RIWA , Postfach 57212, NL-1040 BC Amsterdam

Wasser und Eis

Eine Eiswürfelbahn ist einfach eine nasse Tischfläche, über die man mit Schwung Eiswürfel rutschen lässt. Hiermit lässt sich z. B. untersuchen, ob man gegen das Rutschen im Winter besser Salz oder Sand streut.

Bootsrennen

Ein Bach, möglichst mit Hindernissen wie Sandbänken, Felsblöcken usw., ist der Austragungsort des Rennens. Durch eine quer gespannte Schnur wird die Startlinie markiert, am Ende wird mit zwei Pfählen ein Netz gespannt. Farbig markierte Flaschenkorken stellen die Boote dar. Alle Boote werden in einer Schachtel gesammelt, die oberhalb der Startlinie ins Wasser entleert wird. Sieger ist natürlich der Besitzer des Bootes, das als erstes das Ziel erreicht. Möglich sind z. B. folgende Einschränkungen: Bleibt ein Boot an einem Hindernis hängen, darf sein Besitzer es mit einem Stock wieder flott machen, den er aber erst beim Rennleiter holen muss. Dieses Spiel bietet sich an, um die Variation der Strömungsgeschwindigkeit über den Querschnitt des Bachs zu untersuchen. Ergänzend dazu kann ein Strömungsmesser gebastelt werden: An einen Stock wird eine 1 m lange Schnur gebunden, an deren anderem Ende sich ein Korken befindet. Mit der Stoppuhr misst man die Zeit, die der Korken braucht, um die Schnur zu strecken.

Kuhn, K./ Probst, W./ Schilke, K.: Biologie im Freien. Metzler Stuttgart 1986

Kälter als 0 °C – und doch nicht gefroren

Zerstoßenes Eis im gleichen Verhältnis mit Kochsalz (Tausalz oder Viehsalz) gemischt, ergibt eine Kältemischung, die bis – 20 °C kühlt. Zum Auflösen des Salzes wird Wärme gebraucht (Lösungswärme des Salzes). Zum Lösen des Salzes wird flüssiges Wasser benötigt. Das Eis schmilzt, ebenfalls unter Aufnahme von Wärme (Schmelzwärme des Eises). Diese Wärmemengen werden der Umgebung entzogen. Auf dem gleichen Prinzip beruht die Tauwirkung von Salz auf Straßen. Wenn es in strengen Wintern kälter als – 20 °C wird, hilft das Streusalz nicht mehr. Verschiedentlich wird dann statt des Kochsalzes Calciumchlorid eingesetzt, das zum Lösen noch mehr Wärme braucht und (bei einem Verhältnis 143 Teile $CaCl_2 \cdot 2\,H_2O$ zu 100 Teilen Eis) bis – 55 °C kühlen kann.

Man kann verschiedene Mischungen von Salz und Eis herstellen und die erreichten Temperaturen messen. Mit Kältemischungen lässt sich auch Speiseeis herstellen: In einem großen Becherglas 125 g Zucker mit 3 Eidottern schaumig schlagen, $^1/_2$ Liter Sahne unterrühren. Das Ganze in einen Eimer mit Kältemischung stellen und mit einem Gummischaber ständig rühren. Stets das Gefrorene von den Wänden abschaben und unterrühren. Guten Appetit!

Wasser in der Musik

Es gibt eine ganze Reihe von Musikstücken, die mit Wasser zu tun haben. Das bekannteste ist sicherlich die „Wassermusik", mit der HÄNDEL 1717 einen Ausflug von König GEORGE I auf der Themse „beschallte". SMETANAS „Moldau" ist das musikalische Porträt eines Flusses von der Quelle bis zur Mündung. Aber auch in der Popmusik lassen sich „Wasserstücke" finden.

Wassersport

Segeln, Schwimmen, Surfen, Rudern und Tauchen – für alle diese Sportarten ist das Vorhandensein von Wasserflächen Grundbedingung. Aber auch der Naturhaushalt ist darauf angewiesen. Welche Konflikte gibt es zwischen der Gewässernutzung zu sportlichen Zwecken und dem Bedürfnis der auf das Wasser angewiesenen Organismen? Lassen sie sich ausräumen?

Wasser ist zum Waschen da ...

... auch zum Zähneputzen kann man es benutzen! Wie funktionieren Seife und Waschmittel? Was bedeuten Wasserhärte und wieso beeinflusst sie den Waschvorgang? Was machen Enzyme im Waschmittel? Warum sollten wir auf Phosphatfreiheit achten?

Informatives Material hierzu liefern die Bücher der Hobbythek-Reihe.

Trinkwasser

Im 19. Jahrhundert war sauberes Trinkwasser in Deutschland Mangelware – oft wurde oberhalb der Wassergewinnung ungeklärtes Abwasser eingeleitet. Typhus- und Choleraepidemien waren die Folge. Industrie- und häusliche Abwässer machten den Trinkwasserfluss Ruhr zur Kloake. Abwasserreinigung und Trinkwasseraufbereitung wurden entwickelt. Heute sind beide Verfahren weit fortgeschritten. Unterschiedliche biologische, chemische und physikalische Prinzipien liegen den Verfahren zu Grunde. Kläranlagen und Wasserwerke können in der Regel besichtigt werden.

KLUGE, K./SCHRAMM, E.: Wassernöte. Zur Geschichte des Trinkwassers. Kölner Volksblatt Verlag 1988

Wetter und Wasser weltweit

Hochwasser und Dürrekatastrophen: Wasserüberfluss und Wassermangel bedrohen gleichermaßen vielerorts die Existenz der Menschheit. Verschmutztes Trinkwasser ist an vielen Stellen der Welt an der Tagesordnung.

Wodurch werden Hochwässer und Dürrekatastrophen ausgelöst? Welche Rolle spielen Begradigungen, Flussausbau, Versiegelung und Entwaldung? Wie kommt die Bodenversalzung zustande und welche Folgen hat sie für die landwirtschaftliche Produktion?

Sumpf- und Wasserpflanzen

Welche Pflanzen kommen an und in einem Gewässer vor? Sie können bestimmt, herbarisiert und fotografiert werden. Nach ELLENBERGS Methode wird die Feuchtezahl bestimmt und mit Pflanzen anderer Standorte verglichen. Der Begriff „Zeigerpflanze" kann so gut herausgearbeitet werden.

Literatur

ELLENBERG, H.: Zeigerwerte der Gefäßpflanzen Mitteleuropas, Göttingen 1974

Leben im Bach

Zur biologischen Untersuchung eines Baches finden sich im Schülerbuch genügend Beiträge. Aber wie sieht es mit der Präsentation der Ergebnisse aus? Lebende Bachorganismen lassen sich nur in Ausnahmefällen unbeschadet über einen längeren Zeitraum präsentieren.

Aus blauen Müllsäcken werden unterschiedlich belastete Stellen eines Bachs nachgebildet. Das Bachbett wird mit Steinen unterschiedlicher Größe ausgelegt. Sand und Holzstücke können weitere Substratarten darstellen. Bilder von Bachtieren aus Bestimmungsbüchern werden kopiert, ausgeschnitten und auf die Unterseiten der Steine geklebt bzw. (nach vorigem Aufziehen auf Karton) im Sand eingegraben. Besucher eines Projekttages können die Tiere suchen und anhand von auf Postern dargestellten Schlüsseln die Gewässergüteklasse an der jeweiligen Stelle bestimmen.

Rechnen für die Umwelt

Eine Talsperre kann durch einen Zufluss in 240 Tagen und durch einen zweiten Zufluss in 80 Tagen gefüllt werden. Berechne, in wie viel Tagen der Stausee gefüllt wird, wenn bei leerer Talsperre

a) beide Zuflüsse geöffnet werden.
b) der leistungsstärkere Zufluss 30 Tage später geöffnet wird als der leistungsschwächere.
c) in den Fällen a) und b) der Schieber des leistungsstärkeren Zuflusses jeweils nach Erreichen von 90 % des Fassungsvermögens der Talsperre zugedreht wird.

Diese und viele weitere Umwelt-Aufgaben sind veröffentlicht von KÖHLER, E. und anderen in Rechnen für die Umwelt, Schriftenreihe der Vereinigung Deutscher Gewässerschutz Band 60, Bonn

Boden
Breitwegerich
Landwirtschaft
ökologische Nische
Zeigerorganismen

Der Mensch gestaltet und gefährdet die Umwelt

1 Von der Natur zur Kulturlandschaft

Landwirtschaft verändert die Landschaft

Arbeitsblatt Seite 163

1. Geeignete Standorte sind z. B.:
   - große Bodenfestigkeit: stark belaufener Trampelpfad auf dem Schulgelände,
   - mittlere Bodenfestigkeit: seitlich des Trampelpfades,
   - geringe Bodenfestigkeit: Blumenbeet,
   - sehr geringe Bodenfestigkeit: gemulchte Stelle um ein neu gepflanztes Bäumchen.
2. Die genannten Pflanzen befinden sich vorwiegend auf Böden mit mittlerer und großer Bodenfestigkeit.
3. Durch das Einbringen von groben Materialien werden nicht nur Mineralien zugeführt. Der Boden wird auch wieder lockerer und ist somit besser durchlüftet.

Zusatzaufgaben und Lösungen

① Trage natürliche und anthropogene Einflüsse, die auf den Boden wirken können, zusammen.
– *Beispiele sind: klimatische Einflüsse, Bodenorganismen, Beschattung durch Bewuchs etc. Anthropogene Einflüsse können sein: Eingriffe in die Zusammensetzung der Pflanzenarten, Verdichtung (z. B. Befahren), Düngung, etc.*

② Diskutiere die Möglichkeit der Bodenverbesserung und -verschlechterung durch diese Einflüsse.
– *Sowohl natürliche als auch durch den Menschen hervorgerufene Einflüsse können den Boden positiv und auch negativ verändern.*

Die Nagelprobe

Die Bodenfestigkeit kann zum Einstieg in die Problematik auch in Blumentöpfen ermittelt werden. Es empfiehlt sich, je einen Blumentopf mit getrockneter, lehmiger Erde, einen Blumentopf mit frischer Blumenerde, einen Topf mit Torf und einen Blumentopf mit einem Gemisch aus Erde und Styroporkugeln zu verwenden. Hier wird dann die Nagelprobe wie im Arbeitsblatt beschrieben durchgeführt.

Literaturhinweise

BERGAU, M./ MÜLLER, H./ PROBST, W./ SCHÄFER, B.: Bestimmungsbuch Pflanzen – Streifzüge durch Dorf und Stadt; Ernst Klett Verlag, Stuttgart 2000

BRUCKER, G./ KALUSCHE, D.: Boden und Umwelt – Bodenökologisches Praktikum; Quelle & Meyer Verlag, Heidelberg 1990

Folienbücher Biologie: Acker und Wiese. Ernst Klett Verlag Stuttgart 1996

Medienhinweise

FWU 42 01773 Boden unter Druck – Versiegelung, Verdichtung, Erosion
FWU 42 10299 Von der Urlandschaft zur Kulturlandschaft
FWU 42 10369 Ökologischer Landbau

Zeigerpflanzen für Bodenverdichtung

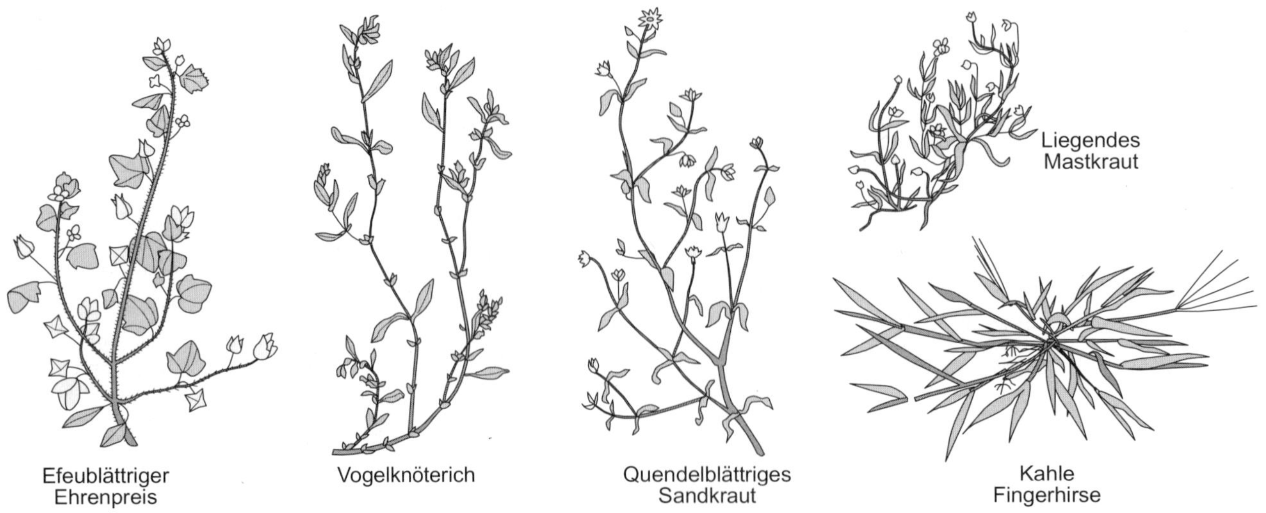

Bodenverdichtung durch landwirtschaftliche Nutzung

Auf Ackerflächen stellt man häufig nach der Ernte nicht nur einen Mineralstoffverlust, sondern auch eine starke Bodenverdichtung durch das Befahren mit schweren landwirtschaftlichen Maschinen fest. Durch verschiedene Lockerungsverfahren versucht man, die entstandenen Schäden im Ackerboden wieder auszugleichen. Auf Feldwegen, die stark befahren werden, wird nichts gegen die Bodenverfestigung unternommen. Man findet dort aus diesem Grund eine ganz spezielle Pflanzengemeinschaft vor.

Breitblättriger Wegerich

Einjähriges Rispengras

Ackerstiefmütterchen

Gänsefingerkraut

Vogelmiere

Hirtentäschel

Aufgaben

1. In der näheren Umgebung gibt es sicherlich Standorte mit unterschiedlicher Bodenfestigkeit. Führe dort die Nagelprobe durch.

Nagelprobe	Bodenfestigkeit
Zeltnagel lässt sich auf ganzer Länge mit der Hand in den Boden drücken.	sehr gering
Zeltnagel kann mit zwei bis drei Schlägen mittels Gummihammer vollständig in den Boden gebracht werden.	gering
Zeltnagel kann mit vier bis sechs Hammerschlägen vollständig in den Boden gebracht werden.	mittelfest
Zeltnagel kann nur mit höherer Anzahl von Hammerschlägen vollständig oder gar nicht in den Boden geschlagen werden.	groß bis sehr groß

2. Breitwegerich wird von Indianern auch als „Fußtritt des weißen Mannes" bezeichnet, denn beim Vordringen der ersten Siedler verbreitete er sich vorrangig entlang der Siedlungswege. Häufig kommen Pflanzen wie Gänsefingerkraut, Vögelknöterich, Hirtentäschel, Ackerstiefmütterchen, Vogelmiere, Niederliegendes Mastkraut, Quendelblättriges Sandkraut, Efeublättriger Ehrenpreis und Gräser, wie die Kahle Fingerhirse und das Einjährige Rispengras mit dem Breitwegerich vergesellschaftet vor. Prüfe die Standorte von Aufgabe 1 auf das Vorhandensein der genannten Pflanzen. Gibt es einen Zusammenhang zwischen deren Häufigkeit und der Bodenfestigkeit? Begründe.

3. Ein Bauer kann auf einem Feld mit hoher Bodenfestigkeit Mist bzw. groben Kompost oder Gülle als Naturdünger ausbringen. Er entscheidet sich gegen das Versprühen der Gülle, obwohl dies mit weniger Arbeitsaufwand verbunden wäre. Welche Gründe sprechen dafür?

Artenschutz
Artenvielfalt
Gewässer
Hecke
Jagdfasan
Landwirtschaft
Naturschutz
ökologische Nische
Ökosystem
Rebhuhn

Die Feldflur ist artenarm

Schülerbuch Seite 166

① Beschreibe die erkennbaren Veränderungen der Landschaft und Tierarten in den nebenstehenden Abbildungen.
– *Folgende Landschaftsveränderungen sind zu erkennen: Vergrößerung der Ackerflächen; Beseitigung von Hecken, Feldgehölzen und Einzelbäumen; Verschwinden der Feldraine und der Straßen begleitenden Bäume; Ausbau der Verkehrswege; Flussbegradigung und Nutzung der Flächen in der Flussaue; Intensivierung der Landwirtschaft (neue Gebäude und Silos, Beseitigung alter Bausubstanz); Industrieansiedlung.*

② Welche Gründe könnten den Artenschwund bewirkt haben?
– *Hauptursachen für den Artenschwund sind die Entwässerung (E), die Gewässerverschmutzung (G), die Ausräumung der Landschaft (A) und die Intensivierung der Landwirtschaft, insbesondere der Einsatz von Spritzmitteln (I).*

Tierart	*Ursachen für das Verschwinden*
Flusskrebs	*E, G, außerdem Krebspest*
Gelbrandkäfer	*E, G, keine Tümpel*
Prachtlibelle	*E, G, keine Tümpel*
Ackerhummel	*A, I*
Trauermantel	*A, I*
Maikäfer	*A, I*
Goldlaufkäfer	*A, I*
Bachforelle	*G*
Erdkröte	*E, G, I, Straßenverkehr*
Teichfrosch	*E, G, I, Straßenverkehr*
Zauneidechse	*A, I*
Ringelnatter	*A, E, G, keine Amphibien*
Rebhuhn	*A, I*
Weißstorch	*A, E, G, keine Amphibien*
Ringeltaube	*A, Jagd*
Waldohreule	*A, I*
Feldhamster	*A, I*

Arbeitsblatt Seite 165

1. Das Nest ist bei Rebhühnern relativ ungeschützt, da es frei auf dem Feld liegt. Durch die Feldbearbeitung wird es zerstört. Außerdem werden die Weibchen durch die Anwesenheit des Menschen vom Nest vertrieben, da sie sehr scheu sind.
2. Durch das Verschwinden verschiedener Arten sind ökologische Nischen frei geworden, die von Arten mit hoher Fortpflanzungsrate schnell besetzt werden konnten. Durch Monokulturen wird dabei die Ausbreitung speziell angepasster Organismen begünstigt.
3. Durch Artenarmut fehlen viele der natürlichen Feinde und die bestehenden Nahrungsgefüge werden unterbrochen. Einige Arten verschwinden unwiederbringlich.

Zusatzaufgaben und Lösungen

① In einer Diskussion über Pestizide werden folgende Argumente vorgebracht:
a) Pestizide sind die wirksamsten Waffen gegen Schädlinge, die Kulturpflanzen und Haustiere befallen.
b) Eine Reihe von Pestiziden wird in der Natur nur sehr langsam abgebaut.
c) Pestizide vernichten zum Teil auch Bodenlebewesen, die für Bodendurchlüftung, Bodendurchmischung und Humusbildung notwendig sind.
d) Ohne den Pestizideinsatz würden sich die Lebensmittelpreise erhöhen. Schätzungen gehen von mindestens 50 bis 70 % aus.
Kennzeichne mit + die Argumente für und mit – die Argumente gegen Einsatz von Pestiziden und füge noch je ein Argument hinzu.
– *a) +, b) –, c) –, d) +*
Mögliche Argumente: Ohne Pestizide müsste man wieder zu kleineren, unrentableren Feldern übergehen, die nicht genug Ernte einbringen, aber keine Gefährdung der Umwelt darstellen. Durch Pestizide werden angrenzende Gewässer verunreinigt, was sich negativ auf den Fischbestand auswirken kann.

② Wenn man auf Schnellstraßen fährt, sieht man am Straßenrand sehr viele Mäusebussarde und Rotmilane. Durch zahlenmäßige Erfassungen konnte keine Erhöhung der Populationen festgestellt werden.
Erkläre die Bevorzugung der Straßennähe.
– *In Straßennähe erhöht sich die Wahrscheinlichkeit für Beute durch angefahrene Tiere. Des Weiteren ist es an Straßen übersichtlicher, sodass Beute leichter erspäht werden kann.*

Literaturhinweise

Folienbücher Biologie: Acker und Wiese. Ernst Klett Verlag, Stuttgart
Folienbücher Biologie: Praktischer Naturschutz. Ernst Klett Verlag, Stuttgart 1996

Medienhinweise

FWU 42 01750 Mit Lockstoffen gegen Insekten
FWU 42 01604 Kompostieren im eigenen Garten
FWU 42 10309 Mäuse – eine Plage?
FWU 42 02345 Das Rebhuhn

Felder verarmen an Arten

Noch in der Mitte des 20. Jahrhunderts waren die Äcker durchschnittlich wesentlich kleiner als heute. Die Bearbeitung erfolgte häufig von Hand mit einfachen Geräten. Die bei der Arbeit zu Tage geförderten Steine wurden an den Feldrand gelegt. In manchen Gegenden entstanden so regelrechte Steinwälle. Diese Wälle boten eine Ansiedlungsmöglichkeit für Hecken und Bäume. Diese wiederum gaben dem Feld Schutz vor Wind und stellten Lebensräume dar für eine Vielzahl von Organismen, die auch natürliche Feinde von Schadinsekten, Mäusen, Hamstern usw. waren. Zwei typische Vögel aus diesem Bereich sind das Rebhuhn und der Jagdfasan.

Steckbrief Rebhuhn

- deutlich kleiner als Haushuhn (30 cm)
- graubraun, Kopf und Kehle rostfarbig
- Männchen mit dunkelbraunen Bauchfleck; beim Weibchen fehlend oder deutlich kleiner
- lebt in der Feldflur als Standvogel
- Nest als Mulde am Boden mit 10 bis 12 olivfarbenen Eiern; vorwiegend auf freier Fläche
- Brutzeit und Aufzucht der Jungen: April bis Juni
- typischer Bodenvogel
- lebt gesellig; ist aber sehr menschenscheu
- Jagd-Schonzeit: 15. Dezember bis 31. August

Steckbrief Jagdfasan

- auffallend langer Schwanz
- Männchen (80 cm) überwiegend kupferbraun mit schwarzen Flecken und rotem Fleck um die Augen
- Weibchen (60 cm) graubraun, dunkel gefleckt
- lebt in Feldfluren und im Gehölz als Standvogel
- Nest am Boden unter Büschen mit 8 bis 12 olivbraunen Eiern; schläft auf Bäumen und Büschen
- Brutzeit und Aufzucht der Jungen: April bis Juni
- schneller Läufer mit kräftigen Lauffuß
- fliegt bei Störung schräg hochsteigend, weiter weg
- Jagd-Schonzeit: 15. Januar bis 30. September

Aufgaben

1. Das Rebhuhn ist von unseren Feldern weitgehend verschwunden, während der Jagdfasan noch häufiger zu finden ist. Vergleiche die Steckbriefe und nenne Ursachen für die unterschiedliche Häufigkeit.

____

____

____

2. Der Artenreichtum auf intensiv genutzten Feldern und in ihrer unmittelbaren Umgebung ist auf mehr als $^1/_3$ zurückgegangen. Einige Arten, wie z. B. Getreidekäfer und Feldmäuse, haben sich jedoch sehr stark vermehrt. Begründe.

____

____

____

3. Aus biologischer Sicht wirkt sich eine Verarmung an Arten immer negativ auf ein intaktes Ökosystem aus. Begründe diese Aussage.

____

____

____

Artenvielfalt
Hecke
Nahrungskette
Naturschutz
Ökosystem
Schädlingsbekämpfung, biologische

Hecken sind wichtige Randbiotope

! **Schülerbuch Seite 168**

② Beschreibe für einige Tiere in Abbildung 169.2, zu welchem Zweck sie die Hecke aufsuchen. Welche Nahrung holen sie aus den Kulturflächen?

– *Die Hecke wird als Wohn-/Nistplatz (1), als Nahrungsraum (2), als Versteck/ Zuflucht (3), als Ansitz (4) oder als Überwinterungsort (5) genutzt. Diese Umweltfaktoren haben jeweils eine unterschiedliche Bedeutung für die einzelne Tierart: + = zutreffend, (+) = teilweise zutreffend.*

Arten	*Umweltfaktoren*				
Hermelin	*1*	*2*	*3*	*4*	*5*
Feldspitzmaus	+		+		
Goldlaufkäfer	+	+	+		+
Kreuzspinne	+	+	+		+
Neuntöter	+	+			+
Goldammer	+	(+)	+	+	
Distelfalter	+	(+)	+		
Elster	+	(+)			
Turmfalke	+		+	+	

tag- und nachtaktiv:

Art	*Nahrung*
Hermelin	*kleine Nagetiere*
Feldspitzmaus	*Insekten*
Goldlaufkäfer	*Nacktschnecken, Regenwürmer, Insekten*
Kreuzspinne	*Fluginsekten*
Hainschnirkelschnecke	*pflanzliche Nahrung*

nur tagaktiv:

Art	*Nahrung*
Neuntöter	*Insekten, kleine Wirbeltiere*
Goldammer	*Sämereien, Kleintiere*
Distelfalter	*Nektar aus Blüten*
Elster	*Insekten, kleine Wirbeltiere*
Turmfalke	*Feldmäuse*

③ Erkläre anhand der Abbildung 169.1, warum im Bereich der Hecke die Bodenfeuchtigkeit größer ist als in der Umgebung.

– *Das Niederschlagswasser versickert langsamer (Humus!) und verdunstet infolge Beschattung und gebremster Windwirkung auch langsamer. Bei Nacht bildet sich leicht Tau, der dann wieder den Pflanzen im angrenzenden Feld zur Verfügung steht.*

Arbeitsblatt Seite 167

1. Mögliche Vorteile sind: Erhöhung der Artenvielfalt, Brutplatz für verschiedene Vogelarten, angesiedelte Lebewesen sind natürliche Feinde von Schädlingen, hält die Bodenfeuchtigkeit und bildet Schatten, Erosionsschutz.
2. Entfernung vom Ausgangspunkt (Hecke) bis zur äußeren Grenze des Reviers.
   Erdkröte: nutzt die Hecke als Versteck und schnappt bei heranfliegenden Insekten zu, geringer Aktionsradius.
   Igel: sucht im Umfeld der Hecke nach Schnecken, Würmern u. ä. Boden in unmittelbarer Heckennähe oft zu fest, deshalb größerer Aktionsradius.
3. Es kommen mehr Tiere vor, da an den Kreuzungspunkten ähnliche Bedingungen vorliegen wie an einer Doppelhecke. Die Aktionsradien werden größer, da die Tiere durch die winklige Stellung der Hecke zueinander schnell wieder Schutz finden können.

Z **Knicks in Norddeutschland**

Vor etwa 200 Jahren ordnete CHRISTIAN VII, König von Dänemark und Norwegen, Herzog von Schleswig und Holstein an, dass „jeder seinen Grund und Boden mit lebendem Pathwerk" einfrieden sollte. So entstanden viele Knicks, die heute – von Flurbereinigungen bedroht – unter Schutz stehen.

Medienhinweise

FWU 42 02066 Lebensraum Hecke

Hecken sind wichtige Randbiotope

Heute gilt es als gesichert, dass Hecken die Landschaft schützen. Trotzdem wurden und werden sie vielerorts beseitigt. Landwirte geben folgende Gründe an:
- Hecken behindern die Feldbestellung.
- Die Wurzeln der Heckenpflanzen entziehen angrenzenden Kulturpflanzen Wasser und Nährstoffe.
- Hecken nehmen Land in Anspruch, auf dem Kulturpflanzen angebaut werden könnten.
- Im Schatten der Hecken werden die Früchte der Kulturpflanzen später reif.
- Hecken behindern die Windbestäubung.
- Hecken ziehen „Ungeziefer" an.

Aufgaben

1. Hecken haben aber auch entscheidende Vorteile. Notiere sie.

2. In der nebenstehenden Grafik sind Aktionsradien verschiedener Organismen angegeben. Erläutere den Begriff „Aktionsradius" und beschreibe den Zusammenhang von Aktionsradius und Nahrungsbeschaffung am Beispiel von Igel und Erdkröte.

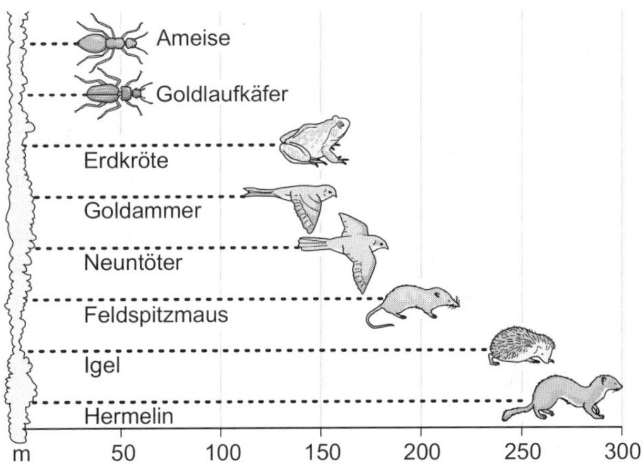

3. Hecken können auf vielfältige Weise angeordnet sein. Doppelt stehende Hecken bieten auch größeren Tieren Schutz. Vergleicht man linear stehende mit winkligen Hecken, die in Heckenbreite, Heckenhöhe, Artenbestand an Pflanzen usw. übereinstimmen, findet man dennoch Unterschiede. An den Kreuzungspunkten der winklig zueinander stehenden Hecken sind mehr Tiere zu finden und für diese ist ein deutlich größerer Aktionsradius beobachtbar. Erläutere mögliche Ursachen.

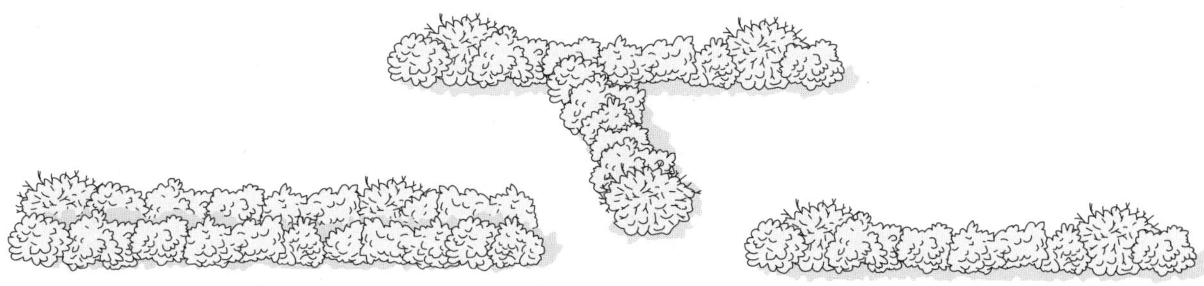

Dachbegrünung
ökologische Nische
Repellentpflanzen
Schädlingsbekämpfung, biologische

Biologischer Pflanzenschutz

Arbeitsblatt Seite 169

1. A = begrüntes Dach, B = Weide
2. Blattverdickung zur Wasserspeicherung, Blattreduktion zur Einschränkung der Verdunstung, flach am Boden kriechend, um wenig Angriffsfläche für den Wind zu geben, der Feuchtigkeit mit sich nimmt.
3. Nachteile: einmaliger Arbeitsaufwand; Zusatzkosten;
   Vorteile: weniger Reparaturen; ästhetisch schöner.

Zusatzaufgaben

1. Informiere dich über Bezugsmöglichkeiten von Kletterpflanzen zur Fassadenbegrünung deiner Schule und erarbeite einen Begrünungsplan (Absprache mit dem Schulleiter, Ort, Zeit, Helfer, nötige Materialien usw.).
2. Fordere bei Firmen (Gelbe Seiten, Amt für Umweltschutz o. ä.) Prospektmaterial zur Dachbegrünung an. Referiere über dieses Thema.

Pflanzen zur Dachbegrünung

Viele Pflanzen, die in der freien Natur immer seltener werden und somit schützenswert sind, eignen sich für eine Dachbegrünung. Viele Städte und Gemeinden stellen für öffentliche Gebäude wie Schulen, Pflanzen für Fassaden oder Dächer preiswert oder teilweise auch kostenlos zur Verfügung (Gartenbauamt).

Zur Dachbegrünung benutzt man z. B. Felsen-Fetthenne, Rotmoossedum, Felsennelken, Großblütige und Gewöhnliche Braunelle, Dachwurz, Blauschwingel, Rotschwingel, Kleines Habichtskraut, Hornkraut, Heidenelken, Sandthymian, Scharfen und Milden Mauerpfeffer sowie Karthäusernelken.

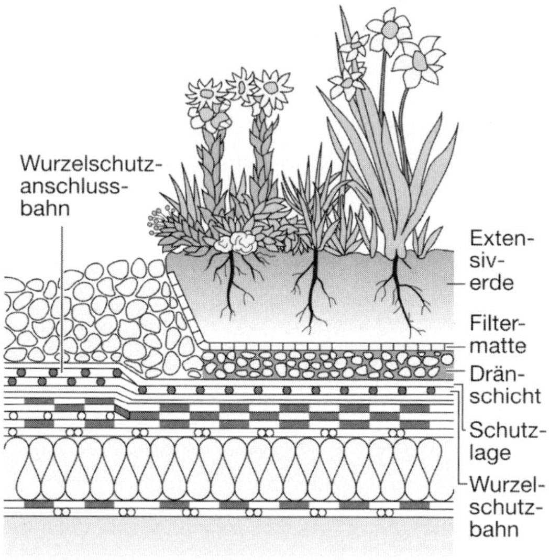

Medienhinweise

FWU 42 01750 Mit Lockstoffen gegen Insekten
FWU 42 01945 Die Wiese im Jahreslauf
FWU 42 01947 Ökologie der Feuchtwiese
FWU 42 01534 Wunderwelt Natur: Wiese

Integrierter Pflanzenschutz im Garten

	natürliche Feinde	pflanzliche Bekämpfungsmittel	Mischkulturen mit Repellentpflanzen
Wirkungsweise	Förderung von Nützlingen durch Schaffung von Nistplätzen. Nützlinge vertilgen Schädlinge.	Stärkung der pflanzlichen Abwehrkraft und Abwehr der Schädlinge durch Bildung giftiger Stoffe.	Pflanzen mit Pestizidcharakter (Repellents) gegen Wirbellose. Sie sind für Wirbeltiere ungiftig.
Vorteile	Die Ansiedlung von Nützlingen trägt zum ökologischen Gleichgewicht bei.	Bekämpfung mit natürlichen Wirkstoffen und gleichzeitige Stärkung der Pflanzen.	Bekämpfung mit natürlichen Wirkstoffen und keine zusätzlichen Kosten.
Nachteile	Schaffung von Nistplätzen	Anschaffungskosten und Gestank	keine
Beispiele	Marienkäferlarven und Wanzen gegen Blattläuse. Singvögel gegen Kohlfliegen.	Ackerschachtelhalmjauche gegen Mehltau, Rost und Schorf. Brennesselbrühe gegen Blattläuse.	Kapuzinerkresse als Randsaat um Obstbeete und um Obstbäume gegen Blattläuse. Tomaten zwischen Kohlgewächsen.

Das begrünte Dach – ein interessanter Lebensraum

Manche älteren Gebäude sind mit Efeu oder wildem Wein bewachsen. Die Dächer haben unterschiedliche Formen, sodass derartige Häuser abwechslungsreich und interessant aussehen. Wohnblöcke dagegen sehen oft langweilig aus. Sie besitzen meist Flachdächer, die ständig extremen Witterungseinflüssen ausgesetzt sind. Auf einem Flachdach kann arktische Kälte, aber auch tropische Hitze herrschen. Regelmäßige Kontrollen und Reparaturen sind sehr kostenintensiv. Der Architekt und Künstler FRIEDENSREICH HUNDERTWASSER hat eine Schule in Wittenberg, die ursprünglich in Plattenbauweise gefertigt wurde, umgestaltet. Dabei wurde auch das Dach begrünt.

Aufgaben

1. Zeitgleich wurden eine Weide und ein begrüntes Flachdach untersucht.

	A	B
Temperatur	gleichmäßiger im Tagesverlauf	tageszeitlich stärker schwankend
Durchschnittstemperatur	höher	geringer
Bodenfeuchtigkeit	geringer	höher
Ort der meisten Bodenorganismen	obere 30 cm	obere 30 cm
vorkommende Pflanzen	Weißklee, Weidelgras, Breitwegerich, Vogelknöterich	Heidenelke, Blauschwingel, Hornkraut, milder Mauerpfeffer

Ordne zu: A = ____________________ B = ________________________

2. Zur Dachbegrünung benutzt man speziell angepasste Pflanzen. Die Abbildung zeigt drei typische Spezialisten. Nenne Angepasstheiten.

Rotschwingel

Dachwurz

Gewöhnliche Braunelle

____

____

3. Erläutere mögliche Vor- und Nachteile einer Dachbegrünung.

____

____

Biotopschutz ist auch Artenschutz

Invasionsbiologie
Japanischer Staudenknöterich
Miniermotte
Naturschutz
Neozoen
Neophyten
Ökosystem

Die Rosskastanien-Miniermotte – ein Beispiel für die Neozoenproblematik

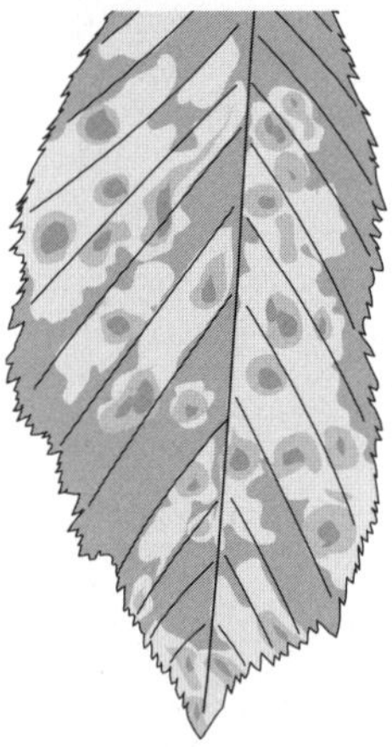

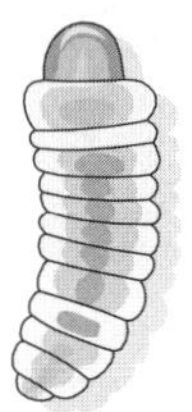

Die Rosskastanien-Miniermotte hat sich rasch in Europa ausgebreitet:
1985: erstes Auftreten in Mazedonien; Herkunft ungeklärt.
1992: erstes Auftreten in Süddeutschland.
1994: Nachweis in München und Freising.
1998: Schäden in Bonn.
1999: Vorkommen in Teilen Schleswig-Holsteins und Niedersachsens.
2000: Nachweis in Kiel.

Von den Larven minierte Blätter fallen frühzeitig ab. Die Fotosynthese ist beeinträchtigt.

Schülerbuch Seite 173

① Für den Artenrückgang gibt es viele Gründe. Nenne einige davon und erläutere sie.

– *Entwässerung: Nässe zeigende Arten fehlen; Bodenversiegelung: Wegrandpflanzen fehlen; tiefes Pflügen: Schäden an Tiefwurzlern; Herbizidanwendung: Wildkräuter verkümmern; Insektizidanwendung: vergiftet Insekten (Schädlinge ebenso wie Nützlinge); Flächenvergrößerung: nicht bewirtschaftete Ränder, Raine, Hecken fehlen; Freizeitverhalten: Rückzugsgebiete (Gewässer, Wälder, Heiden) werden aufgesucht; es kommt zu Trittbelastung und Störungen der Tierwelt.*

② Zähle Argumente auf, warum die Biotopvernetzung wichtig ist.

– *Wenn die geeigneten Biotope zu weit voneinander entfernt sind, kommt es zur „Verinselung". Der genetische Austausch zwischen den Populationen fehlt, die Gefahr des Aussterbens steigt.*

③ Lies in der roten Liste nach, welche Amphibien bei uns gefährdet sind. Ermittle aus Bestimmungsbüchern deren Ansprüche! Stelle die möglichen Ursachen der Gefährdung zusammen.

– *Von 19 einheimischen Amphibienarten sind 11 mehr oder weniger stark gefährdet. Vielfach werden sie bei der Wanderung vom Überwinterungsquartier zum Laichgewässer auf den Straßen dezimiert. Viele Laichgewässer wurden durch die Flurbereinigung, die Ausdehnung der Siedlungen und den Straßenbau beseitigt. Das Entfernen von Hecken und das Umbrechen von Feuchtwiesen nimmt weiteren Lebensraum weg.*

Arbeitsblatt Seite 171

1. Nachweis Stärke: Iodkaliumiodid-Lösung; blauviolett bis schwarz;
   Fett: Fettfleckprobe; Fleck ist durchscheinend und verdunstet nicht;
   Eiweiß: Kaliumhydroxid- und Kupfersulfat-Lösung; blauviolett.
2. Rhizom und Sprossachse sind schnellwüchsig; Blätter großflächig und chlorophyllreich. Dadurch entziehen sie dem Boden stark Nährsalze. Außerdem beschatten enge Bestände den Boden gravierend.
3. Da sich die Pflanzen sehr stark vegetativ vermehren, hilft hauptsächlich eine Bekämpfung der Rhizome (Ausgraben, Giftbehandlung, Wasserentzug) und ggf. die Einfuhr natürlicher Feinde.

Hinweise zum Arbeitsblatt

Rhizome vom Japanischen Staudenknöterich kann man von einem Botanischen Garten bekommen oder selbst ausgraben. Der Japanische Staudenknöterich ist an feuchten Standorten häufig anzutreffen. Falls Rhizome des Japanischen Staudenknöterichs nicht zur Verfügung stehen, eignen sich auch die Rhizome anderer Arten, wie Seerose, Iris oder Buschwindröschen für Untersuchungen.

Invasionsbiologie

Die Invasionsbiologie hat sich erst etwa 1965 aus der Tier- und Pflanzengeografie herausgebildet. Im Vergleich z. B. zur Botanik ist sie somit eine recht junge Teildisziplin der Biologie. Ihr Gegenstandsbereich sind die Tier- und Pflanzeninvasionen nach 1492 (Kolumbus-Reise). Untersuchungsobjekte sind Neophyten, Neozoen, Neomyceten und gentechnisch veränderte Organismen (GVOs).

Biologische Invasionen kann man in *natürliche* und *anthropogene Invasionen* unterteilen. Letztere gliedern sich nochmals auf in *beabsichtigte* und *unbeabsichtigte Invasionen*. Beide sind aber immer durch den Menschen hervorgerufen.

Typische Beispiele für Neozoen in Europa sind die Trampameisen (z. B. die Pharaoameise und die Feuerameise), der Waschbär oder die Wollhandkrabbe. Typische Neophyten sind die Kanadische Wasserpest, die Kartoffel, die Douglasie und das Indische Springkraut.

Untersuchungen konnten die Eigenschaften, mit denen das Indische Springkraut einheimischen Pflanzen überlegen ist, identifizieren. Das indische Springkraut besitzt die Fähigkeit zu einer sehr hohen Nektarproduktion. Wenn die bestäubenden Bienen den Nektar aus einer Blüte gesaugt haben, können die Pflanzen in viel kürzerer Zeit als unsere einheimischen Arten Nektar nachbilden. Die Bienen werden dadurch auf das Springkraut konditioniert, da hier immer ein großes Futterangebot vorhanden ist. Für unsere einheimischen Arten verringert sich somit die mögliche Samenproduktion, da die Anzahl der bestäubenden Bienen begrenzt ist.

Literaturhinweise

HIESGEN-ALTENBERND, U.: Der Japanische Knöterich – ein Neophyt am Stadtbach in: Praxis der Naturwissenschaften Biologie; Heft 2, Aulis Verlag, Köln 1994

KEGEL, B.: Die Ameise als Tramp; Ammann Verlag, Zürich 1999

LUDWIG, M.: Neue Tiere und Pflanzen in der heimischen Natur. BLV, München 2000

Medienhinweise

Bedrohte Lebensräume:
FWU 42 01700 Obstwiesen
FWU 42 01701 Weinberge
FWU 42 02055 Magerrasen
FWU 42 02059 Sümpfe

Eine Zierpflanze auf dem Vormarsch

Der *Japanische Staudenknöterich* wurde 1825 als Zierpflanze in Parks und Gärten Mitteleuropas eingeführt. Viele der eingebürgerten Pflanzenarten können sich auf Dauer in ihrer neuen Heimat nicht halten. Einige überleben, weil der Mensch sie hegt und pflegt. Von manchen Arten ist bekannt, dass sie zunächst über Jahrzehnte ein Schattendasein führten, sich dann aber aus bisher noch unbekannten Gründen sehr schnell verbreiteten.

Der Staudenknöterich gehört zu den Invasoren in Europa (ähnlich der Spätblühenden Traubenkirsche), die in ihren Ausbreitungsgebieten die einheimischen Pflanzen rasch verdrängt haben. Versuche, die weitere Ausbreitung durch Ausgraben, Gifteinsatz und Abholzung einzudämmen, waren wenig erfolgreich.

Der Japanische Staudenknöterich ist sehr schnellwüchsig. Er besitzt großflächige Blätter mit hoher Fotosyntheseleistung. Er kann bis zu 4 m Höhe erreichen. Die vegetative Vermehrung durch unterirdische Sprosse *(Rhizome)* ist sehr erfolgreich. Andere Pflanzenarten werden hauptsächlich durch Licht-, Platz- und Nährstoffkonkurrenz verdrängt. Die weißen Blüten des Staudenknöterichs sind unscheinbar und zeigen den typischen Blütenbau der Knöterichgewächse.

Aufgaben

1. Im Rhizom des Japanischen Staudenknöterichs befindet sich ein Speicherstoff. Welche Stoffe kommen infrage? Führe entsprechende Nachweise durch und halte die Ergebnisse in der Tabelle fest.

Reservestoff			
Nachweismittel			
Ergebnis			

2. Welche Eigenschaften von Rhizom und Blättern des Japanischen Staudenknöterichs tragen zur Verdrängung anderer Pflanzen bei? Begründe.

3. Nenne Möglichkeiten zur Eindämmung der Verbreitung des Japanischen Staudenknöterichs.

Lebensräume aus zweiter Hand

Arbeitsblatt Seite 173

1. Sehr viel Sanierungsabraum muss bewegt werden, um die Böschungen zu befestigen. Die Pflanzen- und Tierwelt muss „Fuß fassen“.
2. Man sollte Lärm vermeiden (Brutsaison), keinen Müll hinterlassen und keine Tiere oder Pflanzen mitnehmen oder schädigen.
3. Das Sanierungsgebiet umfasst ein Landschaftsschutzgebiet und mehrere Naturschutzgebiete, die ein Reservoir für viele Pflanzen (Sauerstoffproduzenten) darstellen.

Informationsmaterialien können bezogen werden von der LMBV (Lausitzer und Mitteldeutsche Bergbau-Verwaltungsgesellschaft mbH), Länderbereich Sachsen-Anhalt, Presse- und Öffentlichkeitsarbeit, Bitterfeld (http://www.lmbv.de).

Regionale Bezüge sind bei der Behandlung des Themas wünschenswert. Umweltbehörden geben Auskunft. Für den Taunus kann man z. B. Material über die „Gesellschaft zur Rekultivierung der Kiesgrubenlandschaft Weilbach“ bekommen. Das angeschlossene Naturschutzhaus bietet u. a. Exkursionen für Schülergruppen an (naturschutzhaus@gmx.de).

Bergbaufolgelandschaften

Ähnliche Konzepte zur Sanierung von ehemaligen Bergbauflächen wie beim Tagebau Goitzsche werden bei den Tagebauflächen Golpa-Nord, Gröbern, Meura, Olbersdorf und dem Geiseltal umgesetzt.

Medienhinweise

FWU 42 01875 Rekultivierung von Kies- und Sandgruben
FWU 42 02111 Nationalpark Bayerischer Wald
FWU 42 10251 Nationalpark Berchtesgaden

Zeittafel des Sanierungsgebietes Goitzsche

1908:	Aufschluss Grube Leopold als Großtagebau;
1945 – 1962:	Weiterführung der Grube unter dem Namen „Tagebau Holzweißig-Ost“; Aufschluss Tagebau Goitzsche (1949); Aufschluss Tagebau Holzweißig-West (1958);
1976 – 1990:	Bernsteingewinnung; konzentrierte Mooreicheablagerungen; Stillegung des Tagebaues; Umsiedlung der Einwohner von Paupitzsch, Niemegk, Döbern, Seelhausen und Grube Ludwig (Petersroda); Verlegung von Flussläufen (Mulde, Lober, Leine und Umleitung des Lober-Leine-Kanals); Verlegung von Bundesstraßen und Bahnstrecken; Einstellung der Kohleförderung; Förderung Abraum: 1,275 Mrd. m^3; Förderung Rohbraunkohle: 498,7 Mio. t;
1991:	Beginn der Bergbausanierung; Abraumbewegung mit Großgeräten: 46,0 Mio. m^3; Abraumbewegung mit Hilfsgeräten: 5,1 Mio. m^3; Wasserhebung: 283,4 Mio. m^3; Rückbau von: 161,5 km Gleisanlagen, 446,5 km Rohrleitungen, Entfernung von 24 319 t Großgeräten und Schienenfahrzeugen, 37 782 m^3 Abriss (umbauter Raum); Rekultivierung von 510 ha durch Begrünung, Aufforstung und Pflege; Ausbau eines Wanderwegenetzes von über 55 km; Beginn der Fremdflutung mit Wasser der Mulde;
1999 – 2001:	Inbetriebnahme der Flutungsanlage Mühlbeck;
2000 – 2002:	Flutungsanlage Rösa; Grundwasseraufgang bis 2015 abgeschlossen; Endwasserhöhe: 75 m NN.

Bergbaufolgelandschaft Goitzsche

Wo jahrelang Braunkohlebagger im Tagebau riesige Mengen an Erde bewegten, um an die begehrte Kohle zu gelangen, entstanden Bergbaurestlöcher, die heute umgestaltet und geflutet werden. Uferböschungen werden entsprechend der späteren Nutzung verändert, Wege angelegt und Voraussetzungen für eine erfolgreiche Besiedelung durch Pflanzen und Tiere geschaffen. Der Sanierungszeitraum für das Gebiet Goitzsche reicht von 1991 bis 2005. Es soll dann wie folgt aussehen:

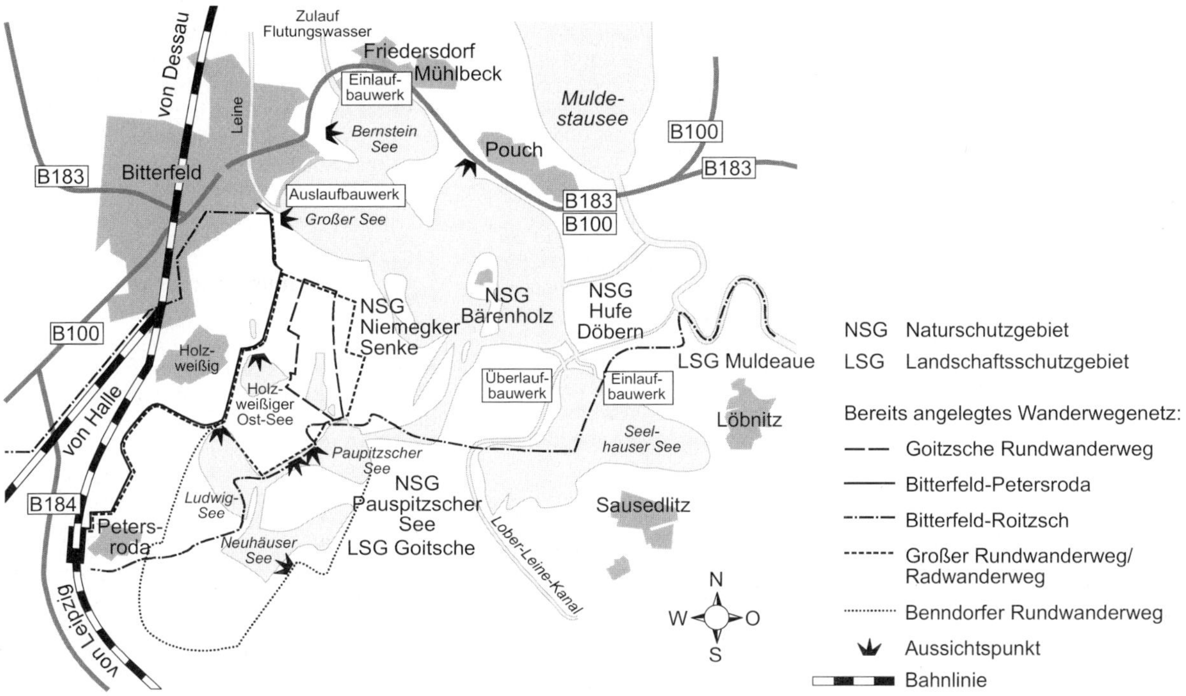

Aufgaben

1. Erkläre die Notwendigkeit des langen Zeitraumes für die Landschaftsumgestaltung.

2. Die Goitzsche war eine Außenstelle der Weltausstellung EXPO 2000. Das Gebiet kann zu Fuß, mit dem Rad oder mit der Tschu-Tschu-Bahn durchquert werden. Kraftfahrzeugverkehr ist untersagt. Stelle Regeln auf, die man beim Aufenthalt in diesem Erholungsgebiet einhalten sollte, um der Natur möglichst wenig zu schaden.

3. Begründe mithilfe der Abbildung die Bezeichnung „grüne Lunge von Bitterfeld“ für das Gesamtgebiet.

Angepasstheit
Artenvielfalt
Naturschutz
ökologische Nische
Ökosystem

2 Lebensraum Stadt

Das Leben zwischen Häusern
Lexikon: Kulturfolger in der Stadt

Niststeine

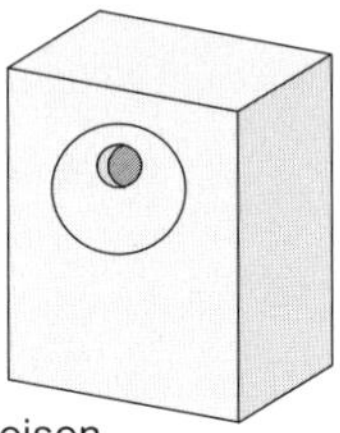

Meisen, Gartenrotschwanz

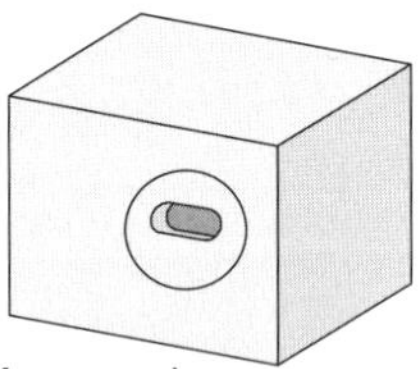

Mauersegler

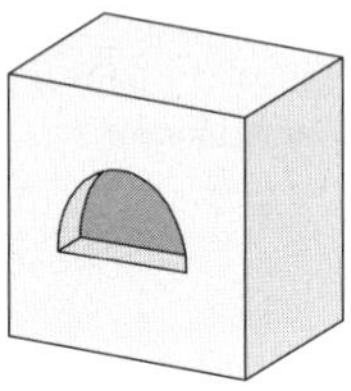

Hausrotschwanz, Bachstelze und Grauschnäpper

Schülerbuch Seite 176

① Nenne weitere besondere Anpassungserscheinungen verschiedener Tier- und Pflanzenarten an den Lebensraum Dorf oder Stadt.

– *Mauersegler und Hausrotschwanz besiedeln in der Innenstadt Gebäude, sofern sie entsprechende Brutnischen aufweisen. Haubenlerchen siedeln sich an, wo Gebäude mit Flachdächern (schon etwas bewachsen) stehen. Amsel, Grünfink, Buchfink, Hänfling, Stieglitz und Girlitz fühlen sich wohl, wo schon längerfristig angelegte Gärten und Rasenflächen existieren, während die Bachstelze in Neubaugebieten bzw. in der Nähe frisch angelegter Rasen und Gärten nistet. Die Modeerscheinung, Koniferen in den Gärten zu pflanzen, kann zur Ansiedlung des Sommergoldhähnchens führen. Haussperlinge sind Koloniebrüter, die sich nur gruppenweise in Stadtteilen ansiedeln. Türkentauben nisten gerne in der Nähe von Futterstellen. Treten Baulücken auf, siedeln sich rasch Pflanzen an, die sich über Flugfrüchte verbreiten können, z. B. Löwenzahn, Huflattich, Stachellattich, Disteln, Weidenröschen, Nachtkerze sowie Baumsämlinge: Birken, Weiden, Esche, Ahornarten. Beeren tragende Sträucher und Bäume werden über Vogelkot eingeschleppt: Schwarzer Holunder, Liguster, Eberesche. Die Beheizung von Wohnungen erlaubt die Ansiedlung thermophiler Arten, die ursprünglich im Mittelmeer- oder Schwarzmeerraum vorkommen: Silberfischchen, Küchenschabe, Bettwanze und Stechameise.*

Hinweise zum Arbeitsblatt Seite 175

Die Arbeitsaufträge (besonders Aufgabe 2 und 3) lassen sich weit gefächerter bearbeiten, wenn arbeitsteilig vorgegangen wird. Nach dem Zusammentragen der Einzelergebnisse entsteht ein komplexerer Überblick. Ein sinnvoller Streckenabschnitt kann anhand eines Stadtplanes festgelegt werden.

Zusatzaufgabe

① Untersuche in möglichst vielen Zonen abiotische Faktoren wie Temperatur, Luftfeuchtigkeit, Luftverunreinigung und Lichtintensität. Stelle diese Werte in einer Tabelle zusammen und leite daraus charakteristische Merkmale des Ökosystems Stadt ab (Hinweis: Zeitpunkt der Messungen beachten).

Verarmung des Lebensraumes Stadt

In Siedlungen sind durch übertriebene Pflegemaßnahmen von Grünflächen viele Pflanzenarten, die früher häufig waren, verschwunden bzw. selten geworden. Die Dezimierung der Pflanzenvielfalt zog auch einen Rückgang verschiedener Tierarten nach sich. Die Überbauung, der immer dichter werdende Straßenverkehr und die Verwendung von giftigen Holzschutzmitteln für Dachstühle trugen ebenfalls zu einer bedrohlichen Situation für manche Vogel- und Fledermausarten bei. Hilfestellung für diese Tiere regen Naturschutzverbände an. Eine noch wenig eingesetzte Hilfe stellen Niststeine (siehe Randspalte) dar.

Literaturhinweise

GILBERT, O. L.: Städtische Ökosysteme; Neumann Verlag, Radebeul 1994

SUKOPP, H./ WITTIG, R.: Stadtökologie; Gustav Fischer Verlag, Stuttgart 1993

Medienhinweise

FWU 42 01749 Der Teich im Park – ein labiles Ökosystem

FWU 42 10366 Überlebenskünstler – Tiere in der Großstadt

Brutplätze in Parks und auf Friedhöfen

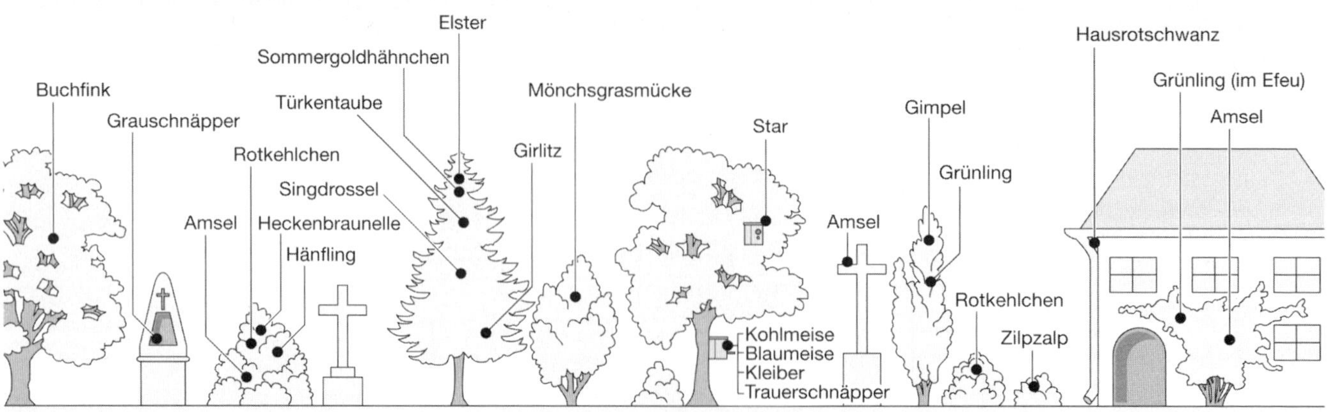

Lebensräume in der Stadt

Die Bebauung in Städten kann man in unterschiedliche Zonen gliedern. Die Flächen haben u. a. einen unterschiedlichen Grad der Versiegelung (z. B. Feuchtbiotop unversiegelt; Bahnanlage teilweise versiegelt; Industrieanlage völlig versiegelt), der mehr oder weniger den Feuchtigkeits- und Luftaustausch zwischen Atmosphäre und Boden behindert. Grünflächen sind in der Mehrzahl gezielt angepflanzt.

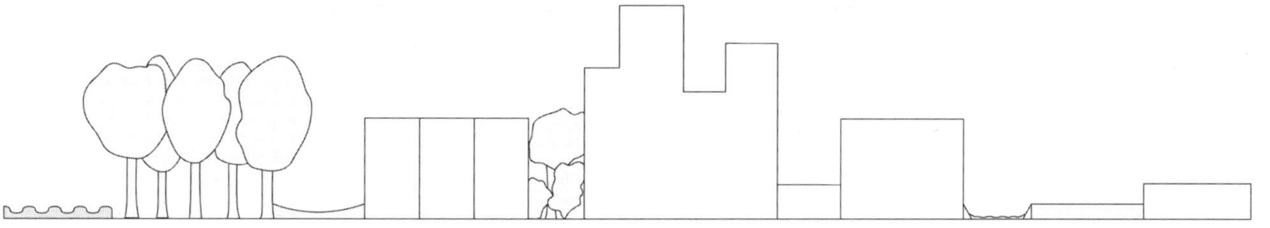

Aufgaben

1. Erstelle in Anlehnung an die obere Abbildung eine Profilskizze für ca. 1 km deines Schulweges (oder eine entsprechende Strecke in deinem Heimatort) möglichst maßstabsgetreu.

2. Kennzeichne in dieser Skizze spezielle Lebensräume wie die Stadtmauer, Steinpflaster, Kieswege, Feldwege, Blumenbeete, Ruderalstellen (Wegränder / Schuttplätze), Rasenflächen, Hecken, kleine Baumgruppen bzw. -alleen, den Stadtwald, den Stadtfluss, -bach oder -teich, alte Gemäuer usw. und schätze den Versiegelungsgrad in Stufen von 1 bis 3 ein. (1 unversiegelt, 2 teilweise versiegelt, 3 völlig versiegelt).

3. Erfasse für einen Standort auf diesem Weg, der dir sehr naturnah erscheint, die vorkommenden Pflanzen und Tiere, einschließlich ihrer Häufigkeit in den Stufen 1 bis 3. (1 sehr selten, 2 mäßig, 3 häufig).

Pflanzen	1	2	3	Tiere	1	2	3

Wie teuer ist uns die Natur?

Schülerbuch Seite 179

① Welche Milchverpackung schneidet in den Ökobilanzen der Abbildung 178. 2 besser ab? Begründe deine Entscheidung.
– *Bei hoher Umlaufzahl und kurzem Transportweg ist die Mehrwegflasche günstiger, besonders wenn die Einwegverpackung nur zum geringen Teil recycelt wird.*

② Vergleiche zwei benachbarte Obstwiesen. Formuliere Kriterien, nach denen du sie bewerten würdest. Begründe auch, warum dir eine der Wiesen wertvoller erscheint.
– *Sinnvolle Kriterien sind: Anzahl der Obstbäume und Artenvielfalt, Alter der Bäume, Anordnung und Pflegezustand.*

③ Erkundige dich nach dem Biotop, dem Vogel, dem Insekt, dem Fisch, dem Haustier, der Pflanze, der Orchidee, dem Pilz und dem Baum des Jahres. Erarbeite dazu mit deiner Klasse eine Ausstellung.
– *Das jeweilige Lebewesen des Jahres wird von verschiedenen Organisationen ausgerufen. Die Information findet man im Internet.*

④ Bestimme aus der Abbildung 1 den Gesamtweg (nach Luftlinie) aller Einzelteile eines Jogurts.
– *Die Gesamtlänge des Weges beträgt 5 300 km.*

Arbeitsblatt Seite 177

1. Entsiegelt man eine Garagenzufahrt, so besteht die Möglichkeit für das Regenwasser in den Boden einzudringen und den Grundwasserstand, der in Ortschaften oft sehr niedrig ist, positiv zu beeinflussen.
2. Zum Beispiel kann durch das Anlegen eines Feuchtbiotopes das Mikroklima im Garten verbessert werden. Außerdem haben zahlreiche Organismen die Möglichkeit, sich anzusiedeln und so z. B. auf natürliche Weise Schädlingen entgegenzuwirken.
3. Beispielsweise spenden Bäume Schatten, mindern die Windgeschwindigkeit und filtern Staub aus der Luft. Spaziergänge können stressmindernd wirken.

Ökobilanz Einweg-/ Mehrweg-Verpackung

Eine Studie, die sich speziell mit Getränkedosen und Mehrwegflaschen beschäftigt, ist 1996 vom Umweltbundesamt und den Bund für Umwelt und Naturschutz Deutschland erstellt worden. In ihr wird die Ökobilanz als Quotient der Quantität zur ökologischen Qualität der untersuchten Verpackungen genauer betrachtet.

Die Überlegenheit des Mehrwegsystems lässt sich in vielen Einzeldaten nachweisen, wenn der Transportweg nicht länger als 600 km ist (siehe Abb.). Dies gilt auch für die Verpackung von Milch, obwohl das große Plus der Mehrwegflaschen bei Milch durch die aufwändigeren Reinigungsverfahren und den damit verbundenen höheren Kosten geschmälert wird. Sind die Transportwege über 600 km, werden Mehrwegverpackungen durch den Rücktransport ungünstiger.

Einwegverpackungen in großräumigem Einsatz sind zwar kostengünstiger, aber deutlich umweltbelastender als Mehrwegverpackungen. Der Trend sollte deshalb in Richtung Optimierung der Mehrwegsysteme, z. B. durch Etablierung von mehr regionalen Abfüllstrukturen, gehen. Weitere themenbezogene Informationen lassen sich abrufen unter: http://www.oneworldweb.de.

Als Verpackungsmaterial verdrängt Kunststoff immer mehr Aluminium (z. B. als Innenwickel von Schokoladentafeln), Einwegglas wird von Kunststoffbeuteln abgelöst und Schlauchbeutel ersetzen alte Verpackungen.

Ziel aus ökologischer Sicht sollten wiederverwendbare, recycelbare oder kompostierbare Verpackungen sein. Noch besser wäre es jedoch, wenn man dort, wo es möglich ist, auf Verpackungen ganz verzichtet.

Getränkedose – Mehrwegflasche
Höhere Belastungen durch die Getränkedose gegenüber der Glasmehrwegflasche in Prozent

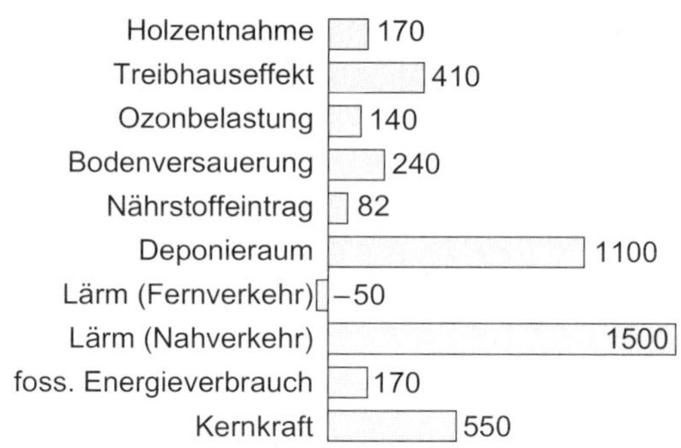

Förderanträge

Mit Lerngruppen können Naturschutzprojekte initiiert werden, für die es häufig öffentliche Fördermittel gibt. Über die Vorgehensweise bei einem Förderungsantrag bzw. über die Förderhöhe kann in den meisten Ortschaften in der Abteilung Umwelt und Stadtplanung Auskunft eingeholt werden.

Literaturhinweise

FAHLE, W.-E./ SCHÄFER, M.: Dem Honig auf der Spur; in Unterricht Biologie, Heft 261, S. 46, Friedrich Verlag, Velber 1/2001
FRITZLER, M.: Ökologie und Umweltpolitik; Bundeszentrale für politische Bildung, Bonn, 1997

Medienhinweise

FWU 42 01765 Jogurtbecher machen Müll
FWU 42 01922 Vorsicht Grundwasser
FWU 42 10256 Abfallvermeidung: Ein Tag im Leben der Familie Unrat

Der Wert der Natur

Fragt man nach dem Wert der Natur, erhält man im Allgemeinen keine konkreten Zahlenwerte. Dies ist bei genauerem Nachdenken auch verständlich. Ein materieller Wert für die Natur lässt sich nur schwer festlegen. In der Vergangenheit wurde durch Unterschätzung dieses Wertes die Natur stark belastet. Beispielsweise hat die übertriebene „Ordnungsliebe“ dazu geführt, dass sehr viele Flächen mit Beton o. ä. versiegelt wurden, um keinen Grashalm an einer „unpassenden“ Stelle wachsen zu lassen. Viele Orte fördern heute die Entwicklung in entgegengesetzter Richtung. Daher werden alle Bürger aufgerufen, im Stadtgebiet kleinere Naturschutzmaßnahmen, wie das Aufstellen von Amphibienzäunen, das Anlegen von speziellen Biotopen (z. B. Feuchtbiotop) sowie das Anbringen von Vogelnist- und Fledermauskästen zu realisieren. Auf Antrag können diese Projekte finanzielle Zuschüsse von der Stadt bekommen. Außerdem wird auch die Entsiegelung von Flächen ab 10 m^2 unterstützt. Hierbei sollten besonders die Vorgartenbereiche Berücksichtigung finden. Versiegelte Flächen auf öffentlich genutzten Grundstücken werden durch die Stadt in versickerungsfähige (teilweise versiegelte) Flächen umgewandelt.

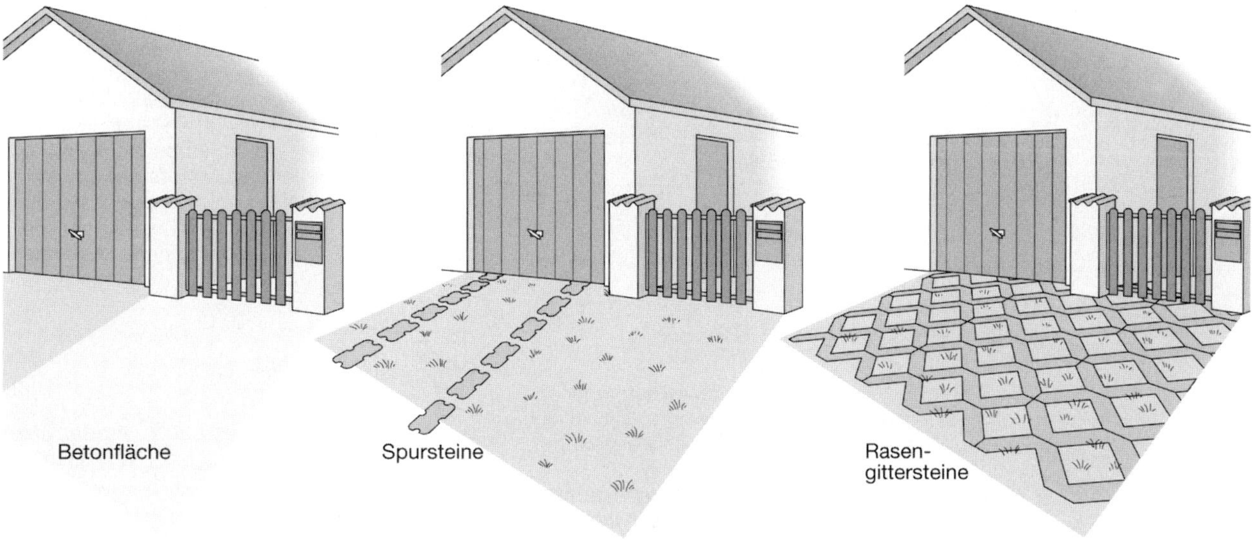

Aufgaben

1. Beschreibe die Folgen der Entsiegelung am Beispiel der Garagenzufahrt.

___

___

2. Erläutere die Wirkung einer weiteren privaten Naturschutzmaßnahme aus dem Text.

___

___

___

3. Naturnahe Lebensräume führen auch zu einer Verbesserung der Wohn- und Lebensverhältnisse der Bürger. Erkläre dies kurz am Beispiel Stadtwald.

___

___

Verschmutzte Luft gefährdet die Gesundheit
Der Treibhauseffekt

Schülerbuch Seite 180

① Zeichne die Graphen zum Verlauf der Emissionen in Leipzig und Frankfurt aus der Tabelle und vergleiche sie.
– *Die NO_X-Emission ist in Leipzig gestiegen, die SO_2-Emission gesunken. Beide Werte unterscheiden sich 1998 kaum noch von denen für Frankfurt.*

Schülerbuch Seite 181

① Durchschnittlich entstehen 0,6 kg Kohlenstoffdioxid, wenn eine Kilowattstunde Strom verbraucht wird. Notiere von 5 elektrischen Haushaltsgeräten die tägliche Nutzungsdauer und den Stromverbrauch. Berechne daraus die Kohlenstoffdioxid-Produktion.
– *Bei 15 Minuten Fönbenutzung ergibt sich z. B.:*
0,25 h x 1,6 kW = 0,4 kWh
0,4 kWh x 0,6 kg CO_2/kWh = 0,24 kg CO_2.

Arbeitsblatt Seite 179

1. Während 1991 Allergien in den westdeutschen Städten wesentlich häufiger waren, haben sich die Werte in Ost und West in den Folgejahren angenähert.
2. Weitere Reduktion der Stickstoffoxide durch z. B. verkehrsberuhigte Zonen in der Innenstadt, Fahrverbot für PKW mit ungeregeltem Katalysator, Verbesserung der Katalysatoren (s. Zusatzinformation).
3. Beispielsweise stärkere Schadstoffbelastung in Ballungszentren durch hohes Verkehrsaufkommen.

Maßnahmen gegen Luftbelastung durch Kraftfahrzeuge

Eine Verbesserung der Situation kann schon durch einfache Maßnahmen der Städteplanung erfolgen: Trennung von Fahr- und Fußwegen, Vermeidung von Niveaukreuzungen, Einrichten von Fußgängerzonen, Staffelung der Parkmöglichkeiten vom Stadtrand zum Zentrum oder Ausbau des öffentlichen Nahverkehrs. Von der Seite des Straßenverkehrs kann mit dem Bau abgasgünstiger Verkehrsanlagen und abgasgünstiger Verkehrsregelung (grüne Welle) beigetragen werden. Die Industrie senkt den Antiklopfmittelanteil im Benzin für alle Autotypen und den Auswurf an Giftstoffen in Abgasen. Jeder Einzelne sollte durch eine zügige Fahrweise, das Abstellen des Motors bei längerem Halt, die stärkere Nutzung öffentlicher Verkehrsmittel und die abgasgerechte Leerlaufeinstellung des Motors zur Verbesserung der allgemeinen Situation beitragen.

Literaturhinweise

BundesUmweltWettbewerb, IPN: Straßenverkehr und Umweltbelastung, Nr. 7, Kiel 12/1998

Medienhinweise

FWU 42 01421 Umwelt und Klima: Treibhaus Erde

Verkehr auf deutschen Autobahnen

Fahrleistung auf deutschen Autobahnen in Mrd. Fahrzeugkilometern

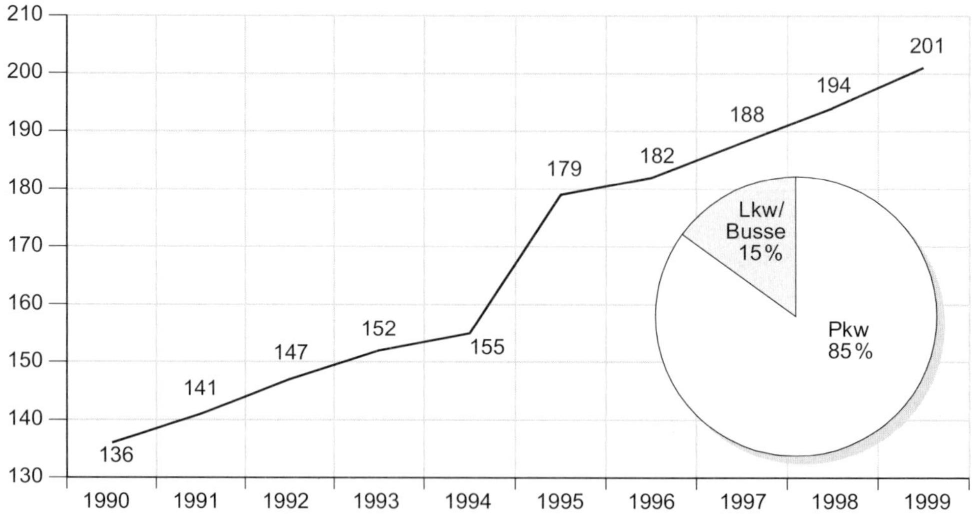

Durchschnittlicher täglicher Kfz-Verkehr

Schmutzige Luft macht krank

Seit 1991 wurden in eine Umweltstudie, die bereits seit 1976 in den Altbundesländern läuft, auch ostdeutsche Standorte einbezogen. Die ersten Ergebnisse z. B. in Bezug auf die Häufigkeit von Allergien waren erstaunlich. Obwohl die Luft in der DDR wesentlich schmutziger war, da sie einen erhöhten Anteil an Schwefeldioxid und Staub enthielt, waren Allergien im Osten seltener. Die Luft in den alten Bundesländern enthielt von diesen Verunreinigungen weniger, dafür aber mehr Stickstoffoxide. Die Erklärung hierfür ist inzwischen bekannt. Stickstoffoxide (NO_x), die u. a. aus einem hohen Verkehrsaufkommen resultieren, schädigen Pollen viel stärker als Staub und Schwefeldioxid (SO_2). Die veränderte Pollenoberfläche bewirkt eine bessere Haftung an den Schleimhäuten und reizt diese. Die geschädigten Schleimhäute wiederum sind geeignete Brutstätten für Bakterien. Dadurch steigt die Gefahr einer Allergieauslösung durch Pollen.

In der Untersuchung werden in einigen Orten Deutschlands jedes Jahr die 6-jährigen Kinder von Ärzten auf Allergien und Atemwegserkrankungen untersucht. Um einen Zusammenhang mit dem Wohnort herstellen zu können, müssen die Kinder mindestens zwei Jahre in diesen Orten wohnhaft gewesen sein. Die Ergebnisse sind in der nachfolgenden Grafik zu sehen.

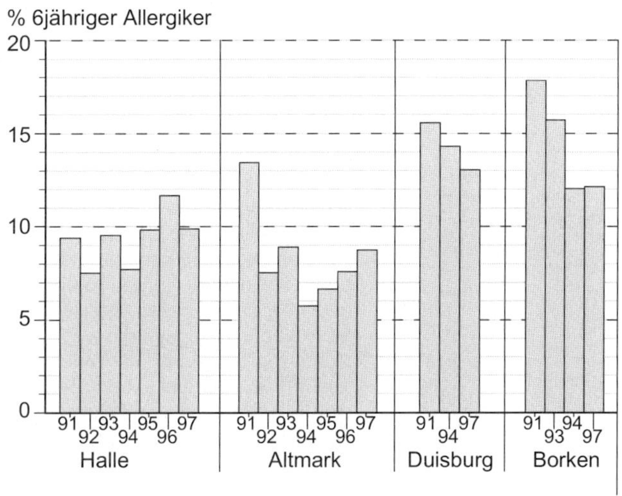

Aufgaben

1. Welche Veränderungen lassen sich aus den Messwerten über den Gesamtzeitraum ablesen?

2. Nenne Möglichkeiten zur Eindämmung von Allergien und Atemwegserkrankungen.

3. Erkläre, warum umweltbedingte Atemwegserkrankungen bei der Stadtbevölkerung häufiger auftreten.

Müll – Kehrseite des Wohlstandes

Schülerbuch Seite 183

④ Wiege Tetrapak-Getränkeverpackungen verschiedener Größen. Stelle die Verhältnisse zwischen Verpackungsgewicht und Getränkemenge auf. Leite aus dem Ergebnis Handlungsvorschläge ab.

– *Beispiele: 2 l – 112 g; 1 l – 54 g; 1 l – 36 g; $^1/_2$ l – 20 g; 0,2 l – 27 g; 0,2 l – 10 g. Bezogen auf 1 Liter Flüssigkeit sind das 56 g, 54 g, 40 g, 135 g und 50 g.*
Nicht immer wird für große Verpackungen relativ weniger Material eingesetzt. In der Regel ergibt sich für Verpackungen mit 0,2 oder 0,25 Liter Inhalt ein größerer Materialaufwand und damit auch ein größeres Müllaufkommen als bei größeren Packungen, besonders wenn sie mit Trinkhalm gemeinsam in eine Kunststofffolie eingeschweißt sind. Größere Gebinde ohne zusätzliche Umverpackung sollten deshalb vorgezogen werden.

Arbeitsblatt Seite 181

1. Papier muss getrennt von den übrigen Müll gesammelt werde. Organische Abfälle lassen sich auf dem Schulgelände kompostieren. Neben Getränkeautomaten gehört ein Behälter für Becher bzw. Büchsen. Besser wäre jedoch ein Mehrwegflaschensystem.
2. Durch die Sortierung kann der Biomüll kompostiert und wieder auf die Felder ausgebracht werden. Wertstoffe aus Kunststoff, Papier, Glas und Metall lassen sich einschmelzen und stehen somit als Rohstoff erneut zur Verfügung. Der zu deponierende Müll wird stark minimiert. Die Deponie ist weniger gefährlich, wenn Problemmüll auf einer besonders gesicherten Deponie lagert.
3. Durch Zerkleinerung und Rotte erfolgt eine Volumenreduktion. (Hinweis: Sie wird in Zukunft durch die abnehmende Deponiefläche noch größere Bedeutung erlangen.)

Der Diarähmchen-Test

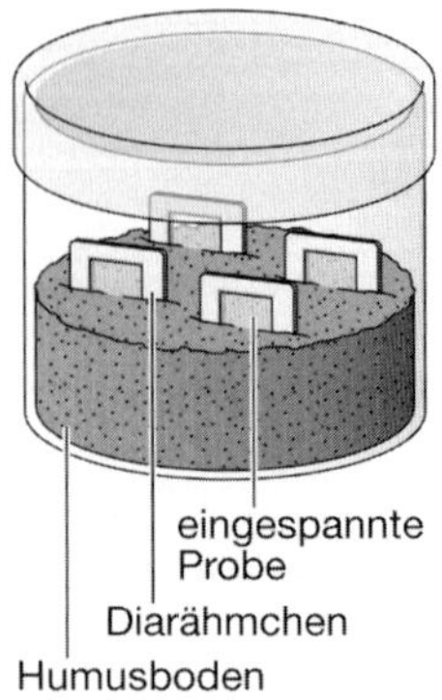

Ein Kunststoff- oder Glasgefäß wird zur Hälfte mit Komposterde oder Waldhumus (Wassergehalt ca. 50 %) gefüllt. Danach wird in je einen glaslosen Diarahmen eine Untersuchungssubstanz (z. B. Papier, Stoff, Orangenschalen, verschiedene Folien) gespannt. Diese Rähmchen steckt man bis zur Hälfte in die Erde und deckt das Gefäß ab (siehe Randspalte). Das Gefäß wird an einen warmen Ort gestellt, wenn möglich bei 50 – 55 °C in einen Trockenschrank. Nach ca. einer Woche sind die ersten Veränderungen sichtbar. Die Zersetzung der unterschiedlichen Proben wird in regelmäßigen Zeitabständen protokolliert, um eine spätere Gesamtauswertung vornehmen zu können.

Biofolienbeutel auf Stärkebasis, z. B. der Marke Swirl (Fa. Melitta), können im Handel erworben werden. Weitere Bezugsquellen für Folienproben erhält man unter http://www.biotec.de.

Dieses Langzeitexperiment kann z. B. die Frage klären, welche Verpackungsmaterialien sich aufgrund ihrer Kompostierbarkeit am besten eignen. Auch die Fragen nach den Materialien (Zitrusfrüchte, Kondome usw.), die auf den Kompost gehören, können bei der entsprechenden Wahl der Proben beantwortet werden.

Besuch einer Abfallbeseitigungsanlage

Die **Mülldeponie** eignet sich sehr gut als außerschulischer Lernort. In Vorbereitung der Untersuchungen und Beobachtungen vor Ort sollte das Einkaufs- und Verpackungsverhalten im Supermarkt mit dem in einem ökologisch orientierten Geschäft verglichen werden. Existiert ein Schulkiosk, bietet sich die dortige Angebotskontrolle an. Den Weg der einzelnen Verpackungen verfolgt man dann in der Deponie. Vergleichend dazu lässt sich die Kompostierung im Schulgarten, einer Kompostierungsanlage o. ä. heranziehen. Wie aufwändig die Müllsortierung ist, kann man am besten durch eigenes Mitwirken ermessen. Behandlungsanlagen für Restmüll und die Müllverbrennung kann man sich vom Fachmann bei einer Exkursion durch diese Anlagen erklären lassen. In einigen Deponien ist der Laborbereich so eingerichtet, dass man mit kleineren Schülergruppen mehrere Experimente (Kompostierungsexperimente, Sickerwasseruntersuchungen, Untersuchungen zur Undurchlässigkeit des Deponiekörpers usw.) selbst durchführen oder sich zeigen lassen kann.

Ein weiterer Untersuchungsaspekt ist auch die Deponie als neuer Lebensraum. Gut untersuchen lässt sich die Sukzession von Pflanzengesellschaften an den Deponieorten, wo der Müll nicht mehr abgekippt wird. An den Deponiestellen, an denen verfüllt wird, lassen sich vorrangig Vogelpopulationen (Krähen, Möwen usw.) beobachten. Die Gesamtthematik ist sehr gut für ein umfangreicheres Projekt geeignet.

Literaturhinweise

ADAM, S./ STORRER, J.: Laubtor und Tastkasten – Stationen eines Kompostlernpfades; Unterricht Biologie, Heft 247, S.18 – 21, 1999
MÜLLER, R.-J.: Biologisch abbaubare Kunststoffe; Biologie in unserer Zeit, Heft 30, S.218 – 225, 2000
SCHADE, M./ STORRER, J.: Umwelterziehung im Biologieunterricht – Wissenswertes und Schulversuche zur Kompostierung; Mathematisch-Naturwissenschaftlicher Unterricht, Heft 47, S. 482 – 488, 1994
STORRER, J./ ROHRMANN, S.: Abfallverwertung nach dem Vorbild der Natur; in: Biologie in unserer Zeit, Heft 2, S.116 – 122, 2001

Medienhinweise

FWU 42 01765 Jogurtbecher machen Müll
FWU 42 10256 Abfallvermeidung: Ein Tag im Leben der Familie Unrat

Abfallwirtschaft statt Abfallbeseitigung

Das Abfallaufkommen in Deutschland umfasst folgende Bereiche: Erdaushub und Bauschutt (38,58 %), Bergbauabfälle (23,74 %), produktionsspezifische Abfälle (14,84 %), Klärschlamm (10,68 %), Industrieschlamm (3,26 %) und Hausmüll (8,90 %). Noch vor wenigen Jahren wurde der gesamte Hausmüll in eine Tonne geworfen.

Heute ist man eher bestrebt, Abfall zu vermeiden bzw. ihn sinnvoll wieder zu verwerten. Angestrebtes Ziel ist eine Kreislaufwirtschaft. Der Begriff „Abfallwirtschaft“ umfasst diese Aspekte. Sie funktioniert jedoch noch nicht in allen Bereichen. In den meisten Schulen landet im Papierkorb jede Art von Müll.

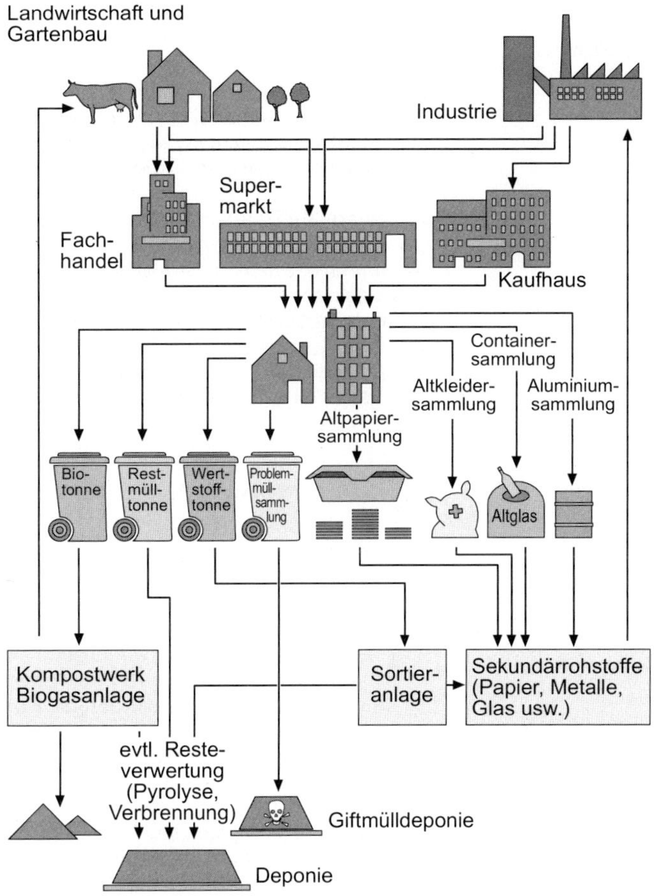

Aufgaben

1. Nenne Möglichkeiten, wie der Müllberg in der Schule verkleinert werden kann.

2. Erkläre mithilfe des Schemas, warum die Sortierung des Hausmülls für die moderne Abfallwirtschaft unerlässlich ist.

3. Moderne Entsorgungskonzepte sehen vor der Deponierung von Restmüll die Zerkleinerung und Rotte (Zersetzung organischer Stoffe) vor. Was wird damit erreicht?

Kreisdiagramm:

4. Stelle die Anteile der Stoffgruppen am Abfallaufkommen in einem Kreisdiagramm dar.

Impulse: Was ist für das 21. Jahrhundert zu tun?

Hinweise zum Schülerbuch Seite 184 / 185

Bei der Behandlung von Aspekten dieser Doppelseite bietet sich die Zusammenarbeit oder Absprache mit anderen Fächern, wie Erdkunde, Sozialkunde, oder Religion / Ethik an.

Die genannten Daten sollen auf Probleme hinweisen. Fatal wäre, wenn ihre Betrachtung zu Resignation führen würde. Teilweise ergeben sich aus der Auseinandersetzung mit dem Thema konkrete Handlungsmöglichkeiten. Bei anderen Themen geht es um das Erkennen von Zusammenhängen. Aus dem erlangten Verständnis kann dann Beurteilungs- und Handlungskompetenz erwachsen.

Arbeitsblatt Seite 183

1. Unter den gefundenen Arzneimitteln im Bodensee können sich auch Hormonpräparate befinden bzw. Stoffe, die hormonelle Wirkung besitzen. Diese gelangen über die Nahrungskette (Wasserpflanzen – Friedfische – Raubfische) in die Seeadler. Durch Veränderungen des Hormonhaushaltes werden die Eischalen nicht mehr richtig ausgebildet. Beim Bebrüten zerbrechen die Eier und der Nachwuchs bleibt aus. Dadurch besteht die Gefahr des Aussterbens.
2. Durch das Verbeulen der Blechdosen kann die Innenbeschichtung gebrochen sein. Das hormonell wirkende Bisphenol wird frei und kann zu Fortpflanzungsstörungen beitragen.
3. Denkbare Ansätze sind: Vergleichende Feldstudien mit einer nicht belasteten Kontrollgruppe, Tierversuche, Gewebekulturversuche usw.

Persistant Organic Pollutants (POPs)

Zur Gruppe der POPs gehören die zwölf gefährlichsten Umweltgifte. Es sind neun Pestizide (Aldrin, Chlordan, DDT, Dieldrin, Endrin, Lindan, Mirex, Toxaphen und Hexachlorbenzol), polychlorierte Biphenyle und Dioxine sowie Furane, von denen die beiden letzteren z. B. bei Verbrennungsprozessen entstehen.

Diese Schadstoffe führen in erster Linie zu akuten Vergiftungen. Sie können aber auch schon in sehr kleinen Mengen das Immunsystem und das Hormonsystem stören, da sie nicht ausgeschieden sondern im Körper angereichert werden. Als auslösender Faktor für Krebs sind die POPs ebenfalls bekannt. Auch Geburtsschäden, die auf genetischen Veränderungen beruhen, können von POPs hervorgerufen werden. Stillende Mütter geben sie schon mit der Muttermilch an Säuglinge weiter, da viele von ihnen sehr gut fettlöslich sind. Aus dem gleichen Grund findet man sehr hohe Konzentrationen des „gefährlichen Dutzends" in arktischen Meerestieren, wie Walrossen, Robben und im Belugawal.

Alle bisher stattgefundenen internationalen Konferenzen, an denen Diplomaten aus 122 Ländern teilgenommen haben, konnten kein sofortiges und absolutes Verbot der POPs erreichen. Die Länder USA, Japan, Kanada, Australien und Neuseeland haben sich gegen ein bedingungsloses Verbot der 12 giftigsten Chemikalien ausgesprochen. Es konnte jedoch eine Einigung über eine Konvention erreicht werden, die eine Verminderung des Eintrages von POPs in die Umwelt vorsieht.

Die POPs wie z. B. das DDT haben aber nicht nur Nachteile. Sie werden mit einem bestimmten Ziel entwickelt. DDT tötet Anophelesmücken, die Überträger der Malaria, sehr schnell, wodurch z. B. auf Madagaskar die Krankheitshäufigkeit nach DDT-Einsatz um 90 % zurückging. Immer noch sterben 2,5 Millionen Menschen pro Jahr an Malaria. Deshalb ist ein absolutes Verbot dieses Umweltgiftes schwierig.

Ausgesprochen schwierig ist die Entsorgung von POPs. Weltweit existieren ca. 500 000 Tonnen Altbestände. Die Hersteller haben die Stoffe bisher nicht entsorgt. Vielleicht könnte ein Entsorgungsfond, gemeinsam von Industrie und Regierungen getragen, die Lösung darstellen. Die größten Bestände werden zur Zeit in den Entwicklungsländern in Afrika und Asien unter unzulänglichen Bedingungen gelagert.

Medienhinweise

FWU 42 01922 Vorsicht Grundwasser
FWU 42 01368 Der Seehund
FWU 42 01719 Söhne der Erde
FWU 42 01778 Das Wattenmeer – Lebensraum, Gefährdung, Schutz

Mit Umweltgiften in das 21. Jahrhundert?

Überschriften wie „Muschel-Sammeln verboten", „Seeadler vor dem Aussterben?", „Arzneimittel-Rückstände im Bodensee gefunden", „Essbare Waldpilze gefährlich?", „Vogelsterben nach Ölfrachterhavarie" u. ä. liest man fast täglich in der Zeitung. Die Meldungen beschreiben Umweltschäden durch Pestizide, Schwermetalle, Mineralöl, Radioaktivität und zahlreiche Chemikalien (Weichmacher in Kunststoffen, Lösungsmitteln und Industriereiniger). Eine Studie der Umweltorganisation WWF kam zu dem Ergebnis, dass die männliche Zeugungsfähigkeit durch Umweltgifte abnimmt. Belegt wurde die Abnahme der Spermienqualität und -konzentration sowie eine Zunahme der Erkrankungen der männlichen Geschlechtsorgane. Gleichzeitig warfen die Wissenschaftler die Frage nach Zeugungsunfähigkeit durch Kunststoffe auf (siehe Artikel).

Aufgaben

1. Entwirf einen hypothetischen Artikel zu der Überschrift „Seeadler vor dem Aussterben?". Nutze dazu deine Kenntnisse über Nahrungsketten und den Ausschnitt aus der WWF-Umweltstudie.

2. In Ratgebersendungen und Verbrauchermagazinen wird davor gewarnt, Konserven in Blechdosen zu kaufen, die durch den Transport beschädigt sind. Welche Gefahr könnte von diesen Behältern ausgehen?

„...Die Spermienkonzentration verminderte sich um bis zu 70 %, auch Beschaffenheit und Beweglichkeit der Spermien verschlechterten sich. Die Analyse der Universität Oldenburg brachte folgende konkreten Ergebnisse: Rückgang der Spermienkonzentration um 70 % in Hamburg, 47 % in Magdeburg und 34 % in Leipzig in Zeiträumen zwischen 1956 und 1996. Erkrankungen der Geschlechtsorgane, wie Hodenkrebs oder Hodenhochstand verdoppelten sich in den letzten 30 bis 50 Jahren. Die Forscherin Heike Jacobi räumte die Möglichkeit ein, dass auch zu enge Hosen, Stress und eine Fehlernährung diese Störungen hervorrufen könnten. Die WWF-Chemieexpertin Patricia Cameron sieht neben den aufgeführten Ursachen auch eine Mitverantwortung der Umweltgifte, da viele von ihnen wie Hormone wirken. Bei Tieren zeigt sich diese Wirkung in einer Schädigung des Immunsystems und der Fortpflanzungsfähigkeit (Verweiblichungserscheinungen bei Forellen, zu dünne Eischalen bei Seeadlern). Die hormonelle Wirkung von Chemikalien ist z. B. von Bisphenol A, aus dem Plastikflaschen und die Innenbeschichtung von Blechdosen bestehen, nachgewiesen."
(aus: Umweltstudie des WWF, Juli 2000)

3. Entwirf eine Untersuchungsmethode, mit der die schädigende Auswirkung eines Stoffes bewiesen oder widerlegt werden kann.

Gebiss – Insektenfresser
Gebiss – Nagetier
LINNÉ
Maus
Systematik

Ordnung in der Vielfalt

Material: Pflanze, Tier oder was sonst?

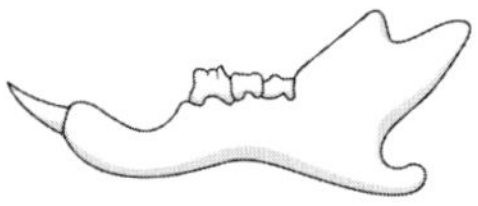

Hausmaus

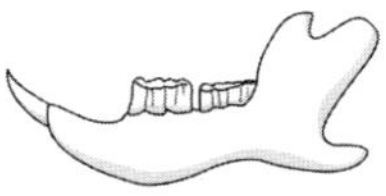

Wühlmaus

Springmaus

Schülerbuch Seite 398

① Durch rein äußerliche Merkmale würde möglicherweise z. B. die Kammkoralle bei den Pflanzen eingeordnet werden.
② Beispielsweise Kammkoralle: Weder Pflanze, da keine Fotosynthese, noch Tier, da Ernährung und Vermehrung tieruntypisch.
③ Kammkoralle, Blaugrünes Bakterium, Purpurbakterium, Blauschimmel: Die Pflanzen bzw. Tierkriterien treffen nicht zu.
④ siehe Seite 400 im Schülerband.

Arbeitsblatt Seite 185

1. 1a) x, x, –, x –; 1b) x, x, x, x, x; 1c) x, x, –, x, –;
   2a) x, x, x, x, x; 2b) x, x, x, –, –; 2c) –, x, –, x, x;
   3a) x, –, x, –; 3b) x, –, x, –; 3c) x, x, x, x;
   4a) x, x, –, –; 4b) x, x, x, x; 4c) x, x, x, –
2. 1a) Grünalge, Grünalgen, grün, mit Kern
   1b) Cyanobakterium, Cyanobakterien, grün, Kernlosigkeit
   1c) Wasserpest, Blütenpflanzen, Mehrzelligkeit, differenzierte Organe
   2a) Delfin, Säugetiere, Schwanzflosse quer
   2b) Hai, Knorpelfische, keine Lunge
   2c) Biber, Säugetiere, mit Fell
   3a) Schimmelpilz, Pilze, Zellen mit Kern und kettenartig verbundene Zellen
   3b) ???
   3c) Abwasserpilz, Bakterien, ohne Zellkern
   4a) Feldmaus, Nagetiere, kein kurzes Schwänzchen, nicht ausschließlich kleine, spitze Zähne sondern auch Nagezähne
   4b) Spitzmaus, Insektenfresser, spitze, kleine Zähne
   4c) Wühlmaus, Nagetiere, kurzes Schwänzchen, Nagezähne

Abteilung: *Magnoliophyta*
Klasse: *Liliopsdida*
Ordnung: *Liliales*
Familie: *Iridaceae*
Unterfamilie: *Ixieae*
Gattung: *Gladiolus*
Art: *Gladiolus horombensis*

Was steckt hinter einem Namen?

Die Systematik ist diejenige Disziplin in der Biologie, welche die Lebewesen entsprechend ihrer Merkmale so zu sortieren versucht, dass sich ihre Stammesgeschichte widerspiegelt. Die taxonomischen Kategorien, die für die Klassifizierung von Pflanzen gebraucht werden, sind in der Randspalte für die 1989 beschriebene *Gladiolus horombensis* wiedergegeben.

1753 veröffentlichte der schwedische Wissenschaftler C. LINNÉ (CAROLUS LINNAEUS) sein Werk „Species plantarum“, welches das bis heute benutzte binominale System begründete. Die Namensgebung muss ganz bestimmten Gesetzen gehorchen, die von einem internationalen Komitee aufgestellt wurden. Jede neu entdeckte Art wird meist (auch heute noch) auf Lateinisch in einer anerkannten wissenschaftlichen Zeitschrift beschrieben (siehe Folienvorlage). Es steht im Ermessen des Taxonomen, ob er mit dem Namen der neuen Pflanze (für andere Lebewesen gelten die gleichen Regeln) bestimmte Personen ehren möchte, ob der Name eine bemerkenswerte Eigenschaft der Pflanze aufgreift oder z. B. auf die Region, in der sie vorkommt, Bezug nimmt. Hier beispielsweise wurde die Pflanze nach dem Ort ihrer Entdeckung, der Horombe-Ebene in Madagaskar, benannt. An den Namen wird der Name des Erstbeschreibers angehängt, ebenso die Jahreszahl der Erstbeschreibung. Beides wird offizieller Namensbestandteil. Weiterhin muss der Botaniker ein Herbarexemplar als Typusexemplar bezeichnen und in einem Herbarium zur Einsicht für andere Wissenschaftler hinterlegen.

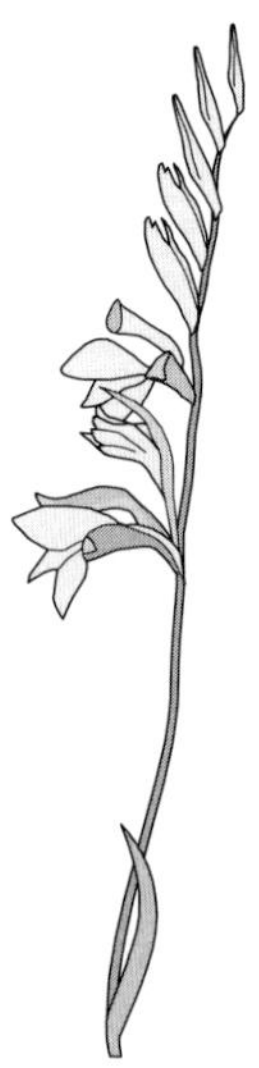

Gladiolus horombensis Goldbl., sp. nov.	**Name der Pflanze, Autor (Abk.), „neue Art“**
Plantac 25 – 30 cm altae, tunicis fibrosis, foliis 3 – 5, spicis 4 –10 florum, bracteis 12 –18 (–22) mm longis, floribus luteis, rubo perianthii 8 –11 mm longo, topalis inaequalibus, 18 – 26 mm longis, capsulis 7– 9 mm longis.	Pflanzen 25 – 30 cm hoch, zerfaserte Stängelhülle, 3–5 Blätter, 4–10 blütige Ähren, Tragblätter 12 –18 (–22) mm lang, gelbe Blüten, Blütenhülle 8 –11 mm lang mit ungleichen Blütenblättern, 18 –26 mm lang, Kapseln 7– 9 mm lang
TYPE: Goldblatt & Schatz 8989, Madagascar, Fianarantosa, Horombe Plateau, 14 km by road SW of Ihosy, rock outcrop west of transmitter tower, 1140 m, 26.4.1989 (holo-. P; iso- K, MO, NBG, PRE, TAN)	Typus: beschrieben von Goldblatt und Schatz unter der Nr. 8989 aus Madagaskar, Fianarantosa, Horombe-Ebene, Straße 14 km südwestlich von Ihosy, Felsformation westlich des Sendeturms, 1140 m über Meereshöhe, gefunden am 26.4.1986. Holotypus im Herbarium Paris, Isotypen in den Herbarien Kew Gardens, St. Louis, Kapstadt, Pretoria, Tansania
Bull. Mus. natn. Hist. nat., Paris 4e scr. 11, 1989, section B; Adansonia, no 3; 243	veröffentlicht in: Bulletin du Musée Nationale d’Histoire Naturelle und in : „Adansonia“

Hier trügt der Schein

Viele Lebewesen werden oft nicht für das gehalten, was sie wirklich sind. Aber bei genauem Betrachten aller Merkmale fällt dann die Einordnung leicht:

	1a) Grünalge	1b) Cyanobakterium	1c) Wasserpest
lebt im Wasser oder auf feuchtem Boden			
ist grün			
hat keinen Zellkern			
führt Fotosynthese durch			
Zellen meist runde Kugeln, oft kettenförmig aneinandergereiht			

	2a) Delfin	2b) Hai	2c) Biber
hat Flossen			
lebt im Wasser			
hat kein Fell			
die Schwanzflosse ist quer ausgerichtet			
hat eine Lunge			

	3a) Schimmelpilz	3b) Wassermoos	3c) Abwasserpilz
besteht aus vielen kettenartig verbundenen Zellen			
lebt in stark verschmutzten Gewässern			
bildet dichte Büschel			
seine Zellen besitzen keinen Kern			

	4a) Feldmaus	4b) Spitzmaus	4c) Wühlmaus
besitzt ein graues Fell			
nur wenige cm groß			
besitzt kurzes Schwänzchen			
besitzt nur kleine, spitze Zähne			

Aufgaben

1. Kreuze die zutreffenden Merkmale in dem jeweiligen Feld an.
2. Die Lebewesen, auf die der Steckbrief zutrifft, gehören im System der Lebewesen zu einer ganz anderen Kategorie als die, mit denen sie manchmal verwechselt werden. Finde die Kategorien heraus, zu denen die verschiedenen Lebewesen gehören. Notiere in deinem Heft, nach welchen Merkmalen man hauptsächlich schauen muss, um sie nicht mit anderen zu verwechseln.

Archaea
Domäne
Einzeller
Eukaryot
Prokaryot
Reich
Systematik

Warum fünf Reiche?

Arbeitsblatt Seite 187

1. Man hat diese Organismen früher anderen Gruppen zugeordnet. Die alten Namen haben sich erhalten.
2. Beispielsweise Geißeltierchen, manche Bakterien, manche Algen können sich bewegen. Im Wasser kommen z. B. auch Cyanobakterien, andere Bakterien und Geißeltierchen vor. Cyanobakterien besitzen auch Blattgrün, ohne zu den Pflanzen zu gehören.

Fünf Reiche oder drei Domänen?

Das im Schülerband *vorgestellte Fünf-Reiche-Konzept* von R. WHITTAKER und L. MARGULIS hat in jüngerer Zeit Kritik erfahren. Um eine Alternative anzubieten, wird hier das *Drei-Domänen-Konzept* skizziert, das sich allmählich auch in der deutschsprachigen Literatur durchsetzt.

Einteilen von Lebewesen

Bereits bei ARISTOTELES finden sich Überlegungen, die Lebewesen nach systematischen Gesichtspunkten einzuteilen. Er gründete seine Klassifikation bereits auf der Vorstellung von auf gleichen Merkmalen basierenden Grundbauplänen. So fasste er bereits alle heute als Wirbeltiere geführten Tiere unter der Bezeichnung „Tiere mit rotem Blut" zusammen und zwar aufgrund der gleichen körperlichen Merkmale: Wirbelsäule, Organsysteme, Bau des Kreislaufsystems usw. Alle späteren Systematiker behielten diese Blickrichtung bei: Die Merkmale als Spiegel der Phylogenie entscheiden über die jeweilige Einordnung. Das funktioniert bei vielen Taxa, solange die Merkmale für uns erkennbar sind und ihre Bedeutung für die Verwandtschaft einschätzbar ist.

Aufgrund der Menge oder des Grades der Merkmalsunterschiede können wir Aussagen über die Nähe oder Ferne der Verwandtschaft versuchen. Ob allerdings zwei Formen in verschiedene Arten, verschiedene Gattungen oder in noch höheren Kategorien zu trennen sind, ist eine Frage der Bewertung dieser Unterschiede. Selbstverständlich können verschiedene Wissenschaftler hier zu unterschiedlichen Ergebnissen kommen. Somit ist die Einteilung der Lebewesen in unterschiedliche Taxa und deren jeweilige Zusammenfassung zu höheren Einheiten nicht konstant. Besonders schwierig ist eine Einteilung dann, wenn wir uns über die Relevanz der Merkmalsunterschiede nicht im Klaren sind oder diese gar kaum zu fassen sind, weil sie für unsere Untersuchungen schwer zugänglich sind. So wundert es nicht, dass bis zum Zeitalter der Genomanalyse (die Zusammensetzung des Genoms stellt natürlich auch ein Merkmal dar) die *Archaea* (Archebakterien) nur schwer von den heute *Eubacteria* genannten Organismen (den „eigentlichen" Bakterien) abzugrenzen waren.

Vor allem ältere Biologen werden sich erinnern, dass in ihren Jugendtagen zwei Reiche ausreichten, um alle Lebewesen einzuordnen: das Pflanzen- und das Tierreich. Vertreter des Phytoplanktons waren Teil des Pflanzenreichs (Merkmal: Fotosynthese), auch Bakterien zählten dazu (Merkmal: starre Zellwände), ebenso die Pilze (Merkmal: Ortsgebundenheit). Alle Protozoen waren Tiere (Merkmale: Beweglichkeit, keine Fotosynthese). Die Wende kam 1969, als ROBERT WHITTAKER sein *Fünf-Reiche-Konzept* vorstellte. Er gliedert die Lebewesen in die Reiche *Monera* (kernlose Einzeller), *Protista* (größtenteils kernhaltige Einzeller, sicherlich eine „künstliche Gruppe" (keine Verwandtschaft), *Pilze, Tiere* und *Pflanzen*. Das Fünf-Reiche-Konzept ist, wie am Beispiel der Protista zu sehen, nicht als phylogenetisches, sondern als ausschließlich „praktisches" System zu verwenden. Mittlerweile hat ihm das *Drei-Domänen-Konzept* (C. WOESE, 1980) den Rang abgelaufen. Es basiert auf der Kritik, dass WHITTAKERS Reiche keine Verwandtschaften widerspiegeln. Die Kategorie der Domäne steht über der der Reiche. Die drei Domänen sind *Bakterien, Archaea* (diese beiden Domänen werden bei WHITTAKER *unter Monera* (kernlose Einzeller) zusammengefasst) und *Eukarya* (Lebewesen mit Zellkern). In den drei Domänen sind eine Vielzahl von Reichen enthalten. Deren Aufteilung und Zuordnung wird sich im Laufe der Zeit weiter verändern.

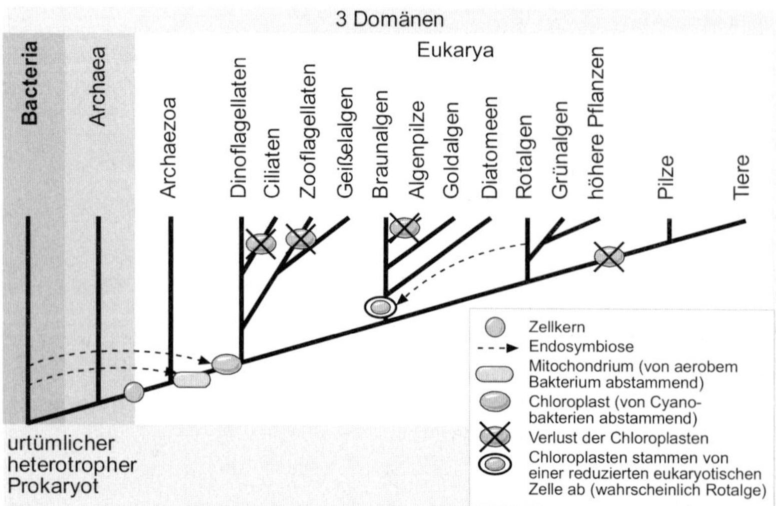

Literaturhinweis

MARGULIS, L.: Five Kingdoms: An illustrated Guide to the Phyla of Life on Earth

Alle Lebewesen lassen sich in drei Domänen sortieren

Durch die Analyse der Verwandtschaft von Lebewesen lässt sich ihre Abstammung klären. Gleichzeitig kann man sie so ordnen und übersichtlich einteilen. Die Forschungen der letzten Jahre haben ergeben, dass verschiedene Bakteriengruppen untereinander so wenig verwandt sind wie etwa Bakterien und Tiere. So ergeben sich drei gleichberechtigte Gruppen, die *Domänen*.

<table>
<tr><th>Zwei Reiche (traditionelle Vorstellung)</th><th>Fünf Reiche (ab ca. 1970)</th><th colspan="2">Drei Domänen und viele Reiche (ab 1980)</th></tr>
<tr><td rowspan="10">Pflanzen</td><td rowspan="5">kernlose Einzeller</td><td rowspan="3"></td><td>Methanbildner</td></tr>
<tr><td>Salzliebende</td></tr>
<tr><td>verschiedene andere Archaea</td></tr>
<tr><td rowspan="2">Eubakterien</td><td>verschiedene Bakterien</td></tr>
<tr><td>Cyanobakterien (Blau„algen“)</td></tr>
<tr><td rowspan="2">Pflanzen</td><td rowspan="6">kernhaltige Lebewesen</td><td>Pflanzen</td></tr>
<tr><td>Rotalgen</td></tr>
<tr><td>kernhaltige Einzeller</td><td>Geißel„tierchen“</td></tr>
<tr><td rowspan="2">Pilze</td><td>Schleim„pilze“ u. viele andere</td></tr>
<tr><td>Pilze</td></tr>
<tr><td>Tiere</td><td>Tiere</td><td>Tiere</td></tr>
</table>

Aufgaben

1. Viele Gruppen von Lebewesen werden mit Bezeichnungen versehen, die im Grunde genommen falsch sind. In der Tabelle sind deswegen einige Namensbestandteile in Gänsefüßchen gesetzt. Wie lassen sich diese falschen Namen erklären?

____

2. Finde Argumente, die folgende Behauptungen widerlegen:

   Organismen, die sich bewegen können, gehören zu den Tieren.

   ____

   ____

   Einzellige Lebewesen, die im Wasser vorkommen, sind Algen.

   ____

   ____

   Der Besitz von Blattgrün ist ein Beweis für die Zugehörigkeit zu den Pflanzen.

   ____

   ____

Artenvielfalt
Gecko
Prokaryot
Systematik

Das Reich der Einzeller ohne und mit Zellkern
Das Reich der Pilze, Pflanzen und Tiere

Zahl der bekannten Arten, weltweit

Gruppe	Artenzahl
kernl. Einzeller	4 000
einzell. Tiere	60 000
Pilze	100 000
Pflanzen	270 000
Säuger	50 000
Vögel	8 600
Kriechtiere	7 000
Lurche	4 000
Fische und Rundmäuler	31 000
St. Wirbeltiere	100 600
St. Stachelhäuter	6 000
St. Weichtiere	130 000
Kl. Insekten	705 000
Kl. Krebse	50 000
Kl. Spinnen	80 000
restl. mehrz. Tiere	430 000
Gesamtzahl Tiere	1 500 000

(momentane Schätzung, die Zahl der noch nicht bekannten Lebewesen wird noch einmal auf mindestens die gleiche Anzahl geschätzt)

Arbeitsblatt Seite 189

1. 1): Bedecktsamige Pflanzen, Zweikeimblättrige; 2): Farnpflanzen; 3): Weichtiere, Schnecken; 4): Algen, Kieselalgen; 5): Gliedertiere, Tausendfüßer; 6): Gliedertiere, Spinnentiere; 7): Wirbeltiere, Vögel; 8): Wirbeltiere, Säuger; 9): Flechten; 10): Gliedertiere, Insekten; 11): Pilze, Lamellenpilze.
2. 1): Samen in Fruchtknoten eingeschlossen, netznervige Blätter; 2): in Wurzel, Sprossachse, Blätter gegliedert, Sporenhäufchen auf Unterseite der Blätter; 3): Gliederung in Kopf, Fuß, Eingeweidesack, Mantel, kein Skelett, einteilige Schale (hier nur als Rest im Körperinnern); 4): einzellig, Chloroplasten, zweiteiliges Gehäuse aus Kieselsäure; 5): gegliederter Körper mit Chitinhülle, ein oder zwei Beinpaare an jedem Körpersegment; 6): gegliederter Körper mit Chitinhülle, ungeflügelt, Unterteilung in Kopfbruststück und Hinterleib, viele Beinpaare; 7): inneres Knochenskelett, Körperbedeckung Federn; 8): inneres Knochenskelett, Körperbedeckung Fell; 9): Pilzfäden und Algenzellen; 10): gegliederter Körper mit Chitinhülle, geflügelt, Unterteilung in Kopf, Brust, Hinterleib, drei Beinpaare; 11): Braunhaariger Tintling: Myzel mit Fruchtkörper, dessen Unterseite mit Lamellen besetzt ist.
3. Im Gegensatz zu den Archaea besitzen sie alle kernhaltige Zellen.

Der Tag der Artenvielfalt

In vielen Ländern wird seit 1999 jährlich im Sommer der „Tag der Artenvielfalt“ ausgerufen. An diesem Tag wird „Inventur“ gemacht. Dahinter steht der Gedanke, die Diskrepanz zwischen oft vorhandenem, aber meist diffusem Umweltinteresse und konkretem Wissenslücken über die Beschaffenheit der Natur zu überwinden.

Gerade in Mitteleuropa ist die Ansicht weit verbreitet, es gäbe beobachtenswerte Natur höchstens noch in Schutzgebieten. Um dieser Naturentfremdung entgegenzuwirken, finden lokale Aktionen zum Tag der Artenvielfalt häufig in unserem alltäglichen Umfeld statt: Stadt, Industrielandschaft, Bergbaugebiete, Schulumfeld.

Der Tag der Artenvielfalt bietet Anlass, in der eigenen Schule aktiv zu werden. So lässt sich ein Reichtum entdecken, den es im Interesse ökologischer Vernunft zu verteidigen gilt. Freude an der Natur motiviert, für deren Erhalt einzutreten, aber ohne Fachwissen ist der Naturzerstörung nicht beizukommen.

Literaturhinweise

http://www.geo.de/projekte/artenvielfalt

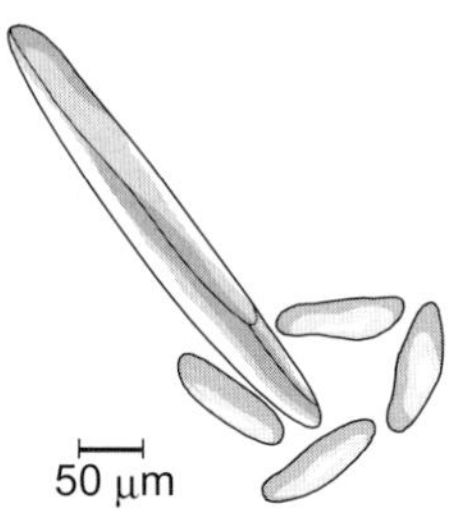

Der größte bekannte kernlose Einzeller *(Epulopiscium fishelsoni)*, ein im Darm von Fischen lebendes Bakterium (die zum Vergleich dargestellten Pantoffeltierchen sind etwa 5-mal kleiner)

Kleinstes Reptil der Welt entdeckt

Karibischer Gecko „Jaragua Sphaero“ misst 16 Millimeter

New York, 3. Dezember (dpa). Gerade 16 Millimeter misst das kleinste Reptil der Welt, ein Zwerg-Gecko mit dem Namen „Jaragua Sphaero“ (Bild dpa). Evolutionsbiologen haben ihn auf der karibischen Beata-Insel und benachbarten Flecken der Dominikanischen Republik entdeckt und stellten ihn am Montag in der Dezemberausgabe des *Caribbean Journal of Science* vor. „Unser Fund zeigt, dass wir immer noch nicht alles über die Arten der Erde wissen“, bemerkte die federführende Autorin des Berichts, Blair Hedges,der Staatlichen Universität Pennsylvanias.

Das winzige Reptil ist nur eines von mehreren Miniaturarten, die sich in der Karibik erhalten konnten. Dort leben auch der kleinste Vogel der Welt, der fünf Zentimeter große Bienen-Kolibri sowie der einen Zentimeter große Frosch Monte Iberia Eleuth und die Schlange „Lesser Antillean Threadsnake“, die so dünn ist, dass sie in einen Bleistift passen würde.

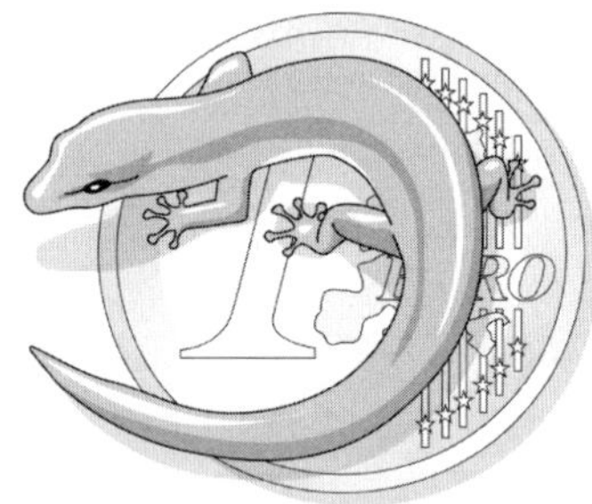

Der wissenschaftliche Name des nun entdeckten Geckos „Sphaerodyctylus ariasae“ geht auf die Zoologin Yvonne Arias zurück, die die dominikanische Artenschutzorganisation Grupo Jaragua Arias leitet, welche den Jaragua Nationalpark auf der Karibikinsel Hispañola schützt.

aus: Frankfurter Rundschau 4.12.2001

Die Artenvielfalt

Seit 1999 findet jährlich einmal der „Tag der Artenvielfalt" statt. An diesem Tag wird an vielen Stellen unserer Erde eine Momentaufnahme des Arteninventars gemacht. So auch am 3. Juni 2000 im Tal der Altmühl bei Eichstätt. In einem begrenzten Gebiet, unterteilt nach Lebensräumen, wurden alle Arten notiert, die dort beobachtet wurden. Es wurden hundert Arten gefunden, von denen hier einige aufgeführt sind.

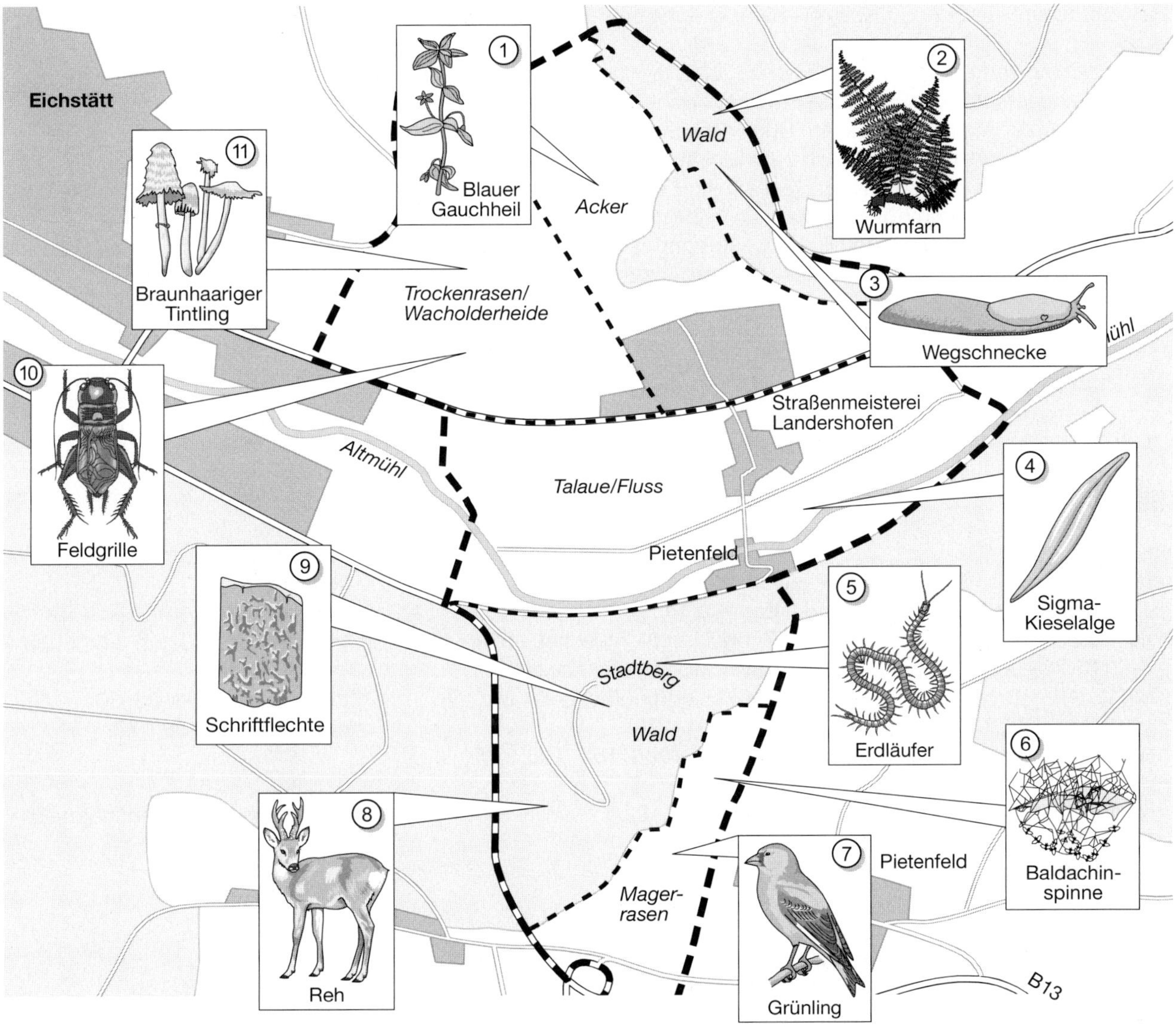

Aufgaben

1. Ordne in deinem Heft die dargestellten Organismen in das System der Lebewesen ein. Berücksichtige dabei mindestens den Stamm, bei bekannteren Formen auch die Klasse.

2. Notiere in deinem Heft die wesentlichen Kennzeichen der jeweiligen Klasse bzw. des Stammes.

3. Nicht berücksichtigt wurden Vertreter der Bakterien und der Archaea. Welches wesentliche Unterscheidungsmerkmal besitzen die abgebildeten Lebewesen im Vergleich zu den Angehörigen dieser Gruppen?

___

___

Anmerkungen zum Register

Das folgende Register entspricht der Verschlagwortung auf der CD-ROM zum Lehrerband. Es weist einige Besonderheiten auf:

- Seiten mit Lösungen und Informationen zu einem Thema und die dazu gehörenden Arbeitsblätter werden als eine Einheit aufgefasst. Die im Register aufgeführten Seitenzahlen geben immer die Seite für die Lehrkraft an, auch dann, wenn der entsprechende Inhalt sich u. U. auf einem Arbeitsblatt befindet.
- Bei Themen, die häufig vergleichend betrachtet werden, sind die Schlagworte so formuliert, dass man die Angebote zu diesem Thema auf einen Blick erkennen kann. Beispiel: Statt „Fleischfressergebiss“ wurde der Begriff „Gebiss – Fleischfresser“ gewählt. So ist im Register einfach zu erkennen, welche anderen Gebisstypen ebenfalls behandelt sind.
- Einige Schlagworte beziehen sich in erster Linie auf die Art des Materials und nicht nur auf den Inhalt. Beispiele: Bestimmungsübungen werden für unterschiedliche Tier- und Pflanzengruppen angeboten. Sie sind so auf einen Blick erkennbar. Auch die in diesem Buch enthaltenen Spiele und Projektvorschläge sind so leicht zu finden.
- Einige Materialien eignen sich auch zum Einsatz in den folgenden Klassen, möglicherweise mit anderer Schwerpunktsetzung bei der Auswertung. Deshalb sind entsprechende Schlagworte aufgenommen. Beispiele: ökologische Nische, Koevolution und Konvergenz.
- Die Schlagworte der Teile A und B des Lehrebandes zu Natura 7 bis 10 und auch des Lehrerbandes zu Natura 5/6 sind so auf einander abgestimmt, dass sich ergänzende Materialien zusammen gestellt werden können.

Register

Bildnachweis

29.1 Erich Lüthje, Kiel – 67.1 Okapia (Werner Heidt, Naturbild), Frankfurt – 68.1 Okapia (Lynn Funkhouser, P. Arnold Inc.) – 83.1 Richard Müller, Balve-Eisborn – 91.1 Silvestris, Kastl – 92.1 Okapia (Hans Reinhard) – 92.2 Deutsches Museum, München – 145.1 Okapia (Konrad Wothe) – 145.2 Mauritius (Bob), Stuttgart – 145.3 Silvestis (Martin Partsch) – 169.1 Christina Winger, Lieskau – 171.1 Fey